国家社科基金
后期资助项目

金代吏员研究

Research on Petty Officials in Jin Dynasty

王 雷 著

社会科学文献出版社
SOCIAL SCIENCES ACADEMIC PRESS (CHINA)

国家社科基金后期资助项目
出版说明

　　后期资助项目是国家社科基金设立的一类重要项目，旨在鼓励广大社科研究者潜心治学，支持基础研究多出优秀成果。它是经过严格评审，从接近完成的科研成果中遴选立项的。为扩大后期资助项目的影响，更好地推动学术发展，促进成果转化，全国哲学社会科学工作办公室按照"统一设计、统一标识、统一版式、形成系列"的总体要求，组织出版国家社科基金后期资助项目成果。

全国哲学社会科学工作办公室

《金代吏员研究》序

我的学生王雷《金代吏员研究》一书即将付梓，邀我为序。《金代吏员研究》系在其博士毕业论文基础上补充修改而成，作为她硕、博阶段的导师，我看到她在研修辽金史的学术道路上，从零起步，踏踏实实、一步一个脚印走过来，这本书可作为她多年来探索金代吏员问题的一个阶段性小结。

王雷于2005年跨专业考入吉林大学文学院历史系，攻读辽金史方向的硕士研究生，这期间对辽金政治制度产生了浓厚兴趣，2007年硕士毕业后，考入吉林大学古籍研究所，继续攻读辽金史方向的博士研究生，这期间选定以金代吏员为研究内容，尝试撰写博士毕业论文。金代吏员问题，既是金代政治制度史研究的一个重要课题，又是难题。金朝处于中国古代历史的关键节点，在中华民族多元一体格局中具有不可忽视的历史地位。吏员是中国古代官僚政治实体的重要组成部分，同时也是透析社会与政治状况的较佳切入点。虽然金代吏员已是相对独立的社会阶层，单独讨论这一群体理论上是可行的，但囿于资料匮乏，研究工作存在较大难度，学界长期缺乏相关综合性的研究成果。王雷即是在此背景下，主动尝试多角度对金代吏员进行全面、系统、深入的梳理和探讨，并以《金代吏员研究》为题顺利通过了博士学位论文答辩。王雷在2010年博士毕业后，进入吉林大学经济学院理论经济学博士后流动站工作四年，主要研修金代经济史，出站后进入高校从事中国史教学至今，持续关注金代吏员问题，发表了多篇与此相关的研究论文，并以《金代吏员研究》为课题申请到国家社科基金后期资助项目，按项目计划，又对博士毕业论文进行了补充修改，增加了"官制视野下的金代吏制""金代吏员制度评价"等多个章节，重新修订了文字图表，优化调整了文章结构，形成的书稿与其博士毕业论文相比论述更加系统和全面。

《金代吏员研究》一书，提出了较为系统的观点：通过分析吏员的类别、数目、选任、职责、出职等制度层面的整体状况，提出了金代吏制经历了萌芽期、形成期、完善期、衰落期等四个发展阶段；对各级政权机构中吏员的类别和数目进行了归纳，按照吏员所属机构的不同，将其分为中央吏员（可分为中央政府部门吏员和宫廷吏员）和地方吏员两大类；中央政府部门吏员一般由试补充任，宫廷吏员多来自皇族近亲、宗室子弟、有一定品级的官员子孙，地方吏员多是由试补或推举产生；吏员承担处理文案、翻译等职责，金廷对吏员实行考核并有相应的奖惩措施，在俸禄、仪卫、服饰等方面也有专门规定；金代吏员可以出职为官，不同时期，因所在部门、吏职不同，出职的考满期、出职官品及迁转路径各异，总体来看，金代吏员出职没有最高官品的限制。书稿还创新性地探讨了吏员对金代政治、经济、社会生活等各方面的影响，探索了金朝在吸收唐、辽、宋诸朝汉官制度和继承本民族固有制度基础上又有所创新，所形成的带有女真少数民族政权特色的吏制，提出金代吏制具有皇权专制烙印与贵族政治色彩并存、制度融合与汉制创新并存、民族融合与等级差别并存三个方面的特征。不仅如此，书稿还尝试对金代吏员和吏员制度进行了评价，提出在正视金代吏员消极作用的同时，也不应忽视其积极的一面，并较为客观地分析了金代吏员制度的优点和弊端。

书稿以金代吏员而非吏制作为研究对象，显示出将研究从单纯制度考证扩展到社会生活史领域的想法。而要深化金代吏制问题研究，不但需要新史料的出现，还要有理论、方法等技术层面的突破，以及恰当的研究角度和切入点，为解决上述难题，王雷将史料来源扩大到石刻、壁画等相关考古资料，既缓解了研究所需文献史料匮乏的问题，又形成与文献记载相互印证的"二重证据"，与单纯以文献证史的研究方法相比，研究结果的信度得到进一步增强。王雷还尝试探讨吏员对金代政治、经济、社会生活等各方面的影响，探索金代吏制的民族特质，从浮在面上的制度考证逐渐下沉到对制度特质的探究，这种由表及里、逐步深入的研究历程，是她对于金代吏制持续思考和不断钻研的结果。客观言之，书稿的研究成果主要集中在制度层面，未来还可以继续拓展相关方面的研究，尤其是尚书省令史、近侍、护卫等重要吏职及人物，以及吏弊、冗吏等问题。

金代吏制作为唐宋以来官吏分途演化的关键节点，是中国古代吏制发展沿革史上的关键一环，相关研究成果对于深化金代吏制认知、丰富金代政治制度内涵、完善吏制史金代环节均有裨益。同时，还可为当今社会提供有益借鉴。这正是《金代吏员研究》一书出版的意义所在。

是为序。

武玉环
2018 年 3 月

目 录

第一章 绪论 …………………………………………………………… 1
  第一节 研究内容及意义 ………………………………………… 1
  第二节 研究现状及存在问题 …………………………………… 7
  第三节 研究思路 ………………………………………………… 28

第二章 金代吏制的形成与发展 ……………………………………… 30
  第一节 吏制的溯源 ……………………………………………… 30
  第二节 金代吏制的发展阶段 …………………………………… 32

第三章 金代吏员的类别和数目 ……………………………………… 37
  第一节 中央吏员的类别和数目 ………………………………… 37
  第二节 金代地方吏员的类别和数目 …………………………… 54

第四章 金代吏员的选任 ……………………………………………… 70
  第一节 中央政府吏员的选任 …………………………………… 70
  第二节 宫廷吏员的选任 ………………………………………… 84
  第三节 地方吏员的选任 ………………………………………… 92

第五章 吏员的职责与管理 …………………………………………… 100
  第一节 吏员的职责 ……………………………………………… 100
  第二节 金廷对吏员的考核与奖惩 ……………………………… 110
  第三节 金廷对吏员的管理 ……………………………………… 117

第六章　金代吏员的出职 …………………………………… 160
第一节　中央吏员的出职 …………………………………… 160
第二节　地方吏员的出职 …………………………………… 190
第三节　职官吏员的重新出职 ……………………………… 192
第四节　吏员出职的最高秩限 ……………………………… 195

第七章　吏员与金代社会 …………………………………… 198
第一节　金代吏员集团的形成及其内部分层 ……………… 198
第二节　吏员集团与金代社会的关系 ……………………… 203
第三节　吏员与金代官场、社会风气 ……………………… 230

第八章　官制视野下的金代吏制 …………………………… 236
第一节　金代官制的发展演变 ……………………………… 236
第二节　金代吏制的民族特质 ……………………………… 258

第九章　金代吏员及其制度评价 …………………………… 293
第一节　金代吏员评价 ……………………………………… 293
第二节　金代吏员制度评价 ………………………………… 298

参考文献 ………………………………………………………… 312

附表一　金代文武散官品阶表 ………………………………… 319

附表二　金代文资出身的省令史表 …………………………… 321

后　记 …………………………………………………………… 330

第一章 绪论

第一节 研究内容及意义

一 概念与范围的界定

（一）吏员

吏员，作为中国古代各级官署中的具体办事人员，也称为吏，是百官（官府）与百姓之间联系的纽带，承办衙门的各种具体事务，使国家机器正常运转，也是我国古代官僚政治的重要组成部分。

"吏"的概念在古代并非一成不变。《辞源》将"吏"解释为古代百官的通称。汉朝以后，始称位职低微的官员为吏。秩四百石至二百石为长吏；百石以下有斗食、佐史为少吏。至明清则称各衙署之房吏书办无俸禄而供事于官的人为吏。①"吏"一般有两种含义："一是大小官员的泛称，如大吏、长吏等；二是专指没有正式官职的低级官员，如吏员等。根据历代古籍记载来看，第一种含义一般多用于秦汉魏晋南北朝时期，此时的官与吏还没有明确界限；第二种含义一般多用于隋唐以后，直至明清。此时官与吏的界限已经明确，而且日益深化，吏与胥已经相提并论。"② 魏晋以来"官""吏"的区别，值得重视的大致有下列四条③：一是在职事性质上，"官"有行政决定权，在各机构中从事纲领性的重要工作；"吏"基本上没有行政决定权，只是协助官员处理具体文案或承担各种杂务。二是在选用方式上，"官"由朝廷统一选任，"吏"一般由各地各部门长官

---

① 参见《辞源》修订本第一册，商务印书馆，1980，第474页。
② 林志华：《关于胥吏制度的几个问题》，《安徽史学》1992年第1期。
③ 楼劲：《"官吏之别"及"官吏关系"的若干历史问题》，《社会》2016年第1期。

任用，京吏虽有某种统一选调之制，却仍非朝廷所命。这也可视为"吏"无行政决定权的原因。三是在等级序列上，"官"皆纳入一定的品阶序列，"吏"则处于其外，常无级别而仅以职名示其高下。而是否纳入法定的等级序列，对于人事管理显然具有极大影响。四是在待遇报酬上，"官"由朝廷统一规定和拨付，以其品阶为基准确定额度；"吏"则多无统一规定，基本上是由各地各部门自筹和酌情发放。隋唐以后的吏员是官员指挥下的具体办事人员，正如前辈学者祝总斌所说：唐宋以后，正式文书中的"吏员"或"吏"，主要指的是中央和地方官府中，在官员指挥下，负责处理具体政务，特别是经办（整合、保管、查检、具体处理）各类官府文书的低级办事人员，仅大体相当于《周礼》中的"府、史"。①

吏在金代也是一种职业，考古出土的墓志铭中就有"以习笔吏为业"②的记载。与宋代明确的官府人事编制相比，金代对吏员的范围并没有做明确规定。关于金代吏员范围的界定，也许不一定能给出十分标准的答案，但是通过对传统观念的反思，可以取得一定的认识。所谓"官有品而吏无品"的观点有一定的历史局限性。根据史料来看，品级并不是官、吏的核心区别，尤其是在低品级的官吏中，这种界限其实是很模糊的。宋立恒博士论文《金代社会等级结构研究》第三章第四节提出吏员的范围包括右职吏员：省令史、译史，省通事，御史台令史、译史，枢密院令史、译史，各部令史、译史；还包括本身就是文吏出身的人。并认为正八品的知事、从八品知法以及孔目官以下的通事、司吏、抄事、公使、录事等也都属于吏员。

目前，学术界一般认为吏在流外。按《金史》卷五十二《选举志二》载，"凡品官任都事、典事、主事、知事及尚书省令史、覆实、架阁司管勾、直省直院局长副、检法、知法、院务监当差使及诸令史、译史、掌书、书史、书吏、译书、译人、通事、并诸局分承应有出身者皆为流外职。"③则上述人员均属吏员。但是，从《金史·百官志一》来看，金代的都事是正七品官员，典事、主事从七品，知事为从七品、正八品官员

---

① 祝总斌：《试论我国古代吏胥的特殊作用及官、吏制衡机制》，《国学研究》（第五卷），北京大学出版社，1998，第331页。
② 大同市南郊金代壁画墓出土的《进义校尉前西京大同府定霸军左一副兵马使陈公墓志铭》中有"男曰德辉，以习笔吏为业"的记载。参见大同市博物馆《大同市南郊金代壁画墓》，《考古学报》1992年第4期。
③ 《金史》卷52《选举志二》，中华书局，1975，第1158页。

（由于所在部门不同而有别），检法从八品，知法从八品（诸节度州的知法正八品，诸防御州的知法为从九品），则他们的品级在职官九品之内，非吏员。按《金史·百官志一》载，皇统五年的规定，"吏"指"知事孔目以下行文书者"①。《金史》卷52《选举志二》所载，在文献中仅一见，或许在金朝历史上有一个时期都事、典事、主事、知事、检法、知法曾在流外，但无据可查。

因此，本书讨论的吏员包括令史、译史、通事、书史、书吏、司吏、抄事、译书、译人，以及有出身的诸局分承应人等人员。

如上所述，金代吏员种类繁多，为便于进行讨论，我们将所要论述的吏员分成三类，并作简要概述。

首先是中央各政府部门的吏员，包括尚书省、枢密院、御史台以及六部的令史、译史、通事；国史院、宣徽院、太府监、少府监等机构中的吏员，如国史院书写和典客署书表等等。其次是宫廷吏员，如金廷近侍局中的奉职、奉御等诸局分承应人。再次，地方政府各部门的吏员，如司吏、译人、公使、书史等。《金史》中的"百司承应"指的是各官署所属低级吏员。② 太子的东宫和各亲王府也设有为数不少的此类吏员，如：东宫入殿小底应是太子东宫属吏，当附于《金史·百官志三》中的宫师府条。《金史·选举志三》有"东宫笔砚"，亦应为东宫属吏。"亲王府祗候郎君"，应是诸亲王府属吏。③

金代的吏员分为有品阶的吏员和无品阶的吏员。这里的"品阶"指文散官（文资官）和武散官的品阶，金代的文散官分九品四十二阶，武散官"凡仕至从二品以上至从一品者，皆用文资。自正三品以下，阶与文资同"④。具体内容见附表一。金代吏员出职最优者为尚书省令史，而尚书省令史的选任之途有四种：文资、女真进士、右职、宰执子。据《金史·选举志二》文武选条记载，"凡进士则授文散官，谓之文资官。自余皆武散官，谓之右职，又谓之右选"。⑤ 可知，文资官为金廷授予进士的文散

---

① 《金史》卷55《百官志一》，中华书局，1975，第1230、1231页。
② 韩世明、都兴智：《〈金史〉之〈食货志〉与〈百官志〉校注》，中国社会科学出版社，2005，第209页。
③ 参见《金史》卷58《百官志四》，第1346页；以及韩世明、都兴智《〈金史〉之〈食货志〉与〈百官志〉校注》，中国社会科学出版社，2005，第171页。
④ 《金史》卷55《百官志一》，中华书局，1975，第1221页。
⑤ 《金史》卷52《选举志二》，中华书局，1975，第1157页。

官，右职为武散官。通过文资和右职途径选任的省令史显然是带有品阶的吏员，只不过这种散官的品阶不同于表示职事官品级的实际含义，应是一种用来表示特定身份的标志。正如李方昊所说，金朝的散官制度是官员身份、类别和资历的标志，是朝廷对官员奖励和惩罚的内容之一。金朝的散官制度继承了唐宋的散官制度，并有所改进和完备，而且把这种虚衔赋予了实际含义，成为其官制的重要内容。①

金代的吏员也有正班、杂班之分。② 正班和杂班在史籍中多有出现，正班见于《新唐书》记载："正班，列于阁门之外，纠离班、语不肃者。"③ 大概"班"只是指站队的顺序，正班、杂班也只是一个队伍中的内部区分。按宋人记载："近日优人作杂班，似杂剧而简略。金人官制有文班、武班，若医、卜、倡优谓之杂班。每宴集，伶人进，曰杂班上。故流传及此。"④ 实际上，金代的杂班官绝不限于医、卜、倡优⑤。据《金史》记载："金制，文武选皆吏部统之。自从九品至从七品职事官，部拟。正七品以上，呈省以听制授。凡进士则授文散官，谓之文资官。自余皆武散官，谓之右职，又谓之右选……凡品官任都事、典事、主事、知事及尚书省令史、覆实、架阁司管勾、直省直院局长副、检法、知法、院务监当差使及诸令史、译史、掌书、书史、书吏、译书、译人、通事并诸局分承应有出身者皆为流外职。凡此之属，或以尚书省差遣，或自本司判补，其出职或正班、杂班，则莫不有当历之名职。"⑥ 而且"诸宫护卫及省台部译史、令史、通事，仕进皆列于正班，斯则唐、宋以来之所无者，岂非因时制宜，而以汉法为依据者乎"⑦。又有史料记载：海陵初，除尚书省、枢密院、御史台吏员外，皆为杂班，乃召诸吏员于昌明殿，谕之曰："尔等勿以班次稍降为歉，果有人才，当不次擢用也。"⑧ 可知，金代的诸宫护卫以及尚书省、枢密院、御史台、六部的令史、译史、通事为正班吏

---

① 参见李方昊《金朝散官制度初探》，《求索》2013 年第 10 期。
② 参见李鸣飞《〈金史·选举志〉铨选用词考释》，《史学集刊》2013 年第 3 期。
③ 《新唐书》卷 48《百官志三》，中华书局，1975，第 1236 页。
④ 赵彦卫：《云麓漫钞》卷 10，中华书局，1996，第 166 页。
⑤ 关树东撰有《金代的杂班官与元代的杂职官》一文，对金代杂班官的范围有深入的考述。参见关树东《金代的杂班官与元代的杂职官》，《隋唐辽宋金元史论》第三辑，上海古籍出版社，2013，第 262~278 页。
⑥ 《金史》卷 52《选举志二》，中华书局，1975，第 1157~1159 页。
⑦ 《金史》卷 51《选举志一》，中华书局，1975，第 1130 页。
⑧ 《金史》卷 53《选举志三》，中华书局，1975，第 1177 页。

员，中央其他机构的吏员为杂班吏员。诸局分承应人也根据其所在局有正班、杂班之分。

据《金史·选举志三》记载，正班局分的承应人有：尚药、果子本把、奉膳、奉饮、司裀、仪鸾、武库本把、掌器、掌挚、习骑、群子都管、生料库本把。杂班局分的承应人有：鹰坊子、尚食局厨子、果子厨子、食库车本把、仪鸾典幄、武库枪寨、司兽、钱帛库官、旗鼓笛角唱曲子人、弩手、伞子。此外，还有其他局分的承应人，比如秘书监楷书及琴、棋、书、阮、象、说话待诏，尚厩局医兽、驼马牛羊群子、酪人。其中，正班局分和杂班局分的部分承应人可以出职为官，而其他局分的承应人不能出职为官。

（二）吏制

吏制也有广义和狭义之分。广义的吏制研究的对象包括官制，并以官制为主；狭义的吏制，由于研究对象的差别，又称为胥吏制度、吏胥制度或吏役制度。吏制依附于官制存在，是官制的必要补充。

林志华认为，胥吏制度形成与发展的原因，从历史发展方面来说，封建国家的职官制度，文牍制度的演进必然是由简到繁，由粗到细；从社会性方面来说，胥吏制度是在中国以皇权为核心的专制体制中孕育成长的，它是中国官僚政治高度发展的产物①。吏员制度形成于战国至秦汉时期，萌芽于先秦时期。从任命方式来看，吏员制度起源于西周时期的府、史、胥、徒制度；从职能上看，吏员制度与先秦史官制度之间有内在的密切联系②。隋唐以来官吏分途，吏员从官员队伍中独立出来，吏员制度也从官制中独立出来，成为中国古代官僚政治中有别于官制而又依附于官制的一类政治制度。官吏之间的特殊关系及官制在中国古代官僚政治中的核心地位，决定了探讨吏员制度，必然不能脱离官制的范畴和视野。研究金代的吏员制度，也需放置在金代官僚政治的大背景下，结合金代官制的发展，甚至是在官制的视野下，才能更准确把握其特征。

本书的主要研究对象为金代吏员，其中相当一部分高级吏员（包括中央政府吏员和宫廷吏员）不仅在选任方面要求严格，且《金史》中有出

---

① 林志华：《关于胥吏制度的几个问题》，《安徽史学》1992年第1期。
② 赵光怀：《吏员制度起源考》，《管子学刊》2008年第4期。

职、迁转等方面的规定，还有职官入吏的情况，表明金代的吏员与胥或役之间有较为明显的差别。明清时期，胥是指供官府驱使的劳役人员，主要负责征收赋税、维持治安、看管犯人等；吏是指官府负责文书事务的公务人员，主要负责收发公文、保管档案、造报账册等文书事务。① 胥和吏的工作性质既有相似之处，又有明显不同，地位上也有所差异。② 金代的情况也基本相似，虽然《金史》中偶见胥吏或吏胥并称或"里胥"这样的表述，表明了吏、胥之间的界限尚不能完全区分开，但胥更趋向于特指最低级的、基层的小吏。而役与吏之间的界限更为明显，《金史》中未见吏役并称，多见差役、赋役、徭役、课役等，说明金代的吏是具有编制，有制度规范并领取俸禄的长期职业，而金代的役更偏重于指差役，按照相关规定履行承担的赋役，有一定的起止时限。故本书金代吏制特指金代吏员制度。

二 研究的主要意义

我国女真族建立的金王朝是中国古代史的重要组成部分。太祖、太宗时期实行勃极烈制度。熙宗即位后，废除女真传统的勃极烈制，承唐、辽、宋制度而建立三省制。海陵王创立一省制，只置尚书省，并因袭唐代制度而稍做变化对官制进行改革，之后官制终金之世而未有改变。金代吏制在制度的某些方面承袭辽宋而自有创新，并对之后的元明等朝代产生了重要影响，是中国古代吏制发展沿革史上的关键环节之一。

中国古代吏治的研究，涉及国家的兴盛存亡，涉及社会的稳定与民生之安危。明代张居正说："安民之要，惟在于核吏治。"③ 尽管他所说的是明代的情况，但是对于中国古代其他朝代都是适用的。金代吏员制度目前

---

① 祝总斌也对胥和吏的区分有类似论述，提出胥是指供官府驱使的劳役，负责催征赋税、维持治安、把守关卡、看守仓库、看管和押解犯人、站堂、看门、传唤、传送文移等诸多杂事；吏是在官府承办具体公务的人员，虽然也有役的性质，但其地位高于胥，他们在官府中负责文书事务，如收发公文、保管档案、誊录文书、造报账册等文案工作。并指出，唐宋以后胥、吏多连用，作"胥吏""吏胥"，在正式文书中则作"吏员""吏"。参见赵世瑜《两种不同的政治心态与明清胥吏的社会地位》，《政治学研究》1989年第1期；祝总斌《试论我国古代吏胥的特殊作用及官、吏制衡机制》，《国学研究》2003年第5期。
② 丁建峰：《新政治经济学视野下的胥吏政治》，《天府新论》2013年第3期。
③ （明）张居正撰《张太岳集》卷38《请定面奖廉能仪注疏》，上海古籍出版社，1983，第485页。

并没有引起学术界足够的重视，很多问题还可以进行拓宽、深化研究。对金代吏员制度进行研究，可以使我们全面了解金代吏员的类别与数目，选任、出职等方面的状况及其对金代吏治的影响，有助于我们加深对金代历史的认识。有关金朝所处的历史时代和特点，张博泉曾概括如下：金朝处于当时我国的多王朝、列国和列部并存的新时代；是我国封建社会后期出现的后北朝发展的典型；是在中原由过去以汉族为主统治转向以少数民族为主统治的时代；是全国各民族在变外为内、变夷从夏中向更高层次的统一中华大发展的时代；是由过去"黄炎之遗"的大民族主义的血统论向统一的道统、文脉的一体论的变革时代；是社会形态在全国范围内走向同态的时代；是由旧的分中国与四海的统一体模式变革为新的不分中国与四海的统一体模式的时代；是中华意识大觉醒的时代；是中华各民族大发展和大进步的时代。① 金朝处于中国古代历史的关键节点，造就了其在中华民族多元一体格局中不可忽视的历史地位。

再者，历史研究的目的在于对现实社会提供借鉴和指导。现实生活里的诸多问题都和历史有着千丝万缕的联系。表现在干部人事工作中，用人问题历来就是一个社会问题。任何社会问题的产生都不是孤立的，而是多种因素的汇集和综合反映。古代吏治，不仅能为深化当今干部人事制度改革提供丰富的经验和借鉴，它由此而揭示的居安思危、励精图治的治国思想，安民、富民、改革、发展的执政理念，识善恶、辨美丑、廉洁勤政、做官做人的哲辩性义理，也留给后人以无尽的思考。

第二节　研究现状及存在问题

吏员作为专门的研究对象，为中国古代学者所关注，始见于隋唐这一时期，人们对胥吏问题的认识还比较零散，尚未出现比较系统的论说②，仅在《隋书》《旧唐书》③ 等文献中有涉及胥吏管理、吏弊等零星记载。这一时期，正是官吏分途，胥吏成为一个独立的群体，并为当时社会接受

---

① 张博泉：《近百年来金史研究的进程与展望》，《社会科学战线》1996年第4期。
② 叶炜：《南北朝隋唐官吏分途研究》，北京大学出版社，2009，第2页。
③ 《隋书》中有关于"令史百倍于前"的讨论，《旧唐书》则记载了"胥吏得失"成为唐德宗时期举刺史、县令选拔中的一道命题。参见《隋书》卷75《刘炫传》，中华书局，1973，第1721页；《旧唐书》卷185下《薛珏传》，中华书局，1975，第4828页。

的时期。与金朝同时期的南宋学者叶适,著有《吏胥》① 一篇,对宋代出现的吏弊问题进行了专门论述,不仅描述了吏弊现象,还分析了吏弊原因,并提出了解决之道。② 明清以降,由于吏弊对政治、社会的严重危害,许多学者关注吏弊问题,分析原因,探讨解决途径,以黄宗羲《胥吏》③篇、顾炎武《吏胥》④篇、鲁一同《胥吏论一》⑤ 等为代表。

对于金代吏员的研究,早在金元时期已有之。金元之际的文人刘祁所撰《归潜志》,是金代史料中一部值得重视的著作。此书卷七记载宣宗南渡后的种种弊政。涉及的内容也相当广泛,其中儒士和吏员之间的矛盾与斗争也是金朝吏治中的一个痼疾。据记载,宣宗贞祐间,术虎高琪为相,为了树党固权,想擢用文人以为羽翼。司谏许古和侍御史刘元规见高琪擅权,相继上奏弹劾,高琪大怒,斥罢二人。因此,"大恶进士,更用胥吏"⑥。宣宗皇帝和宰相高琪等当权者奖用胥吏、压抑士大夫,从而造成吏权大盛。而实际上,金代重吏从海陵王时期就已经开始,中间有一个逐渐发展的过程,于金末达到顶峰。

金代吏员的研究成果,依据其写作的重点可以分为三大类。第一类是贯通性、综合性研究。金代吏制在某些通史性著作中偶有涉及,往往比较宏观,很少就金代某一类吏员或吏制进行具体的分析,但值得肯定的是,这些著作多高屋建瓴,站在理论的高度,提出研究的问题、角度或思路,为金代吏员的研究奠定了理论基础,指明了研究方向,具有一定的指导意义。第二类是金代吏员的相关研究。主要是针对金代吏员研究的不同方面,所做的具体研究,如对于某一类吏职或金代吏制的某一方面进行研究,如令史的选任、出职等的研究。关于金代吏员的研究,尚未见专著出版,但目前已有多篇研究成果,内容涉及部分重要吏职或吏制,具有非常重要的参考作用。第三类是源流及关联性研究,多与金代吏制及其渊源有

---

① (宋) 叶适著、刘公纯等点校《水心别集》卷14《吏胥》,《叶适集》第3册,中华书局,1961,第808、809页。
② 叶炜:《南北朝隋唐官吏分途研究》,北京大学出版社,2009,第2页。
③ (明) 黄宗羲:《明夷待访录》,中华书局,1981,第41~443页。
④ (明) 顾炎武:《日知录集释》卷8《吏胥》,(清) 黄汝成集释、秦克诚点校,岳麓书社,1994,第292页。
⑤ (清) 盛康辑《皇朝经世文编续编》卷28《吏政十一·吏胥》,文海出版社,1980,第2859页。
⑥ (金) 刘祁撰《归潜志》卷7,崔文印点校,中华书局,1983,第71页。

关，为辅助性研究成果。由于学界近年来才逐渐重视金代吏员相关研究，因此，不同的研究角度，其他朝代吏员的个案研究，尤其是自隋唐五代以来至元明清时期的吏员相关研究，不仅为金代吏员的研究提供了可借鉴的思路和方法，同时，也为我们观察金代吏制在中国古代吏制发展过程中的地位及其连续性提供了可资对比的材料。此外，还为我们深入探讨金代吏制的民族特质提供了空间。下面，在前辈学人已有研究成果的基础上，对金代吏员相关研究状况进行梳理和回顾，以期勾勒出金代吏员研究的面貌。所述以中国学者的研究成果为主，少量为日本等国外学者的研究成果。

一　贯通性、综合性研究

宏观上对古代吏员问题进行的综合性研究，以赵世瑜《吏与中国传统社会》（浙江人民出版社，1994）、刘建基《中国古代吏治札记》（社会科学文献出版社，2005）为代表。赵书虽未谈及金代吏员的情况，但是对中国古代的吏制进行了系统研究。宁欣认为这是第一部全面、系统地研究吏制的著作，不仅概述了历代吏制的沿革，还借鉴、吸收西方著名政治学家的理论与成果，分析中国传统社会的吏与吏制，开拓了吏制研究的新领域[①]。刘书从中国古代的科举选官制度、考课制度、监察制度、任官回避制度、职官体制、官德、儒家人才思想、中国古代社会贪官和惩贪、古代吏治思想演进、古代政治革新、古代盛世兴衰启示这几个方面对古代吏治进行了讨论，书中部分章节涉及金代吏员。阎步克《士大夫政治演生史稿》（北京大学出版社，2015）将中国古代的士大夫问题作为研究对象，采用结构性视角，把士大夫的最初形态追溯到周代的"士"与"大夫"，战国以来他们分化为"学士"和"文吏"两个群体，汉代又发生了儒生与文吏的合流、儒家与法家的合流，由此初步奠定了帝制中国"士大夫政治"的基础，探讨了士大夫政治的衍生过程和这种政治文化模式的特点、机制。该书对于深刻理解中国古代官僚政治的演进过程、官吏分途及吏制发展源流有重要参考价值。

另外，王亚南《中国官僚政治研究》（中国社会科学出版社，1981）

[①] 宁欣：《社会政治史研究的新尝试——赵世瑜〈吏与中国传统社会〉读后》，《中国史研究动态》1995 年第 6 期。

从分析中国社会经济形态入手，结合中国古代历史，论述了官僚政治的产生、形态和特征，并揭示了官僚政治发展和转化的一般规律，笔者曾多次研读该书，获益良多。同类研究成果还有刘小萌《胥吏》（北京图书馆出版社，1998）、钟小安《中国古代吏胥制度摭谈》（《绍兴文理学院学报》2004年第5期）、林志华《关于胥吏制度的几个问题》（《安徽史学》1992年第1期）等。这些针对中国古代吏制的系统性研究，对于笔者进行金代吏员制度的个案研究具有理论指导意义。

从官吏制衡机制的角度对吏员制度进行研究，以祝总斌的两篇论文为代表。其《试论我国古代吏胥的特殊作用及官、吏制衡机制》（《国学研究》第五卷，北京大学出版社，1998）和《试论我国古代吏胥制度的发展阶段及其形成的原因》（《燕京学报》第9期，北京大学出版社，2000）对于深刻认识吏制的发展阶段及官吏分途等方面具有重要理论指导意义。祝氏前文是从大处着眼看吏胥制度的特殊作用，以及在整个官僚机构中的官、吏制衡机制；后文认为在中国古代官僚制度的大背景下，吏制的演变自成系统，并将古代吏制的发展划分为三个阶段："吏、官身份无别"（秦汉）、"吏、官身份有别"（魏晋至隋唐）与"在制度上吏职、官职界限分明和吏胥身份总体上进一步低落"（金、元、明、清）。笔者认为官吏在唐分途后，从总体上讲，吏员的地位是逐渐低落的，而在金元时期似乎是逐渐上升的。吏员地位的低落不能只看社会舆论，还要看他们出职的品秩，以及吏员在实际政务运转中的地位和作用。周保明的《二十多年来中国古代吏制研究述略》（《中国史研究动态》2006年第11期）一文对20世纪80年代以来国内学界和日本学界的研究成果进行评析时也着重提及。该文通过对以往研究的回顾，提出各个时期吏制研究都有其自身的"热点问题"，秦汉时期是官、吏的区别与联系，以及地方长官自行"辟除"吏职的选用方式；隋唐时期以科举制为背景又受到门阀制度残留影响下官、吏流品划分的复杂形态，而唐代役制的发展直接延及宋代吏、役制度的突破性进步并成为近世吏役制的源头，吏和役身份上相互区别而职能上一定程度的重叠同样始于赵宋；金元是特殊的时代，"吏士合一"变相地达到高峰；明清吏制研究的重点则在吏对于政府和社会的危害等。文中谈到金代吏制的发展影响极大，但研究很薄弱。楼劲《"官吏之别"及"官吏关系"的若干历史问题》（《社会》2016年第1期），着眼于探讨中国古代"官""吏"区别及其相互关系，将魏晋以来官、吏关系的发展总结为"一个过渡区间的两次重要变迁";从中可见历代"官""吏"界线具有较大幅宽和弹性,又为区别化管理划出了必要边界。其总趋势则是两者从身份存在鸿沟走向两者的界线模糊,并通过以往吏职成批上升为官职和确保吏员上升为官之途,不断加强二者之间的相通性。这就使明清吏员的生态,在朝廷统官而官员统吏的框架下呈现了可控性,具有区别、限制和上升、流动相互衔接、协调的一系列特点。该文对于认识魏晋以来官吏分途的趋势及关系提供了新的视角。将胥吏作为官僚体制下的单独政治力量加以考察,还见于韦庆远、柏桦《中国政治制度史》(中国人民大学出版社,2005)一书中。

从吏治的角度对廉政制度进行的研究,主要的研究对象是广义的吏治,往往是以官员为中心,也包括吏员在内的吏治。如刘文瑞、马丽《"粗放型"的辽金元廉政建设》[《西北大学学报》(哲学社会科学版)2008年第2期]一文,注意到以往史学界多关注辽金元对唐宋制度体系的继承,而对其"马上治之"的副作用研究偏少。着力探究辽金元廉政制度的特殊性因素,分析这一时期吏治腐败和政治动荡的深层原因。汤唯、潘萍《吏学得失与扬弃》(《法学论坛》2004年第5期)从法学角度对吏学和吏制的得失、成败、优劣等进行了评析,拓展了吏制研究的视野。

对中国古代吏制源流进行探讨,如任士英《隋唐时期流外官与明清时期吏员的渊源关系》(《河北学刊》2003年第1期)一文,提出流外官在隋唐时期属于国家职官系列,是"官"身,但其中也包含着"吏"的成分。这一成分到赵宋时期逐渐加大,降至明清,则形成了所谓"未入流"的"吏员"阶层,他们在国家行政体制中的政治地位与作用具有共同性。这一阶层自隋唐以后到明清时期的嬗递与演变,蕴涵着中国封建社会政治制度发展演变的深刻内涵,体现出中国古代政治体制与政治结构的基本特征。赵光怀《吏员制度起源考》(《管子学刊》2008年第4期)对吏员制度起源问题进行了梳理,提出吏员制度形成于战国至秦汉时期,萌芽于先秦时期。从任命方式来看,吏员制起源于西周时期的府、史、胥、徒制度;从职能来看,吏员制度与先秦史官制度之间有内在的密切联系。此类研究有助于金代吏制在中国古代吏制研究中的准确定位。陈茂同《中国历代职官沿革史》(百花文艺出版社,2005)对中国古代商周至明清官制的沿革和发展进行了梳理,对于机构、职掌、人员编制及内部分工等进行了详细的论述,对于我们了解官制乃至于吏制发展的脉络,以及具体的官职、吏职的变化都有积极的参考价值。

二 金代吏员相关研究

单独将金代吏员作为研究对象，是在20世纪90年代前后。近三十年来，有关金代吏员的研究逐步从金代官制的研究范畴中剥离出来，相关领域不断扩展，在金代吏员的类别、数目、出职、选任、俸禄、与金代社会的关系等方面的研究都有一定的进展。宋立恒《金代社会等级结构研究》（中央民族大学博士学位论文，2005年）第三章品官等级研究中，补充了两个问题，谈到吏员与品官等级的关系。这是首次将当时各机构中的吏员阶层作为一个整体进行研究，揭示了金代吏员的基本状况。内容涉及吏员的范围、各级机构中吏员的数量及职掌，不同职务吏员的待遇，吏员的入列品官（即出职为官），吏员的仕宦处境四个方面。对本书论述吏员有一定的启发，但是就吏员的研究来说，仍需更全面、更深入一些。

（一）金代吏员相关研究动态

目前，金代吏员研究的基本状况如下。

1. 吏员类别方面的研究

韩世明、都兴智《〈金史〉之〈食货志〉与〈百官志〉校注》（中国社会科学出版社，2005）一书中百官志的校注部分，有助于我们深化对金代吏员的认识。历代吏员的范围都在不断发生变化。金代吏员的概念也因此具备了自身的特殊性，而学术界对其定义始终比较模糊。因此，借助此类著作中对于吏员研究有益的成果，有助于笔者对金代吏员概念的理解。关树东《金朝宫中承应人初探》〔（漆侠、王天顺主编《宋史研究论文集》（宁夏人民出版社，1999）和《民族史研究》第1辑（民族出版社，1999）〕一文对在金朝政治和社会生活中有重要地位的牌印、护卫等宫中诸局分承应人的种类进行了探讨。认为在金代，不仅宫中诸执事称承应人，内外衙署的吏员、馆驿执事也可称承应人。作为惯例，朝廷内外的流外执事以吏员、胥吏、司吏为专称，而宫中诸局分的流外执事则以承应人为专称。这一点，可能主要是因为在金朝皇室看来，宫中诸局分的官员及执事乃是家臣，与外朝官吏有别。宫中承应人尤其是近侍的骄横跋扈、吏员的营私舞弊成为金朝政治腐败的重要表现。关氏还著有《金代的杂班官与元代的杂职官》（《隋唐辽宋金元史论丛》第三辑，上海古籍出版社，

2013），以金代的杂班官和元代的杂职官为研究对象，对杂班官和杂职官的源流、性质、特点进行了深入的探讨。魏佐国《司吏考略》（《南方文物》1993年第3期）对司吏的若干史实进行了考订，提出司吏一职，自金创立，中经元、明二代，至明末清初社会大变革后，终于废止，并对各代司吏的地位进行了探讨。

林煌达《从金代主事一职看边疆民族对中国官僚体系的影响》（张希清主编《10~13世纪中国文化的碰撞与融合》，上海人民出版社，2006），因金代三省与海陵王时的尚书一省均未设置主事，文中对六部主事一职进行了编制额数、职责、来源、升迁的考察，说明边疆民族对汉人官制及观念转变的影响。"金代士人既愿担任主事一职，自不再以胥吏性质看待之。至此以后，六部主事不仅脱离吏职，被明确列为官职，更是官员升迁的重要经历。"陈昭扬《金代流外职及其人员资格》（台湾《国立政治大学历史学报》第41期，2014年5月），对金代流外职及其任职人员资格的相关规范进行了整理，并得出三点结论。第一，金朝设置了大量的有品流外职，于是职务的流内、流外属性判别标准已非品秩有无，而是官吏之别，凡为吏职者，即便有品，仍属流外。第二，金代流外职人员的资格与职务属性间的对应关系颇为复杂，有品流外职乃是专任"品官"，至于无品流外职，部分的高阶职务将制度性地以"品官"充任，并对初任的无散官人员设定散官授予办法。第三，在北宋本为分类官员身份的"有出身""无出身"资格，在金代将转为分类中央吏员或宫中承应人能否出职的身份资格，此时金朝将拥有大量的"有出身"、带散官的未出职人。

总的来说，金代部分吏职已有研究论及，但主要集中在宫中承应人等，政府系统中的吏员的类别方面的研究还较匮乏，仍然需要对吏员整体类别进一步予以深化、研究、揭示。

2. 吏员数目方面的研究

关树东《金朝宫中承应人初探》对各类别宫中诸局分承应人的数目都有所述及，由于论文研究的重点不在此处，所涉承应人数目多为对《金史》相关记载的客观摘录，并未进行进一步讨论。周峰《金代酒务官初探》（《北方文物》2000年第2期）中对金代酒务系统的官吏进行了梳理，在探讨酒务官的出身时，有涉及部分酒务系统吏员的数额及出职情况，但对酒务系统吏员的出职没有深入论述。孟繁清《金代的令史制度》（《宋辽金史论丛》第二辑，中华书局，1991）一文谈及金代中央机构主管文书案牍等事务的令史的设置及数额。此类研究对于所涉及的具体吏员数额研究得比较细致，但是缺乏把吏员作为一个整体进行吏员数额的探讨，因此，有关金代吏员数额的问题仍然需要通过进一步的研究予以揭示。

3. 吏员选任方面的研究

关树东《金朝宫中承应人初探》一文对在金朝政治和社会生活中有重要地位的牌印、护卫等宫中诸局分承应人的出身进行了探讨。认为金代官员出身之一的令史、译史、通事、检法、知法、书写等属于吏。宫中承应人与内外各衙门的吏员、院务监当差使皆属流外职。陈昭扬《金代汉族进士的官职迁转》（张希清主编《10~13世纪中国文化的碰撞与融合》，上海人民出版社，2006）一文以官职迁转过程为主轴，整理金代汉族士人政治活动中制度框架的具体运作内容，建立汉士官员升迁的基本模式。以金朝的汉族进士官员为研究对象，选择的起点为世宗以后就任的汉人宰执，分为三个阶段并详细讨论了每个阶段汉士迁转所需的时间及条件。其中涉及汉族进士充任尚书省令史等中央吏员的情况。

王峤《金代护卫述论》[《河北师范大学学报》（哲学社会科学版）2016年第2期]对金代护卫进行分类，分为皇帝护卫、东宫护卫、妃护卫、太子妃护卫四种，并对护卫选任的条件和方式进行讨论，认为护卫中女真人最多，占总人数将近百分之九十。陈昭扬《金代宫中承应人的选任制度》（《台湾师大历史学报》第49期，2013年6月），从编制与阶序出发，分析宫中承应人的选任制度及其运作，观察宫中承应职体系的分工与分层，并对宫中承应职内部的迁转机制进行了讨论。提出金朝宫中承应职已经建有初步的等级阶序；宫中承应人的主要选取标准有前任职务、才干、家世等三项；金朝利用职务等级阶序简单安排承应人的选迁秩序，不过其秩序的规律与稳定度仍不及外朝职务。通过选任制度的分析，对待同类性质的职务与人员规划的不同来源及与汉人王朝①对宫中承应任人选任制度予以探讨。都兴智《金代汉进士授官制度考述》（《考试研究》2014年第2期）考察了金朝不同时期汉进士科的授官制度及相关问题，其中，对进士补吏的情况有所述及。

有关金代某一类吏员选任的研究已经比较深入，尚待进行的工作是通过对金代吏员范围的界定，对尚未纳入目前学界研究范围的吏员的选用情

---

① 学界也称为中原王朝。

况进行探讨，进而在此基础上形成金代吏员选任整体情况的系统认识。

4. 吏员出职方面的研究

以宋德金《金代社会与传统中国》（《中央民族大学学报》1995 年第 3 期）一文为代表，认为金代吏员出职列为正式入仕途径，这是金之前唐宋制度中所没有的。有金一代，由吏员而步入仕途者，不仅数量多，而且可获高位，以至担任参知政事、左右丞平章事、左右丞相等要职。这也是以前历代所不曾有过的。这说明吏员自隋唐以来降低的地位有所提高。吏员出职扩大了职官来源，其中还出现了一些颇有政绩者。金代大量吏员出职为官，也给吏治带来严重后果。特别是贞祐南渡以后，金代吏权大盛，也与此不无联系。他还认为金代的吏员出职制度，不仅对本朝吏治有很大影响，而且开启了元制的先河。到了元代，这一制度得到进一步发展和完善，成为元代的一项重要制度。此类文章立意高远，多将吏员研究放置在大的历史背景下看待，而不局限于一朝一代，这种具有历史纵深的视野使其有了准确的定位，起到非常重要的理论指导意义，也为吏员的评价奠定了基础。而进一步的工作则可以从政治学和社会学的视角，看待置于更宽广的历史背景中的金代吏员，在研究的深度和广度上进行扩展。

具体对某一类吏员的迁转与出职进行的探讨，陈昭扬有多篇文章涉及，陈氏《金代官员的迁转路径——以格法为中心的观察》（《成大历史学报》第 47 期，2014 年），以格法为中心，考述金世宗、章宗时期的官员迁转路径。提出金朝的官员迁转路径主要借由三道程序建立。第一，依据职掌性质与职品高低分等职务，一套适用于迁转的职务等级序列因此建立。第二，通过军功、劳效、进士、门荫、出职等五大入仕途径的分梳，官员获得分类，迁转路径将可循类设制。第三，迁转路径的优劣主要分化于部拟除授场合，此为多数官员仕宦初期的必历阶段，各类官员将有各自的可任职务，迁转路径获得分类与分等，其待遇与政治权益因此有别，各类官员的仕宦前途也将有不易超脱的既定格局。陈文对高等级的吏员如百司承应的出职及迁转路径进行了探讨，提出金代世宗、章宗时期官员的仕宦初期迁转待遇可分六等，而高阶百司承应职出职者，以及进士、武举、军功、劳效等出身之官员，将可获得较佳的迁转路径的观点。陈氏还撰有《金代汉族进士的官职迁转》（张希清主编《10~13 世纪中国文化的碰撞与融合》，上海人民出版社，2006），以官职迁转过程为主轴，整理金代汉族士人政治活动中制度框架的具体运作内容，建立汉士官员升迁的基本模式。以金朝的汉族进士官员为研究对象,选择的起点为世宗以后就任的汉人宰执,分为三个阶段并详细讨论了每个阶段汉士迁转所需的时间及条件。

周峰在《金代酒务官初探》(《北方文物》2000年第2期)中对金代酒务系统的官吏进行了梳理,在探讨酒务官的出身时,涉及部分酒务系统吏员的数额及出职的一般情况,但对酒务系统吏员的出职没有深入论述。孟繁清《金代的令史制度》一文谈及令史的出职情况,认为令史出职是金代入仕升迁的一条重要门径,甚至是一条捷径,尤其是尚书省令史更是这样。"在某种意义上也可以说,金代的令史选拔制度与出职制度,促进了儒与吏的结合",而学者们认为,恰恰这种趋势被有着相似统治背景的元朝所传承。王崤《金代护卫述论》[《河北师范大学学报》(哲学社会科学版)2016年第2期]对金代护卫出职情况进行讨论,认为护卫出职制度形成于熙宗皇统年间,金代中期护卫出职的起点较高,升迁较快。

也有学者从流外的角度对吏员和承应人出职进行探讨。孙孝伟《金朝流外出职制度研究》(《黑龙江教育学院学报》2007年第4期)一文认为金朝的流外出职人员主要包括一至九品职官之外的吏员和宫中诸局分承应人。并对这两类人的来源和出职时间做了较为详细的探讨,讨论了流外出职的作用和局限性,认为对这两类人出身的职官不能给予太高评价。但是从另一方面来说,吏员的出职也说明在金代,吏员的地位有所上升。不过时人对吏员的评价普遍不高。另外在其硕士学位论文《金朝选官制度研究》(吉林大学硕士学位论文,2005)中有部分章节对荫补制度、流外出职、侍卫亲军出职等与吏员相关的问题进行了研究,有一定的借鉴意义。陶晋生(《金代的用人政策》,《食货》复刊第8卷11期,台北,1979)讨论金朝的用人政策和仕进制度时,提出宫廷祗候服务人员是女真贵族甚至平民步入仕途的重要途径。

出职问题是金代吏员研究的重要课题之一,也是学界关注的重点。目前,学术界对吏员出职的研究,主要集中在《金史》等文献有详细记载的承应人和令史等吏员上,而对于其他吏员的出职情况却较少涉及,还有对金代吏员的出职问题进行进一步的扩展及探讨的必要。

5. 吏员与金代社会方面的研究

周峰《金代近侍初探》(《内蒙古社会科学》1998年第2期)认为金代宫廷中参与政治的是近侍而不是宦官。近侍局是殿前都点检司下属的一个机构,即是侍从皇帝上传下达的一个机构。考察了近侍的出身:多为女真族人中的权贵乃至宗室；也有少数进士出身的，但这些人同时也多为权贵；也有因父功或护卫进入近侍局的。讨论了近侍的仕历：因近侍在皇帝身边，使自己的才干得以充分体现，故而仕途也多是一帆风顺，最后致位宰执的不乏其人。这也说明金代吏员的地位有所上升。论述了近侍在金代政治生活中的作用，认为近侍参政，消极性大于积极性，是导致金代朝纲紊乱以趋于亡的因素之一。李锡厚《金朝的"郎君"与"近侍"》（《社会科学辑刊》1995年第5期）指出金代近侍在金代中后期中央决策过程中的特殊作用及其弊端。认为女真建国后，宗室称郎君，当是沿用辽廷授予女真贵族青年男子的旧称。建国初期，各部酋长参与决策的权力逐渐被郎君取代，熙宗后推行汉制，实行专制主义中央集权，郎君成为加强皇权的最主要障碍，被近侍取代。熙宗、海陵时期已开始重用近侍，已有近侍进入决策圈。自章宗时起，近侍的权力越来越膨胀。南渡后，外廷大臣不受信任，参与决策的只有皇帝身边的近侍。近侍预政，是金南渡后加速走向覆亡的重要原因。郎君与近侍的特殊地位，从一个侧面体现了金朝政治制度的特点。关树东《金朝明昌党事考实》（姜锡东、李华瑞主编《宋史研究论丛》第七辑，河北大学出版社，2006）对明昌党事的原因、参与人员、过程、结果及影响等进行了考察，后又著《金代的"冷岩十俊"——〈金朝明昌党事考实〉补遗》（《宋史研究论丛》第十四辑，河北大学出版社，2013）对"冷岩十俊"人物进行了考证。这两篇文章重在对金朝明昌年间分别以平章政事完颜守贞和参知政事胥持国为首的相对立的文官集团之间的争斗进行考证，但其中涉及官员和高级吏员，并且对金代社会产生了一定的影响，对认识金代吏员，尤其是金代中期吏员参与政治和由此而对金代政治和社会产生的影响有积极意义。林杏容的硕士学位论文《明代通事研究》（暨南大学硕士学位论文，2006）在"宋辽金时期的民族语言翻译官"一节中把金代的翻译吏员分为口译的通事和书译的译史（或称译人）两种。认为金代有译史的考核制度，通事、译史的地位比前朝有明显的提高，是女真政权中的重要翻译吏员。但该文对金代翻译吏员的论述还不够深入。

值得肯定的是，有关吏员与金代社会的研究，尤其是与金代政治方面的研究已经取得了比较丰富的成果，这为我们探讨吏员与金代社会提供了重要借鉴。借助学术界的研究成果，把吏员与金代社会有机地结合起来进行研究，甚至将其放置于大的历史背景中，同时借助政治学和社会学的视角进行分析和探讨，势必会对吏员与金代社会之间纷杂的关系有所澄清。

6. 吏员俸禄方面的研究

杨果《辽、金俸禄制度研究》（《宋辽金史论稿》，商务印书馆，2010），考察了金代俸禄制度的发给准则，发给对象、发放物、发放形式与支给制度，探讨了俸禄制度的阶段变化。其中，部分内容涉及吏员俸禄的相关研究。钟铮铮《金代文职朝官的俸禄制度研究》（吉林大学硕士学位论文，2008）一文对文职朝官的俸禄制度进行了论述。关树东《金朝宫中承应人初探》一文对牌印、护卫等宫中诸局分承应人的俸秩与各种待遇进行了探讨。王峤《金代护卫述论》对金代护卫的经济待遇进行讨论，认为护卫的待遇不低，经济收入有两类：俸禄和皇帝的赏赐。同类研究还有秦欣欣《金代武官俸禄制度研究》（吉林大学硕士学位论文，2014）等。总体而言，金代吏员俸禄方面的研究总体是缺乏的，有必要做进一步的深入研究。

（二）与金代吏员密切相关的金代官制研究成果

研究金代吏制，脱离不开金代官制。金代官、吏之间的模糊界限，以及金代官制与金代吏制在某些问题上显现出来的共性和特征，都表明金代官制的相关研究成果对金代吏员研究的重要参考价值。事实上，要深化对金代吏制本质特征的认识，的确离不开金代官制研究的相关支撑，甚至于为了探索这一本质特征，有必要在官制的视角下，通过金代官僚政治制度的演变，窥探吏员制度的若干特征。

有关金代官制的研究，以程妮娜《金代政治制度研究》（吉林大学出版社，1999）为代表，这是关于金代政治制度研究，尤其是官僚制度研究方面的集大成之作，王可宾评价，"该书可以称得上目前研究金代官制及相关政治制度的第一部较好专著"[①]。该书对金代的官僚政治制度建立和发展的过程进行了深入研究，揭示了金代官僚制度多民族与多制并存的特点，详细考察了金代汉官制度确立过程中，以中原官制为主，兼容女真、契丹等制，诸制互相渗透、交融的形成过程。鉴于金代官制研究对吏制研究的重要意义，在对金代吏员的若干特质进行探索，以及因此而对金代官

---

① 王可宾：《一部求是求实的新作——读〈金代政治制度研究〉》，《史学集刊》2000年第3期。

制的某些问题进行梳理的过程中，该书为笔者深化对于金代吏员制度的形成和发展过程及其本质特征的认识提供了基本的遵循，同时也给予了笔者大量启发。同类研究成果还有日本学者三上次男《金代女真研究》（金启孮译，黑龙江人民出版社，1984）、外山军治《金朝史研究》（李东源译，黑龙江朝鲜民族出版社，1988）以及国内学者李桂枝《辽金简史》（福建人民出版社，1996）等。

金代官制某一问题的具体研究，以张博泉《金天会四年"建尚书省"微议》（《社会科学辑刊》1987年第4期）为代表，对金代官制中的一些具体问题如尚书省建立时间进行了专门的考证研究，提出天会四年"建尚书省"是金太祖天辅七年"设中书省、枢密院"与金熙宗全面推行汉官制的一个中间环节。王曾瑜《金熙宗"颁行官制"考辨》（《宋史研究论丛》第六辑，河北大学出版社，2005）对金熙宗颁行官制问题进行了深入的探讨，提出金太宗到金熙宗时的"天会官制"，主要是机构的创设和调整，金熙宗时的"天眷官制"则是新定"官号、品秩、职守"。这类研究对于金代官制建立过程的深入探查，有助于准确把握金代吏制的发展演变及其地位。同类研究成果有武玉环《金朝中央官制的改革》（《北方文物》1987年第2期）、程妮娜《论金代的三省制度》（《社会科学辑刊》1998年第6期）和《金代一省制度述论》（《北方文物》1998年第2期）、杨清华《金朝行省制度研究》（吉林大学博士学位论文，2009）、孙佳《金代行政路制研究》（吉林大学博士学位论文，2014）等。

关于金代职官制度方面的研究，李方昊《金朝散官制度初探》（《求索》2013年第10期），对金朝散官制度进行了探讨，提出金朝散官分为文散官、武散官、司天官、太医官、内侍官、教坊官六大类，其中文散官为42阶，武散官为42阶，司天官、太医官、内侍官各15阶。金朝散官制度是金朝官员身份、类别和资历的标志，是朝廷对官员奖励和惩罚的内容之一，弥补了官员晋升中高级职官职位不足的问题，对我们探讨高级吏员（包括中央政府吏员和宫廷吏员）的出职迁转等问题有一定的参考价值。孙孝伟《金朝选官制度研究》（吉林大学硕士学位论文，2005）对金朝的选官制度进行了综合全面的研究。认为金朝时期，军功入仕、世袭、科举、荫补和流外出职是主要的选官途径，侍卫亲军出职、劳效出职、荐举入仕、纳粟补官是补充形式，建立了一套相对完善的选官制度。曾代伟《金朝职官管理制度述略》（《民族研究》1993年第3期）对金朝职官选任制度、考课制度、致仕制度、官吏渎职犯罪的惩治等问题进行了探讨，并认为金朝职官管理立法，以唐辽宋旧制为蓝本，同时又保留了女真族的一些传统习俗，形成了颇具特色的职官管理制度。程妮娜《论猛安谋克官制中的汉制影响》（《北方文物》1993年第2期）从猛安谋克如何纳入封建汉官体系与官员职掌，猛安谋克官员的任免、升迁情况，以及猛安谋克俸禄制的形成三方面，探讨猛安谋克官制中的汉制影响。同类研究成果还有张创新《金朝致仕制度浅议》（《史学集刊》1986年第3期）、杨树藩《辽金文官任用制度》（《宋史研究集》第9辑，宋史座谈会编，台北，1977）、程妮娜《金代监察制度探析》（《中国史研究》2000年第1期）、王世莲《金代的考核与廉察制度》（《辽金史论集》第4辑，书目文献出版社，1989）等。

关于金代女真和汉族之间民族关系与交流，以刘浦江《金朝的民族政策与民族歧视》（《历史研究》1996年第3期）为代表，从金朝的民族政策与民族歧视的角度进行了深入探索。从金代民族政策的演变过程来看，金初的民族歧视最为严重，海陵、世宗以后有很大的改观，宣宗南渡后，由于外患深重，统治者不得不采取某些措施以进一步缓和民族矛盾；但终金之世，民族歧视政策并没有发生根本的改变。乔幼梅《论女真统治者民族政策的演变》（《文史哲》2008年第2期），提出金朝女真统治者对于契丹、奚等族，长期以打击和同化政策为主；对汉族的政策，则存在着一个由入主中原之初十余年间的压迫、打击和排斥，到与南宋媾和之后转向主动学习、仿效、交流和融合的演变过程，从而全面实现了体制性的变革，终于融入了古代中华民族共同体。其变革、融合的深刻程度远胜于辽、元。孟东风《金代女真人的汉化与民族融合》（《东北师大学报》1994年第6期）论述了金代女真人的汉化与民族融合的过程以及两者交互作用的关系。认为女真人的汉化实质是封建化，它是发展和扩大民族融合的保障条件，指明女真人和汉族的融合首先是通过经济交流实现的，经济贸易活动及伴其而行的文化交流，促进了女真人生活及生产方式的改变，进而也就加速了民族融合的步伐。张泰湘等《论金代女真族与汉族之间的文化交流》（《黑龙江民族丛刊》1993年第3期），对金代女真族与汉族之间的文化交流的形式和表现进行了探讨，指出中原汉族文化北移及与女真文化的相互影响，造成了金代女真文化的发展繁荣。张晶《试论金代女真文化与汉文化的融合与排拒》（《社会科学辑刊》1991年第2期）对女真文化与汉文化之间的关系进行了探讨，提出女真文化之于汉文化，既有融合，也有排拒。其中，融合是主导倾向，是不可逆转的趋势。排拒倾向是次要的，但仍然不可忽略。同类文章有宋德金《金代女真的汉化与汉族士人的历史作用》（《宋辽金史论丛》第二辑，中华书局，1991）、冯继钦《金元时期契丹人的汉化、女真化与蒙古化》（《沈阳文史研究》第四辑，1989）、王对萍《论金世宗挽救女真传统的措施》（《沈阳大学学报》2010年第2期）、宋馥香《论金代女真族文化对汉族的影响》[《西南师范大学学报》（人文社会科学版）2001年第5期]、张新艳《金统治下汉人与女真人的关系——金统治下的汉人研究之三》为代表的系列论述等。

总而言之，近年来金代官制相关领域研究的深度和广度都有不同程度的扩展，对于金代吏制的研究有明显的促进作用。同时，深化了吏制研究的深度，并扩大了金代吏制的研究范围。

三 源流及关联性研究

（一）辽代官、吏制度与金代吏制相关联的研究

辽金易代，辽代南北面官制度对金代初期的官制建设产生了重要的影响，两代吏制之间又有密切关联，且契丹和女真同为北方强大的少数民族，共同书写了10~13世纪北部中国的历史，分别建立了强大的少数民族特色的政权，故探讨辽代的吏制，对准确认识金代吏制具有不可忽视的作用。李长巍《近十多年来辽朝南北面官制研究的回顾与思考》（《学理论》2014年第11期）对近年来辽朝南北面官制研究动态进行梳理后提出，南北面官是辽朝统治者出于维护自身统治而创设的一项重要政治制度，对我国历史产生了深远的影响。并指出，目前的研究忽略了地方职官及其制度和地方机构的研究，忽略了从职官和机构设置后产生的效果这一角度的研究。我们在探讨辽金官、吏制度沿革及其渊源时，囿于《辽史》材料和研究成果匮乏，多从官制角度追溯两代制度之间的渊源，而少见从吏制层面探讨两代之间的关联。

目前，辽代官制研究已有不少成果面世，武玉环《辽制研究》（吉林大学出版社，2001）一书上篇专门探讨了辽代的政治制度。何天明《辽代政权机构史稿》（内蒙古大学出版社，2004）一书在其系列论文的基础上撰写而成，对辽代的政权机构进行了详细的探讨。王可宾《辽代女真官制

考略》(《史学集刊》1990年第4期)对辽代女真官制勃极烈、猛安谋克等进行了考察,为探讨辽金时期女真官制的因循提供了重要参照。同类研究成果还有陈述《契丹政治史稿》(人民出版社,1986)、杨若薇《契丹王朝政治军事制度研究》(台北文津出版社,1991)、武玉环《辽代部族制度初探》(《史学集刊》2000年第1期)、何天明《辽代北宰相府的设立及职官设置探论》(《社会科学辑刊》1997年第5期)等。以上官制研究为我们从辽金官制着手了解辽金吏制的深层渊源关系及金代部分吏职的渊源提供了有益参考。

辽代吏制的研究,目前所见论著不多。关树东在《辽朝的选官制度与社会结构》(张希清主编《10~13世纪中国文化的碰撞与融合》,上海人民出版社,2006)一文认为:辽朝的选官制度对金元两朝产生了直接影响。金朝的宫中承应人出职制度,元朝的怯薛制,与辽朝的祗候郎君、护卫、近侍小底仕进制一脉相承;吏员出职,金因辽制,至元代而规制益备。关树东《辽朝御帐官考》(《民族研究》1997年第2期)通过大量考证旨在说明"御帐虽是'禁中',但绝不能把辽朝的御帐官与中原王朝的'内官'系统等同。御帐官是契丹人仿效中原的内宫系统和禁卫组织,结合本民族固有特点而设立的别具特色的一套机构"。关氏在辽金官、吏制度,尤其是对宫中承应人方面的探讨,对深入观察辽金时期宫廷吏员、吏职,乃至于相关吏制的沿革提供了重要的参考。王雪梅《辽金政治制度的比较》(《吉林师范学院学报》1995年第2期)一文对辽金政治制度尤其是统治政策进行了对比分析,并提出,辽朝与金王朝前期统治政策基本相同,即都是按照因俗而治的方针进行统治。但金建国不久就在中央全部实行汉官制,而辽的因俗而治政策则贯穿始终。究其主要原因有:一是金的民族习惯更与汉族相近;二是金朝为加强皇权的需要。

(二)宋代吏制与金代吏制相关联的研究

宋、金两朝并行长达百余年,制度上既有关联,又有所区别。宋代吏制的研究成果,不仅能为金代吏制研究提供重要的借鉴,而且是确定金代吏制在中国古代吏制发展史上,尤其是10~13世纪期间地位的重要参照坐标,同时,也是金代吏制研究的重要对比材料。甄一蕴《宋代胥吏研究综述》(《中国史研究动态》2016年第1期)从宋代吏弊问题的研究、胥吏组织及职能的研究和胥吏管理制度的研究三大方面对宋代胥吏的研究状况进行了详细的综述，可见学界对于宋代胥吏的研究已经比较充分。下面择其与金代吏制研究有较密切关联者简述之。

就具体的吏制研究而言，制度层面的研究主要有穆朝庆《宋代中央官府吏制述论》(《历史研究》1990年第6期)，以宋代中央官府的吏制为研究对象，对宋代吏制中吏职的界定与联系分类、吏的资格与选任方式、吏的升迁与出职、吏的待遇、吏员工作管理等问题分别论述。王曾瑜《宋朝的吏户》(《新史学》第4卷1期，台湾三民书局，1993)对宋代吏的范围、职责做了系统的讨论。同类文章还有高美玲《宋代的胥吏》(《中国史研究》1988年第4期)、苗书梅《宋代县级公吏制度初论》(《文史哲》2003年第1期)和《宋代州级公吏制度研究》(《河南大学学报》2004年第6期)、张典友《宋代文书吏制度考——以令史与书令史为考察核心》[《河南师范大学学报》(哲学社会科学版)2012年第5期]、林煌达的硕士毕业论文《北宋吏制研究》(台湾中正大学，1994)和博士毕业论文《南宋吏制研究》(台湾中正大学，2001)等。

胥吏出职、选任等制度的研究是宋代吏制研究中比较重要的一类，穆朝庆、王曾瑜等人的研究都有涉及，除此以外，祖慧的系列研究较具代表性，如《宋代胥吏的选任与迁转》(《杭州大学学报》1997年第2期)、《宋代胥吏出职与差遣制度研究》(《浙江学刊》1997年第5期)等。同类研究还有陶绪《宋代吏人晋级制度初探》[《湖南科技大学学报》(社会科学版)1990年第1期]和《宋代枢密院吏人升迁制度初探》[《湘潭师范学院学报》(社会科学版)1992年第1期]，李志刚、李文才《试论宋代令史的选拔和迁转》[《山东师范大学学报》(人文社会科学版)2012年第3期]，王浩《宋代流外官的考任与出职》(上海师范大学硕士学位论文，2015)等。

其他诸如宋代冗吏问题的研究，如祖慧《宋代胥吏溢员问题研究》(《中国史研究》1998年第3期)对宋代吏额冗滥的原因、表现、额外要吏等问题进行了研究；武小平《论宋代三省冗吏的形成》(《云南社会科学》2013年第1期)对宋代三省冗吏形成的动态过程进行了论述，为金代冗吏问题研究提供了参照。对宋代胥吏经济待遇的研究，如祖慧《宋代胥吏俸禄制度研究》(《古典文献与文化论丛》第二辑，杭州大学出版社，1999)为金代吏员俸禄制度研究提供了对比材料。吏员与宋代社会方面的研究，如祖慧《论宋代胥吏的作用及影响》(《学术月刊》2002年第6

期)、《宋代小吏贪腐成因及镜鉴》(《人民论坛》2014年第30期)。诸如此类的问题,不再详述。

(三) 元代吏制与金代吏制相关联的研究

由于金元吏制在渊源上的密切关联,元代吏制的研究成果,对金代吏制的研究具有重要的参考价值,同时,对于金代吏制的流变及影响方面的研究有重要意义。许凡《元代吏制研究》(劳动人事出版社,1987),从吏员名目与职责、吏员出职制度、吏员选用制度、元代吏制与元代社会四个方面进行研究,这种针对元代吏制的个案研究,在研究的范畴、方法以及思路等方面,都使笔者进行金代吏员研究受益匪浅。同时,金元吏制之间的密切关联,也有助于笔者将金代的吏员研究放在一个大的时代背景下考察,从而对金代吏员的研究,尤其是对其纵向研究方面,无疑是具有积极意义的。许凡还著有《论元代的吏员出职制度》(《历史研究》1984年第6期),总结了元代吏员出职制度的基本内容,分析了其产生的历史条件和原因,及其产生的主要社会政治效果,并探讨了对这一制度的评价。此后,雒庆娇、吕文英《元代吏员出职制度的再评价》(《甘肃理论学刊》1999年第5期)一文对元代吏员出职制度进行了再评价,进一步深化了对元代吏制核心的出职制度的研究。上述研究,比较全面地揭示了金元在吏制尤其是出职制度方面的承继关系,对研究金代吏制具有重要的参考和借鉴意义。

有关元代典章制度的研究,其中关于吏制研究的部分,扩展了研究吏员制度的深度和广度,同时,对于深化金代吏员制度流变及元代吏制的影响方面的研究具有深远的意义。元代典章制度中与金代关系最密切的当属元代中期出现的习吏启蒙读物《吏学指南》[①]一书,相关研究有王军杰《〈吏学指南〉研究》(山东大学硕士学位论文,2014),以《吏学指南》为整体研究对象,对《吏学指南》成书与作者、版本与流传、编纂与创新、内容与思想、价值与利用进行了探讨。郭超颖、王承略《从〈吏学指南〉看元代吏员意识》(《江西社会科学》2015年第2期),认为《吏学指南》是元代吏员出职制度的产物,反映出在元代官员铨选制度下,官府胥吏在具有不同于以往的政治地位的同时,形成了更加独立的自我意识。同类研究有叶新民《一部元朝公文用语辞典——〈吏学指南〉简

---

① (元)徐元瑞:《吏学指南》,杨讷点校本,浙江古籍出版社,1988。

介》[《内蒙古社会科学》(文史哲版) 1988 年第 6 期]，杨世铁《〈吏学指南〉的辞书性质》[《淮北师范大学学报》(哲学社会科学版) 2014 年第 5 期]，汪汉卿、章善斌《〈吏学指南〉中的法律思想》(《学术界》1992 年第 2 期)等。

其他如方龄贵《通制条格校注》(中华书局，2001)、陈高华等《元典章》(天津古籍出版社，中华书局，2011)等从文献点校的角度对吏制都有所涉及。此外宫海峰《〈至正条格〉文书解读研究》[《内蒙古大学学报》(哲学社会科学版) 2013 年第 4 期]就《至正条格》中的特殊句法和一些词汇问题进行初步探讨，其中包括汉式吏员公牍体句式等，从文书学的角度扩展了元代吏制的研究范围。

此外，元代政治制度史方面的一些研究成果，也为探讨金元吏职、吏制的演变等问题提供了参考，如李治安《元代政治制度研究》(人民出版社，2003)一书为代表，对元代政治制度进行了深入探究，该书对元代具有典型少数民族政权特色的蒙、汉二元体制的阐述，为笔者探讨金代吏制民族特质提供了参考。

(四)其他时期吏制与金代吏制相关的研究

金代吏制渊源的探讨，可上溯至隋唐时期，下则对元及以后的明清两朝亦有影响，故略述之。

隋唐五代时期对于金代吏制研究的意义在于，一是从制度沿革的角度具有追本溯源的意义，隋唐时期确立的三省体制(唐玄宗时演变为中书门下体制)，为宋以后政治体制的运作奠定了基本的框架和运行模式[1]，五代十国时期的大多数制度多承袭唐朝，包括职官制度[2]，金制直接渊源的辽、宋政治体制亦承唐制而来；二是隋唐以来，恰是官吏分途的新的阶段，唐代的官吏分途，为观察吏制及吏员群体提供了开端和样板，且探寻金代吏员的群体性及分类、分层现象及其发展，亦需要置于唐宋时期这一大段时间内。唐代吏员研究，以张广达《论唐代的吏》[《北京大学学报》(哲学社会科学版) 1989 年第 2 期]为代表，提出流外官和杂任常被统称为内外杂职掌或职事人、杂色人，流外官是唐代吏的主体，而唐代胥吏的

---

[1] 刘后滨：《从三省体制到中书门下体制——隋唐五代》，吴宗国主编《中国古代官僚政治制度研究》，北京大学出版社，2004，第 133 页。
[2] 杜文玉：《五代十国制度研究》，人民出版社，2006，第 117 页。

特点就在于他们的身份和地位总介于入流、未入流和杂任之间。叶炜《试论隋与唐前期中央文官机构文书胥吏的组织系统》（《唐研究》第五卷，北京大学出版社，1999）主要讨论了该时期中央文书胥吏组织系统形成发展的过程和环节，梳理了都事、录事、主书、令史、书令史、府、史等胥吏的结构体系，指出了胥吏地位进一步下降的事实。俞鹿年《唐代的胥吏制度》（《中国法律史国际学术讨论会论文集》，陕西人民出版社，1990）论述了唐代吏胥的类别、职掌、来源、待遇及政治地位与作用。同类文章还有任士英《唐代流外官名例试释》[《烟台师范学院学报》（哲学社会科学版）1989年第4期]、《唐代流外官制度研究》（上、下，《唐史论丛》第五、六辑，1990、1995）和《唐代"流外出身人"叙职考》[《烟台师院学报（哲学社会科学版）》1993年第1期]，王永兴《关于唐代流外官的两点意见》[《北京大学学报（哲学社会科学版）》1990年第2期]和《通典载唐开元二十五年官品令流外官制校释》（《文史》三十五辑，中华书局，1992）等。

五代时期的制度研究，以杜文玉《五代十国制度研究》（人民出版社，2006）一书为代表，其中有专节对五代时期的荫补与流外铨进行了考证，并与唐代的情况进行了对比，显示出五代十国制度总体上承唐制而来并有所发展的动态变化过程。五代十国制度是唐宋时期制度沿革流变链条上的关键一环，对金代吏制的历史定位具有积极的参考意义。

近年来，隋唐官吏分途研究取得了一定的进展。叶炜《南北朝隋唐官吏分途研究》（北京大学出版社，2009）一书，通过细致的考证分析，探讨了南北朝隋唐官吏分途问题，从文书胥吏系统的发展背景、形成进程，以及针对文书胥吏群体的特殊管理方式等层面入手，对作为一种政府公务人员分类、分层现象的官吏分途的基本特点，及其历史源流、演化趋势进行了条分缕析、洞微烛幽的考察。同类研究还有李锦绣《官与吏：界限的模糊》（黄正建主编《中晚唐社会与政治研究》，中国社会科学出版社，2006）等。

明清胥吏制度的一些研究成果，对于理清金元一脉相承的吏制在历史发展中的延续性具有较重要的参考价值。重要的综合性研究成果有李洵《论明代的吏》（《明史研究》第四辑，黄山书社，1994）一文，以"吏"为中心，对吏在明代的演变，明吏的特征和吏在官僚政治中的特殊作用等方面进行了探讨。赵世瑜《明代吏典制度简说》[《北京师范大学学报》

（社会科学版）1988年第2期］对明代吏典的参充、升转和离役、职任、待遇等问题进行了简要的探讨。王雪华《清代吏胥制度研究》（武汉大学博士学位论文，2004）对清代吏胥制度进行了系统研究，对官僚政治与吏胥制度的关系以及吏胥在官僚机制中的位置进行了考察，对吏胥制度在传统社会后期兴盛的缘由、清代吏胥制度的特点以及吏胥制度的历史缺陷进行分析。同类研究成果还有缪全吉《明代胥吏》（台北，嘉新水泥文化基金会，1969）和桑国东、徐舜尧《明代吏员制浅探》［《辽宁师范大学学报》（社会科学版）1997年第3期］等。

对吏制或吏治进行专门研究的文章也颇丰盛。颜文广《明代官制与吏制的区别及其影响》［《华南师范大学学报》（社会科学版）1989年第2期］，对明代官制与吏制进行了比较研究，分析了官制与吏制之间的区别，探讨了区分官、吏的制度的优劣。赵毅《明代吏员和吏治》（《史学月刊》1987年第2期）对明代吏员名目、数目、升转制度及吏治进行了深入的研究。刘文瑞《试论明代的州县吏治》［《西北大学学报》（哲学社会科学版）2001年第2期］对明代州县吏治的表现进行了论述，提出明代州县处于官僚和社会矛盾夹击的两难境地，是吏治腐败的滋生温床。侯荣华《明代胥吏制度与明代吏治》［《赤峰学院学报》（科学教育版）2011年第6期］认为胥吏制度是影响明代政治的最重要因素。他对明代胥吏制度及其对吏治、明代政治等的影响进行了探讨，提出明朝的胥吏制度继承元制而来，明朝亡于吏治，并认为明朝吏治败坏，很大程度上与胥吏制度有直接关系。同类研究成果还有徐林《明吏心态初探》（《求是学刊》2001年第6期）、《明吏为政心态与吏治腐败》［《东北师大学报》（哲学社会科学版）2002年第3期］、洪勇《明代吏员的选拔》（《云南社会科学》2001年第5期）等。

目前，学术界对于中国古代吏员制度的研究并不均衡，秦汉吏制，魏晋至隋唐、宋元、明清的吏员制度研究成果颇多，相关论文多如繁星，或已有专著已面世。金代吏员制度的相关研究，总体的研究还很薄弱。

综合上述对金代吏员研究现状的评述，可以得出以下结论：学界前辈对于金代吏员某些方面的研究，以及其他朝代吏员的研究为研究金代吏员奠定了基础，提供了一些可供借鉴的思路及方法。但是，从总体上来说，上述金代吏员研究的广度和深度方面是远远不够的，金代吏员研究还存在很多空白点，如从总体上对金代吏员的把握不够；金代吏员的职责与管理等方面研究匮乏；金代吏制的源流等方面的研究仍有进一步探索的空间；金代吏员的社会活动对金代社会的影响方面的研究仍有不足；对吏员的评价及对金代吏制的评价欠缺；缺乏从政治学、社会学角度对金代吏员制度的系统的研究；金代吏权大盛的根源及背景亦需要做进一步的探讨；金代吏员的民族特质亦缺乏探讨。因此，本书以金代吏员作为个案研究的对象，针对金代吏员研究广度、深度不够以及存在研究盲点的研究现状，着力从政治学、社会学的角度对金代吏员制度进行系统、全面、深入的梳理和探讨，拾遗补阙，抛砖引玉，以推动金代吏员的深入研究。

第三节 研究思路

第一，以历史学的研究方法为主，借鉴政治学、社会学的研究方法。本书以金代吏制作为研究对象，即是秉承着将金代吏制这一制度史研究的基础上，将研究的方向扩展到政治与社会生活史的领域，结合金代特有的政治和社会文化，把金代的"吏"放置在特定的历史背景下加以归纳、分析、推理。金代的吏制属于中国古代政治史的一部分，所以在研究中同时引入政治学的研究方法，尤其是政治学的视角，看待作为政权构成一部分的吏员，这样能够把金代的吏员变化及其特殊性与金代的政权构成紧密地联系起来，由此呈现在我们面前的不仅仅是一个个单纯的吏员，同时也是作为一个特殊的政治集团的吏员。社会学理论的引入，则有助于从更广泛的角度解读有关金代吏员制度的史料，在"死"的制度的基础上，将吏员最大限度地还原到历史当中。

第二，文献与考古资料相结合。史料匮乏是辽金史研究不容回避的问题。仅仅依靠金代文献来研究金代吏员制度也是远远不够的，可以借助唐代、宋代、元代的文献，对金代吏员制度做比照研究。文献对于金代吏员制度的记载固然比较丰富，但并不是十分完备，仍然需要重视考古资料对文献记载的印证和补充。相当数量的金代墓葬及出土墓志对于金代吏员制度的研究有十分重要的意义，而文献与考古资料相结合的"二重证据"则可以加强研究结果的信度。

第三，个案分析与整体分析相结合。笔者于此强调本文的个案分析与整体分析的结合，以金代吏员作为整体的个案研究尚缺乏系统性固然是重要的原因，同时，将金代吏员作为一个整体放置于大的时代背景中进行研究同样是亟须的。金代吏员制度上承唐下启元，恰是宋—元这一大的时代变革的缩影。因此，金代吏员的个案分析与整体分析相结合，对于我们取得系统性的认识是非常关键的。

当然，受限于史料匮乏及学识、精力等方面不足，作为笔者研究金代吏员制度的一个阶段性成果，本书主要讨论金代吏员制度的某些问题。关于金代吏员的研究仍有一些方面留有遗憾，尤其是对某一类吏员的研究，如对金代的尚书省令史、近侍、护卫等重要的吏职，未展开进行专门的讨论。此外，吏弊、冗吏及对现实的借鉴等方面的研究亦未展开。从这个意义上来说，笔者所从事的金代吏员这一课题的研究，只是画一个逗号。

第二章　金代吏制的形成与发展

《皇朝经世文编》卷24《吏政》记载："有官则必有吏，有官则必有役。周官有府史胥徒之名，汉唐以后名称不一，执掌则同。盖居官者责无旁贷，事有兼资，抱案牍，考章程，备缮写，官之赖于吏者不少；拘提奔走，役之效力于官者亦不少。凡上下文移不曰该管官吏，则曰一应官役。吏役盖未可忽矣。"[①] 可见，官、吏、役三者关系错综复杂，以吏称官，吏役纠缠，贯穿了整个中国古代。

第一节　吏制的溯源

吏员在我国古代历史发展过程中，逐渐制度化，形成与官制相对应且成为其必要补充的吏员制度，简称吏制。古代吏制的发展演变，经历了三个阶段："吏、官身份无别（秦汉时期）；吏、官身份有别（魏晋至隋唐）；在制度上吏职、官职界限分明和吏胥身份上进一步低落（金元明清时期）。"[②] 在第三个阶段，政治发展的需求，导致吏制的进一步发展。行政从政治中分离出来，事务与政务相区别。处于第三个阶段前期的金代吏员，在设置上，既明显体现出隋唐官吏分途之后，吏与官之间界限分明的特点，又带有女真民族政权的特色。从海陵时期开始，吏员中的一部分，便开始在金代的政治运作中发挥重要作用；世宗至章宗前期，由于朝廷对吏员严格治理，吏员对金代社会的积极作用得以彰显；章宗后期至金亡，

---

① （清）陈宏谋：《分发在官法戒录檄》，见《皇朝经世文编》卷24《吏政十》，清光绪宜今室石印本。
② 祝总斌：《试论我国古代吏胥制度的发展阶段及其形成的原因》，《燕京学报》第9期，北京大学出版社，2000，第87～120页。另有赵世瑜认为吏制萌芽于先秦，滥觞于秦汉，魏晋南北朝时期的特点是吏与役的纠缠，隋唐时期流外与杂任使吏制更为复杂，宋代胥吏集团迅速膨胀，元代吏的地位空前提高。见赵世瑜《吏与中国传统社会》，浙江人民出版社，1994。

这一时期吏权大盛，吏员弄权朝政，吏治黑暗，政治腐败，一定程度上加速了金王朝的衰亡。

古代吏制经过千百年的发展，到宋金时期已较为成熟、完善。讨论金代吏制形成的背景，不能不回顾此前吏制的演变过程。

吏制萌芽于先秦时期。《周礼·天官冢宰》载："治官之属，大宰，卿一人……府六人，史十有二人。"除此之外，还有胥、徒。郑玄注曰："府，治藏。史，掌书者。凡府史皆其官长所自辟除。"贾公彦疏云："案下宰夫八职云：五曰府，掌官契以治藏；六曰史，掌官书以赞治；……官长谓一官之长，若治官六十，其下府史皆大宰辟召，除其课役而使之，非王臣也。"① 可以看出，管理文案的"史"和府一样，都是由官长自行选任以协助办公，且免除课役。胥、徒类似于后代的役。《国语·周语》记载"王乃使司徒咸戒公卿、百吏、庶民，司空除坛于籍"，注曰：百吏，百官。② 先秦时期的吏制萌芽为后代吏制的发展成熟奠定了基础。

秦朝"以吏为师"，这里的"吏"既包括官员，也包括具有职役性质的里胥、公人。③ 秦朝建立起一整套的中央集权化制度，汉承秦制又有发展。《汉书·张汤传》中记载，官列九卿之一、主管司法的中央官员廷尉，也可被人称为"大吏"。由此可见，此时官、吏、役三者相通。曹魏实行九品中正制以后，官员等级高下由品流分开。吏员不入品流，自晋至南朝愈演愈烈，成为吏员身份日益低落的一个标志。隋又设九品，"谓之流内，流内自此始焉"④。形成流外与流内官相对应的完善体系，通过流外官制度，第一次在体制上明确区分吏与官。

唐承隋制。唐代的"官"与"吏"已有明确界限，胥吏的职掌、数额等皆有详细规定，标志着胥吏制度的形成⑤。然而，吏与役的区分在隋唐时期尚不明确，导致了这个问题至今还存在许多分歧。隋唐以来胥吏合

---

① （汉）郑玄注、（唐）贾公彦疏《周礼注疏》卷1《天官冢宰》，见《十三经注疏》，上海古籍出版社，1997，第640页。
② 《虢文公谏宣王不籍千亩》，《国语》卷1《周语上》，上海古籍出版社，1988，第17页。
③ 参见高敏《试论汉代"吏"的阶级地位和历史演变》，见其《秦汉史论集》，中州书画社，1982，第245~246页。
④ （唐）杜佑撰《通典》卷19《职官一》，王文锦等点校，中华书局，1988，第481页。
⑤ 林志华：《关于胥吏制度的几个问题》，《安徽史学》1992年第1期。另外，赵世瑜在《吏与中国传统社会》一书中提出：从宋代开始，吏员集团正作为一个相对独立的社会政治群体出现于历史舞台上。见赵世瑜《吏与中国传统社会》，浙江人民出版社，1994，第101页。

称，一直沿用至今，便是其体现。吏在地位上近似于民，特别是吏来源于民，与参加科考得官者不同，却近于由民充役者，使两者始终纠缠在一起，一直影响到宋代。①

宋初，统治者加强专制主义中央集权，以防止割据势力的出现。由此而造成官制杂乱，官员成倍增加，吏员数额也随之膨胀。宋代吏职名目繁多，有孔目、曹司、令史、书吏等。② 而且吏制也更加完善。吏员选任、升转、待遇都得到统治者的进一步重视。由于吏制本身的完善，吏与职役的区别日益明确。吏员虽在九品之外，却有编制额数。

而与宋同时期的金朝虽立国仅119年，但"典章文物粲然成一代治规"③。金朝官制带有北方民族政权的特色。"女真人建立政权后，经历了由推行女真猛安谋克制度到吸收辽南、北面官制，最后全面推行汉官制的过程，形成了以汉官制为主，融女真、辽制于其中的新官制。"④ 作为官制必要补充的吏制，也伴随着金代新官制的建立而逐步形成。金代吏制在一定程度上承袭唐代吏制，在此基础上又有所创新，具备少数民族政权的特色。

第二节　金代吏制的发展阶段

吏员制度依附于官制而存在，金代吏员制度的形成及发展过程，与金代官制的形成过程有密切的关联。结合金代官制发展，笔者认为金代吏员制度经历了以下几个发展阶段。

第一阶段，从太祖收国元年（1115）至太宗天会十三年（1135），是吏员制度的萌芽期。

金朝立国之初，各种制度处于草创时期，在中央政权层面，勃极烈制度取代了在女真部落内部运行的联盟议事会，地方政权的结构则是以猛安谋克制取代了勃堇制度。随着统治区域的扩大，猛安谋克制这一女真制度也扩大到了原辽朝的东京道等部族分布区，金太祖在辽东地区"除辽法，

---

① 参见赵世瑜《吏与中国传统社会》，浙江人民出版社，1994，第70页。
② 参见高美玲《宋代的胥吏》，《中国史研究》1988年第4期。
③ 《金史》卷12《章宗纪四》，中华书局，1975，第285页。
④ 程妮娜：《女真人与汉官制》，《吉林大学社会科学学报》1990年第6期。

省税赋，置猛安谋克一如本朝之制"①。

天辅六年（1122）以后，随着占领区域逐步扩大到燕云地区以及原北宋统治区，女真统治者意识到这种适用于女真人，甚至在契丹、渤海、奚等北方民族间实施时依然有效的政治制度，在原辽、北宋汉人聚集区并不能建立正常的统治秩序。因此，通过调整统治政策稳定统治秩序，成为金朝统治者不得已而为之的统治策略。按《金史》记载："汉官之制，自平州人不乐为猛安谋克之官，始置长吏以下。"② 不乐为猛安谋克之官，始置长吏以下，标志着金朝开始出现汉官制度的因素。"天辅七年以左企弓行枢密院于广宁"③ 则可视作金朝中央确立了以辽南院之旧制对辽朝汉人聚居区实施统治的政策。

"天会四年，建尚书省，遂有三省之制。"④ 是指金朝统治集团于天会四年颁布诏令对女真旧制和原辽汉人枢密院制进行改革，建立以尚书省为中心的三省制⑤。张博泉指出，天会四年（1126）"建尚书省"，不是建在中央，也不是对金统治的地区全部进行改革，中央和北面的官制基本上没有变化⑥。故诏令颁布后，金朝中央与中原同步进行改革，官制改革是自下而上，先建基层机构，后立最高机构⑦。中央的尚书省建于天会十二年（1134），真正成为权力中心却是在天会十三年（1135）以后，亦即金熙宗即位进行改革以后⑧。尚书省为中心的三省制的形成过程，是金朝汉官制度的形成过程，依附于金朝汉官制度的吏员制度也在这一时期萌芽。

第二阶段，从天会十三年熙宗继位至海陵朝正隆二年（1157），是吏员制度的形成期。

就金朝官制的发展过程而言，这一时期正是汉官制度正式确立，尤其是在金朝中央，熙宗继位初即确立了以尚书省为中心的三省六部制，并"循辽、宋之旧"，"颁新官制及换官格"，新定官号、品秩、职守。熙宗

---

① 《金史》卷2《太祖本纪》，中华书局，1975，第29页。
② 《金史》卷55《百官志一》，中华书局，1975，第1216页。
③ 《金史》卷55《百官志一》，中华书局，1975，第1216页。
④ 《金史》卷55《百官志一》，中华书局，1975，第1216页。
⑤ 程妮娜：《论论金代的三省制度》，《社会科学辑刊》1998年第6期。
⑥ 张博泉：《金天会四年"建尚书省"微议》，《社会科学辑刊》1987年第4期。
⑦ 程妮娜：《论论金代的三省制度》，《社会科学辑刊》1998年第6期。
⑧ 孟宪军：《试论金代尚书省的建立和发展》，《辽宁师范大学学报》（社会科学版）2000年第3期。

时期，一些重要吏职的迁考出职已有规定，目前所见《金史》中记载多为皇统八年时定格，如省令史、译史，御史台令史、译史，部令史、译史。

但就吏员制度而言，随着海陵王继位，开始对三省六部制的政治架构进行有步骤的改革，部分吏职的迁考出职制度也随之建立起来，海陵天德年间，对右职官的迁考出职给予明确规定，"凡右职官，天德制，忠武以下与差使，昭信以上两除一差"①。正隆元年（1156）时，国史院书写的出职成为定制，相较而言，正隆元年的官制改革更重要，"罢中书、门下省，止置尚书省"，并对中央行政机构进行了规范，确立了一省制行政架构，为吏员制度的确定奠定了基础。正隆二年，金代吏员制度正式确立，按《金史》记载：

> 凡内外诸吏员之制，自正隆二年，定知事孔目出身俸给，凡都目皆自朝差。海陵初，除尚书省、枢密院、御史台吏员外，皆为杂班，乃召诸吏员于昌明殿，谕之曰："尔等勿以班次稍降为歉，果有人才，当不次擢用也。"又定少府监吏员，以内省司旧吏员及外路试中司吏补。②

金代吏员制度伴随汉官制度的形成过程，从最初零星吏职的出职规定到正隆二年（1157）形成完备的政治制度，即具有普适性的"内外诸吏员之制"。

第三阶段，海陵正隆二年以后至章宗朝，是吏员制度的完善期。

金代吏员制度确立以后，实行过程中逐渐出现了一些新的问题，吏员制度在细节上需要通过不断修订予以完善。因此，在世宗和章宗朝，对吏员制度进行了大面积的修订，尤其是世宗朝，从大定元年（1161）更定宫中诸局分承应人班叙俸给③开始，大定年间多数年份均有修订吏员制度的记载，涉及大部分中央政府吏员和宫廷吏员。对于同一吏职的迁考出职等相关规定，世宗时期也有多处修订的记载，以省令史、译史为例：

> 省令史、译史。皇统八年格，初考迁一重，女直人依本法外，诸

---

① 《金史》卷53《选举志三》，中华书局，1975，第1178页。
② 《金史》卷53《选举志三》，中华书局，1975，第1177页。
③ 《金史》载："凡宫中诸局分，大定元年，世宗谓诸局分承应人，班叙俸给涉于太滥，正隆时乃无出身，涉于太刻，又其官品不以劳逸为制，遂命更定之。"见《金史》卷53《选举志三》，中华书局，1975，第1183页。

第二章　金代吏制的形成与发展

人越进义，每三十月各迁两重，百二十月出职，除正六品以下、正七品以上职官。正隆二年，更为五十月迁一重。初考，女直人迁敦武校尉，余人迁保义校尉，百五十月出职，系正班与从七品。若自枢密院台六部转省者，以前已成考月数通算出职。大定二年，复以三十月迁一官，亦以百二十月出职，与正、从七品。院台六部及它府司转省而不及考者，以三月折两月，一考与从七，两考正七品，三考与六品。三年，定格，及七十五月出职者，初上令，二中令，三下令，四、五录事，六下令，七中令，八上令。百五十月出职者，初刺同、运判、推官等，二、三中令，四上令，回呈省。大定二十七年，制一考及不成考者，除从七品，须历县令三任，第五任则升正七品。两考以上除正品，再任降除县令，三、四皆与正七品，第五任则升六品。三考以上者除六品，再任降正七品，三任、四任与六品，第五任则升从五品。①

在正隆二年确立的省令史、译史迁考出职规定的基础上，大定二年（1162）、三年（1163）、二十七年（1187）先后三次进行了详细的修订，与正隆二年之前的规定相比，显然更加严谨和详细。

章宗继位伊始，延续了世宗朝以来对吏员制度修订完善的做法。《金史》中关于章宗时期修订吏员制度的最早记载是：

> 章宗大定二十九年，上封事者言："诸州府吏人不宜试补随朝吏员，乞以五品以上子孙试补。盖职官之后清勤者多，故为可任也。"尚书省谓："吏人试补之法，行之已久，若止收承荫人，复恐不闲案牍，或致败事。旧格惟许五品职官子孙投试，今省部试者尚少，以所定格法未宽故也。"遂定制，散官五品而任七品，散官未至五品而职事五品，其兄弟子孙已承荫者并许投试，而六部令史内吏人试补者仍旧。②

这则史料虽是对试补随朝吏员的制度进行修订的实例，对金朝吏员相关制度的修订原因也有所反映，"吏人试补之法"即是行之已久的"旧格惟许五品职官子孙投试"，导致"今省部试者尚少"，不能满足需要。究其原因，尚书省认为是"所定格法未宽"，因此于章宗大定二十九年

---

① 《金史》卷53《选举志三》，中华书局，1975，第1173～1174页。
② 《金史》卷53《选举志三》，中华书局，1975，第1178页。

（1189）进行了进一步的修订。章宗明昌、承安、泰和年间，亦多次对吏员的迁考出职等制度进行修订完善。世宗和章宗朝对金代吏员制度的修订和完善，确保金代吏员制度在完备的情况下，通过动态化的修订，继续具备可操作性。总体而言，这一阶段，金代的吏员制度更加完善，这与世宗、章宗朝社会繁荣、政治生态良好的大环境是一致的。

第四阶段，卫绍王至金亡，是金代吏员制度的衰落期。

章宗朝后期，金朝由盛转衰，社会中的矛盾也逐步显现出来。来自蒙古的军事压力日益显现，金代的政治制度日趋衰落，尤其是宣宗贞祐二年（1214）南渡后，近侍之权尤重，严重影响到国家政治制度的正常运转。

政治制度的衰败必然影响到吏制，尽管《金史》中散见诸如"凡右职官……贞祐三年，制迁至宣武者，皆与诸司除授，亦两除一差。凡不犯选格者，若怀远方注丞簿，至安远则注下令、上令各一任，呈省。四年，复以官至怀远注下令，定远注中令，安远注上令，四任呈省"[①] 的零星记载，反映出宣宗时在前朝的基础上继续修订吏员制度，但总体而言，南渡后面对经济、军事、社会等多方面的压力，金朝中央政权紊乱的官僚体系和畸形的统治，已无力确保吏员制度规范、有序的实施。事实上，以近侍为代表的部分吏职权力快速膨胀失去制衡，正是金代吏员制度规范性受到严重挑战的表现。

另外，金末为解决国库空虚问题，允许纳粟进爵。宣宗贞祐四年，允许承应人、令译史吏员纳粟出职为官[②]，表明在特定形势下，纳粟进爵等政策特例也给金代吏员制度的正常运转带来了严重的挑战。金亡前夕，陷入战争泥沼的金朝统治者，对官僚政治制度的衰败尚且无能为力，更遑论兼顾到吏员制度。

---

① 《金史》卷 53《选举志三》，中华书局，1975，第 1180 页。
② 《金史》卷 50《食货志五》，中华书局，1975，第 1125 页。

第三章 金代吏员的类别和数目

我们探讨金代吏员，对金代吏员类别和数目的论述是必不可少的。为叙述方便，分中央和地方两部分来论述金代吏员的类别和数目。中央吏员又分中央政府部门吏员和宫廷吏员两部分。有些吏员，史书给我们留下了比较明确的记载，为探讨金代的中央吏员提供强有力的支持。而有些吏员，只有只言片语的记录，甚至有的吏员，就连私人著述也只字未提，我们只能通过与其他朝代的比照或是推理得出结论。

第一节 中央吏员的类别和数目

一 中央政府部门吏员的类别和数目

吏制依附于官制而存在。武玉环先生认为，金朝中央官制渊源于唐宋官制。三朝官制的基本结构相同，官署的名称与职掌也基本相同。所不同的是：唐、宋中央官制设立三省六部，而金并三省为尚书省，使中央集权更为强化。[1] 中央汉官制度是随着金朝官制的改革而逐步确立的。天眷元年，熙宗"颁新官制及换官格"[2]，对太宗天会年间建立的三省制进行改革。海陵在位时期，"颁行正隆官制"[3]，对官制进一步改革，中央只设尚书一省，作为全国唯一的最高政务机构。下设左右司、六部。左、右司分督六部文案，其中左司总察吏、户、礼三部之事，右司总察兵、刑、工三部之事。最高军事机构枢密院（世宗大定中，又设临时军事统帅机构元帅府，战罢则废），也归尚书省管辖。此外，纠察百官的御史台、监修国史的国史院、掌制撰词命的翰林学士院、掌皇族政教的大宗正府以及宣抚

---

[1] 武玉环：《金朝中央官制的改革》，《北方文物》1987年第2期。
[2] 《金史》卷55《百官志一》，中华书局，1975，第1216页。
[3] 《金史》卷5《海陵本纪》，中华书局，1975，第106页。

司、劝农使司、司农司、三司等中央各政府部门存在大量的吏员，主要是令史和译史、通事，在官员的指挥下从事具体的文书事务。所以，我们在讨论吏员类别和数目的时候，就不能不涉及各机构官员的类别和数目。

(一) 尚书省的吏员类别和数目

金代的官吏都是有固定编制的。正隆官制以尚书省作为唯一的最高政务机构，设尚书令，左、右丞相，左、右丞，参知政事。世宗时，对正隆官制稍作调整，在左、右丞相之下设平章政事，与尚书令、左右丞相并为宰相，而以左右丞、参知政事为执政官，成为定制。按照史籍记载，尚书省职官设置有：尚书令一员（正一品，总领纪纲，仪刑端揆）；左、右丞相各一员（从一品）；平章政事二员（从一品，左、右丞相和平章政事掌丞天子，平章万机）。左、右丞各一员（正二品），参知政事二员（从二品，左、右丞与参知政事为宰相之贰，佐治省事）。

尚书省下设左右司，其官员类别和数目基本相同：都是郎中一员（正五品）、员外郎一员（正六品）、都事二员（正七品）。其中，左司员外郎掌本司奏事，总察吏、户、礼三部受事付事，兼带修起居注官，回避其间记述之事；右司员外郎掌本司奏事，总察兵、刑、工三部受事付事，兼带修注官，回避其间记述之事。左、右司的都事掌本司受事付事，检勾稽失、省署文牍，兼知省内宿直，检校架阁等事。除此之外，右司还设有尚书省祗候郎君管勾官（从七品，谨其出入及差遣之事）。金章宗承安二年（1197）以前，由走马郎君拟注。《泰和令》规定，以左右司的女真都事兼。金哀宗正大年间，改用亲从人。

架阁库设有职官管勾二员（正八品）和同管勾二员（从八品），哀宗正大年间均省一员，掌总察左右司大程官追付文牍，并提控小都监给受纸笔。

提点岁赐所的职官由左右司郎中、员外郎兼，掌提点岁赐出入钱币之事。

堂食公使酒库的职官有：库使一员（从八品，掌受给岁赐钱，总领库事）、副库使一员（正九品，掌贰使事）。

直省局的职官有：局长（从八品，掌都堂之礼及官员参谢之仪）、副局长（正九品，掌贰局长）。管勾尚书省乐工（从九品）。职官员数失载，据上下文推测均为一员。

架阁库设有数量众多的吏员。吏员类别有省令史、译史、通事、走马郎君、曳剌等。

省令史是在尚书省诸房（科）从事文案工作的具体办事人员，也称为掾史、省掾。从事翻译工作的具体办事人员是省译史和省通事，前者从事书面的翻译，后者是口头的翻译吏员。由于金朝是女真族建立的多民族政权，随着女真文字的创立，境内通行的语言有汉语、女真语、契丹语，所以省令史有汉令史和女真令史，一度还有契丹令史。另外，出于统治境内各部以及和高丽、西夏、回纥外交的需要，尚书省设有通晓两种以上语言的译史、通事，分别是书面、口头的翻译吏员。

尚书省吏员的数目，据《金史·百官志一》记载：令史有女真省令史三十五人，其中左司二十人，右司十五人。[①] 汉令史三十五人，其中左司二十一人，右司十四人。省译史十四人，左右司各七人。女真译史同。通事八人，左右司各四人。高丽、夏国、回纥译史四人，左右司各二人。诸部通事六人。曳剌（曳剌原为契丹语，是低级属吏名）二十人。走马郎君五十人。

根据史籍记载，尚书省正员官 26 人，吏职 186 人。尚书省吏员约占官吏总人数的 87.7%。

（二）枢密院（元帅府）的吏员类别和数目

金代元帅府的设置可分为前后两个时期，前期从太宗天会三年至海陵天德二年，是奴隶制向封建制过渡时期常设的军政合一的统治机构；后期从世宗大定年间复置元帅府至金末，是兵兴始置、兵罢则省的封建军事统帅机构。[②] 海陵于天德二年改都元帅府为枢密院，掌军国机务、兵防边备、戎马政令，受尚书省节制。成为金朝常设的最高军事机构。大定以后，元帅府与枢密院交替并行。"枢密院每行兵则更为元帅府，罢则复为院。"[③] 王曾瑜认为这大致适用于金世宗和金章宗两代。除金世宗初年和金章宗末年两次对宋战争设都元帅府外，其余四十多年和平时期内都由枢密院掌军。世宗、章宗时期，最高政务机构尚书省对最高军事机构枢密院有提

---

① 大定二十四年为三十人。进士十人，宰执子、宗室子十人，密院台部统军司令史十人。
② 程妮娜：《金朝前期军政合一的统治机构都元帅府初探》，《吉林大学社会科学学报》1999 年第 3 期。
③ 《金史》卷 44《兵志》，中华书局，1975，第 1003 页。

控、节制之权，实际上是进一步加强皇权的措施。① 卫绍王大安三年（1211），蒙古大举南下侵金，元帅府由临时机构转为常设机构，与枢密院并存，直到金朝灭亡。

根据《金史·百官志一》记载，都元帅府的职官设置有：都元帅一员（从一品）、左右副元帅各一员（正二品）、元帅左右监军各一员（正三品）、左右都监各一员（从三品）、经历、都事、知事各一员（正七品）、检法一员（从八品）。

都元帅府吏员的类别和数目为：女真令史十二人（承安二年十六人），汉人令史六人。译史三人，女真译史一人（承安二年二人）。通事，女真三人，后为六人（承安二年复为三人），汉人二人。泰和六年伐宋时，权设平南抚军上将军（正三品）至殄寇果毅都尉（从六品），凡九阶，② 军还即罢。置令译史八十人，正三十三人，其余四十七人从都元帅府选擢。

综上，都元帅府的正员官 11 人，吏职 34 人左右，伐宋时吏职 80 余人。都元帅府吏员约占官吏总人数的 75.6%，伐宋时都元帅府吏员约占官吏总人数的 87.9%。

枢密院的职官设置有：枢密使一员（从一品，掌凡武备机密之事）、枢密副使一员（从二品）、签书枢密院事一员（正三品）、同签枢密院事一员（正四品）、经历一员（从五品）、都事一员（正七品，掌受事付事、检勾稽失省署文牍、兼知宿直之事）、架阁库管勾一员（正八品）、知法、检法各二员（从八品，掌检断各司取法之事）。

枢密院吏员类别和数目：枢密院令史，女真十二人，汉人六人，三品官子弟四人，吏员转补二人。译史三人，通事三人，回纥译史一人，曳剌十五人。

综上，枢密院的正员官 11 人，吏职 46 人，枢密院吏员约占官吏总人数的 80.7%。

（三）御史台的吏员类别和数目

金代的御史台是中央监察机构。熙宗于天眷元年设御史台，终金之世而未改。主要对官僚体制下各个部门行使监督职权。海陵即位后，御史台

---

① 王曾瑜：《金朝军制》第 2 版，河北大学出版社，2004，第 12~14 页。
② 九阶曰平南抚军上将军、平南冠军大将军、平南龙骧将军、平南虎威将军、平南荡江将军、殄寇中郎将、殄寇郎将、殄寇折冲都尉、殄寇果毅都尉。

开始真正发挥作用，监察百官。

根据《金史·百官志一》记载，御史台设置的职官有：御史大夫一员（从二品，掌纠察朝仪、弹劾官邪、勘鞫官府公事。凡内外刑狱所属理断不当，有陈诉者付台治之）、御史中丞一员（从三品）、侍御史二员（从五品，掌奏事、判台事）、治书侍御史二员（从六品，掌同侍御史）、殿中侍御史二员（正七品，每遇朝对立于龙墀之下，专劾朝者仪矩，凡百僚假告事具奏目进呈）、监察御史十二员（正七品，掌纠察内外非违、刷磨诸司察帐并监祭礼及出使之事）、典事二员（从七品）、架阁库管勾一员（从八品）、检法四员（从八品）、狱丞一员（从九品）。

吏员类别和数目：御史台令史，女真十三人，其中班内祗六人，终场举人（参加科举考试，考到殿试才被黜落的举子）七人。汉人十五人，其中班内祗七人，终场举人八人。译史四人，其中班内祗二人，终场举人二人。通事三人。

御史大夫和御史中丞数目失载，根据前后文推测均为一员。若果真如此，御史台的正员官28人，吏职35人，御史台吏员约占官吏总人数的55.6%。

（四）六部的吏员类别和数目

吏、户、礼、兵、刑、工六部是尚书省下辖的最重要的机构。"国初与左、右司通署，天眷三年始分治。"①

（1）根据《金史·百官志一》记载，吏部主要执掌文武百官的选授、勋封、考课、出给制诰等。"以才行劳效，比仕者之贤否。以行止、文册、贴黄簿，制名阙之机要。正七品以上，以名上省，听制授。从七品以下，每至季月则循资格而拟注，自八品以上则奏，以下则否。"② 职官设置有：尚书一员（正三品）、侍郎一员（正四品）、郎中二员（从五品，掌文武选、流外迁用、官吏差使、行止名簿、封爵制诰，一员掌勋级酬赏、承袭用荫、循迁、致仕、考课、议谥之事）、员外郎四员（从六品，天德二年增作四员，后省，分判曹务及参议事，所掌与郎中同）、主事四员（从七品，掌知管差除、校勘行止，分掌封勋资考之事，惟选事则通署，及掌受事付事、检勾稽失省署文牍，兼知本部宿直、检校架阁）。

---

① 《金史》卷55《百官志一》，中华书局，1975，第1219页。
② 《金史》卷55《百官志一》，中华书局，1975，第1220页。

架阁库在大定二十一年六月设立，由主事提控。职官有：管勾一员（正八品，掌吏、兵两部架阁，兼检校吏部行止）、同管勾一员（从八品）。

官诰院设职官提举（掌署院事）二员。

吏部吏员类别和数目：令史六十九人，其中女真令史二十九人。译史五人，通事二人，与令史同。泰和八年（1208），令史增十人。

通常情况下，吏部的正员官16名，吏职86名，吏部吏员约占官吏总人数的84.3%。

（2）户部主管财政方面的事务，包括户籍、物力、婚姻、继嗣、田宅、财业、盐铁、酒曲、香茶、矾锡、丹粉、坑冶、榷场、市易；度支、国用、俸禄、恩赐、钱帛、宝货、贡赋、租税、府库、仓廪、积贮、权衡、度量、法式、给授职田、拘收官物、并照磨计帐等。交钞库、印造钞引库、抄纸坊、交钞库物料场、随处交钞库抄纸坊、平准务隶户部。职官设置有：尚书一员（正三品）、侍郎二员（正四品，泰和八年减一员，大安二年复增）、郎中三员（从五品，天德二年置五员，泰和省作二员，又作四员，贞祐四年置八员，五年作六员）、员外郎三员（从六品）、主事五员（从七品，女直司二员，通掌户度金仓等事，汉人司三员，同员外郎分掌曹事，兼提控编附条格、管勾架阁等事）。

架阁库设有职官：管勾一员（正八品，掌户、礼两部架阁，卫绍王大安三年以主事各兼之）、同管勾（从八品）、检法（从八品）、勾当官五员〔正八品，海陵贞元二年（1154），设干办官十员，从七品。三年（1155），置四员，寻罢之。四年，更设为勾当官，专提控支纳、管勾勘覆、经历交钞及香、茶、盐引、照磨文帐等事。承安二年作四员，贞祐四年（1216）作十五员，五年（1217）作十员，兴定元年五员，二年复作十员〕。

户部吏员类别和数目：令史七十二人，内女真十七人。译史五人，通事二人。泰和八年增八人。

架阁库的职官设置有变动，以章宗泰和年间为例，户部的正员官20名，吏职87名，户部吏员约占官吏总人数的81.3%。

（3）礼部"掌凡礼乐、祭祀、燕享、学校、贡举、仪式、制度、符印、表疏、图书、册命、祥瑞、天文、漏刻、国忌、庙讳、医卜、释道、四方使客、诸国进贡、犒劳张设之事"[1]。惠民司隶礼部。职官设置有：

---

[1] 《金史》卷55《百官志一》，中华书局，1975，第1234页。

尚书一员（正三品）、侍郎一员（正四品）、郎中一员（从五品）、员外郎一员（从六品）、主事二员（从七品）。

礼部吏员类别和数目：令史十五人，内女真五人。译史二人，通事一人。

礼部的正员官6人，吏职18人，礼部吏员占官吏总人数的75%。

左三部检法司的职官有：司正（正八品，掌披详法状）二员、检法（从八品，掌检断各司取法文字）二十二员。吏员类别和数目的相关史料阙如。

（4）兵部"掌兵籍、军器、城隍、镇戍、厩牧、铺驿、车辂、仪仗、郡邑图志、险阻、障塞、远方归化之事"[①]。四方馆、法物库、承发司、军器监、武卫军都指挥使司隶兵部。职官设置有：尚书一员（正三品）、侍郎一员（正四品）、郎中一员（从五品）、员外郎二员（从六品）、主事二员（从七品）。

兵部吏员类别和数目：令史二十七人，内女真十二人。译史三人，通事二人。

兵部的正员官7人，吏职32人，兵部吏员约占官吏总人数的82.1%。

军器监，设于承安二年，下设甲坊、利器两署。泰和四年改监为署，至宁元年复为军器监，下设军器库、利器署。掌修治戎器之事。职官设置有：监（从五品）、少监（从六品）、丞（从七品）、直长（正八品）。吏员类别和数目失载。

（5）刑部主要负责法律、刑罚方面的事务，包括律令格式、审定刑名、关津讥察、赦诏勘鞫、追征给没；监户、官户、配隶、诉良贱、城门启闭、官吏改正、功赏捕亡等。万宁宫提举司、庆宁宫提举司属刑部。职官设置有：尚书一员（正三品）、侍郎一员（正四品）、郎中一员（从五品）、员外郎二员（从六品，一员掌律令格式、审定刑名、关津讥察、赦诏勘鞫、追征给没等事，一员掌监户、官户、配隶、诉良贱、城门启闭、官吏改正、功赏捕亡等事）、主事二员（从七品）。

架阁库的职官有：管勾（正八品，掌刑、工两部架阁，大安二年以主事各兼）一员、同管勾（从八品）一员。

刑部吏员类别和数目：令史五十一人，内女真二十二人。译史五人，

[①] 《金史》卷55《百官志一》，中华书局，1975，第1235页。

通事二人。

刑部的正员官9人，吏职58人，刑部吏员约占官吏总人数的86.6%。

（6）工部"掌修造营建法式、诸作工匠、屯田、山林川泽之禁、江河堤岸、道路桥梁之事"①。修内司、都城所、祗应司、甄官署、上林署隶工部。职官设置有：尚书一员（正三品）、侍郎一员（正四品）、郎中一员（从五品）、员外郎一员（从六品）、主事二员（从七品）。

覆实司的职官有：管勾（从七品，隶户、工部，掌覆实营造材物、工匠价直等事。大安元年，隶三司、工部，罢同管勾。贞祐五年并罢之，以二部主事兼。兴定四年复设，从省拟，不令户、工部举）一员。

工部吏员类别和数目：令史十八人，内女真四人。译史二人，通事一人。

工部的正员官7人，吏职21人，工部吏员约占官吏总人数的75%。

右三部检法司的职官设置与左部相同，兴定二年，右部额外设检、知法及掌法，四年罢。有关吏员的史料未见史载。

检索二十四史，左、右三部检法司的名称只在金代出现，且相关史料过于简略，无法得出结论。

从以上六部各部门所设职官与吏员的类别和数目以及吏员在官吏总人数中的比例可以看出，吏部、户部、刑部这三部的令史、译史、通事设置在数量上要多于其他三部，而刑部、吏部、兵部、户部这四部吏员在各自部门官吏总人数的占比上远超出礼部和工部，显示出这四部相对来说日常文书事务比较繁杂，而礼部、工部的日常文书事务相对来说较为简单，不需要太多吏员。

（五）中央其他机构吏员的类别和数目

虽说金代官制基本承袭唐宋之制，然而，与唐宋官制相比，"金代的官制是缺乏系统性的，往往随事置官，故有旁见侧出之弊"②。

唐代的中央机构，除了三省和御史台之外，还有九寺五监，九寺是太常寺、光禄寺、卫尉寺、宗正寺、太仆寺、大理寺、鸿胪寺、司农寺、太府寺；五监是国子监、少府监、将作监、都水监、军器监。九寺长官称

---

① 《金史》卷55《百官志一》，中华书局，1975，第1237页。
② 陈茂同：《中国历代职官沿革史》，百花文艺出版社，2005，第374页。

卿，五监长官多称监，这些官员根据台省的指令办理各种专门事务。北宋前期虽然保留唐代九寺的名位，在诸监的机构设置上，除了承袭唐代的五监外，还增设有司天监。但是大部分长官已成闲官。

金代的中央机构设置较为混乱，根据《金史·百官志》记载，除了省、台、院、六部之外，还设有大宗正府、劝农使司、司农司、三司、国史院、翰林院、审官院、太常寺、殿前都点检司、宣徽院、秘书监、国子监、太府监、少府监、军器监、都水监、谏院、大理寺、弘文院、登闻鼓院、登闻检院、记注院、集贤院、益政院、武卫军都指挥使司、卫尉司。

可以看出，唐宋的寺监制度到金代发生了较大的变化。张帆《回归与创新——金元》一文，根据金、元二史《百官志》的记载，与唐宋寺监进行比较研究，认为"唐宋的九寺五监系统到金、元已经面目全非"[①]。我们借鉴他的研究成果，金代的具体情况如下。

光禄寺、太仆寺、鸿胪寺、将作监不再设置。其中，光禄寺的职掌归礼部、宣徽院；太仆寺的职掌归兵部、殿前都点检司；鸿胪寺的职掌归礼部。太常寺、卫尉寺（金代更名为卫尉司）、宗正寺（金代更名为大宗正府，又名大睦亲府）、大理寺、司农寺（金代的劝农使司、司农司）、太府寺（金代更名为太府监）、国子监、少府监、军器监、都水监在金代的职掌基本没有变化。为理清金代这些设置复杂的官僚机构，从其职司，可以分以下四个系统来介绍。

（1）农田水利、官营手工业及金谷储藏系统。包括劝农使司（司农司）、都水监、太府监、少府监等。

金代的劝农使司，与唐宋的司农寺职掌基本相同，职掌劝课力田之事。泰和八年（1208）罢，贞祐年间复置。职官设置有使、副使各一员，分别是正三品、正五品。兴定六年（1222）罢，改立司农司，兼采访公事。设置职官有：大司农一员（正二品）、卿三员（正四品）、少卿三员（正五品）、知事二员（正七品）。曾两度在地方设行司农司。前后均无吏员设置的记载。应属史籍失载。

都水监掌川泽、津梁、舟楫、河渠之事。下设街道司。分治监，专规措黄河、沁河，卫州置司。职官设置有：监（正四品）、少监（从五品）、

---

① 张帆：《回归与创新——金元》，吴宗国主编《中国古代官僚政治制度研究》，北京大学出版社，2004，第335页。

丞二员（正七品）、掾（正八品）。一般来说，掾为政府机构中的吏员，这里列为正八品的官员。可能是修史者的失误，如要得出结论，尚需进一步考证。

太府监掌出纳邦国财用钱谷之事。官员设置有：监（正四品）、少监（从五品）、丞二员（从六品）。下设左、右藏库、支应所（也作支承所）、太仓、酒坊、典给署、市买司。除支应所职官为都监、典给署职官为令、丞①外，其他机构的职官均为使、副使。左右藏库均有本把的吏员设置。左藏库、太仓分别是国家的金库、粮库，并分别担负金朝金谷贮藏的具体事权。右藏库掌锦帛毛褐、地方各路府州县的贡赋事宜。支应所掌宫中出入、御前支赐金银币帛。典给署掌宫中所用薪炭冰烛、并管官户。市买司，天德二年更为市买局，负责购买宫中所用果实生料等物。

少府监掌邦国百工营造之事。官员设置与太府监同。下设尚方署、图画署、裁造署、文绣署、织染署、文思署。② 各署设官有令（从六品）、丞（从七品）、直长（正八或从八品）。裁造署有裁造匠、针工妇；文绣署有绣工等职役性质的吏员设置。尚方署掌造金银器物、亭帐、车舆、床榻、帘席、鞍辔、伞扇及装钉之事。图画署掌图画缕金匠。文思署掌造内外局分印合、伞浮图金银等尚辇仪鸾局车具亭帐之物并南市、西夏、高丽三国生日等礼物，织染文绣两署金线。各署之间分工合作，负责供给宫廷所需器物、服饰等。

三司设置于泰和八年，贞祐年间罢。"省户部官员置三司，谓兼劝农、盐铁、度支，户部三科也。"③ 分掌本应属于户部的职能，这也反映了金代机构设置的随意性。职官设置有：使一员（从二品）、副使一员（正三品）、签三司事一员（正四品）、同签三司事一员（正五品）、判官三员（从六品）、规措审计官三员（正七品）、知事二员（从七品）、勾当官二员（正八品）、管勾架阁库一员（正八品）、知法三员（从八品）。

吏员的类别和数目：三司令史五十人，内女真十人，汉人四十人。大安元年增八人。译史二人，大安元年增一人。通事二人。此外，勾当官下有照磨吏员七人。照磨吏员，在史籍中的记载仅此一处，应是主要从事照磨计帐、文帐事务的一类吏员。

---

① 典给署，原名钩盾署，明昌三年更为典给署。职官令、丞分别由钩盾使、副使更名而来。
② 图画署、文思署，于明昌七年省入祗应司。
③ 《金史》卷55《百官志一》，中华书局，1975，第1244页。

（2）礼仪、文化教育系统。包括太常寺、国子监、国史院、记注院、弘文院、翰林学士院、集贤院、益政院等。

尚书省礼部掌全国礼仪，但是只负责政令的颁行、礼仪原则的制定，而具体的礼制细节则归寺监。金代的太常寺设置于皇统三年，掌礼乐、郊庙、社稷、祠祀之事。下设太庙署、廪牲署、郊社署、诸陵署、园陵署、大乐署等。宣徽院所掌朝会礼仪等，多数涉及朝廷和皇家成员，因此放在宫廷吏员部分进行论述。

国子监是主管教育、学校的机构，职官有祭酒（正四品）、司业（正五品）、丞二员（从六品），明昌二年增一员，兼提控女真学。下设国子学、太学。

国史院，顾名思义，就是修撰国史的机构。其官员设置有：监修国史、修国史、同修国史二员（这三名职官品级失载）、编修官（正八品）、检阅官（从九品）以及修辽史刊修官一员，编修官三员。吏员设置有：国史院书写，海陵时置，女真、汉人各五人。

记注院。修起居注，负责记录皇帝的言行。明昌元年（1190），下诏毋令谏官兼或以左右卫将军兼。贞祐三年，定制，以左右司首领官兼。

弘文院掌校译经史。职官设有：知院（从五品）、同知弘文院事（从六品）、校理（正八品）。

翰林学士院，掌制撰词命。职官设置有：翰林学士承旨（正三品，贞祐三年升从二品）、翰林学士（正三品）、翰林侍读学士（从三品）、翰林侍讲学士（从三品）、翰林直学士不限员（从四品）、翰林待制不限员（正五品）、翰林修撰不限员（从六品）、应奉翰林文字（从七品）。由于金朝为女真贵族建立的政权，统治下的人民不但有女真族、汉族人，还有契丹人，金统治者在天德三年，命翰林学士院自侍读学士至应奉文字，通设汉人十员，女真、契丹各七员。

官诰院有吏员诰院令史的设置，人数不详。[①] 此外，贞祐五年（1217），设集贤院。正大三年（1226）于内廷置益政院。史籍均无相关吏员设置的记载。

---

① 《金史》卷42《仪卫志下》，中华书局，1975，第962页和卷58《百官志四》第1346~1350页均有诰院令史的记载。另卷128《循吏传》第2771页也有赵重福试补女真诰院令史的记载。

（3）监察系统。包括登闻鼓院、登闻检院、谏院、审官院、大理寺。

金代的中央监察机构分察官与言官两大系统。察官系统除御史台之外，还有登闻鼓院和登闻检院。言官系统主要由谏院和审官院构成。① 其中，谏院和御史台隶属尚书省，掌监察尚书省和六部、诸司、院、监、寺的百官。"登闻检院隶属御史台，掌监察尚书省和御史台理断不当事。登闻鼓院则隶属尚书省，掌监察御史台和登闻检院理断不当事。"② 另有学者认为：登闻检院和登闻鼓院是监察御史台和尚书省的机构。这两个机构在设置之初，海陵及世宗时期尚起一定作用，及至后来，两院经常关锁，渐同虚设。③

登闻检院的职官设置有：知登闻检院（从五品）、同知登闻检院（正六品）。知法（从八品），女真、汉人各一员。登闻鼓院，长官在承安二年以谏官兼。其职官设置与登闻检院同，有：知登闻鼓院（从五品）、同知登闻鼓院（正六品）。知法（从八品），女真、汉人各一员。

金代的谏院职官有：左、右谏议大夫（正四品）、左、右司谏（从五品）、左、右补阙（正七品）、左、右拾遗（正七品）。

金代的审官院在承安四年（1199）设，罢于大安二年（1210）。"掌奏驳除授失当事。随朝六品、外路五品以上官除授，并送本院审之。补阙、拾遗、监察虽七品，亦送本院。或御批亦送禀，惟部除不送。"④ 若注拟失当，止令御史台官论列。职官设置有：知院一员（从三品）、同知审官院事一员（从四品）。吏员有：掌书四人。女真、汉人各二人，以御史台终场举人辟充。

大理寺设置于天德二年（1150）。职官设置有：卿（正四品）、少卿（从五品）、大理寺正（正六品）、丞（从六品）。掌审断奏案、详细审定疑难案件。司直四员（正七品）、评事三员（正八品），掌参议疑难案件、披详法状。知法十一员（从八品），掌检断刑名事。明法二员（从八品），兴定二年后，同流外，四年罢。

---

① 参见徐松巍《金代监察制度初论》，《民族研究》1992年第2期。此文还认为御史台辖有登闻检院和登闻鼓院，均设置于正隆二年八月，大定二十六年以后，两院相继脱离御史台，成为独立的机构。
② 程妮娜：《金代监察制度探析》，《中国史研究》2000年第1期。
③ 宋德金：《中国历史·金史》，人民出版社，2006，第197~199页。
④ 《金史》卷55《百官志一》，中华书局，1975，第1246~1247页。

(4) 皇族事务系统。包括大宗正府、卫尉司等。

金代设有掌皇族事务的大宗正府[1]。其官员设置有：判大宗正事［泰和六年（1206）改为判大睦亲事］一员（从一品）、同判大宗正事（泰和六年改为同判大睦亲事）一员（从二品）、同签大宗正事（泰和六年改为同签大睦亲事）一员（正三品）、大宗正丞（泰和六年改为大睦亲丞）二员（从四品）、知事一员（从七品）、检法（从八品）、诸宗室将军（正七品）。虽然《金史·百官志一》没有宗正府吏员设置的相关记载，但史籍中有孛术鲁阿鲁罕补宗正府令史[2]的记载，证实了宗正府吏员设置有令史，数目不详，有无其他吏员，还需进一步考证。

金代的卫尉司由唐宋的卫尉寺更名而来。职官设有：中卫尉（从三品，总中宫事务）、副尉（从四品）、左右常侍（均为从五品，其中左常侍负责周护导从仪仗之事）、常侍官：护卫三十人（同东宫）、奉引八十人（同控鹤）、伞子四人（同控鹤）、执旗二人（同仪鸾）。这些无品级的常侍官当是吏员。卫尉司下设有给事局和掖庭局。给事局职官设有：使（正七品）、副使（正八品）、内谒者兼司宝二员（从六品）。吏员有：奉阁十人（同东宫入殿小底）、阁直二十人（同宫闱局内直）。掖庭局负责皇后宫事务。职官设有正、从九品的令、丞，都有内直来充。吏员设有宫令、食官、饮官、医官、主藏、主廪，都有宣徽院、太府监相应的吏员兼任。

这些司监机构，多是分管具体的事务，所以吏员设置极少有令译史、通事之类的文书吏员。很多机构没有吏员设置的相关记载，即使有吏员设置的记载，也多属职役性质。

此外，诸亲王府属官设置有：傅（正四品，掌师范辅导、参议可否，若亲王在外，亦兼本京节镇同知）、府尉（从四品）、本府长史（从五品，明昌三年改，掌警严侍从、兼总统本府之事）、司马（从六品，同检校门禁、总统府事）、文学二人（从七品，掌赞导礼义、资广学问）、记室参军（正八品，掌表笺书启之事。大定七年八月始置。二十年，不专除，令文学兼之）。吏员设置有：亲王府祗候郎君，[3] 数目不详。

---

[1] 泰和六年避睿宗讳，改为大睦亲府。
[2] 《金史》卷91《孛术鲁阿鲁罕传》，中华书局，1975，第2024页。
[3] 参见韩世明、都兴智《〈金史〉之〈食货志〉与〈百官志〉校注》，中国社会科学出版社，2005，第209页。

二 宫廷吏员的类别和数目

由于金朝是女真族建立的少数民族政权，因此在吏员方面也带有女真民族的特色。尤其是宫廷吏员方面，大量任用宗室子和女真贵族子弟来充任。所谓宫廷吏员，就是在宫廷内部从事各种服务的人员，名目达数十种，有护卫、符宝郎（旧名牌印祗候，大定二年改为符宝祗候）、符宝典书（旧名牌印令史）、奉职（旧名不入寝殿小底，又名外帐小底）、奉御（旧名入寝殿小底）、笔砚承奉（旧名笔砚令史）、閤门祗候等，也称为宫中诸局分承应人①。这些承应人分属不同的机构。

护卫、符宝典书（即牌印令史）和符宝祗候（即牌印祗候）隶属殿前都点检司。殿前都点检司"掌亲军，总领左右卫将军、符宝郎、宿直将军、左右振肃、宫籍监、近侍等诸局署、鹰坊、顿舍官隶焉"②。其中，器物局负责进御器械鞍辔等物，尚厩局负责御马调习牧养之事，尚辇局负责承奉舆辇等事。

符宝郎、符宝典书（即牌印令史）和符宝祗候（即牌印祗候）为符宝局吏员。在《金史》的记载显得较为混乱，我们做如下考述。

符宝郎的前身是符玺郎。"符玺郎"一职，肇始于秦王朝，汉唐以来相袭沿用，其职掌主要是监管御玺，位卑而职重。唐朝于长寿三年（694）或延载元年首次将"符玺郎"改为"符宝郎"，此后虽有反复，最终沿革下来。③《新唐书·百官志二》记载，符宝郎四人，从六品上。《宋史·职官志八》合班之制条记载，符宝郎为从七品官员。

金代的情况是：符宝郎四员，掌御宝及金银等牌。旧名牌印祗候，大定二年改为符宝祗候，改牌印令史为符宝典书，四人。④ 史籍记载不甚明

---

① 本文只讨论几种主要的正班局分承应人，不涉及杂班（医、卜、倡、优）吏员。关树东在《金朝宫中承应人初探》一文中举述了各种承应人：护卫、妃护卫、东宫护卫、东宫妃护卫；奉御、奉职、妃奉事、东宫入殿小底；符宝郎、符宝祗候、符宝典书；閤门祗候、承奉班祗候、内承奉班祗候；内藏四库本把、左右藏库本把、知书、钱帛官；仪鸾局本把、司吏、仪鸾典幄；尚食局本把、厨子；尚辇局本把；尚衣承奉、习祂本把；掌器本把、尚厩局承应；武库本把、武库枪寨；尚药局承应人；侍仪司承应人；典客署书表；知把书画；笔砚承奉、东宫笔砚；秘书监楷书、琴棋书阮象说话等待诏；鹰坊子；教坊旗鼓笛角唱曲子人；皇后位奉阁舍人；奉宸；侍卫亲军、弩手、伞子、控鹤；太医、司天长行；内侍；等等。关树东：《金朝宫中承应人初探》，《宋史研究论文集》，宁夏人民出版社，1999，第442～458页。
② 《金史》卷56《百官志二》，中华书局，1975，第1253页。
③ 萧高洪：《唐"符玺郎"初改"符宝郎"时间考》，《江西社会科学》1991年第1期。
④ 《金史》卷56《百官志二》，中华书局，1975，第1254页。

第三章 金代吏员的类别和数目

确，可以解读成两个方面的意思。第一，由于排版问题，可以认为符宝郎为品官，其下设有两种吏员：符宝祗候（牌印祗候）和符宝典书（牌印令史）。第二，符宝郎即是符宝祗候（牌印祗候），符宝典书即牌印令史。然而，《金史·选举志三》记载符宝郎的出职规定："正隆二年（1157）格，皆同护卫，出职与从七品除授。大定二年（1162）格，并同护卫。十四年，初收。余人迁进义。二十一年，英俊者与六品除，常人止与七品除。"据此，我们认为符宝郎属吏员无疑，不同于唐宋的符宝郎为品官。但是符宝郎是否为符宝祗候（牌印祗候），还不能确定。

奉职（旧名不入寝殿小底，又名外帐小底）、奉御（旧名入寝殿小底）是隶属近侍局的吏员①。周峰认为近侍局可能是熙宗改革官制的产物②。近侍局官员有：提点、使、副使和直长，分别为正五品、从五品、从六品和正八品。掌侍从，承敕令，转进奏帖。吏员有奉御和奉职。奉御十六人，旧名入寝殿小底。奉职三十人，旧名不入寝殿小底，又名外帐小底，皆大定十二年（1172）更。③又记载：奉职，三十人，旧名不入寝殿小底，又名外帐小底。大定十二年更今名。④由此可见，奉御和奉职都是宫廷的侍从人员，二者区别是：后者不入寝殿，而前者入寝殿。

学界也有认为金代的奉职、奉御属于傪使，金代傪使的部分职务名称来自辽代，"奉御"本来叫"入寝殿小底"，"奉职"本来叫"不入寝殿小底"，符宝郎和符宝典书本来叫"牌印祗候"和"牌印令史"，都有辽代制度的痕迹。这些职务一般由皇室亲戚和高官子弟担任。⑤

阁门祗候是宣徽院引进司的吏员。宣徽院掌朝会、燕享，凡殿庭礼仪及监知御膳。其官员设置有：左、右宣徽使（均为正三品）、同知宣徽院事（正四品）、同签宣徽院事（正五品）、宣徽判官（从六品）。宣徽院下设拱卫直使司、客省、引进司、尚衣局、仪鸾局、尚食局、尚药局、太医院、御药院、教坊、内藏库、金银库、杂物库、宫闱局、内侍局等。仪鸾

---

① 唐统天在《辽金时代的小底官》一文中认为，金代小底是大内禁廷中的小官；也是百官子弟、贵族苗裔们的仕进之途。见《辽金契丹女真史研究》，1987年第2期，第12~16页。
② 周峰：《金代近侍初探》，《内蒙古社会科学》1998年第2期。都兴智在《金代官制的几个问题》中也认为，早在熙宗时期，就创设了近侍局。见《辽宁师范大学学报》（社会科学版）1999年第4期。
③ 《金史》卷56《百官志二》，中华书局，1975，第1255页。
④ 《金史》卷53《选举志三》，中华书局，1975，第1184页。
⑤ 李鸣飞：《〈金史·选举志〉铨选用词考释》，《史学集刊》2013年第3期。

局的吏员有司吏二人。《金史》还有很多关于本把的记载，分别存在于尚辇局、尚药局、头面库、段匹库、金银库、杂物库。典客署有吏员书表十八人，侍仪司掌侍奉朝仪，还有捧案、擎执、奉辇。

秘书监下设著作局、笔砚局、书画局、司天台。笔砚局的吏员是笔砚承奉，旧名笔砚令史，大定三年（1163），更为笔砚供奉，后以避显宗讳，复更今名。① 还有《金史》中记载仅有两处的笔砚祗候也应为笔砚局属吏。

关于祗候，关树东认为，辽代的祗候郎君分左、右两班，由左、右祗候郎君班详稳司总领，因具体祗候事务的不同，分成笔砚、牌印、裀褥、御盏、灯烛、床幔、殿幄、车舆等局。还提出如下观点：祗候郎君重在祗候，负责皇帝行宫的日常生活起居及帐前服务、执行公务等。② 李桂芝也认为辽代有左、右祗候郎君，同时认为辽祗候郎君多出自皇族、国舅、契丹官僚和诸部贵族之家。

金朝是在推翻辽王朝统治的基础上建立起来的，同样作为北方少数民族政权，在宫廷内部的某些制度上必定有因袭之处。史籍记载中金代不但有符宝祗候、笔砚祗候、阁门祗候，还有祗候郎君。祗候郎君又有尚书省祗候郎君和王府祗候郎君。《金史·百官志一》尚书省条记载："尚书省祗候郎君管勾官，从七品，掌祗候郎君，谨其出入及差遣之事。"可知，祗候郎君在尚书省祗候郎君管勾官的指挥下进行具体的各种宫廷之中的服务。关于郎君，李锡厚认为金立国后，宗室成员即是郎君。③ 然而根据《金史》"祗候郎君、宗室郎君、王府郎君、省郎君、走马郎君"④ 的记载来看，郎君更多意义上是一种尊称，并无实质含义。如祗候郎君重在说明其祗候身份；宗室郎君仅说明其宗室成员的身份；王府郎君、省郎君重在说明其在亲王府和尚书省充任吏员；走马郎君则为尚书省属吏⑤，正员五十人。

根据《金史·选举志三》的记载，除以上论述的承应人之外，宫中还有正班局分、杂班局分和其他局分具有职役性质的承应人。正班局分包括：尚

---

① 《金史》卷53《选举志三》，中华书局，1975，第1185页。
② 关树东：《辽朝御帐官考》，《民族研究》1997年第2期。
③ 李锡厚：《金朝的"郎君"与"近侍"》，《社会科学辑刊》1995年第5期。
④ 《金史》卷9《章宗本纪一》第215页，中华书局，1975，卷52《选举志二》1158～1170页；卷53《选举志三》第1176、1181、1187页；卷54《选举志四》第1203页；卷55《百官志一》第1218、1219页；卷58《百官志四》第1346、1347、1350页等。
⑤ 韩世明、都兴智：《〈金史〉之〈食货志〉与〈百官志〉校注》，中国社会科学出版社，2005，第209页。

第三章 金代吏员的类别和数目

药、果子本把、奉膳、奉饮、司裀、仪鸾、武库本把、掌器、掌辇、习骑、群子都管、生料库本把等。杂班局分包括：鹰坊子、尚食局厨子、果子厨子、食库车本把、仪鸾典幄、武库枪寨、司兽、钱帛库官、旗鼓笛角唱曲子人、弩手、伞子。其他局分，若秘书监楷书及琴、棋、书、阮、象、说话待诏等。

以上这些宫廷吏员在各机构官员的指挥下，为宫廷内皇族成员的衣食住行、吃穿用度进行全方位的服务。

唐代任何人得到散官之后都需要担任傔使，金代史料中最常见的是提到宗室、荫叙两种出身者需任傔使，其内容主要是担任诸局分承应人，包括护卫、符宝郎、符宝典书、奉御、奉职、阁门祗候、笔砚承奉、尚衣承奉、知把书画、内藏本把、捧案、擎执傔使、奉辇，以及东宫和妃子身边的同类职务等。这些职务相当于元代的怯薛，都为皇室成员服务。[1] 由此可知，金代宫廷吏员制度与同为北方少数民族建立政权的辽、元有诸多相似之处，体现了制度上的一脉相承。

根据《金史·百官志》做如表 3-1 的金代中央吏员设置表。

表 3-1　金代中央吏员设置

单位：人

名　称	令史	译史	通事	司吏	抄事	备注	合计
尚书省	70[2]	32	14				116
都元帅府[3]	18	4	3				25
枢密院	18	4	3				25
御史台	28	4	3				35
三司[4]	50[5]	2[6]	2				54
吏部	69[7]	2	2				73
户部	72	5	2				79
礼部	15	2	1				18

---

[1] 李鸣飞：《〈金史·选举志〉铨选用词考释》，《史学集刊》2013 年第 3 期。
[2] 明昌三年，罢契丹令史，其阙内增女真令史五人。
[3] 都元帅府掌征讨之事，兵罢则省。天会三年，伐宋始置。泰和八年，复改为枢密院。元帅府女真令史十二人，承安二年十六人，汉人令史六人。译史三人，女真译史一人，承安二年二人。通事，女真三人，后作六人，承安二年复作三人，汉人二人。泰和六年伐宋，置令史八十人，正三十三人，余四十七人从本府选擢。
[4] 三司。泰和八年，省户部官员置三司，谓兼劝农、盐铁、度支，户部三科也。贞祐罢之。
[5] 大安元年增八人。
[6] 大安元年增一人。
[7] 泰和八年，令史增十人。

续表

名　称	令史	译史	通事	司吏	抄事	备注	合计
兵部	27	3	2				32
刑部	51	5	2				58
工部	18	2	1				21
国史院						①	
殿前都点检司						②	
近侍局						③	
宣徽院				2④		⑤	
秘书监						⑥	
太府监						⑦	
都水监						⑧	
大理寺						⑨	
弘文院						⑩	
合　计	436	65	35				

第二节　金代地方吏员的类别和数目

金代地方上有一支数目庞大的吏员队伍，这与其复杂的地方行政建制

---

① 国史院吏员有国史院书写，正员十人，女真、汉人各五人。
② 符宝郎四员，掌御宝及金银等牌。旧名牌印祗候，大定二年改为符宝祗候，改牌印令史为符宝典书，四人。
③ 奉御十六人，旧名入寝殿小底。奉职三十人，旧名不入寝殿小底，又名外帐小底，皆大定十二年更。
④ 司吏二人，如内藏库知书例。
⑤ 阁门祗候二十五人。正大间三十二人。尚食局元光二年，参用近侍、奉御、奉职。尚药局本把四人。头面库本把七人，大定二年定出身，依不入寝殿小底例。段匹库本把十二人。金银库本把八人。杂物库本把八人。每库知书各二人。典客署书表十八人。
⑥ 笔砚局直长二员，正八品，掌御用笔墨砚等事。泰和七年以女直应奉兼。旧名笔砚令史，大定三年改为笔砚供奉，以避讳改为承奉。
⑦ 左藏库本把四人。右藏库本把四人。
⑧ 掾，正八品，掌与丞同，外监分治。大定二十七年添一员，明昌五年并罢之，六年复置二员。
⑨ 明法二员，从八品，兴定二年置，同流外，四年罢之。
⑩ 校理，正八品。掌校译经史。

有关。女真立国后，随着灭辽和亡宋，其地方政权汉化的程度不断加深。金初三个系统的路制中，万户路属奴隶制范畴，兵马都总管府路属封建制范畴，都统、军帅司路介于二者之间①，而"府州县与猛安谋克制度经历了女真、辽、宋制度的共存阶段，进而发展成为金朝中央政府之下，封建府州县制度与女真猛安谋克制度（金中期以前为奴隶制，金章宗以后为封建制）两重体系同时并存的地方行政统辖制度"②。经过太宗、熙宗、海陵对官制的改革与整顿，金代最终形成路府州县制与猛安谋克制并存的地方行政制度。

据《金史·地理志上》记载：

> （金）袭辽制，建五京，置十四总管府，是为十九路。其间散府九，节镇三十六，防御郡二十二，刺史郡七十三，军十有六，县六百三十二。后复尽升军为州，或升城堡寨镇为县，是以金之京府州凡百七十九，县加于旧五十一，城寨堡关百二十二，镇四百八十八。③

金在统治区内的地方行政机构逐步形成十九路：上京路、咸平路、东京路、北京路、西京路、中都路、南京路、河北东路、河北西路、山东东路、山东西路、大名府路、河东北路、河东南路、京兆府路、凤翔路、鄜延路、庆原路、临洮路。其中包括了中都大兴府和五京府：上京会宁府、东京辽阳府、北京大定府、西京大同府和南京开封府。路治所在的府称总管府，不设路治的府为散府。诸地方行政机构的吏员设置如下。

一　路的吏员类别和数目

诸总管府的职官设置有：都总管、同知都总管、副都总管、总管判官、府判、推官等。分别为正三品、从四品、正五品、从六品、从六品、正七品。

吏员类别有：司吏、译人、通事、抄事、公使、移剌等。

由女真贵族建立政权的金代，司吏在路一级的地方机构内分为女真司吏和汉人司吏，女真司吏数目最多的是在山东西路，有十五人，依次是大

---

① 程妮娜：《试论金初路制》，《社会科学战线》1989年第1期。
② 程妮娜：《金代政治制度研究》，吉林大学出版社，1999，第78页。
③ 《金史》卷24《地理志上》，中华书局，1975，第549页。

名府路十四人，山东东路、咸平府、临潢府各十二人，曷懒路、河北西路各十人，婆速路十一人，河北东路八人，河东南北路、京兆、庆阳、临洮、凤翔、延安等路设置的女真司吏数量最少，各四人。

汉人司吏的设置因所辖户数不同，在数目上也有所差异：户数在十八万以上的路设四十二人，十五万以上四十人，十三万以上三十八人，十万以上三十五人，七万以上三十二人，五万以上二十八人，三万以上二十二人，不及三万户二十人，汉人司吏数目最少的是在婆速路、曷懒路，各二人。

路级地方机构还设有数量不等的、从事翻译工作的吏员：译人和通事。这是由于金代统治区域内既有女真人，也有渤海人、契丹人、汉人等，语言、文字不并不统一，在地方机构设有翻译类吏员，有助于国家政令的推行，加强统治。其中译人在咸平路设三人，河北东西、山东东西、曷懒、大名、临潢各二人，其余路各一人；通事在婆速、曷懒路设高丽通事一人，临潢北部通事一人、部落通事一人、小部落通事二人，庆阳府通事一人。抄事一人。公使八十人。临潢别置移剌十五人。

二 府州县的吏员类别和数目

据《金史·百官志三》记载，大兴府的职官设置有：府尹、同知、少尹、总管判官、府判、推官、知事、知法，分别为正三品、从四品、正五品、从五品、从五品、从六品、正八品、从八品。女真司和汉人司各设都孔目官一员，职同知事，掌监印、监受案牍，不常设置。

吏员类别和数目：六案司吏七十五人，其中女真十五人，汉人六十人。司吏分掌六案，各置孔目官一员，掌呈覆纠正本案文书。余分前后行，其他处应设十人以下、六人以上者，置孔目官三人，及置提点所处仍旧。女真司吏若十二人以上，分设六案，不及者设三案，五人以下设一案，通掌六案事。以上名充孔目官。知法下设有抄事一人，掌抄事目、写法状。公使一百人。

诸京留守司的职官设置为：留守、同知留守事、副留守、留守判官、推官、司狱等，分别为正三、正四、从四、从五、从六、正八品。

吏员类别有：司吏、译人、通事、抄事、公使等。

金代的司吏在诸京留守司分为女真司吏和汉人司吏，其中女真司吏在上京留守司数量最多，有二十人，北京留守司十三人，东京留守司十人，

第三章 金代吏员的类别和数目

南京、西京各五人。

汉人司吏的设置因辖域内户数不同而有差别：三十万户以上的留守司设六十人，二十五万户以上设五十五人，十万户以上四十人，七万户以上三十五人，五万户以上三十人，三万户以上二十四人，不足万户的留守司设汉人司吏十人。

此外，译人在上京、北京留守司各设三人，东京、西京、南京留守司各二人。通事二人。抄事一人。公使一百人[①]。

上京提举皇城司还设有司吏一人。推断其他各京提举皇城司应该也设有数目不等的司吏，然史籍无载。

诸散府（不设路治的府）职官设置：尹、同知、少尹、府判、推官等。分别为正三品、正四品、正五品、从六品、正七品。

吏员类别有：司吏、译人、通事、抄事、公使等。

金代的司吏在诸散府同样分为女真司吏和汉人司吏，其中女真司吏在诸散府皆设三人；汉人司吏的设置因辖域内户数不同而有差别：若管十六万户设汉人司吏四十人，十四万户以上设三十八人，十二万户以上三十五人，十万户以上三十二人，七万户以上三十人，五万户以上二十五人，三万户以上二十人，不及三万户十七人。译人一人，通事一人，抄事一人，公使七十人。

金代的州分三类：即节度州、防御州和刺史州（即节镇、防御郡和刺史郡）。分别设置有节度使（掌镇抚诸军防刺，总判本镇兵马之事，兼本州管内观察使事）一员、防御使（掌防捍不虞、御制盗贼）一员、刺史（掌宣风导俗、肃清所部，兼治州事）一员，分别为从三品、从四品、正五品。总管一州之内的军事、民政，其下还分别设置有数量不等的官员。

诸节度州的吏员类别有：司吏、译人、通事、抄事、公使等。司吏分为女真司吏和汉人司吏。女真司吏在隆州设十四人，盖州十二人，泰州十一人，速频、胡里改各十人，蒲与八人，平、宗、懿、定、卫、莱、密、沧、冀、邢、同、雄、保、兖、邠、泾、朔、奉圣、丰、云内、许、徐、邓、巩、鄜、全、肇各三人，其余各二人。汉人司吏的设置依上述府尹数例。

[①] 《金史》卷57《百官志三》，中华书局，1975，第1306页记载"公事百人"，据其他各处记载均为"公使"，疑此处记载有误。

此外，每节度州设译人一人，通事二人，抄事一人。公使在上镇设七十人，中镇设六十五人，下镇设六十人，只蒲与、胡里改、速频各二十人。曷速馆路、蒲与路、胡里改路、速频路四节镇，省观察判官而无州事。

诸防御州的吏员类别同诸节度州。司吏分为女真司吏和汉人司吏。女真司吏在诸防御州皆设一人；汉人司吏在管户五万以上的防御州设二十八人，以率而减。此外，每防御州还设有译人一人，通事一人，抄事一人。公使在上州设六十人、中州设五十万人、下州设五十人。

诸刺史州的吏员类别与诸节度州、诸防御州相比，少了从事翻译工作的吏员：译人和通事。司吏一职，仅有女真司吏见于史籍记载。女真司吏在韩、庆、信、滦、蓟、通、澄、复、沈、贵德、涿、利、建州、来远军各设二人，其余各设一人。此外，每刺史州设有抄事一人。公使在上州设五十人、中州设四十五人、下州设四十人。

金代的县分赤县、次赤县（也称剧县）、次剧县、京县、上县、中县、下县七等。据史籍记载："凡县二万五千户以上为次赤、为剧，二万以上为次剧，在诸京倚郭者曰京县。自京县而下，以万户以上为上，三千户以上为中，不满三千为下。中县而下不置丞，以主簿与尉通领巡捕事。下县则不置尉，以主簿兼之。"[1] 县一级的官员有县令、丞、主簿、尉，品级为从六品至正九品不等。

赤县的吏员仅设有司吏和公使。司吏十人，其中一名取识女真、汉字者充。公使十人。中县和下县的吏员同样仅有司吏和公使。其中中县设司吏八人，下县司吏六人，公使皆设十人。

郭威认为章宗泰和末年共设县 690 个[2]。《金史·地理志》所记县数见表 3 - 2。

表 3 - 2　《金史·地理志》所记县数统计

序号	所属路	路下所载县数	府州下所载县数	史料出处
1	上京路	6	6	《金史》卷 24《地理志》
2	咸平路	10	10	《金史》卷 24《地理志》
3	东京路	17	19	《金史》卷 24《地理志》
4	北京路	42	42	《金史》卷 24《地理志》
5	西京路	39	40	《金史》卷 24《地理志》

---

[1] 《金史》卷 57《百官志三》，中华书局，1975，第 1315 页。
[2] 郭威：《金代县制研究》，吉林大学硕士学位论文，2007。

续表

序号	所属路	路下所载县数	府州下所载县数	史料出处
6	中都路	49	49	《金史》卷24《地理志》
7	南京路	105	106	《金史》卷25《地理志》
8	河北东路	30	30	《金史》卷25《地理志》
9	河北西路	61	60	《金史》卷25《地理志》
10	山东东路	53	52	《金史》卷25《地理志》
11	山东西路	37	37	《金史》卷25《地理志》
12	大名府路	20	20	《金史》卷26《地理志》
13	河东北路	39	39	《金史》卷26《地理志》
14	河东南路	68	67	《金史》卷26《地理志》
15	京兆府路	36	36	《金史》卷26《地理志》
16	凤翔路	33	33	《金史》卷26《地理志》
17	鄜延路	16	16	《金史》卷26《地理志》
18	庆元路	18	19	《金史》卷26《地理志》
19	临洮路	13	15	《金史》卷26《地理志》
合计	19路	692	696	《金史》卷24《地理志》前言记载为683县

据武玉环先生统计[①],《金史》卷24《地理志》前言记载的是683个县,路下记载的是692个县,府州下记载的是701个县。但设、废时期不一,现以章宗时期为准,共696县。每县设令、丞、主簿、尉、司吏、公使、司狱、典狱、狱子等县级官吏近30名左右,全国县级官吏为2.1万人(其中包括司吏、公使、典狱、狱子等吏员),这个数字应为金朝中期熙宗至章宗时期的人数。金朝初期和后期,由于战争、动乱,其人数变动较大。在这2万余人中,入品级的县官有令、丞、主簿、尉、司狱,平均每县为5人(赤县除外),全国县级入品官员大约为3500名,约占全国县级官吏人数的16.7%。占县级官吏绝大多数的是吏员,约占全国县级官吏总人数的83.3%。

三 地方其他机构的吏员类别和数目

除上述路、府州、县的行政建制外,金朝在前、后期两度设置行省,也称行台。金廷于天会十五年(1137)设置行台尚书省,作为中央和元帅府双重统辖下直接统治汉地行政的专门机构。天德二年(1150)被废罢。

---

① 武玉环:《论金朝县级官吏的选任与考核》,《吉林大学社会科学学报》2012年第4期。

金后期，出于处理地方重大军政事务的需要，行省再度被广泛设置，在实质上已经具有了地方行政建制的实态。① 目前散见于史料记载的行省吏员有：令史、女真译史。具体数目不详。

此外，地方还设有监察、司法等机构，均有相应的吏员设置。分述如下：

（一）地方监察机构的吏员类别和数目

（1）提刑司是御史台的下属机构。章宗时期始设，继而"在全国二十余路之上设九处提刑司，一路提刑司管辖二三路"②。承安四年（1199），提刑司改为按察司。虽然监察范围略有变化，但地方监察的基本职能未变。职官设置有使、副使、签按察司事、判官、知事、知法等，正三品至从八品不等。

吏员的类别和数目：书史四人、书吏十人、抄事一人、公使四十人。

（2）上京、东京等路按察司并安抚司，设官与上述基本相同。

吏员的类别有书史、书吏、抄事、公使。每路设书史四人。此外，上京、东京设书吏十八人，其中女真书吏十二人、汉人书吏六人。中都、西京，女真书吏五人、汉人书吏五人。北京、临潢，女真书吏三人、汉人书吏五人。南京，女真书吏二人、汉人书吏七人。山东，女真书吏三人、汉人书吏七人。大名，女真书吏三人、汉人书吏六人。每路设抄事一人，公使十人。

（二）地方司法机构的吏员类别和数目

（1）诸京警巡院。掌平理狱讼、警察别部，总判院事。职官设置有：使、副使（惟东、西、北、上京无副使）、判官，分别为正六、从七、正九品。

吏员设有司吏，分女真司吏和汉人司吏。其中女真司吏在中都设三人，上、东、西三京各二人，其余各一人。汉人司吏在中都设十五人，南京九人，西京八人，东京六人，北京五人，上京四人。

（2）诸府节镇录事司。职官设有录事和判官各一员，分别为正八、正九品。

吏员设有司吏和录事，数目依户数而不同。户万以上设六人，以下为率减之。凡府镇二千户以上则依此置，以下则止设录事一员，不及百户者并省。

---

① 参见杨清华《金朝行省制度研究》，吉林大学博士学位论文，2009，第42页。
② 程妮娜：《金代监察制度探析》，《中国史研究》2000年第1期。

（3）诸防刺州司候司。职官设司候、司判各一员，分别为正九、从九品。

吏员设有司吏、公使七人。然亦验户口置。

（4）诸知镇、知城、知堡、知寨，皆从七品。

吏员公使的设置，皆与县同，惟验户口置司吏。

（5）诸司狱。职官有司狱一员，正九品，提控狱囚。

吏员设有司吏一人、公使二人。典狱二人，防守狱囚门禁启闭之事。狱子，防守罪囚者。

（三）地方经济部门的吏员类别和数目

（1）中都置市令司。职官设令、丞各一员，分别为正八、正九品。掌平物价，察度量权衡之违式、百货之估值。

吏员设有司吏四人，公使八人。

（2）中都路置都转运司。设官有都转运使（掌税赋钱谷、仓库出纳、权衡度量之制）、同知、副使、都勾判官、户籍判官、支度判官、盐铁判官等，官品从正三品到从八品不等。都孔目官二员，勾稽文牍。

吏员设有都勾案、户籍案、盐铁案、支度案、开拆案司吏，女真八人，汉人九十人。抄事一人，译史三人，通事一人，押递五十人，监运诸物公使八十人。

（3）中都路外的其余路置转运司，规措钱谷。省户籍、支度判官各一员。南京、西京、北京、辽东、山东西路、河北东路则置女真知法、汉知法各一员。山东东路、河东南路北路、河北西路、陕西东西路则置汉知法一员。其余官员设置皆同中都。

吏员设有女真司：司吏，辽东路十人，西京、北京、山东西路各五人，余路皆四人。译史：辽东路三人，余各二人。通事各一人。汉人司：司吏，课额一百八十万贯以上者五十人，一百五十万贯以上四十万人，一百二十万贯以上四十人，九十万贯以上三十五人，六十万贯以上三十人，三十万贯以上二十五人，不及三十万贯二十人。公使，各七十人。押递，南京、山东东西路、河东南路、河北西路各五十人，西京、河东北路、河北东路各四十人，余路各三十人。

（4）山东盐使司与宝坻、沧、解、辽东、西京、北京凡七司。职官设有使、副使、判官、管勾等，正五品到正九品不等。

吏员设有司吏二十二人，其中女真三人、汉人十九人。译人一人，抄事、公使四十人。

（5）中都都曲使司。设官有：使、副使、都监等，从六品到正八品不等。

吏员设有司吏四人，公使十人。各处所置的酒使司，课及十万贯以上者设官使、副、小都监各一员，五万贯以上者设使、副各一员，以上皆设司吏三人。二万贯以上者设使及都监各一员，司吏二人。不及二万贯者为院务，设都监、同监各一员，不及千贯之院务止设都监一员。其他税醋使司及榷场与酒税相兼者，视课多寡设官吏，皆同此。

（6）中都都商税务司。设官有使、副使、都监，分别为正八、正九、从九品。

吏员设有司吏四人，公使十人。

（7）中都广备库。设官有使、副使、判官，分别为从七、从八、正九品。

吏员设有攒典四人。库子十四人，其中十二人收支，二人应办。

（8）永丰库。职官设置同上，掌泉货金银珠玉出纳之事。

吏员设有攒典三人。库子十二人，其中十人收支，二人应办。凡岁收二十五万贯者置库子十人，不及二万贯者置二人。下辖有镀铁院。设官有都监。

吏员设有攒典一人。京、府、镇、通州并依此置，判官、都监皆省。或兼军器并作院，或设使若副一员。防刺郡设都监一员，仍兼军器库。

（9）南京交钞库。设官有使、副使，分别为正八、正九品。

吏员设有攒典二人。库子八人。

（10）中都流泉务。职官设置同上。大定二十八年十月，京府节度州添设流泉务，凡二十八所。明昌元年，皆罢之。二年，在都依旧存设。

吏员设有攒典二人。

（11）中都、南京店宅务。设官有管勾四员，正九品。各以二员分左右厢，掌官房地基、征收官钱、检料修造摧毁房舍。

吏员设有攒典，左右厢各五人。库子，左右厢各三人。催钱人，左右厢各十五人。又别设左厢平乐楼花园子一名，右厢馆子四人。

（12）中都左右厢别贮院。设官使、副使、判官，分别为从八、正九、从九品。

吏员设有攒典、库子，同前。

(13) 中都木场。设官同上。

吏员设有司吏一人，库子四人，花料一人，木匠一人。

(14) 中都买物司。设官使、副使各一，分别为从八、正九品。

吏员设有司吏二人。

(15) 京兆府司竹监。设官管勾一员，从七品。

吏员设有司吏一人。

(16) 规措京兆府耀州三白渠公事。设有规措官，正七品。

吏员设有司吏二人。

(17) 漕运司。设官有提举、同提举、勾当官，分别为正五、正六、从八品。

吏员设有司吏六人，分掌课使、起运两科，各设孔目官、前后行各一人。僺使科，掌吏、户、礼案。起运科，掌兵、刑、工案。公使八十一人，押纲官七十六人。

(18) 诸仓。设官有使、副使，分别为正八、正九品。

吏员设有攒典，掌收支文历、行署案牍。岁收一万石以上设二人。仓子，掌斛斗盘量、出纳看守之事。

(19) 草场。设官同上。

吏员设有攒典二人。场子，掌积垛、出纳、看守、巡护之事，岁收五万以上设四人。中都、南京、归德、河南、京兆、凤翔依此置。

(四) 军备、治安、边防机构吏员的类别和数目

(1) 军器库。设官有使、副使各一，分别为正八、从九品。掌甲胄兵仗。

吏员设有司吏二人。库子。

(2) 诸总管府节镇兵马司。设官：都指挥使、副都指挥使，分别为正五、正六品。吏员设有军典十二人。司吏一人，译人一人，公使十人。

指挥使、军使，分别为从六、正七品。吏员设有军典二人，营典一人，左、右承局各一人，左、右押官各一人。

(3) 诸府镇都军司。设官：都指挥使，正七品。吏员设有军典二人，公使六人。诸防刺州分军司设官有军辖一人，品级失载。吏员设有军典二人。诸府州分军司设官：兵马钤辖，从六品。吏员设有司吏二人。

(4) 诸巡检。中都、东北、西南都巡检职官设有使一员，正七品。吏

员设有司吏一人，掌行署文书。

诸州设官有都巡检使、副都巡检使各一员，分别为正七、正八品。吏员设有司吏各一人。

边防要塞设有正七品至正九品不等的职官。各处均设吏员：潼关、大庆关，司吏二人，其中女真、汉人各一人。孟津渡设司吏二人。

（5）河南、山西、陕西、益都统军司。设官有使、副统军、判官、知事、知法，官品从正三品到从八品不等。

吏员设有书史十三人，其中女真八人，汉人五人。译书四人，通事一人，抄事一人，公使五十人。

（6）西北路、西南路、东北路招讨司。设官有使、副招讨使、判官、勘事官、知事、知法，官品从正三品到从八品不等。这三路招讨司和上述四统军司镇守边陲，招怀降附。

吏员设有司吏十九人。译人三人。通事六人。移剌三十人。抄事一人。公使五十人。

另外，招讨司应该还设有译史，抑或译史和译人为从事翻译工作吏员的两种称呼。

契丹反金领袖耶律撒八曾为金朝的西北路招讨司译史。正隆五年（1160），金廷遣使尽征契丹丁壮伐宋，引起契丹人民反金斗争。当时为译史的撒八与孛特补率部众杀西北路招讨使和金廷派来的使者，取招讨司贮甲三千，起兵反抗。议立辽帝子孙，响应者众，先后占领韩州、咸平、济州，海陵遣枢密使仆散忽土、西京留守萧怀忠等率兵镇压而不能克，又使白彦恭、纥石烈志宁等往讨皆无功。后六院节度使移剌窝斡率部众杀撒八，继续抗金。世宗即位后，派移剌扎八招抚，扎八见窝斡势盛，反加入起义军。窝斡率军围临潢，攻泰州，并于大定元年（1161）十二月称帝。大定二年，世宗一面遣人招抚，一面派兵镇压。金军与起义军交战互有胜负，九月，窝斡被俘，一度轰轰烈烈的契丹人民反金起义归于失败。

（五）具有女真特色的地方机构的吏员类别和数目

（1）诸猛安设吏员：司吏四人，译人一人。

诸谋克设女真司吏一人，译人一人。

（2）诸部族节度使。设官有节度使、副使、判官、知法，官品部分失载。

吏员设有司吏四人，其中女真、汉人各二人。通事一人，译人一人。

第三章 金代吏员的类别和数目

（3）诸乣。设官详稳、么忽，分别为从五、从八品。

吏员设有司吏三人。① 咩乣、唐古乣、移剌乣、木典乣、骨典乣、失鲁乣并依此置。唯失鲁乣添设译人一名。

（4）诸移里菫司设官：移里菫，从八品。

吏员设有女真、汉人司吏各一人。部罗火部族左右移里菫司置女真司吏一人。诸秃里设官：秃里，从七品。吏员：女真司吏一人，通事一人。

（5）诸群牧所（女真语为"乌鲁古"）。设官提控诸乌鲁古（明昌四年置）、使、副使、判官、知法，官品从正四品到从八品不等。

吏员设有提控诸乌鲁古下设女真司吏二人，译人一人，通事一人。知法下设女真司吏四人，译人一人。

据《金史》卷58《百官志三》列表3-3。

表3-3 金代地方吏员设置

单位：人

名　　称	译史	通事	司吏	抄事	公使	译人	书史	书吏	备注
大兴府			75	1	100				
诸京留守司		2	不等②			12			
按察司③				1	40		4	10	
上京、东京等路按察司并安抚司				1	10		4	64	
诸总管府		5	不等④		80	14			

---

① 习尼昆，掌本乣差役等事。挞马，随从也。

② 司吏，女真司吏，上京二十人，北京十三人，东京十人，南京、西京各五人。汉人司吏，三十万户以上六十人，二十五万户以上五十五人，十万户以上四十人，七万户以上三十五人，五万户以上三十人，三万户以上二十四人，不及万户十人。

③ 按察司本提刑司，承安三年以上京、东京等提刑司并为一提刑使，兼宣抚使劝农采访事，为官称。承安四年夏四月癸亥，改提刑司为按察使司。

④ 司吏，女真，山东西路十五人，大名十四人，山东东路、咸平府、临潢各十二人，曷懒路、河北西路各十人，婆速路十一人，河北东路八人，河东南路、京兆、庆阳、临洮、凤翔、延安各四人。汉人，十八万户以上四十二人，十五万户以上四十人，十三万户以上三十八人，十万户以上三十五人，七万户以上三十二人，五万户以上二十八人，三万户以上二十二人，不及三万户二十人，婆速路、曷懒路各二人。译人，咸平三人，河北东西、山东东西、曷懒、大名、临潢各二人，余各一人。通事，婆速、曷懒路高丽通事一人，临潢北部通事一人，部落通事一人、小部落通事二人，庆阳府通事一人。抄事一人。公使八十人。临潢别置移剌十三人。凡诸府置员并同，惟曷懒路无府事。

续表

名　称	译史	通事	司吏	抄事	公使	译人	书史	书吏	备注
诸（散）府		1	不等①	1	70	1			
诸节镇（节度州）		2	不等②	1	不等③	1			
诸防御州		1	不等④	1	不等⑤	1			
诸刺史州			不等⑥	1	不等⑦				
诸京警巡院			不等⑧						
诸府节镇录事司			不等⑨						
诸防御州司候司			7		7				
赤县			10		10⑩				
中县			8		10				
下县			6		10				
诸司狱			1		2				⑪
市令司			4		8				⑫
军器库			2						⑬

① 司吏，女真皆三人，汉人，若管十六万户四十人，十四万户以上三十八人，十二万户以上三十五人，十万户以上三十二人，七万户以上三十人，五万户以上二十五人，三万户以上二十人，不及三万户十七人。
② 司吏，女真，隆州十四人，盖州十二人，泰州十一人，速频、胡里改各十人，蒲与八人，平、宗、懿、定、卫、莱、密、沧、冀、邢、同、雄、保、兖、邠、泾、朔、奉圣、丰、云内、许、徐、邓、巩、鄜、全、肇各三人，余各二人。汉人，依府尹数例。
③ 公使人，上镇七十、中六十五、下六十人，唯蒲与、胡里改、速频各二十人。曷速馆路、蒲与路、胡里改路、速频路四节镇，省观察判官而无州事。
④ 司吏，女真一人，汉人管户五万以上二十人，以率而减。
⑤ 公使，上州六十人、中州五十五人、下州五十人。
⑥ 司吏，女真，韩、庆、信、滦、蓟、通、澄、复、沈、贵德、涿、利、建州、来远军各二人，余各一人。
⑦ 公使，上州五十、中州四十五、下州四十。惟来远军同下州，省同知。凡诸州以上知印，并于孔目官内轮差，运司押司官并同。无孔目官，以上名司吏充，司、县同此。
⑧ 司吏，女真，中都三人，上、东、西三京各二人，余各一人。汉人，中都十五人，南京九人，西京八人，东京六人，北京五人，上京四人。
⑨ 司吏，户万以上设六人，以下为率减之。凡府镇二千户以上则依此置，以下则止设录事一员，不及百户者并省。
⑩ 诸知镇、知城、知堡、知寨，皆从七品。其设公使皆与县同，惟验户口置司吏。
⑪ 司吏一人。公使二人。典狱二人，防守狱囚门禁启闭之事。狱子，防守罪囚者。
⑫ 市令司唯中都置。
⑬ 库子，掌出纳之数、看守巡护。

第三章 金代吏员的类别和数目

续表

名　　称	译史	通事	司吏	抄事	公使	译人	书史	书吏	备注
都转运司	3	1	不等①	1	80				
山东盐使司②			22	40	40	1			
中都都曲使司			4		10				③
中都都商税务司			4		10				
中都广备库									④
永丰库									⑤
南京交钞库									⑥
中都流泉务									⑦
中都店宅务									⑧

① 都勾案、户籍案、盐铁案、支度案、开拆案司吏，女真八人，汉人九十人。抄事一人，译史三人，通事一人，押递五十人，监运诸物公使八十人。惟中都路置都转运司，余置转运司，省户、度判官各一员。南京、西京、北京、辽东、山东西路、河北东路则置女真知法、汉知法各一员。山东东路、河东南路北路、河北西路、陕西东西路则置汉知法一员。余官皆同中都置。女真司，司吏，辽东路十人，西京、北京、山东西路各五人，余路皆四人。译史，辽东路三人，余各二人。通事各一人。汉人司，司吏，课额一百八十万贯以上者五十人，百五十万贯以上四十五人，百二十万贯以上四十人，九十万贯以上三十五人，六十万贯以上三十人，三十万贯以上二十五人，不及三十万贯二十人。公使人，各七十人。押递，南京、山东东西路、河东南路、河北西路各五十人，西京、河东北路、河北东路各四十人，余路各三十人。

② 山东盐使司与宝坻、沧、解、辽东、西京、北京凡七司。另：司吏二十二人，女真三人、汉人十九人。译人一人，抄事、公使四十人，它司皆同。

③ 中都都曲使司酒使司、院务、税醋使司，榷场兼酒使司附。另：凡京都及真定皆为都曲酒使司，设官吏同此。它处置酒使司，课及十万贯以上者设使、副、小都监各一员，五万贯以上者设使、副各一员，以上皆设司吏三人。二万贯以上者设使及都监各一员，司吏二人。不及二万贯者为院务，设都监、同都监一员，不及千贯之院务止设都监一员。其他税醋使司及榷场与酒使相兼者，视课多寡设官吏，皆同此。

④ 攒典四人。库子十四人，内十二人收支，二人应办。掌排数出纳、看守巡护之事，与库官通管。

⑤ 永丰库镀铁院都监隶焉。攒典三人。库子十二人，内十人收支，二人应办。凡岁收二十五万贯者置库子十人，不及二万贯者置二人。镀铁院都监二员，管勾生熟铁钉线。攒典一人。京、府、镇、通州并依此置，判官、都监皆省。或兼军器并作院，或设使若副一员。防刺郡设都监一员，仍兼军器库。

⑥ 攒典二人，攒写计帐、类会合同。库子八人，掌受纳钱数、辨验交钞、毁旧注簿历。

⑦ 大定二十八年十月，京府节度州添设流泉务，凡二十八所。明昌元年，皆罢之。二年，在都依旧存设。另：攒典二人。

⑧ 南京店宅务同。攒典，左右厢各五人，掌征收及检料修造房屋之事。库子，左右厢各三人。催钱人，左右厢各十五人。又别设左厢平乐楼花园子一名，右厢馆子四人。

续表

名　　称	译史	通事	司吏	抄事	公使	译人	书史	书吏	备注
中都左右厢别贮院									①
中都木场			1						
中都买物司			2						
京兆府司竹监			1						
规措京兆府耀州三白渠公事			2						
漕运司			6		81				②
诸仓									③
草场									④
诸总管府节镇兵马司			1		10	1			⑤
诸府镇都军司					6				军典2人
诸防刺州军辖司									同上
诸府州军辖司			2						⑥
诸巡检			1						⑦

① 攒典、库子，同前。
② 司吏六人，分掌课使、起运两科，各设孔目官，前后行各一人。傔使科，掌吏、户、礼案。起运科，掌兵、刑、工案。公使八十一人，押纲官七十六人。
③ 攒典，掌收支文历、行署案牍。岁收一万石以上设二人。仓子，掌斛斗盘量、出纳看守之事。
④ 攒典二人。场子，掌积垛、出纳、看守、巡护之事，岁收五万以上设四人。中都、南京、归德、河南、京兆、凤翔依此置。西京省副使，余京节镇科设使副一员，防刺仍旧，置都监一员。
⑤ 副都指挥使二员，正六品，贰使职，通判司事，分管内外，巡捕盗贼。军典十二人，掌本库名籍、差遣文簿、行署文书、巡捕等事，余军典同此。司吏一人，译人一人，公使十人。军使一员，正七品，指挥之职，左右什将各一人，共管一都。军典二人，营典一人，左、右承局各一人，左、右押官各一人。
⑥ 司吏二人。京兆、咸平、济南、凤翔、莱、密、懿、巩州并依此置。唯京兆、咸平府置兵马都钤辖，余并省。
⑦ 中都东北都巡检使一员，正七品，通州置司，分管大兴、漷阴、昌平、通、顺、蓟、盈州界盗贼事。司吏一人，掌行署文书。马军十五人，于武卫马军内选少壮熟闲弓马人充。副都巡检使各一员，正八品。司吏各一人。右宿、泗、唐、邓、蔡、亳、陈、颍、德、华、河、陇、泰等州并西北路依此置，余不加"使"字。另外，金廷在潼关、大庆关各设设司吏二人，女真、汉人各一。孟津渡设司吏二人。

第三章　金代吏员的类别和数目

续表

名　　称	译史	通事	司吏	抄事	公使	译人	书史	书吏	备注
统军司		1		1	50		13		①
招讨司		6	19	1	50	3			②
诸猛安			4						③
诸部族节度使		1	4			1			④
诸钅乙			3						⑤
诸移里堇司			2						⑤
诸秃里		1	1						⑥
诸群牧所			2			1			⑦

从地方吏员的相关记载及来看，金代地方吏员的设置，主要有以下三个方面的特点。

一是相对于金代地方各行政机构中的职官数量而言，吏员的数目显得十分庞大。各部门吏员的数量为职官数量的数倍至数十倍不等。

二是各部门吏员的数量根据部门工作的需要及工作量的大小，有差别设置数量不等的吏员。各级政权机构之间，路府州县制的行政机构和猛安谋克制的行政机构之间的吏员设置都存在差别。

三是根据《金史》的记载来看，吏员制度已经制度化、系统化，即所谓"朝廷自有定格"⑧，体现出较高的管理水平和严密的管理体系。

---

① 河南，山西，陕西，益都四处置。书史十三人，女真八人。汉人五人，掌行署文牍、上名监印。守当官四人，译书四人，通事一人，抄事一人，公使五十人。河南依此置，山东不设判官，知法以益都府知法兼之。
② 三处置，西北路、西南路、东北路。
③ 诸猛安，谋克隶焉。诸谋克，女真司吏一人，译一人，挞马。
④ 司吏三人。习尼昆，掌本钅乙差役等事。挞马，随从也。咩钅乙、唐古钅乙、移剌钅乙、木典钅乙、骨典钅乙、失鲁钅乙并依此置。惟失鲁钅乙添设译人一名。《士民须知》有苏谟典钅乙、胡都钅乙、霞马钅乙、无失鲁钅乙、移典钅乙。
⑤ 司吏，女真一人，汉人一人。习尼昆，掌本钅乙差役等事。挞马。右土鲁浑部族南北移里堇司依此置。部罗火部族左右移里堇置女真司吏一人。
⑥ 女真司吏一人，通事一人。
⑦ 设女真司吏二人，译一人，通事一人。知法一员，从八品。女真司吏四人，译人一人，挞马十六人，使八人，副五人，判三人。又设扫稳脱朵，分掌诸畜，所谓牛马群子也。
⑧ 《金史》卷132《纥石烈执中传》，中华书局，1975，第2833页。

第四章　金代吏员的选任

金代从中央到地方各机构都存在有数目不等的吏员。关于这些吏员的选任问题，史籍记载了一部分吏员选任的制度层面的规定，使我们在探讨其来源时有章法可循；还有一部分吏员的选任可以从人物传记、皇帝本纪等史料记载中的蛛丝马迹窥其一斑；当然还有部分吏员在史籍中没有留下任何的记载，也不见于私人著述，这部分我们只能暂且存疑。

赵世瑜先生认为元代吏员的选取途径大体有四条：一是由普通百姓直接招考参充，二是由见习吏人升任，三是由儒而吏，四是由官而吏。前两条途径是沿袭前朝的，后两条途径则是元朝的独特现象。但总的办法是高级部门吏由低级部门吏升补而来，如中书省掾缺，则取六部令史补；六部令史缺，则由中央其他部门或由各行省岁贡吏员中升补，等等。因此一般而言，吏员的参充总是从最基层的部门及职别做起。① 赵先生对元代吏员选任途径的归纳，颇有见地，但是，后两条途径由儒、由官而吏并不是元朝独特的现象，金朝就有不少吏员是由儒生或官员来补充的。许凡也认为"职官、儒人入吏在金朝也是制度所定"②。

由于各级政权等级差别和吏职的不同，金代中央吏员可分为中央政府吏员和宫廷吏员，地方吏员分路府州县各级政府的吏员和其他机构的吏员。其选任各有不同，以下分别论述。

第一节　中央政府吏员的选任

中央政府吏员，以尚书省令史为代表，包括尚书省、御史台、枢密院、六部等各机构的令史、译史、通事等，其选任比较复杂。据元人王恽

---

① 赵世瑜：《吏与中国传统社会》，浙江人民出版社，1994，第 111～112 页。
② 许凡：《元代吏制研究》，劳动人事出版社，1987，第 125 页。

记载："皇家缌麻以上亲及曾任宰执之子听试尚书省令、译史；皇家袒免亲及宰执孙并弟，若三品以上职事官之子弟及终场举人，听试台、院令、译史。其散官五品以上职事子孙、兄弟及侄，或散官不及五品，曾任五品职事子孙、兄弟，皆听试部令、译史、通事。"① 可以看出，吏员由于所在的机构不同，其选任也有所差别。以下分部门详细论述。

一 省令史、译史和省通事的选任

在金代，尚书省令史主要由进士出身的文资官、宰执子，还有枢密院、御史台、六部、统军司令史转补来充任。

金朝初年，对省令史的选任还没有制度方面的规定。史料记载有天会初年补省令史的实例。杨伯渊，"父丘文，辽中书舍人。伯渊早孤，事母以孝闻，疏财好施，喜收古书。天会初，以名家子补尚书省令史"②。这是以名家子而补省令史，且史籍中这样的情况也仅此一例。随着金朝汉官制度的建立和不断完善，对于作为最高吏职的省令史的管理也逐步制度化，选任方面的制度规定也越来越详细。

《金史·百官志一》尚书省条"女直省令史三十五人，左二十人，右十五人。大定二十四年为三十人，进士十人，宰执子、宗室子十人，密院台部统军司令史十人。"记载了大定二十四年女真省令史选任的三个方面：进士、宰执子和宗室子以及枢密院、御史台、六部、统军司令史。同时史籍记载"省令史选取之门有四，曰文资，曰女直进士，曰右职，曰宰执子"③。

金代，"凡进士则授文散官，谓之文资官。自余皆武散官，谓之右职，又谓之右选"④。金代文官有九品，四十二阶。武散官，凡仕至从二品以上至从一品者，皆用文资。自正三品以下，阶与文资同。根据《金史·百官志一》的记载做金代文、武散官品阶表（见附录）。宰执包括领三省事、尚书令、宰相（左右丞相、平章政事）和执政官（左右丞、参知政事）。

关于文资官充任省令史，史籍有如下的制度规定：

---

① （元）王恽：《秋涧先生大全集》卷87《论职官子孙试补省台院部令史状》，《元人文集珍本丛刊》（二），新文丰出版公司，1985，第427页。
② 《金史》卷105《杨伯雄传附族兄伯渊传》，中华书局，1975，第2319页。
③ 《金史》卷52《选举志二》，中华书局，1975，第1168页。
④ 《金史》卷52《选举志二》，中华书局，1975，第1157页。

文资者，旧惟听左司官举用，至熙宗皇统八年，省臣谓，若止循旧例举勾，久则善恶不分而多侥幸。遂奏定制，自天眷二年及第榜次姓名，从上次第勾年至五十巳上、官资自承直郎（从六品）至奉德大夫（从五品）、无公私过者，一阙勾二人试验，可则收补，若皆可即籍名令还职待补。[①]

由以上规定可知，皇统八年以前，文资官入省令史是由左司官员推举来充任。为避免推举带来的弊端，皇统八年规定，则是"一阙"由两个人来试补，最终留下一位来"补阙"，如果两人皆符合要求则在登记后令还职待补。这两位是从天眷二年以来及第的进士中选出的，条件是：年龄在五十以上、散官品阶在正七品下至从五品下之间，且无过错。

宋人记载：熙宗即位后，置三省六部。"都事令史用登进士第者，预其选，人以为荣"。[②] 又"省部有令史，以进士及第者为之"[③]。刘玮，祖（于辽末降金）……后以同平章政事致仕……父……同知宣徽院事。玮幼警悟，业进士举，熙宗录其旧，特赐及第。调安次丞。由遵化县令补尚书省令史。[④] 这是熙宗赐予进士及第，后经县丞、令而补省令史。另有王蔚，"登皇统二年进士第，调良乡丞。治绩优等，补尚书省令史，知管差除"[⑤]。

史籍记载海陵正隆间曾一度废止此制，世宗时恢复。"正隆元年，罢是制，止于密院台及六部吏人令史内选充……（世宗大定）二年罢吏人而复皇统选进士之制"[⑥]。章宗时期，监察御史李完也说："尚书省令史，正隆间用杂流，大定初以太师张浩奏请，始纯取进士，天下以为当。"[⑦] 可见，正隆元年（1156）至大定二年（1162）这一以时期，进士出身的文散官不允许充任省令史，而改由枢密院、御史台、六部的令史或其他吏员来充任，大定二年才可以继续充任省令史。

世宗、宣宗时期都对文散官充任省令史进行了规定："（大定）七年，

---

① 《金史》卷52《选举志二》，中华书局，1975，第1168页。
② （宋）李心传：《建炎以来系年要录》卷84，中华书局，1956，第1388页。
③ （宋）洪皓撰《松漠纪闻续》，翟立伟标注，吉林文史出版社，1986，第38页。
④ 《金史》卷95《刘玮传》，中华书局，1975，第2111页。
⑤ 《金史》卷95《王蔚传》，中华书局，1975，第2116页。
⑥ 《金史》卷52《选举志二》，中华书局，1975，第1168页。
⑦ 《金史》卷97《李完传》，中华书局，1975，第2155页。

以散阶官至五品亦勾充，不愿者听。十一年，以进士官至承直者众，遂不论官资但以榜次勾补……（宣宗）贞祐五年，进士未历任者，亦得充补。"① 然而，检索史料，我们发现省令史的选任中，最多的就是进士出身的县令、丞、主簿或地方的幕职官，比如马讽、王蔚、张公理、张汝明等，墓志材料记载有王元德、吕忠敏（见附表二、金代文资出身的省令史表）等，而由进士直接充任省令史的却不多见。孟繁清在《金代的令史制度》一文中提出：由于进士出身的品官很多，所以进士未历任而充令史者，实际上不会很多。②

据史籍记载，张大节，擢天德三年进士第，调崞县丞。改东京市令。世宗判留务，甚爱重之。海陵修汴京，以大节领其役。世宗改元于辽东，或劝赴之，富贵可一朝遂，大节曰："自有定分，何遽尔。"随例补尚书省令史③。这里的"例补"也说明进士充任省令史需要经历县令、丞等在地方为政的过程。萧贡，"大定二十二年进士，调镇戎州判官，泾阳令，泾州观察判官。补尚书省令史。旧例，试补两月，乃补用。贡至数日，执政以为能，即用之"④。这条史料说明，通常情况下，进士出身的县令或地方幕职官补省令史，有两个月的试用期。在这两个月的试用期内，表现合格者才正式补任。《中州集》记载的是"召补"：萧贡"自泾州观察判官，召补省掾"⑤。还有冀禹锡也是由扶风丞"召补省掾"⑥。召补是试补省掾的另一种说法，由地方官员召回中央部门尚书省做吏员。

金代的尚书省令史还有女真令史、契丹令史和回纥令史等，这些令史对充任者有文字方面的要求。女真令史多是由女真进士来充任。"女真进士科始创于世宗大定十三年，结束于哀宗正大七年，共20科。"⑦ 大定二十三年（1183），世宗为整顿吏治，曾谕宰臣："女直进士可依汉儿进士补省令史。夫儒者操行清洁，非礼不行。以吏出身者，自幼为吏，习其贪

---

① 《金史》卷52《选举志二》，中华书局，1975，第1168~1169页。
② 孟繁清：《金代的令史制度》，《宋辽金史论丛》（第二辑），中华书局，1991，第339~350页。
③ 《金史》卷97《张大节传》，中华书局，1975，第2145页。
④ 《金史》卷105《萧贡传》，中华书局，1975，第2320页。
⑤ （金）元好问编《中州集》卷5《萧尚书贡》，中华书局，1959，第235页。
⑥ （金）元好问编《中州集》卷6《冀都事禹锡》，中华书局，1959，第332页。
⑦ 都兴智：《辽金史研究》，人民出版社，2004，第61页。

墨，至于为官，习性不能迁改。政道兴废，实由于此。"① 此处提到女真进士可以和汉进士一样，补省令史。根据现有的史料，夹谷守中、蒲察郑留、乌林答乞住、兀颜讹出虎、乌古论荣祖、乌古论德升、完颜伯嘉、完颜闾山、赤盏尉忻、尼庞古蒲鲁虎、温迪罕达、夹谷石里哥、完颜阿里不孙、纳合蒲剌都、蒙古纲、夹谷土剌、蒲察娄室等17位由女真进士而任省令史，但都不是进士及第后直接充任省令史。他们中进士后，基本都是任县令、丞、主簿或地方幕职官一段时间，才得以充任省令史。这与汉进士而入省令史的途径基本相同。

此外，还有女真字学生或教授充任省令史。比如耨碗温敦兀带，"天会间，充女直字学生，学问通达，观书史，工为诗。选为尚书省令史"②。纳合椿年，"初置女直字，立学官于西京，椿年与诸部儿童俱入学，最号警悟。久之，选诸学生送京师，俾上京教授耶鲁教之，椿年在选中。补尚书省令史"③。还有与纳合椿年一起被选中而送京师的纥石烈良弼，"年十四，为北京教授，学徒常二百人，时人为之语曰：'前有谷神，后有娄室。'其从学者，后皆成名。年十七，补尚书省令史"④。耨碗温敦兀带和纳合椿年都是以女真字学生充省令史的，而纥石烈良弼则以女真字教授而充任省令史。

尚书省在明昌三年之前设有契丹令史，由通契丹字的人充任。比如移剌愸，"通契丹、汉字，尚书省辟契丹令史"⑤。又如移剌斡里朵，"系出辽五院司，通契丹字。天会三年伐宋，隶军中，遇战辄先登，屡获侦人，有司上其功，补尚书省令史"⑥。

关于宰执子充任省令史，金代规定："大定十二年，制凡承荫者，呈省引见，除特恩任用外，并内奉班收，仍于国史院署书写、太常署检讨、秘书监置校勘、尚书省准备差使，每三十月迁一重，百五十月出职。如承应一考以上，许试补省令译史……如系终场举人，即听尚书省试补。"⑦ 从此制可以看出，除特恩以外，宰执子试补省令译史需要先做承应人一考

---

① 《金史》卷8《世宗本纪下》，中华书局，1975，第185页。
② 《金史》卷84《耨碗温敦兀带传》，中华书局，1975，第1884页。
③ 《金史》卷83《纳合椿年传》，中华书局，1975，第1872页。
④ 《金史》卷88《纥石烈良弼传》，中华书局，1975，第1949~1950页。
⑤ 《金史》卷89《移剌愸传》，中华书局，1975，第1986页。
⑥ 《金史》卷90《移剌斡里朵传》，中华书局，1975，第2002页。
⑦ 《金史》卷52《选举志二》，中华书局，1975，第1170页。

（即 30 个月）以上，方许试补。而且宰执除外任官后，其子依然可以试补省令史。明昌三年（1192），权尚书礼部郎中党怀英言："凡宰执改除外任长官，其佐官以下相见礼仪皆与他长官不同，其子亦得试补省令史。"①

此外，还有枢密院（元帅府）、御史台、六部令史、地方吏员也可以补省令史。如前所述，在金代的制度规定中，仅正隆元年至大定二年之间允许这些吏员补省令史。然而通过史料来看，这种情况终金一代始终存在。

金初，白彦敬善骑射，起家为吏，补元帅府令史。伐宋，为钱帛司都管勾。立三省，选为尚书省令史②。金代的三省制肇始于太宗天会年间，完成于熙宗天眷时期。白彦敬被选为省令史就在这一时期。阿勒根彦忠，好学，通吏事。天会十四年（1136），选充尚书兵部孔目官，升尚书省令史，除右司都事。皇统七年（1147），改大理丞。③ 白彦敬由兵部吏员补省令史至少是在皇统七年之前。完颜兀不喝，年十三，选充女真字学生。补上京女真吏，再习小字兼通契丹文字。充尚书省令史。天德初，除吏部主事。④ 完颜兀不喝由地方吏员补省令史当在天德以前，最晚熙宗皇统年间。还有移剌道，"宗室移剌古为山东东路兵马都总管，辟掌军府簿书，往来元帅府计议边事，右副元帅宗弼爱其才，召为元帅府令史。补尚书省令史"⑤。他由元帅府令史补省令史是在海陵南伐之前。

此外，还有宗正府令史充任省令史的情况存在。如前文提到的孛术鲁阿鲁罕：

> 孛术鲁阿鲁罕，隆州琶离葛山人。年八岁，选习契丹字，再选习女直字。既壮，为黄龙府路万户令史。贞元二年，试外路胥吏三百人补随朝，阿鲁罕在第一，补宗正府令史。累擢尚书省令史。⑥

金朝中期，粘割斡特剌，"贞元初，以习女直字试补户部令史，转尚书省令史。大定七年，选授吏部主事，历右补阙、修起居注"⑦。此人由

---

① 《金史》卷 9《章宗本纪一》，中华书局，1975，第 225 页。
② 《金史》卷 84《白彦敬传》，中华书局，1975，第 1891 页。
③ 《金史》卷 90《阿勒根彦忠传》，中华书局，1975，第 2003 页。
④ 《金史》卷 90《完颜兀不喝传》，中华书局，1975，第 1998 页。
⑤ 《金史》卷 90《移剌道传》，中华书局，1975，第 1994 页。
⑥ 《金史》卷 91《孛术鲁阿鲁罕传》，中华书局，1975，第 2024 页。
⑦ 《金史》卷 95《粘割斡特剌传》，中华书局，1975，第 2107 页。

户部令史转尚书省令史的时间段当在海陵贞元初至世宗大定七年（1167）之间。姬汝作之父懋，"以荫试部掾，转尚书省令史。汝作读书知义理，性豪宕，不拘细行，平日以才量称。正大末，避兵嵩山，保乡邻数百家，众以长事之"。① 据姬汝作正大末年避兵嵩山的记载，按常理推断，其父由部掾转省令史当在金朝中晚期。李平父，"二十得解住府庠，移籍太学。试补河北东路提刑司书史。登明昌二年词赋进士第，释褐藁城丞。吏畏民爱，虽老于从政者，莫与为比。县旧多盗，先生治之有方，皆相率为平民。以政迹升辽东宜风令，改蓟州卢龙。丁太夫人忧。起复潞州涉县令。引西山之泉解决此县乏水问题。民获膏润之利。入为尚书省令史"。② 这是由地方吏员进士及第后任县丞、令而后入为省令史。这也是在章宗明昌以后的金朝中晚期。

金朝末年也有从行台掾转省令史的记载。"李献甫，博通书传，尤精左氏及地理学。为人有干局，心所到则绝人远甚，故时人称其精神满腹。兴定五年登进士第，历咸阳簿，辟行台令史。正大初，出使西夏有功，授庆阳总帅府经历官。寻辟长安令。后入为尚书省掾。"③ 孙德秀是由台掾升省掾的："孙德秀，至宁元年，以三赴廷试，试补御史掾。兴定六年，中开封府解，试魁台掾，考成，升尚书省掾。"④

由以上论述可知，大多数省令史的选任者都有进士及第的背景和在地方为官的政治经历，具备较强的文字能力和基本的政治素养。

省译史和通事是尚书省的翻译吏员。金朝初年，郭元弼在金朝换辽官之时，充尚书省译史。⑤ 这是所见史料中金代对选任省译史的最早记载。

金代对省女真译史的选任有明确的制度规定："大定二十八年，制以见任从七、从八人内，勾六十岁以上者相视用之。明昌三年，取见役契丹译史内女直、契丹字熟闲者，无则以前省契丹译史出职官及国史院女直书

---

① 《金史》卷123《忠义传三姬汝作传》，中华书局，1975，第2689页。
② 参见（金）元好问《寄庵先生墓碑》，（清）张金吾编纂《金文最》，中华书局，1990，第1360页。
③ 《金史》卷110《李献甫传》，中华书局，1975，第2433~2434页。
④ （金）元好问：《御史孙公墓表》，（清）张金吾编纂《金文最》，中华书局，1990，第1435页。
⑤ 参见（金）元好问《费县令郭明府墓碑》，（清）张金吾编纂《金文最》，中华书局，1990，第1508页。

写，见任七品、八品、九品官充。"① 虽然史籍没有留下省通事选任的记载，鉴于译史和通事对语言文字方面的要求基本一致，故可以推测，省译史、通事主要来自对女真、契丹、汉语言文字熟悉的七品以下职官。另有宋人记载："省部有令史，以进士及第者为之。又有译史。或以练事，或以关节。"② 这就比较直白地道出了省译史也有干练者或关节通达之人来充任。

此外，还有宰执子弟及其他充任省译史。前文提到宰执子弟充省令史时，有宰执子弟"如承应一考以上，许试补省令译史，则以百二十月出职，其已历月日皆不纽折，如系终场举人，即听尚书省试补"的规定。这是大定十二年（1172）的规定。可知，终场举人通过试补之途也可以充任省译史。耶律履在章宗明昌初拜尚书右丞，其孙曰钧，仕为尚书省译史。③ 耶律钧作为辽东丹王的后人，至少熟悉契丹、汉两种语言文字。马庆祥也是因通六国语言而试补省译史。"年未二十，已能通六国语，并与其字书识之。泰和中，试补尚书省译史"④。

可见，金代对尚书省译史、通事的选任有着基本的语言文字方面的要求，这是由于这两类吏员履职时需要在契丹、汉、女真等语言文字中至少两种之间进行转换，在这个基本要求之上，还需要对试补者身份的认定，然后再通过尚书省组织的考试才能充任省译史。当然，也不能排除有干练者或关节通达之人来充任。

二 枢密院（元帅府）令译史、通事的选任

枢密院令译史主要由三品官子、宰执子、在省祗候郎君、缌麻祖免宗室郎君和皇室四从亲通过每年的考试来充任。

辽代进士及第的赵元，在辽亡之时，郭药师为宋守燕，以赵元掌机宜文字，金师取燕地之后，药师降，枢密使刘彦宗辟赵元为本院令史。⑤ 由此可知，赵元充任枢密院令史是由枢密院长官枢密使所辟。与赵元同年登进士第的任熊祥，为辽末的枢密院令史。"太祖平燕，以其地界宋，熊祥

---

① 《金史》卷53《选举志三》，中华书局，1975，第1174页。
② （宋）洪皓撰《松漠纪闻续》，翟立伟标注，吉林文史出版社，1986，第38页。
③ （金）元好问：《龙虎卫上将军耶律公墓志铭》，（清）张金吾编纂《金文最》，中华书局，1990，第1483页。
④ （金）元好问：《恒州刺史马君神道碑》，（清）张金吾编纂《金文最》，中华书局，1990，第1491页。
⑤ 《金史》卷90《赵元传》，中华书局，1975，第1993页。

至汴,授武当丞……金人取均、房州,熊祥归朝,复为枢密院令史。"①这是金初的情况,当时制度未定,权宜之计也是可能,同样的情况还见前文提到的白彦敬和移剌道。

关于枢密院令译史的选任,大定十四年(1174),规定"内祗,并三品职事官承荫人,与四品五品班祗,及吏员人通试,中选者用之"②。这些人都可以通过考试录用为院令译史。金朝在世宗大定时期还细化了这一制度规定:

> 十七年,定制,以三品职事官之子,试补枢密院令史。遂命吏部定制,宰执之子并在省宗室郎君,如愿就试令译史,每年一就试,令译史考试院试补外,缌麻袒免宗室郎君密院收补……二十九年,四从亲亦许试补。③

由以上规定可知,三品官子、宰执子、在省祗候郎君、缌麻袒免宗室郎君和四从亲可以通过每年的考试充任枢密院令译史。除此之外,史料还记载有女真教授、进士及进士出身的地方基层官员、部令史等吏员补院令史。

女真教授充元帅府令史。比如曹望之,"天会间,以秀民子选充女直字学生。年十四,业成,除西京教授。为元帅府书令史,补正令史,转行台省令史"④。这里的由书令史补正令史,似乎和前文提到的省令史需试补两个月,合格才转正属于同等性质。马天麟因其父为元帅府医生,他本人又通晓女真语而补帅府译史。"金国大定、明昌中,经理北边,桓州开大元帅府,公之父以医从行。公时年几冠,由晓女直言,擢帅府译史"⑤。

高昌福由进士及第直接补枢密院令史。"登天会十年进士第,补枢密院令史。明年,辟元帅府令史"⑥。高昌福为天会十年(1132)胡励榜的进士,直接补枢密院令史,是因为他中进士的甲次可能较低,所以被补入枢密院为令史。⑦ 见于史籍记载的由进士历县令、丞或幕府官而院令史的

---

① 《金史》卷105《任熊祥传》,中华书局,1975,第2310页。
② 《金史》卷53《选举志三》,中华书局,1975,第1175页。
③ 《金史》卷52《选举志二》,中华书局,1975,第1170~1171页。
④ 《金史》卷92《曹望之传》,中华书局,1975,第2035页。
⑤ (元)赵复:《燕京创建玉清观碑》,李修生主编《全元文》卷58(第2册),江苏古籍出版社,1998,第205页。
⑥ 《金史》卷128《循吏传高昌福传》,中华书局,1975,第2765页。
⑦ 都兴智:《金代汉进士授官制度考述》,《考试研究》2014年第2期。

有"翟永固，字仲坚，中都良乡人。太祖与宋约攻辽，事成以燕归宋。宋人以经义兼策取士，永固中第一，授开德府仪曹参军。金破宋，永固北归。中天会六年词赋科，授怀安丞，迁望云令，补枢密院令史"。①

移剌福僧和黄掴九住都是以部令史而转院令史的。"移剌福僧，东北路乌连苦河猛安人。以荫补吏部令史，转枢密院"。② "黄掴九住，临潢人。大定间，以荫补部令史，转枢密院令史"。③ 这是由下一级政府部门吏员来充任高一级的政府部门吏员，与院令史充任省令史一样，遵循在吏员系统内部由低到高的原则，逐步升迁。

三　御史台令译史、通事的选任

御史台是中央重要的监察机构，其职官设置较为全面。令史设置也有女真和汉人之分。御史台设有女真令史十三人，其中有班内祗六人，终场举人七人。汉人令史十五人，其中有班内祗七人，终场举人八人。另有译史四人，其中班内祗和终场举人各二人。通事三人。可以看出，御史台令译史主要由班内祗和终场举人来充任。

关于御史台吏员选任方面的规定，不见于章宗之前的史籍记载。直到明昌初年，李完为监察御史。"故事，台令史以六部令史久次者补，吏皆同类，莫肯举劾。完言：'尚书省令史，正隆间用杂流，大定初以太师张浩奏请，始纯取进士，天下以为当。今乞以三品官子孙及终场举人，委台官辟用。'上纳其言。"④ 于是，明昌二年（1191）五月，章宗"诏御史台令史并以终场举人充"⑤。这两条史料说明，明昌二年之前御史台令史基本来自部令史，章宗下诏之后也从终场举人中选充。

金朝章宗时期对御史台令译史选任的制度方面的相关规定，如下文所述：

> 明昌三年，截罢见役吏人，用三品职事官子弟试中者，及终场举人本台试补者，若不足，于密院六部见役品官，及契丹品官子孙

---

① 《金史》卷89《翟永固传》，中华书局，1975，第1975页。
② 《金史》卷104《移剌福僧传》，中华书局，1975，第2296页。
③ 《金史》卷122《忠义传二黄掴九住传》，中华书局，1975，第2672页。
④ 《金史》卷97《李完传》，中华书局，1975，第2155页。
⑤ 《金史》卷9《章宗本纪一》，中华书局，1975，第218页。

兄弟选充。

承安三年，敕凡补一人必询于众，虽为公选，亦恐久渐生弊。况又在书史之上，不试而即用，本台出身门户似涉太优。遂令除本台班内祗、令译史名阙外，于试中枢密院令译史人内以名次取用，不足，即于随部班祗令译史上名转充。若须用终场举人之阙，则令三次终场举人，每科举后与它试书史人同程试验，榜次用之。①

由上述制度规定可以看出，明昌三年（1192）后不再使用吏员充任御史台令译史，而用三品官子弟和终场举人，试补合格者才能充任，如有不足，才在枢密院、六部现任品官及契丹品官子孙兄弟中选充，主要还是由品官子弟和终场举人来试补。然而在卫绍王大安三年（1211），"孙国纲却是由吏部掾转台掾。这在史籍有明确记载：孙国纲，字正之。业儒术，尤长吏事。为人端重乐易，或有忤者，略不与校，亦未尝形于怒色。大安三年，试补尚书吏部掾，未几，转御史台令史"②。

承安三年（1198），为防止公选之弊，又从试中的枢密院令译史中选充，在不足的情况下，就在六部令译史中选充。对终场举人充台令译史的要求也更加严格，须是三次终场举人，且根据每科后与其他试补的人一起考试，择优录用。孙德秀就是这样的一个实例。"至宁元年，以三赴廷试，试补御史掾"③。

除上述记载外，还有特殊途径来充任御史台令史。比如贞祐三年（1215）进士及第的刘炳，在其及第之日即上书条陈便宜十事。"宣宗虽异其言，而不能用，但补御史台令史而已"④。这是由及第进士直接补御史台令史，有金一代实属罕见，非制度规定之内。

四 六部令译史、通事的选任

吏、户、礼、兵、刑、工六部隶属于尚书省，各部根据事务需要，设置吏员的数目虽然不等，但是都设有令史、译史和通事。六部吏员多由品

---

① 《金史》卷53《选举志三》，中华书局，1975，第1175页。
② 《金史》卷126《文艺传下孙国纲传》，中华书局，1975，第2739页。
③ （金）元好问：《御史孙公墓表》，（清）张金吾编纂《金文最》，中华书局，1990，第1435页。
④ 《金史》卷106《刘炳传》，中华书局，1975，第2339页。

官子弟荫补或地方吏员试补来充任。

　　移剌道是所见史料中最早补部令史的例子。史载他"为人宽厚，有大志，以荐孝著名。通女直、契丹、汉字。皇统初，补刑部令史"①。他是在熙宗时期补令史。还有在海陵时期补户部令史的粘割斡特剌，"贞元初，以习女直字试补户部令史"②。

　　由户部令史致身宰执的斡特剌，"在相位十余年，甚见宠遇，唯奏定五品官子与外路司吏同试部令史，及令随朝吏员得试国史院书写，世宗以为非云"③。由此看来，世宗并不赞同五品官子和外路司吏试补部令史，原因并未言明。

　　金廷对六部令、译史的选任有制度层面的规定：大定十四年（1174），"以三品至七品官承荫子孙一混试充，寻以为不伦，命以四品五品子孙及吏员试中者，依旧例补，六品以下不与"。④ 说明大定十四年之前，是三品至七品官的承荫人混在一起参加充六部令译史的考试，十四年规定，三品官和六品以下官员子孙不能参加考试，仅四品五品官子孙与吏员可以参加考试，考试通过的可以按照旧例补充六部令译史。旧例应是在两个月的试用期内如果表现合格即可以充任。

　　章宗大定二十九年（1189），有官员上书认为，随朝吏员不宜由诸州府吏人来试补，职官后代清勤者居多，乞以五品以上子孙试补。尚书省谓："吏人试补之法，行之已久，若止收承荫人，复恐不闲案牍，或致败事。旧格惟许五品职官子孙投试，今省部试者尚少，以所定格法未宽故也。"于是定制，散官五品而任七品，散官未至五品而职事五品，其兄弟子孙已承荫者并许投试，而六部令史内吏人试补者仍旧。⑤ 这虽然是对随朝吏员试补之法的规定，但是也涉及六部令史。据此可知，之前州府吏人试补中央吏员已有些时日，之后也并未废除。史料中也有地方吏员通过考试进入六部为吏。比如毛矩，承安元年（1196），由州掾属保随朝吏员试秋场，中甲首。二年，补吏部覃科令史，转贴黄科房长。⑥

---

① 《金史》卷88《移剌道传》，中华书局，1975，第1966页。
② 《金史》卷95《粘割斡特剌传》，中华书局，1975，第2107页。
③ 《金史》卷95《粘割斡特剌传》，中华书局，1975，第2109页。
④ 《金史》卷53《选举志三》，中华书局，1975，第1176页。
⑤ 《金史》卷53《选举志三》，中华书局，1975，第1178页。
⑥ （金）元好问：《毛氏宗支石记》，（清）张金吾编纂《金文最》，中华书局，1990，第465页。

史料中以荫补部令史的不在少数。孟繁清也认为六部令史多为荫补。①前文枢密院令史的选任中,以部令史转院令史的黄掴九住和移剌福僧,都是以荫补部令史。还有石抹元毅也是"以荫补吏部令史"②。"郭峤以父任试补尚书吏部掾属,其子嗣祖,以祖荫试补刑部掾;另一子兴祖,则以父荫试补户部掾"。③幽王府记室刘迎"初以荫试部掾"④。此外,还有诰院令史转补部译史。赵重福,通女真大小字,试补女真诰院令史。转兵部译史。⑤

另外,随朝吏员除了由地方吏员来补之外,还可以由见习吏员转正来补阙。知管差除,简称知除,应是尚书省掾的一种。章宗承安二年(1197)规定:"以习学知除、刑房知案,及兵兴时边关令史,三十月除随朝阙"⑥。习学知除,即是见习吏员,见习30个月后可以正式充任中央吏员。泰和八年(1208)又规定,"以习学知除十五月以上,选充正知除,一考后理算资考"⑦。见习吏员转正的时间又缩短一半。卫绍王大安三年(1211),"以从榜次则各人所历月日不齐,遂以吏部等差其所历岁月多寡为次,收补知除,考满则授随朝职"⑧。

五　中央其他机构吏员的选任

中央其他机构,比如国史院、宣徽院、太府监、少府监等机构中也存在吏员。但是太府监、少府监等机构的很多吏员属于职役性质的吏。史籍记载中,有明确其选任方面制度规定的有宗正府令史、少府监吏员、国史院的吏员书写和宣徽院下设的典客署吏员书表。

地方政府中的吏员也能够通过考试来充任中央政府吏员。阿鲁罕就是由地方吏员试补宗正府令史。据《金史·孛术鲁阿鲁罕传》记载:"贞元二年,试外路胥吏三百人补随朝,阿鲁罕在第一,补宗正府令史。"之前,

---

① 孟繁清:《金代的令史制度》,《宋辽金史论丛》(第二辑),中华书局,1991,第344页。
② 《金史》卷121《忠义传一石抹元毅传》,中华书局,1975,第2643页。
③ (金)元好问:《费县令郭明府墓碑》,(清)张金吾编纂《金文最》,中华书局,1990,第1508~1509页。
④ (金)元好问编《中州集》卷3《刘记室迎》,中华书局,1959,第109页。
⑤ 《金史》卷128《循吏传赵重福传》,中华书局,1975,第2771页。
⑥ 《金史》卷52《选举志二》,中华书局,1975,第1169页。
⑦ 《金史》卷52《选举志二》,中华书局,1975,第1169页。
⑧ 《金史》卷52《选举志二》,中华书局,1975,第1169页。

第四章 金代吏员的选任

阿鲁罕为黄龙府路万户令史，通过考试来充任宗正府令史。

海陵初，规定"少府监吏员，以内省司旧吏员，及外路试中司吏补"①。

国史院书写，即抄书员。史籍记载："书写，特抄书小史耳，凡编修官得日录，纂述既定，以稿授书写，书写录洁本呈翰长。"② 金代的国史院书写分女真书写、契丹书写和汉人书写三类。其选任方式有两种：试补和荫补。"正隆元年，定制，女直书写，试以契丹字书译成女直字，限三百字以上。契丹书写，以熟于契丹大小字，以汉字书史译成契丹字三百字以上，诗一首，或五言七言四韵，以契丹字出题。汉人则试论一道。"③ 分别规定了女真、契丹和汉人书写的考试内容。而耶律履则荫补成为国史院书写④。移剌益也是"以荫补国史院书写"⑤。另外，宣宗时期，也有被推荐为史馆书写的。《金史·文艺传下》记载李汾"元光间，游大梁，举进士不中，用荐为史馆书写"。李汾本为才华横溢的诗人，参加科举考试，无奈未中，被举荐为吏，任史馆书写。

史籍记载，粘割斡特剌在相位十余年，甚见宠遇，唯奏定五品官子与外路司吏同试部令史，及令随朝吏员得试国史院书写，世宗以为非云。⑥ 世宗皇帝并不认同粘割斡特剌所奏的由随朝吏员试补国史院书写。

典客署书表主要由班内祗和终场举人来选任。大定十二年（1172），规定，"以班内祗、并终场举人慎行止者，试三国奉使接送礼仪、并往复书表，格同国史院书写"⑦。十四年，规定女真人识汉字的班内祗也可以一同试补。章宗明昌五年（1194），规定复许材质端伟、言语辩捷的终场举人，与内班祗同试。那么，在这期间，终场举人一度是不允许试补典客署书表的。

前辈学者有言："金代吏员试补始于熙宗皇统初年，盛于世宗、章宗两朝。及宣宗南渡后，则渐趋式微，然而并未废绝。至少在宣宗朝尚行此制。"⑧ 诚然，有相当多的人通过试补来充任中央政府吏员。同时，由于

---

① 《金史》卷53《选举志三》，中华书局，1975，第1177页。
② 《金史》卷126《文艺传下李汾传》，中华书局，1975，第2741页。
③ 《金史》卷53《选举志三》，中华书局，1975，第1182页。
④ 《金史》卷95《移剌履传》，中华书局，1975，第2009页记载"荫补为承奉班祗候、国史院书写"。
⑤ 《金史》卷97《移剌益传》，中华书局，1975，第2160页。
⑥ 《金史》卷95《粘割斡特剌传》，中华书局，1975，第2109页。
⑦ 《金史》卷53《选举志三》，中华书局，1975，第1186页。
⑧ 宋德金：《金代的学校考试和铨选考试》，《社会科学战线》1995年第2期。

吏员的工作职责不同，对吏员来源的要求也不甚相同。国史院书写较注重文学素质，充任者要么来自家学渊源的文学世家，要么驾驭文字的能力较强。而典客署书表，由于涉及外交场合，所以对外形、口才均有要求。

第二节 宫廷吏员的选任

金朝皇宫内部从事各种服务的人员，名目达数十种，有护卫、符宝祗候（旧名牌印祗候，大定二年改为符宝祗候）、奉职（旧名不入寝殿小底，又名外帐小底）、奉御（旧名入寝殿小底）、笔砚承奉（旧名笔砚令史）、符宝典书（旧名牌印令史），等等，称为宫中诸局分承应人，也即宫廷吏员。

承应人的选任比较复杂，部分国子学生可以通过考试成为承应人。据《金史·选举志一》记载："凡国子学生三年不能充贡，欲就诸局承应者，学官试，能粗通大小各一经者听。"此外，功臣子孙和阵亡军官子孙也可充当诸局分承应人。大定二十九年（1189）五月，"敕收录功臣子孙，量材于分承应"①。通过敕令的方式，将功臣子孙收录，依据其才能任命为各局分的承应人。章宗于泰和八年，"定承应人收补年甲格"②。对收补承应人做出规定，但具体情况不见史籍记载。史载："金代褒死节之臣，既赠官爵，仍录用其子孙。"③ 宣宗也曾下诏："阵亡把军品官子孙，十五以上者依品官子孙例随局承应，十五以下、十岁以上者依品从随局给俸，至成人本局差使。"④ 对于死节军士的后代，可以在年满十五后收充承应人。任抚州刺史的石抹元毅，率吏卒与敌力战，终因寡不敌众而遇害。"事闻，上深惊悼，赠信武将军，召用其子世勋侍仪司承应。"⑤ 泰和六年（1206）与宋争夺寿州时，魏全在城下骂宋主而被宋人所杀。泰和七年，"赠故寿州死节军士魏全宣武将军、蒙城令，封其妻乡君，子俟年至十五收充八贯石正班局分承应，仍赐钱百万"⑥。此举在《金史》的《章宗本纪》和

---

① 《金史》卷9《章宗本纪一》，中华书局，1975，第209页。
② 《金史》卷12《章宗本纪四》，中华书局，1975，第284页。
③ 《金史》卷121《忠义传一》，中华书局，1975，第2634页。
④ 《金史》卷117《时青传》，中华书局，1975，第2567~2568页。
⑤ 《金史》卷121《忠义传一石抹元毅传》，中华书局，1975，第2643页。
⑥ 《金史》卷12《章宗本纪四》，中华书局，1975，第280页。

《魏全传》中均有记载。另外，曹州济阴县令马骧在贞祐三年（1215）被元兵所杀，"贞祐四年七月，诏以其男惟贤于八贯石局分收补"①。亦是阵亡军士子弟充任承应人。由此可知，收录其子孙充当诸局分承应人是金廷对功臣和阵亡军官的优遇措施之一。

一 护卫的选任

熙宗时期，金代才设置护卫。据《金虏图经》记载："亶立，始设护卫将军、寝殿小底、弩手、伞子。"② 史载金代"设护卫二百人，近侍之执兵仗者也，取五品至七品官子孙及宗室并亲军、诸局分承应人，身长五尺六寸者，选试补之"③。金代的护卫除有负责皇帝仪卫的护卫之外，还有负责太子仪卫的东宫护卫以及负责皇帝嫔妃、太子妃仪卫的妃护卫、太子妃护卫。

由于护卫的职责所在，金廷一般通过对外形、才干及射击的考核来选任护卫，在体魄、技艺上要求更高。大定十二年"诏遣官及护卫二十人，分路选年二十以上四十以下有门地才行及善射者，充护卫，不得过百人"④。明昌元年三月"敕点检司，诸试护卫人须身形及格，若功臣子孙善射出众，虽不及格，亦令入见"⑤。由此可见，若功臣子孙试护卫，对外形的条件要求不是很严格。皇帝对选充护卫较为重视，章宗曾于泰和八年御临武殿试护卫。

史料所见有亲卫军选充护卫：完颜赛不"状貌魁伟，沉厚有大略。初补亲卫军，章宗时，选充护卫"⑥。兀颜畏可"补亲军，充护卫"⑦。也有死节功臣的亲属充护卫："完颜猪儿系出萧王，天兴二年正月从哀宗为南面元帅，战死黄陵冈。猪儿赠官，其弟长住即日诏补护卫。"⑧ 另外，蒲察斡论和夹谷查剌都是以功臣子弟充护卫。前者刚毅有技能；后者状貌魁伟，善女真、契丹书。

---

① 《金史》卷122《忠义传二马骧传》，中华书局，1975，第2660页。
② 李澍田主编《金史辑逸》，长白丛书第四集，吉林文史出版社，1990，第78页。
③ 《金史》卷44《兵志》，中华书局，1975，第1002页。
④ 《金史》卷7《世宗本纪中》，中华书局，1975，第158页。
⑤ 《金史》卷9《章宗本纪一》，中华书局，1975，第214页。
⑥ 《金史》卷113《完颜赛不传》，中华书局，1975，第2479页。
⑦ 《金史》卷122《忠义传二兀颜畏可传》，中华书局，1975，第2674页。
⑧ 《金史》卷130《列女传》，中华书局，1975，第2803页。

此外，还有猛安、谋克充任护卫：纥石烈执中，本名胡沙虎，阿疏裔孙也。徙东平路猛安。大定八年，充皇太子护卫。① 完颜思敬本名撒改，是金源郡王神土懑之子，习失之弟。史载他"体貌雄伟，美须髯，纯直有材干"。领有谋克，从征术虎麟有功，遂充任护卫。

皇亲充任护卫的有完颜膏。大定十年，以皇家近亲，收充东宫护卫。② 完颜宗尹、宗亨都是以宗室子充护卫。

也有因孝行、气节而充护卫：温迪罕斡鲁补，"年十五，居父丧，不饮酒食肉，庐于墓侧。母疾，刲股肉疗之，疾愈。诏以为护卫"。③ 伯德梅和尚，"性鲠直，尚气节。正隆五年，收充护卫"。④ 也有其他承应人充护卫：完颜崇成就是大定十八年收充的奉职，后改东宫入殿小底，即奉御，之后又转护卫。

如王峤所述，金代护卫的选任分正常与特殊两种情况。正常情况下被选为护卫的人首先必须满足门第、身形、年龄等条件，其次，还需要参加射箭考试，成绩优异者才能被选为护卫。除了参加考试选任护卫之外，金廷还有不少护卫是通过其他方式来选任的：比如皇帝特旨；开国功臣子孙；皇帝钦点；因某项特殊品质得以为社会典范者；其他职位转为护卫等。这是在特定情况下选任护卫。⑤

二　奉职、奉御的选任

奉职主要是由功臣子弟、死节军士之后、宗室子来充任。尚厩局直长讹里也，在大定初，招谕契丹时被害。"三年，赠讹里也宣武将军，录其子阿不沙为外帐小底。"⑥ 兴定年间，胡天作守平阳四年，屡有战功，"诏录其子定哥为奉职"⑦。昭祖玄孙完颜崇成于大定十八年收充奉职。除此此外，还有比较特殊的，比如孙国纲，业儒术，尤长吏事。为人端重乐易，或忤者略不与校，亦未尝形于怒色。大安三年，试补尚书吏部掾，未几，转御史台令史。宣宗闻其材干，兴定三年（1219）特召为近侍，奉职承应，

---

① 《金史》卷132《逆臣传纥石烈执中传》，中华书局，1975，第2832页。
② 《金史》卷66《宗室传完颜膏传》，中华书局，1975，第1568页。
③ 《金史》卷127《孝友传温迪罕斡鲁补传》，中华书局，1975，第2746页。
④ 《金史》卷121《忠义传一伯德梅和尚传》，中华书局，1975，第2644页。
⑤ 王峤：《金代护卫述论》，《河北师范大学学报》（哲学社会科学版）2016年第2期。
⑥ 《金史》卷121《忠义传一讹里也传》，中华书局，1975，第2640页。
⑦ 《金史》卷118《胡天作传》，中华书局，1975，第2588页。

甚见宠遇。① 这是因皇帝喜好其材干，从台令史召为奉职做承应人的。

据《金史·选举志三》记载，"奉御此一职，十六人，以内驸马充，旧名入寝殿小底。大定十二年，更名为奉御。唐括贡本名达哥，太傅阿里之子也。尚世宗第四女吴国公主，授驸马都尉，充奉御"。② 此人就是以驸马身份充奉御的。

此外，根据史料来看，还有宗室子、大臣子、世戚来充奉御。比如内族白撒，系出世祖诸孙。自幼为奉御。③ 完颜绛山，哀宗之奉御也，系出始祖。④ 这两人都是以宗室子充奉御。泰和六年（1206），仆散揆在与宋交战中有功，特收其次子宁寿为奉御。仆散安贞和曹望之之子渊均以大臣子充奉御。徒单公弼，本名习烈，河北东路算主海猛安人。父府君奴，尚熙宗女，加驸马都尉，终武定军节度使。公弼初充奉御，大定二十七年（1187），尚世宗女息国公主，加定远大将军、驸马都尉，改器物局直长。⑤ 他是由世戚充奉御，之后加驸马都尉才升官为器物局直长的。

还有因孝行、战功而充奉御。比如徒单铭，"性重默寡言，粗通经史，事母尽孝。大定末，充奉御"⑥。"完颜忙哥，五朵山宣差提控回里不之子也，系出萧王。忙哥叔父益都，节度秦州，为大元兵所攻，适病不能军，忙哥为提控，独当一面。兵退而益都死，忙哥以城守功世袭谋克，收充奉御。"⑦

承安四年（1199），章宗"定护卫改充奉御格"⑧。而实际上，也有除护卫之外的其他承应人充奉御的情况存在。比如由奉职充任：裴满亨，性敦敏习儒，大定间，收充奉职，世宗谓曰："闻尔业进士举，其勿忘为学也。"二十八年，擢第，世宗嘉之，升为奉御。⑨ 崇成，昭祖玄孙。大定十八年收充奉职，改东宫入殿小底，转护卫。⑩ 东宫入殿小底即是东宫的奉御。乌林答与充奉职、奉御、尚食局直长，兼顿舍。也是经奉职而奉御。

---

① 《金史》卷126《文艺传下孙国纲传》，中华书局，1975，第2739页。
② 《金史》卷120《世戚传唐括贡传》，中华书局，1975，第2626页。
③ 《金史》卷113《白撒传》，中华书局，1975，第2484页。
④ 《金史》卷124《忠义传二完颜绛山传》，中华书局，1975，第2705页。
⑤ 《金史》卷120《世戚传徒单公弼传》，中华书局，1975，第2627页。
⑥ 《金史》卷120《世戚传徒单铭传》，中华书局，1975，第2628页。
⑦ 《金史》卷130《列女传》，中华书局，1975，2803页。
⑧ 《金史》卷11《章宗本纪三》，中华书局，1975，第252页。
⑨ 《金史》卷97《裴满亨传》，中华书局，1975，第2143页。
⑩ 《金史》卷65《完颜崇成传》，中华书局，1975，第1542页。

还有知把书画、符宝祗候充奉御：乌古论庆寿，河北西路猛安人，由知把书画充奉御。① 另有仆散揆，左丞相兼都元帅沂国武庄公忠义之子。少以世胄，选为近侍奉御。② 而据其子《仆散安贞传》记载，"其父揆，尚韩国公主，郑王永蹈同母妹也。永蹈诛，安贞罢归，召为符宝祗候。复为奉御"。③ 据以上可以推知，他可能先是尚韩国公主而成为驸马，由驸马充奉御，永蹈被诛之后被召为符宝祗候，然后又为奉御。

尚药卢昶，以医术高而知名于河朔。泰和二年，补太医奉御。④ 这是特殊行业的奉御，须有本行业技能的人来充任。

三 笔砚承奉的选任

笔砚承奉，旧名笔砚令史，大定三年（1163），更名为笔砚供奉，后为了避显宗讳，又复更名为笔砚承奉。⑤ 主要由死节将士子弟、宰执子及大臣子来充任。

史籍记载彰化军节度使夹谷守中在与夏兵交战中，孤军奋战而被夏人所杀。"兴定元年，监察御史郭著按行秦中，得其事以闻。诏赠资善大夫、东京留守，仍收其子兀母为笔砚承奉。"⑥ 贞祐年间，位列三品的王晦在顺州受兵时被执，不肯降而被杀。"诏赠荣禄大夫、枢密副使，仍命有司立碑，岁时致祭。录其子汝霖为笔砚承奉。"⑦ 这两位都是因其父死于王事而被录为笔砚承奉。世宗时期的户部尚书曹望之，五十六岁时去世于位上。金世宗为显皇恩，爱惜人才，赐钱三千贯，敕使致祭，赗银五百两、重彩二十端、绢二百匹，以其子渊为奉御，泽为笔砚承奉。⑧ 皇帝惜其未及得到重用而先死，因此以其子分别为奉御和笔砚承奉，作为承应人收用。这也可视为荫补的一种形式。章宗时的尚书左丞董师中，"方在政府，近侍传诏，

---

① 《金史》卷101《乌古论庆寿传》，中华书局，1975，第2237页。
② 《金史》卷93《仆散揆传》，中华书局，1975，第2067页。
③ 《金史》卷102《仆散安贞传》，中华书局，1975，第2243页。
④ （金）元好问：《卢太医墓志铭》，姚奠中主编《元好问全集》卷24，山西人民出版社，1990，第601页。
⑤ 《金史》卷53《选举志三》，中华书局，1975，第1185页。
⑥ 《金史》卷121《忠义传一夹谷守中传》，中华书局，1975，第2642页。
⑦ 《金史》卷121《忠义传一王晦传》，中华书局，1975，第2653页。
⑧ 《金史》卷92《曹望之传》，中华书局，1975，第2040页。

将录用其子，师中奏曰：'臣有侄孤幼，若蒙恩录，胜于臣子。'上义之，以其侄为笔砚承奉"①。本来是录宰执子，后因左丞之语而用其侄。

四　符宝典书的选任

符宝典书，四人，旧名牌印令史，以皇家袒免以上亲、有服外戚、功臣子孙作为选任的对象。② 根据这条史料记载，皇家袒免以上亲和有服外戚充符宝典书的个案应该不少，但不见于史籍记载。以女真字出身、卒于翰林待制位上的温迪罕缔达，"明昌五年，赠翰林学士承旨，谥文成。子二十，章宗即位，以为符宝典书"③。完颜霆之子因完颜霆的战功被任为符宝典书。这两位都是以大臣子充任符宝典书。此外，还有死节将士之后为符宝典书的例子，比如宣宗时，龙虎卫上将军、元帅右监军、兼知平阳府事王佐在元光二年七月，救襄垣时，中流矢而卒。"赠金吾卫上将军，以其子为符宝典书"④。

五　符宝祗候的选任

根据《金史》记载可知，符宝祗候主要由宗室子、大臣子孙、驸马等来充任，而且对充任者似乎有一定的文化要求。完颜宗永，长身美髯，性格忠贞勇毅。天眷初，以宗室子预诛宗磐，擢宁远大将军。皇统初，充牌印祗候。⑤ 鄯阳，宗室子。为符宝祗候。⑥ 完颜承裕，颇读孙、吴书，以宗室子充符宝祗候。⑦ 徒单绎是以驸马充符宝祗候："绎美姿仪，通诸国语。尚熙宗第七女沈国公主。充符宝祗候，迁御院通进，授符宝郎。"⑧ 以大臣子孙充任符宝祗候的有：世宗时尚书左丞相完颜守道，大定二十五年（1185），"坐擅支东宫诸皇孙食廪，夺官一阶。寻改兼太子太师，特录其子珪袭谋克，充符宝祗候"。⑨ 承晖，好学，淹贯经史。袭父益都尹郑家塔割剌讹没谋克。大定十五年（1175），选充符宝祗候。⑩ 徒单克宁，

---

① 《金史》卷95《董师中传》，中华书局，1975，第2116页。
② 《金史》卷53《选举志三》，中华书局，1975，第1185页。
③ 《金史》卷105《温迪罕缔达传》，中华书局，1975，第2321～2322页。
④ 《金史》卷122《忠义传二王佐传》，中华书局，1975，第2672页。
⑤ 《金史》卷65《世祖子传翰赛传附子宗永传》，中华书局，1975，第1547页。
⑥ 《金史》卷121《忠义传一鄯阳传》，中华书局，1975，第2641页。
⑦ 《金史》卷93《完颜承裕传》，中华书局，1975，第2065页。
⑧ 《金史》卷120《世戚传徒单绎传》，中华书局，1975，第2622页。
⑨ 《金史》卷88《完颜守道传》，中华书局，1975，第1958页。
⑩ 《金史》卷101《承晖传》，中华书局，1975，第2223页。

资质浑厚，寡言笑，善骑射，有勇略，通女直、契丹字。左丞相希尹，克宁母舅。熙宗问希尹表戚中谁可侍卫者，希尹奏曰："习显可用。"以为符宝祇候。① 习显是克宁的本名。

此外，还有奉御、护卫等其他宫中承应人来充任符宝祇候。内族宗浩，贞元中，为海陵庶人入殿小底。世宗即位辽阳，昂遣宗浩驰贺。世宗见之喜，命充符宝祇候。② 完颜宗尹是以宗室子充护卫，之后改牌印祇候（即符宝祇候）。

笔砚祇候在《金史》中的记载仅有两处。由功臣子孙来充任：兀答补之子瑭，以曾祖阿鲁补功，充笔砚祇候。③ 这在《金史》的《宗室表》和《逆臣传》中均有记载。

六　阁门祇候的选任

《金史·百官志二》宣徽院条记载：阁门祇候二十五人。史籍中记载的阁门祇候基本都是来自于宗室子和大臣子孙。

"完颜衷，本名丑汉，中都司属司人，世祖曾孙。祖霸合布里封郓王，父悟烈官至特进。大定中，收充阁门祇候。"④ "完颜宗道，本名八十，上京司属司人，系出景祖，太尉讹论之少子也。通《周易》《孟子》，善骑射。大定五年，充阁门祇候。"⑤ 以上是宗室子充阁门祇候。

大臣子孙充阁门祇候的记载在史籍中有很多："刘玒，以功臣子补阁门祇候，遭父丧求终制，会海陵篡立，不许，改充护卫。"⑥ 刘頵，"以大臣子孙充阁门祇候"⑦。世宗时的参知政事梁肃，在请老时，"上谓宰臣曰：'梁肃知无不言，正人也。卿等知而不言，朕实鄙之。虽然，肃老矣，宜从其请。'遂再致仕。诏以其子汝翼为阁门祇候"⑧。右丞相石琚，皇帝准许其致仕的时候，还下诏以其一孙为阁门祇候。这是在宰执求致仕时诏以其子孙为阁门祇候。另外，耶律思忠是以宰相子被引见而补此吏："公讳思忠，

---

① 《金史》卷92《徒单克宁传》，中华书局，1975，第2044页。
② 《金史》卷93《完颜宗浩传》，中华书局，1975，第2072页。
③ 《金史》卷132《逆臣传乌带传》，中华书局，1975，第2822页。
④ 《金史》卷66《宗室传完颜忠传》，中华书局，1975，第1563页。
⑤ 《金史》卷73《完颜宗道传》，中华书局，1975，第1677页。
⑥ 《金史》卷97《刘玒传附兄玠传》，中华书局，1975，第2158页。
⑦ 《金史》卷78《刘頵传》，中华书局，1975，第1774页。
⑧ 《金史》卷89《梁肃传》，中华书局，1975，第1986页。

字天佑,以小字善才行,辽太祖长子东丹王之八世孙……考履,章宗明昌初拜尚书右丞。生三子,公其仲也。弱冠以宰相子引见,补东上阁门祗候。"① 此外,平章政事寿国张万公迁荣禄大夫,"以公第四子某四赴庭试,当同进士出身,诏充阁门祗侯,又改笔砚局承应,寻赐进士第"②。

大臣子以荫补的形式补阁门祗候的记载也很多:"金初,韩锡以荫补阁门祗候。左光庆字君锡,幼颖悟,沉厚少言。以荫,补阁门祗候。"③《金史·移刺道传》记载,平章政事移刺道薨,诏擢其子八狗为阁门祗候。在附子《光祖传》也记载:光祖字仲礼,幼名八狗。以荫补阁门祗候。世宗时期,左宣徽使赵兴祥,就是以其父而任阁门祗候,皇帝又以其孙珣为阁门祗候。

祗候郎君主要来自于皇家袒免之亲和宗室子。"大定三年,制以袒免以上亲愿承应已试合格而无阙收补者及一品官子,已引见,止在班祗候,三十月循迁。"④ 明昌元年,"敕麻吉以皇家袒免之亲,特收充尚书省祗候郎君,仍为永制"⑤。麻吉以皇家袒免之亲收充尚书省祗候郎君,并能成为定制。大定二十五年,章宗为原王,充本府祗候郎君。⑥ "从坦,宗室子。大安中,充尚书省祗候郎君。"⑦ 大定十八年(1178),扎里海上言:"凡为人臣能捍灾御侮有功者,宜录用之。今弑海陵者以为有功,赏以高爵,非所以劝事君也。宜削夺,以为人臣之戒。臣在当时亦与其党,如正名定罪,请自臣始。"上曰:"扎里海自请其罪以劝事君,此亦人之所难。"遂以扎里海充赵王府祗候郎君。⑧ 此类情况应是特例。

由以上论述可知,金代宫廷吏员在皇帝及至亲周围从事各种宫廷服务的性质,决定了这些吏员主要由皇族近亲、宗室子、有一定品级的官员子孙,甚至是宰执子、死于王事的官员后代来选任。特殊吏员也有相应的要求,比如护卫的选任对体格、射击等技艺有一定要求。

---

① (金)元好问:《龙虎卫上将军耶律公墓志铭》,(清)张金吾编纂《金文最》,中华书局,1990,第1482~1483页。
② (金)元好问:《平章政事寿国张文贞公神道碑》,(清)张金吾编纂《金文最》,中华书局,1990,第1343页。
③ 《金史》卷75《左泌传附佺光庆传》,中华书局,1975,第1727页。
④ 《金史》卷53《选举志三》,中华书局,1975,第1181页。
⑤ 《金史》卷9《章宗本纪一》,中华书局,1975,第215页。
⑥ 《金史》卷65《始祖以下诸子传》,中华书局,1975,第1542页。
⑦ 《金史》卷122《忠义传二从坦传》,中华书局,1975,第2661页。
⑧ 《金史》卷132《逆臣传完颜元宜传》,中华书局,1975,第2831~2832页。

第三节　地方吏员的选任

金代各地方机构中，也存在有一支数目庞大的吏员队伍。世宗大定二年（1162），户部郎中曹望之提议，随处胥吏猥多，乞减其半。① 地方吏员数量之庞大由此可见一斑。这些吏员是在长官的指挥下从事具体的事务工作，这就决定了他们需要具备一定的文化素质。金廷对吏员文化素质的要求与其所在的部门等级有关。

一　路的吏员的选任

户部郎中曹望之言：随处胥吏猥多，乞减其半。然而朝廷的反应是"诏胥吏仍旧，但禁用贴书"②。《金史·曹望之传》也记载了此事：

> （大定）三年，上曰："自正隆兵兴，农桑失业，猛安谋克屯田多不如法。"诏遣户部侍郎魏子平、大兴少尹同知中都转运事李涤、礼部侍郎李愿、礼部郎中移剌道、户部员外郎完颜兀古出、监察御史夹谷阿里补及望之分道劝农，廉问职官臧否。望之还言，乞汰诸路胥吏，可减其半。诏胥吏如故。于是始禁用贴书云。③

可以肯定的是，曹望之进言之前金代路的吏员是可以使用贴书的。贴书最早见于正史记载是在《宋史》。二十四史也只有宋、金、元三史出现过，《宋史》中出现贴书四次，《金史》出现两次，只有《元史》对贴书有些参补吏员的介绍，着墨也不多。在其他朝代，虽然正史无记载，并不意味着不存在。《宋史》对贴书的记载是关于中央官府吏额方面的：

> 嘉定九年，宗正寺吏额，胥长一人，胥史一人，胥佐二人，楷书二人，贴书二人。④

另一处是关于大理寺贴书吏额的记载。穆朝庆认为令史、书令史、贴

---

① 《金史》卷53《选举志三》，中华书局，1975，第1177页。
② 《金史》卷53《选举志三》，中华书局，1975，第1177页。
③ 《金史》卷92《曹望之传》，中华书局，1975，第2036页。
④ 《宋史》卷164《职官志四》，中华书局，1977，第3887页。

书等，按成文法或惯例处理权限内的日常工作；私名、手分等属实习吏人。① 贴书在宋代应属正式吏员。据元人王恽记载：

> 前代取吏之法，条目甚严。……今府、州、司、县应用一切胥吏，多自贴书中来。②

许凡在《元代吏制研究》一书中经过研究提出，正式吏员虽掌握公文案牍，但只是负责起头和结尾，具体起草抄写等，都由贴书承担。贴书在元代是见习吏员之一，任满60个月，无过错即成为一名请俸在额的吏员。地方政府中（包括廉访司），贴书的地位并不因所在衙门高低而有高下之分，可以充主要吏职司吏；中央官府中的贴书则因所在官府不同有等级差别，而且只能充任一些次要吏职如典吏等，有些甚至调出行政官署任吏。③ 如此看来，从宋至元，贴书的地位日益降低。

金代贴书，可能也是作为胥吏的副手，协助胥吏完成工作的。至于金代贴书是否和元代的情况一样，可由见习吏员转为正式吏员，还有待新材料的发现。

各路的司吏主要由官员保举有德且兼具吏才的吏员通过考试来充任。根据金世宗时期的记载：

> （大定）十二年，上谓宰臣曰："外路司吏，止论名次上下，恐未得人。若其下有廉慎、熟闲吏事，委所属保举。试不中程式者，付随朝近下局分承应，以待再试。彼既知不得免试，必当尽心以求进也。"④

世宗皇帝令官员保举一些廉慎且熟悉吏事的人，通过试补来充任诸路司吏，但对考试的环节却要求甚严，对试不中程式者，付随朝近下局分承应，以待再试。

路万户令史的史料目前所见仅有一条：

---

① 穆朝庆：《宋代中央官府吏制述论》，《历史研究》1990年第6期。
② （元）王恽：《秋涧先生大全集》卷35《上世祖皇帝论政事书》，《元人文集珍本丛刊》（一），新文丰出版公司，1985，第486页。
③ 许凡：《元代吏制研究》，劳动人事出版社，1987，第59~70页。
④ 《金史》卷53《选举志三》，中华书局，1975，第1177~1178页。

> 孛术鲁阿鲁罕，隆州琶离葛山人。年八岁，选习契丹字，再选习女直字。既壮，为黄龙府路万户令史。贞元二年，试外路胥吏三百人补随朝，阿鲁罕在第一，补宗正府令史。①

这是在海陵贞元二年之前发生的事。金初，黄龙府路下统治的民户既有女真人，也有原辽人②。孛术鲁阿鲁罕先后选习契丹、女真文字，可以看出黄龙府路对充任万户令史的文字功底有一定要求，至于通过何种途径进入令史队伍中来，由于史籍记载简略，还有待于新史料的发现。

二 府州县吏员的选任

大兴府的吏员抄事，从前后行吏人中选取。凡诸州以上知印，并于孔目官内轮差，运司押司官并同。无孔目官，以上名司吏充，司、县同此。③

大定二年制度：县吏阙，则令推举行止修举为乡里所重者充。④ 据此可知，金代的县吏可以由推举产生，条件是"行止修举为乡里所重"。这是金代中期世宗时期的规定。《广威将军郭君墓表》记载郭瑨的事迹：

> 君弱冠，以律学应选。再上不中，议罢举。会明昌官制行，乃用良家子明法理、慎行止，推择为吏。历仕州县久，叙年劳，授忠勇校尉。⑤

这是金代中期章宗时期推举县吏的一个实例。金代初期也有推择为郡吏（州吏）的记载：吴璋"金朝初，用良家子推择为吏，仕为郡功曹，以廉平见称"⑥。又，彭城毛氏，"祖讳珍，自宋日雄于财，有'十万毛氏'之号。生一子，讳允。金朝初，允以户计推择为吏，一郡以吏能称之"⑦。从吴璋"仕为郡功曹"和毛允"一郡以吏能称之"来看，似乎郡

---

① 《金史》卷91《孛术鲁阿鲁罕传》，中华书局，1975，第2024页。
② 程妮娜著《金代政治制度研究》，吉林大学出版社，1999，第57页。
③ 《金史》卷57《百官志三》，中华书局，1975，第1313页。
④ 《金史》卷53《选举志三》，中华书局，1975，第1177页。
⑤ （金）元好问：《广威将军郭君墓表》，（清）张金吾编纂《金文最》，中华书局，1990，第1510页。
⑥ （金）元好问：《尚药吴辨夫寿冢记》，姚奠中主编《元好问全集》卷34，山西人民出版社，1990，第785页。
⑦ （金）元好问：《毛氏宗支石记》，（清）张金吾编纂《金文最》，中华书局，1990，第464页。

第四章　金代吏员的选任

吏，也就是州吏也可以从良家子中按照户数推举产生。实际上，"良家子"的条件之一就是家境殷实，而不是来自普通的贫苦百姓之家。如果食不果腹、衣不蔽体，谈何读书识字、熟悉法例。另一个条件是被推举者要具备一定的自身素质，即行止修举为乡里所重，明法理、慎行止。也就是不但对文化素质有要求、熟悉法例，还要求行为端庄、举止能为乡人所认可，而并非游手好闲、凶神恶煞之流，才有资格被推择为吏。另外，还有"金法，七品官子试郡令史"[1]的记载。可见，七品官子可以通过考试直接补郡（州）一级的令史。

我们比照宋、元的情况来探讨金代州县吏员的来源。与魏晋南北朝时期不同，宋代地方吏员的选任主要由地方官员负责，选择标准主要是刀笔功夫的规定。宋代地方吏员的选任，根据赵世瑜《吏与中国传统社会》中对宋代吏职的研究，最早是政府从"等第户"中拣选的，后来才允许自己报名。被拣选者或报名者的资格，首先要有产业，其次要"练于事"或"谙吏道"，再次要有三人以上的推荐和担保，最后还要经过书算能力的测试。

再看元代地方吏员的来源。元初，政府规定，司、县司吏"听本处耆老上户人等，于概管人户内询众推举性行循良、廉慎无过、儒通吏业、吏晓儒书者补充"[2]。如此看来，虽然古代社会经过几番改朝换代，关于地方吏员来源的某些规定却是一直沿袭下来。处于宋元之间的金代，在地方吏员的选拔方面与前朝和后代几乎是一致的。

宋元都存在地方大户世代为吏的情况，金代同样也不例外。云中白登人刘道宁，世为县吏，于泰和二年赴浑源修道。[3] 此外，《王宏墓碑铭》记载：

> 祖亿（宏之父），天会初入为兵部掾，终于登州军事判官。先君（即王宏）即州判之第三子也。幼敏悟，工书笔，稍长，通习吏事，补县史（吏），寻擢郡曹，俱以廉平称。兴陵朝，越王出知济南，

---

[1] （元）任士林：《松乡集》卷3《故奉直大夫赵公墓志铭》，钦定四库全书，集部。
[2] 陈高华等点校《元典章》卷12《选补州县司吏新例》，天津古籍出版社、中华书局，2011，第484页。
[3] （元）王鹗：《浑源县真长子刘君道行记》，陈垣编纂《道家金石略》，陈智超、曾庆瑛校补，文物出版社，1988，第492页。

选充王府书掾,言动端谨,王雅爱重之。后移镇,将荐之朝,辞不就……年六十余,尤精明法理,语政事得失成败,如烛照数计蓍卜然。故凡有司文移告牒,及断狱有大疑,举咨其裁度而后定。其所操既如此。春秋六十有六,以疾终于家,时贞祐四年……其长子曰琳,尝补县吏。今次子瑾,年十五为县吏,寻充府吏,复试补三司掾出职,会丙子之乱,以劳效授章丘县丞。岁丁丑,勾充山东路行六部外郎。岁戊寅,迁怀远大将军,省除乐安监使兼滨、棣二州招捕使。是时山东岁饥,公以监利赡军有功,岁辛卯,提领沂、滕、峄三州事。暮年还乡。①

以上石刻资料记载了王宏一家三代为吏的事迹。王宏自幼练习书笔,之后又习吏事,加上其父为兵部掾属的家庭背景,耳濡目染,具备充当吏职的能力。在推举的时候颇占优势,补县吏也是顺理成章之事。其长子、次子成为县吏的情况也应如此。这则材料表明,金代的州(郡)吏、府吏可以由县吏来充任。前文中提到的郭瑨被推择为吏,"历仕州县久",说的也是先做县吏而后为州吏的经历。

三 地方其他机构吏员的选任

(一) 行省吏员的选任

史籍记载行省吏员的情况极少。根据有限的记载,行省吏员一般是由官员充任。比如辽末年登进士第的孟浩:

> 孟浩字浩然,滦州人。辽末年登进士第。天会三年,为枢密院令史,除平州观察判官。天眷初,选入元帅府备任使,承制除归德少尹,充行台吏、礼部郎中,入为户部员外郎、郎中。②

天眷元年(1138)改燕京枢密院为行台尚书省,宗弼领行台尚书省,总揽金朝对汉地的军政大权。孟浩有任枢密院令史的背景,又入元帅府,这些都有利于他胜任行台吏的工作。再如耶律安礼:

---

① (元)李灏:《王宏墓碑铭》,李修生主编《全元文》卷60(第2册),江苏古籍出版社,1998,第239~240页。
② 《金史》卷89《孟浩传》,中华书局,1975,第1978页。

第四章 金代吏员的选任

> 耶律安礼……事母以孝闻……当路者重其行义，使主帅府文字，授左班殿直。天眷初，从元帅于山西。母丧，不克归葬，主帅怜之，赙礼甚厚。安礼冒大暑，挽柩行千余里，哀毁骨立，行路嗟叹。服除，由行台吏、礼部主事累迁工部侍郎，改左司郎中。①

耶律安礼品格优良，由元帅府小吏起身，历左班殿直而后充行台吏。也有进士及第直接被辟为行台掾的，如杨天德"登兴定二年进士第，释褐，补博州聊城丞。未及赴，辟陕西行台掾"②。

由于金初女真官员的汉化程度不高，所以，根据需要，在行省机构中设置有女真译史。皇统初，张九思就曾补行台省女真译史③。

行台令史的门槛要比州县司吏、书吏略高，由具有进士背景的基层官员充任。如李献甫：

> 李献甫字钦用，献能从弟也。博通书传，尤精《左氏》及地理学。为人有干局，心所到则绝人远甚，故时人称其精神满腹。兴定五年登进士第，历咸阳簿，辟行台令史。④

进士及第说明他具备一定的文化素质，而任主簿又使其行政能力得到锻炼。

（二）地方监察机构吏员的选任

按察司书吏和提刑司书史由终场举人或太学生通过试补之法来充任。按察司书吏的来源，依《金史》记载，按察司书吏，以终场举人内选补，迁加出职同台部。⑤ 可知，提刑司书史也是由终场举人来试补。提刑司书史这个称呼在金代有变化，明昌三年（1192）十一月"甲申，改提刑司令史为书史"⑥。之前称提刑司令史。以纳坦谋嘉为例：

---

① 《金史》卷83《耶律安礼传》，中华书局，1975，第1871页。
② （元）许衡：《南京转运司支度判官杨公墓志铭》，李修生主编《全元文》卷72（第2册），江苏古籍出版社，1998，第500页。
③ 《金史》卷90《张九思传》，中华书局，1975，第2004页。
④ 《金史》卷110《李献甫传》，中华书局，1975，第2433页。
⑤ 《金史》卷53《选举志三》，中华书局，1975，第1177页。
⑥ 《金史》卷9《章宗本纪一》，中华书局，1975，第225页。

> 纳坦谋嘉，上京路牙塔懒猛安人。初习策论进士，大定二十六年，选入东宫，教郓王琮、瀛王瑰读书。以终场举人试补上京提刑司书史，以廉能著称。①

纳坦谋嘉是以终场举人试补提刑司书史的，除此之外，提刑司书史还可以由太学生试补来充任。如李平父"二十得解住府庠，移籍太学。试补河北东路提刑司书史"②。

另外，根据章宗泰和八年（1208）的记载：

> 以签东京按察司事杨云翼言，书吏书史皆不用本路人，以别路书吏许特荐申部者类试，取中选者补用。③

可知，在地方检察机构按察司的吏员选任方面，本路按察司的书吏书史由其他路官员通过推荐、参加吏部组织的考试并中选的书吏来选任，而不可以由本路书吏充任。这是为了防止地方吏员在本地为吏，熟悉当地情势，利用自身职务之便，"在本处侵渔"。

由此可见，金统治者对地方监察机构吏员选任的要求更加严格，外路被推荐的书吏，须到吏部参加考试，中选者才能补任本路书吏。金代的书史书吏实行如官员式的避籍制度。然而，由前文可知，上京路人纳坦谋嘉，以终场举人试补上京提刑司书史。李平父是其先祖在靖康初避乱来到镇州，当时的镇州属于西京路，而他试补的是河北东路提刑司书史。可见，金代书吏、书史不用本路人是在自杨云翼进言后，也就是泰和八年之后。

（三）司吏、译人的选任

这两类吏员广泛存在于金代的地方机构，但金初的统治者对契丹人存有戒心，泰和元年之前契丹人不得为司吏译人，据《金史》记载：

> 泰和元年，（纥石烈执中）起知大兴府事。诏契丹人立功官赏恩同女直人，许存养马匹，得充司吏译人，著为令。执中格诏不下，上

---

① 《金史》卷104《纳坦谋嘉传》，中华书局，1975，第2287页。
② （金）元好问：《寄庵先生墓碑》，（清）张金吾编纂《金文最》，中华书局，1990，第1360页。
③ 《金史》卷53《选举志三》，中华书局，1975，第1178页。

责之曰："汝虽意在防闲，而不知朝廷自有定格，自今勿复如此烦碎生事也。"乃下诏行之。①

可见，随着统治趋于稳固，直到章宗时期才取消了对契丹人在政治权力方面的某些限制。

综上所述，金代的地方吏员多是由试补或推举产生。其中，路级机构的吏员司吏主要由官员保举有德且具吏才的吏员通过考试来充任；州县吏员由推举产生，对文化方面的要求相对较低，而且县吏可以充任府（州）吏。行省的吏员对文化素质的要求高于州县吏。

---

① 《金史》卷132《纥石烈执中传》，中华书局，1975，第2833页。

第五章 吏员的职责与管理

不同政府部门从事同一吏职的吏员，比如省、院、台、部所有的令史，或者这些机构的译史、通事等，其职责差别并不是很大。只不过隶属的机构有高低差别，导致其地位不同。所以，本书在论述金代吏员的职责时，打破吏员所属部门的框架，按照相同吏职所从事类似的工作来论述。这一章主要论述吏员的职责和金廷对吏员的管理。管理方面主要涉及考核与奖惩，及俸给、仪卫、服饰方面的内容。吏员的选任和出职当然也是国家对吏员管理的主要方面，见其他章节所论，此不赘述。

第一节 吏员的职责

官与吏在职能上的区别就在于官主政令，吏主事务。官员主要是负责管理本部门或本地区的行政事务，侧重于宏观管理与控制，并有一定的决策权力，从而呈现出指导、管理、监督、协调等职能。而吏胥从事的则是本部门的具体的实际的工作，执行其上司所下达的各项任务，其职能服务性和事务性比较突出。[①] 金代的情况也是如此。各部门的吏员在长官指挥下处理各种具体事务，日常工作复杂繁琐。其职责主要有：处理文案、翻译（包括书面和口头的翻译）以及其他方面的事务，比如督修公役、催交租税等等，从而保证封建国家机器的正常运转。

一 处理文案

从先秦时期的"史，掌官书以赞治"，到汉代的"书佐"，再到唐、宋时期的令史，在长期的历史发展过程中，吏的职责被逐渐固化为"守簿

[①] 赵忠祥：《试析宋代的吏强官弱》，《西北师大学报》（社会科学版）2000年第2期。

书、定期会"。虽然这种看法有失偏颇,但对于吏员处理文书案牍事务这一重要职责,却是予以肯定的。

金代官员谈及胥吏时提道:"分别轻重,乃胥吏舞文法之敝。"① 可见,"文法",即处理文案,是吏的主要职责。

处理文案是一系列的繁琐工作,包括公文的抄写、点检、批勘,以及收发、传送,等等。金代吏员中负责处理文案的主要是令史和司吏,还有部分宫廷吏员及抄事、军典等地方吏员。其中,令史是尚书省、枢密院、都元帅府、御史台、六部、三司、宗正府(睦亲府)等中央机构和统军司的吏员;司吏多见于大兴府、诸京留守司、按察司、诸府州县、诸巡检、诸府节镇兵马司、诸转运泉谷、诸猛安部族群牧等地方机构;抄事存在于大兴府、按察司、诸州、都转运司、山东盐使司、统军司、招讨司。军典是诸府节镇兵马司的吏员。

(一) 中央吏员

金人在谈及仕进之难时,说到礼部令史"持己既廉,从事既勤,而又积日亲久无簿书文墨之失,然后可以有立"②。从中得知,礼部令史得以立身的条件之一是"久无簿书文墨之失",也从侧面反映礼部令史的工作职责是处理簿书。其实,所有令史的日常工作都需要处理文书,只不过因为所隶属部门的差别而处理不同的文书:吏部令史处理的文书多涉及官员的考核、任免等;户部令史接触的文书多是关于赋税、户籍、度支方面的;御史台令史处理的文书则多是跟刑狱、百官的违制有关。

金代中央文书的运行过程:以枢密院为例,"奏事(枢密院三奏事官之一)者,谓事有区处当取奏裁者殿奏,其奏每嫌辞费,必欲言简而意明,退而奉行,即立文字谓之检目。省院官殿上议事则默记之,议定归院亦立检目,呈覆。有疑则复禀,无则付掾史施行"③。有需要上奏的事情,先立检目,再有省院官默记,然后再立检目呈覆,有疑则复禀,无疑则付掾史施行。在这个文书运行过程中,胥吏成为沟通中央与地方联系的桥梁,成为文书的具体执行者。

---

① (金) 元好问编《中州集》卷2《李承旨晏》,中华书局,1959,第100页。
② (清) 王昶辑《金石萃编》(第四册),卷155《礼部令史题名记》,中国书店,1985。
③ 《金史》卷114《白华传》,中华书局,1975,第2505页。

文书的传送。金代官员承晖曾作遗表付尚书省令史师安石，师安石奉遗表奔赴行在所上奏朝廷①，说明省令史有传送文件的工作职责。据使金被留的宋人洪皓记载："凡递敕或除州太守，告令史、译史送之，大州三数百千，帅府千缗。若兀术诸贵人除授，则令宰执子弟送之，获数万缗。"②更是直接记述省令史、译史传送敕令或官员任命书的职责。

此外，中央吏员还有专门从事文字工作的，如国史院书写，日常工作职责主要是抄书，以及根据编修官的指挥纂述当代史。元光末，李汾拿着荐书得到从事史馆的机会，"旧例史院有监修，宰相为之；同修，翰长至直学士兼之。编修官专纂述之事。若从事则职名谓之书写，特抄书小史耳。凡编修官得日录，分受之。纂述既定，以稿授从事，从事录洁本呈翰长。平居无事，则翰长及从事，或列坐饮酒赋诗。一预史事，则有官长掾属之别"③。

（二）地方吏员

《金史·百官志三》记载了部分地方吏员有处理文案的职责：如大兴府的六案司吏在各孔目官的指挥下处理各案文书。"司吏分掌六案，各置孔目官一员，掌呈覆纠正本案文书。"诸京留守司的抄事"掌抄录事目、书写法状"。诸巡检的司吏，"掌行署文书"。统军司书史"掌行署文牍、上名监印"④。从以上史料看出，地方吏员中的司吏、抄事、书史处理文书的点检、抄写、批勘等。

史籍明确记载金代某些地方吏员的职责之一是处理文书案牍事务。如，诸府节镇兵马司的吏员军典，"掌本库名籍、差遣文簿、行署文书、巡捕等事"。南京交钞库吏员攒典二人，"攒写计帐、类会合同"。诸仓的吏员攒典，"掌收支文历、行署案牍"⑤。虽然上述这些地方吏员并不是专门的文书吏，但处理文书是其职责之一。

吏员还有传送公文的职责。如郑建充被诬告一案：

---

① 参见《金史》卷101《承晖传》，中华书局，1975，第2226页。
② （宋）洪皓撰《松漠纪闻续》，翟立伟标注，吉林文史出版社，1986，第38~39页。
③ （金）元好问编《中州集》卷10《李讲议汾》，中华书局，1959，第490页。
④ 参见《金史》卷57《百官志三》，中华书局，1975，第1304、1306、1325、1328页。
⑤ 参见《金史》卷57《百官志三》，中华书局，1975，第1324、1320、1323页。

> 建充性刚暴，常畜独猘犬十数，奴仆有罪既笞，已复嗾犬啮之，骨肉都尽。虽谦逊下士，于敌己上一无所屈。省部文移有不应法度，辄置之坐下，或即毁裂，由是在位者衔之。军胥李换窃用公帑，自度不得免，乃诬建充藏甲欲反，更再鞫，皆无状。方奏上，摄事者素与建充有隙，恐其得释，使吏持文书给建充曰："朝省有命，奈何？"建充曰："惟汝所为。"是夜，死于狱中。长子愬亦死焉。①

在建充被诬告一案中，因为摄事者素与建充有隙，恐怕他被释放，就遣吏持文书给建充②。说明地方吏员有传送文书的职责。

二 翻译

吏员的翻译职责是针对专业技术性较强的吏职而言。主要分两类，一类是用女真文字翻译书籍，尤其是翻译儒家经典的令史、译史；或者是女真令史、存在时间较短的契丹令史、回纥令史，则是在日常工作中处理与翻译文书相关的书面翻译工作。另一类是随官员出使外邦或在金代统治区域内各地方部门的通事，做口头的翻译工作。

（一）中央吏员参与翻译经书、史书

金仿汉制从中央到地方建立的较为系统的女真官学教育体系，提高了女真民族的文化水平，开创了少数民族政权创办民族教育的先河。③《金史·选举志一》记载："策论进士，选女直人之科也。始大定四年，世宗命颁行女直大小字所译经书，每谋克选二人习之。"女真官学使用的教材中有用女真文字翻译过来的经书，翻译经书的工作由译经所完成。大定二十三年，"译经所进所译《易》《书》《论语》《孟子》《老子》《扬子》《文中子》《刘子》及《新唐书》"④。基本都是儒家经典。译经所的译经小吏不见记载，但是中央吏员里有省译史、部令史参与翻译经书工作。世宗下诏以女真字译书籍。"（大定）十五年，诏译诸经，著作佐郎温迪罕缔达、编修官宗璧、尚书省译史阿鲁、吏部令史杨克忠译

---

① 《金史》卷82《郑建充传》，中华书局，1975，第1846页。
② 参见《金史》卷82《郑建充传》，中华书局，1975，第1846页。
③ 兰婷、王成铭：《金代女真官学》，《社会科学战线》2010年第9期。
④ 《金史》卷8《世宗本纪下》，中华书局，1975，第184页。

解，翰林修撰移剌杰、应奉翰林文字移剌履讲究其义。"① 翻译诸经的人员中，就有尚书省译史阿鲁、吏部令史杨克忠（或张克忠），参与译解的工作。

国史院书写参与翻译史书。曾被辟为国史院书写的尚书右丞耶律履"素善契丹大小字，译经润文，旨辞达而理得。大定初，朝廷无事，世宗锐意经籍，诏以小字译《唐史》。成，则别以女直字传之，以便观览。公在选中，独主其事。书上，大蒙赏异，擢国史院编修官兼笔砚直长。改置经书所，径以女直字译汉文"②。大定五年（1165），"翰林侍讲学士徒单子温进所译《贞观政要》《白氏策林》等书。六年，复进《史记》《西汉书》，诏颁行之"③。史书的翻译工作由国史院完成，国史院书写参与翻译史书的工作。

综上所述，金朝翻译经史的工作分别由译经所和国史院承担，参与翻译工作的吏员主要是译史，有一定女真和汉语文字功底的令史，以及国史院书写等。

（二）中央和地方吏员通事都有口头翻译的职责

通事是口头翻译吏员，遍置于中央机构的尚书省、枢密院、元帅府、御史台、六部、三司等以及地方的诸京留守司、诸总管府、诸节镇等部门，负责口译工作。中央机构的通事鲜见于史籍记载，常见的是地方各部门译人、通事的工作职责。

金代因为多民族共存，语言文字不通，有翻译吏员参与司法过程。承安五年，翰林修撰杨庭秀上言：

> 州县官往往以权势自居，喜怒自任，听讼之际，鲜克加审。但使译人往来传词，罪之轻重，成于其口，货赂公行，冤者至有三二十年不能正者。④

---

① 《金史》卷99《徒单镒传》，中华书局，1975，第2186页。卷105《温迪罕缔达传》，第2321页记载："十五年，缔达迁著作佐郎，与编修官宗璧、尚书省译史阿鲁、吏部令史张克忠译解经书。"
② （金）元好问：《尚书右丞耶律公神道碑》，（清）张金吾编纂《金文最》，中华书局，1990，第1555页。
③ 《金史》卷99《徒单镒传》，中华书局，1975，第2185页。
④ 《金史》卷45《刑志》，中华书局，1975，第1023页。

州县翻译吏员译人在狱讼过程中的职责本应只是翻译状词，但是由于长官的不作为，译人在传词的过程中超越自身职责，导致冤案发生。

通事虽为吏员，但作为需要口译的官员的下属，往往超越自身权力行事。宋人方面记载："自金人入中原，凡官汉地者，皆置通事。高下轻重，悉出其手，得以舞文纳贿，人甚苦之。"① 使金被留的洪皓也说："金国之法，夷人官汉地者，皆置通事（即译语官也，或以有官人为之），上下重轻皆出其手，得以舞文招贿，三二年皆致富，民俗苦之。"②

通事利用其语言翻译的工作职责，往往干出不法之事，上下其手，中饱私囊。以银珠任燕京留守时一事为例。

> 有民数十家，负富僧金六七万缗，不肯偿。僧诵言欲申诉，逋者大恐，相率赂通事，祈缓之。通事曰："汝辈所负不赀，今虽稍迁延，终不能免，苟能厚谢我，为汝致其死。"皆欣然许诺。僧既陈牒，跪听命。通事潜易它纸，译言曰："久旱不雨，僧欲焚身动天，以苏百姓。"银珠笑，即书牒尾，称塞痕者再。庭下已有牵拢官二十辈驱之出，僧莫测所以。扣之，则曰："塞痕，好也，状行矣。"须臾出郭，则逋者已先期积薪，拥僧于上，四面举火。号呼称冤，不能脱，竟以焚死。③

这一事件本身的荒谬与否暂且不论，我们从中可窥见，通事有语言翻译的职责，充当语言不通的官与民之间联系的桥梁，这一点是毋庸置疑的。

三　其他

（一）中央吏员参与外交事务

在金政权与外邦的交聘中，某些中央吏员作为其中的一分子参与，是有制度规定的。《金史·礼志十一》新定夏使仪注条规定："凡使将至界，报至则差接伴使，至则差馆伴使，去则差送伴使，皆有副，皆差书表以从。""来回之赐宴天使，皆以阁门祗候往"。中央吏员中的书表、阁门祗

---

① （宋）李心传：《建炎以来系年要录》卷18，上海古籍出版社，1956，第375页。
② （宋）洪皓撰《松漠纪闻》，翟立伟标注，吉林文史出版社，1986，第32~33页。
③ （宋）洪皓撰《松漠纪闻》，翟立伟标注，吉林文史出版社，1986，第33页。

候在金代交聘中成为不可或缺的一部分。

而且，在夏使进行贸易之时，金廷规定："使至，所差者馆伴使、副各一，监察、奉职、省令史各一，书表四，总领提控官、酒食官、监厨、称肉官各一，牵拢官三十，尚食局直长、知书、都管、接手、汤药直长、长行各一，厨子五，奉饮直长一、长行二，奉珍二，仪鸾直长一、长行十，把内外门官二，馆外巡防军三十，把馆甲军六十二，杂役军六十，过位不通汉语军十，凡杂役皆衣皂，过食司吏八十，街市厨子四十，方脉杂科医各一，医兽一，鞍马二十四匹，后止备八匹，押马官一员。"① 其中，奉职、省令史、书表等在内的一干中央吏员也参与金廷的外交事务。

虽说译史的主要职责是翻译，但在有些外交场合，也充当金朝官员与外邦联系的桥梁。在金末天兴元年时，"大元遣使自郑州来谕降，使者立出国书以授译史，译史以授宰相，宰相跪进，上起立受之，以付有司"②。译史就充当了大元使臣和金宰相之间联系的纽带，由译史从大元使臣手中接受国书，然后呈给宰相。这种情况极少见，本应是宫廷吏员的工作，由译史来做，应是例外。

（二）中央吏员参与经济活动

在经济活动中，金代相关部门的吏员需履行相应的职责。如户部令史就有催督赋税的职责。史载：兴定三年（1219），"户部令史苏唐催租封丘，期限迫促，民有生刈禾输租者。上闻之，遣吏按问，杖唐五十，县令高希隆减二等"③。从史料可知，户部令史有催交赋税的职责，但是由于对百姓苛酷，从而被金廷处罚。因此，不难发现，吏员既是执法者，同时也是犯法者，既是管理者，也是被管理者。

户部令史在交钞发行中也履行自己的职责。"交钞之制，外为阑，作花纹，其上衡书贯例，左曰'某字料'，右曰'某字号'。料号外，篆书曰：'伪造交钞者斩，告捕者赏钱三百贯。'料号衡阑下曰：'中都交钞库，准尚书户部符，承都堂札付，户部覆点勘，令史姓名押字。'"④ 这是中央吏员中的户部令史，在发行交钞时需要签名画押。

---

① 以上引文出自《金史》卷38《礼志十一》，中华书局，1975，第878页。
② 《金史》卷17《哀宗本纪上》，中华书局，1975，第386页。
③ 《金史》卷15《宣宗本纪中》，中华书局，1975，第348页。
④ 《金史》卷48《食货志三》，中华书局，1975，第1073~1074页。

(三) 宫廷吏员奉皇命行事

宫廷吏员由于接触皇帝的机会较多,故常奉皇帝之命行事。如海陵时期出现叛乱,曾"遣护卫普连二十四人,各授甲士五十人,分往山东、河北、河东、中都等路节镇州郡屯驻,捕捉盗贼"①。这是护卫奉皇帝之命充当镇压起义军的军事将领。又如,世宗在东京即位前,海陵就"已遣护卫谋良虎、特离补往东京,欲害世宗"②。这里护卫奉海陵之命去执行任务。由于护卫担负保卫皇帝安全的重任,一般武艺高强,故被海陵派去杀害欲夺其帝位的世宗。章宗和宣宗朝,奉职、奉御职责之一就是奉命采访外事,其考核"以所采事定升降"③。

宫廷吏员在某些特殊情况下,还奉命去执行特殊任务。如金末,"哀宗次黄陵冈,遣奉职术甲搭失不、奉职权奉御粘合斜烈来归德征粮"④。也有诸如典客署书表之类的吏员奉命跟随官员执行重要的政治任务。如兴定二年,因蒲鲜万奴叛乱,宣宗派遣侍御史完颜素兰与近侍局副使内族讹可同赴辽东,完颜素兰建议另遣信使明持皇帝恩诏使之晓谕,于是"遣典客署书表刘丙从行"⑤。由典客署书表持皇帝诏令随行。王鄂《汝南遗事》还记载了金末哀宗出宫中承应人等守城的事迹。"甲辰,上以将士多战殁,尽出宫中承应人等分守四面,至令舍人牌印及省部令史拽炮,上之使令数人而已"⑥。

此外,吏员有时也奉官员之命去执行某些特定的政治任务。如世宗即位于辽阳后,完颜昂便"遣其子寝殿小底宗浩与其婿牌印祗候回海等奉表贺登宝位"⑦。这是官员派遣与其有血缘关系的宫廷吏员在新皇帝即位后,代其恭贺新主,以图自保。应指明的是,这种乱世时的情况非金代宫廷吏员日常工作的常态。

(四) 地方吏员参与经济活动

地方吏员广泛参与催督赋税、通检推排、交钞发行等各种经济活动。

---

① 《金史》卷129《佞幸传李通传》,中华书局,1975,第2785页。
② 《金史》卷129《佞幸传李通传》,中华书局,1975,第2787页。
③ 《金史》卷16《宣宗本纪下》,中华书局,1975,第356页。
④ 《金史》卷116《石盏女鲁欢传》,中华书局,1975,第2544页。
⑤ 《金史》卷109《完颜素兰传》,中华书局,1975,第2401页。
⑥ (金)王鄂:《汝南遗事》卷4,钦定四库全书,史部。
⑦ 《金史》卷84《完颜昂传》,中华书局,1975,第1888页。

催督赋税是地方官吏的主要职责。元好问曾任镇平、内乡、南阳县令,他在《内乡县斋书事》一诗中写道:

> 吏散公庭夜已分,寸心牢落百忧薰。
> 催科无政堪书考,出粟何人与佐军?
> 饥鼠绕床如欲语,惊乌啼月不堪闻。
> 扁舟未得沧浪去,惭愧舂陵老使君。①

在内乡县令任职期间,元好问作有《宿菊潭》一诗,诗中提道:

> 到官已三月,惠利无毫厘。
> ……
> 我虽禁吏出,将无夜扣扉?
> ……
> 军租星火急,期会切莫违。
> 期会不可违,鞭扑伤汝肌。
> 伤肌尚云可,天阙令人悲。②

其爱民之心与延误缴纳军租的结果形成巨大反差。形象、生动地道出了地方吏员在长官的指挥下催交租税的职责。

金朝自大定四年至五年首次通检后,"通检推排逐渐形成定制,大致每10年全面通检一次"③。世宗时期,对州县民户和猛安谋克户都进行过通检推排。具体做法是皇帝派官员任通检推排使,吏员在官员的指挥下进行通检推排的具体工作。

(大定)二十年四月,上(世宗)谓宰臣曰:"猛安谋克户,富贫差发不均,皆自谋克内科之,暗者惟胥吏之言是从,轻重不一。自窝斡叛后,贫富反复,今当籍其夹户,推其家赀,傥有军役庶可均也。"④

---

① (金)元好问:《内乡县斋书事》,姚奠中主编《元好问全集》卷8,山西人民出版社,1990,第209页。
② (金)元好问:《宿菊潭》,姚奠中主编《元好问全集》卷1,山西人民出版社,1990,第27页。
③ 曾代伟:《金朝物力通检推排法述论》,《民族研究》1997年第5期。
④ 《金史》卷46《食货志一》,中华书局,1975,第1038页。

可以推知，在通检推排过程中，很多物力、财产的信息是由吏员收集，然后官员听信胥吏之言而推定物力。

另外，《金史·百官志三》记载南京交钞库吏员"攒典二人，攒写计帐、类会合同。库子八人，掌受纳钱数、辨验交钞、毁旧注簿历"。诸仓的吏员攒典，"掌收支文历、行署案牍。仓子，掌斛斗盘量、出纳看守之事"。草场的吏员场子，"掌积垛、出纳、看守、巡护之事"①。

（五）地方吏员在各部门履行相应的职责

除上述地方吏员外，还有其他部门的吏员履行各自不同的工作职责。譬如：诸司狱的吏员"典狱，防守狱囚门禁启闭之事。狱子，防守罪囚者"。军器库吏员库子"掌出纳之数、看守巡护"。中都广备库吏员库子"掌排数出纳、看守巡护之事"。诸府节镇兵马司的吏员军典，"掌本库名籍、差遣文簿、行署文书、巡捕等事"②。

从事司法刑狱方面的吏员，从"长贰官委幕职及司吏推问狱囚"③的记载中可以得出，司吏奉长官命令行事，参与审问狱囚的过程。

地方吏员乱世中还有参与政治的机会，如金末叛乱者众，宣宗"遣官分行蔡、息、陈、亳、唐、邓、裕诸州，洎司农司州县吏同议，凡民丁相聚立砦避兵，与各巡检军相依者，五十户以上置砦长一员，百户增副一员，仍先迁一官，能安民弭盗劝农者论功注授"④。司农司州县的吏员在金末与官员一起商议如何御敌。

由以上论述可知，中央吏员令史的主要职责是处理文书；部分令史如通晓女真、汉两种文字的令史和译史还有翻译经书、史书的职责；通事在中央和地方很多部门都设置，职责主要是为语言不通的官员和百姓进行口头翻译，作为二者之间沟通的桥梁。宫廷吏员由于接近皇帝，除了本身的承应职责外，还时常奉皇帝之命行事。地方吏员的职责除处理文案外，还有诸如看守、巡护等很多繁琐的工作。总之，不管是中央吏员还是地方吏员，都是在官员的指挥下做具体的事务工作。

---

① 《金史》卷57《百官志三》，中华书局，1975，第1320、1323、1323页。
② 《金史》卷57《百官志三》，中华书局，1975，第1316、1316、1319、1324页。
③ 《金史》卷45《刑志》，中华书局，1975，第1024页。
④ 《金史》卷16《宣宗本纪下》，中华书局，1975，第367、368页。

第二节 金廷对吏员的考核与奖惩

一 考核

金廷对官吏进行考核是加强吏治的重要手段。金代统治者也非常重视对吏员的治理，对吏员亦实行考核。

（一）考核方式

金代对官吏的考核制度主要有两种：一是考课制度，二是廉察制度。建立考课制度的目的在于对官吏实行监督，防止腐败，以提高国家机关的统治效能。其手段主要是通过一定的考绩办法对官吏履行职责和行政建树进行检验、识别、判定和评价。[①] 金初无考课制度，海陵王创立廉察之制。[②] 廉察是由皇帝派遣使臣巡行各地，对地方官吏进行明察暗访。早在熙宗时就有频繁的廉察记载：天眷三年（1140），"温都思忠廉问诸路"[③]；皇统八年，"遣参知政事秉德等廉察官吏"[④]。都是通过派遣官员访察的方式对官吏进行管理。而廉察之制始见于海陵时。海陵于正隆二年（1157）颁布"廉能官复与差除之令"[⑤]，廉察制度化，有了比较固定的规定，成为金廷对官吏进行考核的手段。世宗时期廉察方式有三种：一是世宗亲到各地视察；二是专路廉察；三是成立调查团进行廉察。[⑥] 世宗大定年间到章宗明昌年间，金廷对官吏的考核比较严格，廉察与考课并行。金末宣宗南渡以后，吏治大坏，考课流于形式，在大臣李英的建议下，废止考课法，行廉察之制。

考核的相关规定制度化，被颁布为"制"和"格"。史籍制度层面对吏员考核的记载，以大定年间对令史的考核为例：大定二十年（1180），"定试令史格"[⑦]；大定二十九年（1189），"初定品官子孙试补令史格"[⑧]。

[①] 付百臣：《略论金世宗的吏治思想与举措》，《社会科学战线》2005年第4期。
[②] 曾代伟：《金朝职官管理制度述略》，《民族研究》1993年第3期。
[③] 《金史》卷4《熙宗本纪》，中华书局，1975，第75页。
[④] 《金史》卷4《熙宗本纪》，中华书局，1975，第84页。
[⑤] 《金史》卷54《选举志四》，中华书局，1975，第1202页。
[⑥] 董克昌、关静杰：《金世宗的廉政措施及其实效论述》，《北方论丛》1995年第5期。
[⑦] 《金史》卷7《世宗本纪中》，中华书局，1975，第174页。
[⑧] 《金史》卷9《章宗本纪一》，中华书局，1975，第211页。

金廷通过颁布一系列的"格",对令史的考核制定详细标准。对宫廷吏员的考核有:泰和四年,"定收补承应人格"。泰和五年(1205),"更定宫中局、署承应收补格"①。这些记载从制度层面对充任吏员的资格进行规定。而泰和五年条,则对承应人的收补规定进行更定,反映出金廷对吏员的动态管理。对地方吏员考核的记载有:章宗泰和四年,"诏定县令以下考课法"②。对县令以下的人员进行考课,应包括县吏在内。

(二) 考核标准

泰和四年,金朝参照唐令制定并颁行"四善十七最",对官吏进行考核。其内容是:

> 四善之一曰德义有闻,二曰清慎明著,三曰公平可称,四曰勤恪匪懈。十七最之一曰礼乐兴行,肃清所部,为政教之最。二曰赋役均平,田野加辟,为牧民之最。三曰决断不滞,与夺当理,为判事之最。四曰钤束吏卒,奸盗不滋,为严明之最。五曰案簿分明,评拟均当,为检校之最。以上皆谓县令、丞簿、警巡使副、录事、司候、判官也。六曰详断合宜,咨执当理,为幕职之最。七曰盗贼消弥,使人安静,为巡捕之最。八曰明于出纳,物无损失,为仓库之最。九曰训导有方,生徒充业,为学官之最。十曰检察有方,行旅无滞,为关津之最。十一曰堤防坚固,备御无虞,为河防之最。十二曰出纳明敏,数无滥失,为监督之最。十三曰谨察禁囚,轻重无怨,为狱官之最。十四曰物价得实,奸滥不行,为市司之最,谓市令也。十五曰戎器完肃,捍守有方,为边防之最,谓正副部队将、镇防官也。十六曰议狱得情,处断公平,为法官之最。十七曰差役均平,盗贼止息,为军职之最,谓都军、军辖也。③

以上包含了对官吏的品格、工作态度、政绩等方面的考核。其中的"四善"适用于所有官员和吏员;"十七最"分别适用于不同部门的官吏。由于吏员是在长官的指挥下处理具体的事务,所以,金廷对各部门

---

① 《金史》卷12《章宗本纪四》,中华书局,1975,第270、273页。
② 《金史》卷12《章宗本纪四》,中华书局,1975,第268页。
③ 《金史》卷55《百官志一》,中华书局,1975,第1227~1228页。

官员的考核标准，实际上也适用于吏员。"通过考核不仅为政府对官吏进行奖惩黜陟提供了较客观公正的依据，而且也有助于提高官吏廉洁自律，积极进取的自觉性。考核之后，则据考核结果对官吏行奖罚升降之事"①。

此外，金廷对不同职掌的吏员制定不同的考核标准。如承安五年（1200），"定策论进士及承荫人试弓箭格"②。提到策论进士及承荫人充任吏员，要进行弓箭方面的考核。章宗朝后期和宣宗、哀宗朝，金廷对奉职、奉御考核的主要内容之一是采访外事，根据所采访事定升降。在金廷对护卫的考核中，明确提到对身形有特殊要求。同时根据考核对象的群体差异，又有适当的弹性，同样是对于护卫的考核，如果是功臣子孙且善射出众，即使身形没有达到要求，亦可充护卫。这是金代考核制度本身具有较大弹性的典型体现。

（三）考核时间

一般来说，考核时间与任职年限和任职期间的政绩相关联。对考核时间的记载有：泰和八年（1208），"定承应人收补年甲格"③。这是金廷对收补承应人资格的管理规定，制定了承应人收补年甲格。

金代试补尚书省令史的考核时间，按规定一般要试用两个月后，方正式补用。④ 但也有例外，譬如萧贡补尚书省令史仅数日，因为执政认为他能胜任省令史一职，即用之。

（四）考核机构

监察机构是官吏考核的主管单位。金朝中央监察机构为御史台、谏院、登闻检院、登闻鼓院和审官院。地方监察机构是提刑司（后改为按察司）。

御史台又称"宪台"，其职掌"察官吏非违，正下民冤枉"⑤。大致沿

---

① 徐松巍：《关于金朝倡廉惩贪措施的考察》，《东北师大学报》（哲学社会科学版）1998年第3期。
② 《金史》卷11《章宗本纪三》，中华书局，1975，第253页。
③ 《金史》卷12《章宗本纪四》，中华书局，1975，第284页。
④ 宋德金：《金代的学校考试和诠选考试》，《社会科学战线》1995年第2期。
⑤ 《金史》卷94《完颜襄传》，中华书局，1975，第2091页。

第五章 吏员的职责与管理

袭唐制，以御史大夫为长官，监察御史"掌纠察内外非违，刷磨诸司察帐并监祭礼及出使之事"。① 金代统治者为整肃吏治，发布了一系列的敕谕，如诏御史台曰："卿等所劾，惟诸局行移稽缓，及缓于赴局者耳，此细事也。自三公以下，官僚善恶邪正，当审察之。若止理细务而略其大者，将治卿等罪矣。"② 等如此，赋予御史台以监督、纠劾、惩治违法官吏的权力。

章宗即位后，为整顿吏治，设九路提刑司。史载："章宗立提刑司，专纠察黜陟，当时号为外台。③"提刑司以提刑使为长官，其职掌之一即为纠察贪官污吏。章宗承安二年（1197）谕宰臣："比以军须，随路赋调。司县不度缓急，促期征敛，使民费及数倍，胥吏又乘之以侵暴。其令提刑司究察之。"④ 赋予提刑司究察违法吏员的权力。提刑司官吏定期巡按所部州县，根据廉察结果黜陟官吏。章宗明昌元年，大臣在议论常平仓的设置时提出"立法之始贵在必行，其令提刑司各路计司兼领之，郡县吏沮格者纠，能推行者加擢用"⑤。此建议得到了皇帝的允许。说明郡县吏的考课归提刑司负责。明昌三年，在州县设常平仓，"郡县吏受代，所籴粟无坏，一月内交割给由。如无同管勾，亦准上交割。违限，委州府并提刑司差官催督监交。本处岁丰，而收籴不及一分者，本等内降，提刑司体察，直申尚书省，至日斟酌黜陟"⑥。可见，提刑司是贯彻法令、实施管理的重要部门，对于郡县吏，经由提刑司体察之后，直申尚书省，根据廉察结果定升降。

承安四年（1199）提刑司改为按察司⑦，考核官吏的职责就转移到按察司。承安五年，大臣杨庭秀提出州县官专权，译人在司法程序中，上下其手，影响所判罪行的轻重，导致货赂公行，民有冤屈而不能伸，章宗命令订立条约对其进行约束。并规定"违者按察司纠之"⑧。

---

① 《金史》卷55《百官志一》，中华书局，1975，第1242页。
② 《金史》卷6《世宗本纪上》，中华书局，1975，第129页。
③ 《金史》卷98《完颜匡传》，中华书局，1975，第2166页。
④ 《金史》卷10《章宗本纪二》，中华书局，1975，第241页。
⑤ 《金史》卷50《食货志五》，中华书局，1975，第1120页。
⑥ 《金史》卷50《食货志五》，中华书局，1975，第1121页。
⑦ 《金史》卷57《百官志三》，中华书局，1975，第1308页所记宣宗贞祐三年罢按察司与卷14《宣宗本纪上》第303页所记贞祐二年二月罢按察司冲突，都兴智认为，百官志所记三年为二年之误，应为贞祐二年罢按察司。参见都兴智《金代官制的几个问题》，《辽宁师范大学学报》（社会科学版）1999年第4期。
⑧ 《金史》卷45《刑志》，中华书局，1975，第1023页。

此外，司农司除掌劝课天下力田之事之外，兼有采访公事的职掌。长官为大司农，卿以下官员选出巡案，察官吏臧否而升黜之。司农司也取得了突出效果，以致有"使节所过，奸吏屏息，十年之间民政修举，实赖其力"①的记载。可知司农司也是对吏员进行考课的机构。

二　奖惩措施

一般来说，朝廷根据吏员的考核结果，会有相应的奖惩措施。金代对于吏员的奖惩情况如下。

（一）奖励措施

根据历代统治者对官吏的奖励来看，不外乎进爵、赏赐之类。金廷对廉洁或工作突出的吏员的奖励亦是如此。

1. 进爵

兴定元年（1217），东平行省官员曾提出："调兵以来，吏卒因劳进爵多至五品，例获封赠，及民年七十并该覃恩。若人往自陈，公私俱费。请令本路为制诰敕，类赴朝廷，以求印署。使受命者量输诸物而给之。人力不劳，兵食少济。"②可见吏员在战争时期因劳进爵的情况十分常见，而且"例获封赠"，说明金代在进爵方面是有例可循的，已经制度化、常态化。金代后期官赏冗滥，尤其是对于宫廷吏员，甚至出现了"承应未出职而已带骠骑荣禄者"③的情况。

2. 赏赐

金廷对吏员的赏赐，有承安三年（1198）"定军前官吏迁赏格"④的记载。说明金廷对军队中官吏的赏赐已成为制度。还有贞祐三年（1215），"颁奖谕官吏军民诏"⑤。金代对吏员的恩赏有时是临时性的。如大定十七年（1177），世宗"幸姚村淀，阅七品以下官及宗室子、诸局承应人射柳，赏有差"⑥。

---

① 《金史》卷55《百官志一》，中华书局，1975，第1244页。
② 《金史》卷15《宣宗本纪中》，中华书局，1975，第327页。
③ 《金史》卷109《陈规传》，中华书局，1975，第2407页。
④ 《金史》卷11《章宗本纪三》，中华书局，1975，第249页。
⑤ 《金史》卷14《宣宗本纪上》，中华书局，1975，第306页。
⑥ 《金史》卷7《世宗本纪中》，中华书局，1975，第167页。

金代对吏员的赏赐主要有三种。

一是赏物。宣宗贞祐三年以前，"旧例点检左右将军、近侍局官、护卫、承应人秩满皆赐匹帛"，而到贞祐三年（1215）时，宣宗认为匹帛虽为有司制造，却不免赋取于民，因此罢掉，在其秩满时"止给宝券"[1]。

二是赏金。包括交钞和金银。对于赏金的数目，我们可以通过金代对有战功的官吏奖赏的记载管窥一二。如志宁打败世辅的战斗后，论功行赏，"凡有功将士，猛安、谋克并如陕西迁赏，蒲辇进官三阶、重彩三端、绢六匹，旗鼓笛手、吏人各赐钱十贯"[2]。这里的吏人被赐钱十贯，已属较丰厚的赏赐了。按照金制，在中央吏员中，符宝郎、奉御的俸钱是最多的，有十七贯，省通事、枢密令史、译史的俸钱是十二贯，而省令史、译史的俸钱是十贯。当然，不同的情况，其赏金的数目应该也是不同的。

三是给予吏员特殊的恩宠，如赏赐佩戴金牌、银牌。如大定初，"陀满讹里也子撒曷辇充护卫，司吏王得儿加保义校尉，皆佩银牌"[3]。以及"诏近侍局使裴满子宁佩金牌，护卫丑底、符宝祗候驼满回海佩银牌，谕诸路将帅"[4]。这是令宫廷吏员佩戴金牌、银牌传达皇帝旨意，是一种尊宠的礼遇。

（二）惩罚措施

有赏必有罚，吏员惩罚方面的记载也较为丰富。泰和四年（1204），"汰随朝冗官。定省令史决公务，诡称已禀，擅退六部、大理寺法状及妄有所更易者罪"[5]。可见，吏员中的省令史参与公务，如有欺瞒或者更改法状者要被判罪。而判罪的轻重则依据吏员过失的轻重。对由于贪污被定罪的吏员，金代是严惩不贷的，其定罪依据亦有制度性记载：宣宗兴定三年（1219）"定赃吏计罪以银为则"[6]。即根据其所贪污折合为银两的数额对贪赃吏员定罪。又如兴定三年，"知管差除令史梁瓛，误书转运副使张正伦宣命，奏乞治罪。上曰：'令史有犯，宰臣自当治之，何必关朕耶？'"[7] 一般而言，金廷对贪赃、失职的吏员的惩罚措施有罚俸、辞退或除名，严重者至于决杖。

---

[1]《金史》卷14《宣宗本纪上》，中华书局，1975，第315页。
[2]《金史》卷87《纥石烈志宁传》，中华书局，1975，第1933页。
[3]《金史》卷86《独吉义传》，中华书局，1975，第1918页。
[4]《金史》卷87《仆散忠义传》，中华书局，1975，第1940页。
[5]《金史》卷12《章宗本纪四》，中华书局，1975，第268页。
[6]《金史》卷15《宣宗本纪中》，中华书局，1975，第347页。
[7]《金史》卷93《宣宗三子传附守纯传》，中华书局，1975，第2062页。

（1）罚俸。大定二十二年（1182），因为赵王永中等四王府冒占官田，"罪其各府长史府掾，及安次、新城、宛平、昌平、永清、怀柔六县官，皆罚赎有差"①。金代官吏犯法的连坐制度，导致下属的吏员也被惩罚。在赵王永中等四王府冒占官田一事中，各府长史府掾"皆罚赎有差"。

（2）辞退或除名。兴定二年（1218），"择明干官提控铨选无违失者与升擢，令译史不任事者，验已历俸月放满，别选能者"②。对不任事的令史和译史，给其应得的俸禄之后予以辞退，另选贤能之人任用。对于地方官吏中贪污不治者，惩罚的措施是除名。天眷三年（1140）温都思忠廉问诸路，对"贪吏张轸以下二十一人皆罢之"③。世宗大定三年（1163），"诏吏犯赃罪，虽会赦不叙"④。大定七年又下诏规定"吏人但犯赃罪，虽会赦，非特旨不叙"⑤。对官吏贪赃的处罚是除名，并且五年之内两次下诏，第一次规定即使遇赦也不叙用。第二次有所调整，有"会赦不叙"变为"虽会赦，非特旨不叙"。反映出世宗时已经出现吏员贪赃的情况，甚至比较严重，因此才会专门针对这一问题下诏。

（3）决杖。自古"礼不下庶人，刑不上大夫"，但金代不仅对士人，而且对吏员中士人出身的省令史等高级吏员有过失的，也常用杖刑进行惩罚。金世宗认为："杖者所以罚小人也。既为职官，当先廉耻，既无廉耻，故以小人之罚罚之。"⑥兴定四年（1220），平章政事完颜守纯"欲发丞相高琪罪，密召知案蒲鲜石鲁剌、令史蒲察胡鲁、员外郎王阿里谋之，且属令勿泄，而石鲁剌、胡鲁辄以告都事仆散奴失不，奴失不白高琪。及高琪伏诛，守纯劾三人者泄密事，奴失不免死，除名，石鲁剌、胡鲁各杖七十，勒停"⑦。金廷对知案和令史处以决杖的惩罚。金代文人刘祁也说："省令史仪冠带，抱书进趋，与掾史不殊，有过，辄决杖，惜乎，以胥吏待天下士也。故士大夫有气概者往往不就，如雷翰林希颜、魏翰林邦彦、宋翰林飞卿及余先子，或召补不愿，或暂为，遽告出，皆不能终其任也。"⑧

---

① 《金史》卷47《食货志二》，中华书局，1975，第1048页。
② 《金史》卷15《宣宗本纪中》，中华书局，1975，第338～339页。
③ 《金史》卷4《熙宗本纪》，中华书局，1975，第75页。
④ 《金史》卷6《世宗本纪上》，中华书局，1975，第131页。
⑤ 《金史》卷6《世宗本纪上》，中华书局，1975，第139页。
⑥ 《金史》卷45《刑志》，中华书局，1975，第1016页。
⑦ 《金史》卷93《宣宗三子传附守纯传》，中华书局，1975，第2062页。
⑧ （金）刘祁撰《归潜志》卷7，崔文印点校，中华书局，1983，第77页。

综上，金廷对吏员的考核包括考课和廉察：考课是有固定的考核机构及人员，对吏员依据相对固定的标准进行考核，并根据考核结果进行奖惩；廉察则是由皇帝随时派遣使臣巡行各地，对包括吏员在内的官吏进行考核的另一种手段。

金代考课制度经历了从无到有，再到流于形式，最终被廉察制度取代；廉察制度经历了从不定期到相对固定，两者之间是一种动态的变化过程，与金代政治形势是相对应的。考课制度和廉察制度是相辅相成的，互为补充。在立国之初，官制建立前，廉察制度对于吸纳优秀的人才参与政权建设发挥了积极的作用，而当金代官僚制度逐步完善后，法制化、制度化的考课制度比人治色彩浓厚的廉察制度显示出更大的优越性，金代考核制度的法制化进程造就了世宗大定至章宗明昌年间政治清明、良吏频出的局面。金代后期，对官吏的考核逐渐松弛下来，尤其是宣宗南渡以后，政治危机严重，政府的管理职能被严重削弱，吏治大坏，考核制度流于形式，诚如李英所言"兵兴以来，百务烦冗，政在用人，旧虽有四善、十七最之法，而拔擢蔑闻，几为徒设"①。廉察逐渐取代考课。

金廷通过对官吏的考核，以及采取奖廉惩贪措施，对肃正纲纪、澄清吏治起到积极作用，一定程度上净化了吏员队伍，有利于保障国家机器的正常运转。

第三节　金廷对吏员的管理

官吏分途②之后，以行政分工为基础的吏员从官员队伍中独立出来，成为一个相对独立的群体。"吏与官的行政等级分明，固定于制度，并且形成了与吏胥行政地位，角色行为特点相应的以职位管理为核心的管理制度"③。金代对吏员的行政管理涉及多个方面，在不同阶段又各有特点。由于吏制附属于官制而存在，吏员在统治阶层中的地位，决定了制度层面

---

① 《金史》卷54《选举志四》，中华书局，1975，第1196页。卷101《李英传》，第2235页记载："兵兴以来，百务皆弛，其要在于激浊扬清，奖进人材耳。近年改定四善、十七最之法，徒为虚文。"

② 有关官吏分途的研究，参见祝总斌《试论我国古代吏胥制度的发展阶段及其形成的原因》，《燕京学报》第9期，北京大学出版社，2000；叶炜：《南北朝隋唐官吏分途研究》，北京大学出版社，2009，第173、174页。

③ 叶炜：《南北朝隋唐官吏分途研究》，北京大学出版社，2009，第253页。

的记载偏少或未载,限于史料,不能一一尽述。根据制度记载及史料多寡,试分海陵朝及以前、世宗时期、章宗时期和宣宗朝及以后四个阶段分别论述。

一 金代各阶段对吏员的管理

我们根据制度记载及史料多寡,分金代早期、世宗时期、章宗时期和金代后期论述如下。

(一) 海陵朝及以前对吏员的行政管理

太祖至海陵时期,是金代对吏员进行行政管理的初始阶段,关于吏员的史料传世极少,我们仍然可以通过有限的史料管窥。金太宗时,"斜也、宗干当国,劝太宗改女直旧制,用汉官制度。天会四年,始定官制,立尚书省以下诸司府寺"[①],这是金朝中央汉官制的开始。随着汉官制的确立,金代的中央集权逐渐加强。熙宗天眷元年开始,废除勃极烈制,全面推行汉官制度。可以认为,太祖、太宗、熙宗时期,是金代官制的确立过程,对于依附于官制而存在的吏制而言,也同样经历了逐渐规范化管理的过程。

海陵上台以后,进行了大刀阔斧的改革,尤其是正隆元年(1156),罢中书、门下二省,只设尚书省。"自省而下官司之别,曰院、曰台、曰府、曰司、曰寺、曰监、曰局、曰署、曰所,各统其属以修其职。职有定数,员有常数"[②],成为终金一代中央行政机构的基本模式。从这一时期起,在制度的框架内,已经对于吏员有了明确的数量规定。这一时期,也开始出现明确的条文来约束官吏的行为。天德二年,"以十二事戒约官吏"[③]。同年,尚书省奏,"职官公田岁入有数,前此百姓各随公宇就输,而吏或贪冒,多取以伤民。宜送之官仓,均定其数,与月俸随给"[④]。可知吏员贪污现象此时已经出现,海陵王并未严加治理。

(二) 世宗时期对吏员的管理

世宗时期,关于吏员管理的史料较多。世宗即位诏书中,即有涉及官

---

① 《金史》卷78《韩企先传》,中华书局,1975,第1777页。
② 《金史》卷55《百官志一》,中华书局,1975,第1216页。
③ 《金史》卷5《海陵本纪》,中华书局,1975,第96页。
④ 《金史》卷58《百官志四》,中华书局,1975,第1341页。

吏的记载:"据自来除名开落官吏,如不犯正枉法赃并真盗,并与改正,量才收用。"① 即位后,金朝政府对吏员的行政管理主要表现在两个方面。

一是世宗朝的吏治。

大定二十三年(1183),世宗曾说:"朕所行制条,皆臣下所奏行者,天下事多,人力有限,岂能一一尽之。必因一事奏闻,方知有所窒碍,随即更定。今有圣旨、条理,复有制条,是使奸吏得以轻重也。"② 可知,金代颁布的制条和圣旨、条理一样都是具有行政效力的,以此来加强对官吏的管理。通常来说,金朝政府制定的对官吏管理的规定,对吏员是有普适性的,如"以廉平诫谕中外官吏"③,即是通过诏令加强对包括吏员在内的官吏的管理,要求其清廉。

二是对于吏员其他方面的管理,如对吏员的文化、专业技能的管理等。

世宗时,对吏员奸宄已有所认识,诏令中提到"正隆失德,土木、征伐相继而起,有司出纳动千万计,浩瀚连年,莫会其数。临急空乏,惟有取之于民。自今除每岁收支外,并将见管实在之数开具成册,使朝廷通知有余、不足之数,且以革去吏奸,候储积果多,然后议窠名之重轻,考拨定数目,宽减州县,优恤疲民"④。说明金朝政府已认识到革除吏奸的重要性。

大定十三年(1173),世宗谓宰臣曰:"民间科差,计所免已过半矣。虑小民不能详知,吏缘为奸,仍旧征取,其令所在揭榜谕之。"吏员隐瞒政策,仍旧征取已经取消的科差,此类情况世宗是掌握的。大定十七年(1177),世宗问宰臣,"辽东赋税旧六万余石,通检后几二十万。六万时何以仰给,二十万后所积几何?"户部契勘,谓先以官吏数少故能给,今官吏兵卒及孤老数多,以此费大。上曰:"当察其实,毋令妄费也。"⑤ 这是官吏数目增大导致,其中吏员占据了相当大的比例。早在大定三年(1163),户部郎中曹望之进言,"乞汰诸路胥吏,可减其半。诏胥吏如故。于是始禁用贴书云"⑥。

---

① (宋)徐梦莘:《三朝北盟会编》卷233,上海古籍出版社,1987,第1676页。
② 《金史》卷45《刑志》,中华书局,1975,第1019页。
③ 《金史》卷6《世宗本纪上》,中华书局,1975,第127页。
④ (宋)宇文懋昭撰《大金国志校证》卷16《纪年·世宗圣明皇帝上》,崔文印校证,中华书局,1986,第225页。
⑤ 《金史》卷47《食货志二》,中华书局,1975,第1057、1058页。
⑥ 《金史》卷92《曹望之传》,中华书局,1975,第2036页。又据《金史·选举志三》记载:"大定二年,户部郎中曹望之言,随处胥吏猥多,乞减其半。诏胥吏仍旧,但禁用贴书。"参见《金史》卷53《选举志三》,中华书局,1975年,第1177页。

由于冗吏现象已经凸显，金朝政府规定不再使用吏员的副手贴书。大定十七年（1177）时，吏员数量比先前又增加不少，增加了金朝政府的财政负担。

世宗朝对于官吏勾结的情况非常清楚。大定十年（1170），世宗对参政宗叙说，"朕每念百姓差调，官吏互为奸弊，不早计料，临期星火率敛，所费倍蓰，为害非细。卿既参朝政，皆当革弊，择利行之。"① 世宗提出革除这一弊病的意愿，让参政宗叙"择利行之"。对于官吏贪污的情况，世宗在大定八年（1168）已有诏令，"以戒谕官吏贪墨，诏中外"②。除颁布禁止官吏贪污的诏令外，还制定以下措施进行治理。

（1）派官员考察官吏。

大定十七年，"以监察御察御史体察东北路官吏，辄受讼牒，为不称职，笞之五十"③。监察御察御史考察东北路官吏，对于不称职的，要施以笞刑。

（2）明令禁止官吏勾结，杜绝趋走权门，避免结党营私。

世宗朝已经意识到强族大姓与所属官吏勾结对社会的危害，出台政策禁止其交往，"制，求仕官毋入权门，违者追一官，有所馈献而受之者，奏之"④。这是防止官吏勾结的规定，求仕官包括官员和满出职年限的吏员。

（3）实行连坐制度。

大定十二年（1172），世宗下诏："自今官长不法，其僚佐不能纠正又不言上者，并坐之。"⑤ 强调下属官吏需纠正长官的不法行为，或者上报。若官员违反规定，下属官吏不纠正也不上报的，要被连坐。大定二十二年（1182）八月，以赵王永中等四王府冒占官田，罪其各府长史府掾，及安次、新城、宛平、昌平、永清、怀柔六县官，皆罚赎有差。⑥

世宗朝对吏员其他方面的行政管理还体现在以下几个方面。

（1）重视吏员的文化素养。

大定十年，世宗就曾说过"护卫以后皆是治民之官，其令教以读书"⑦。宫廷吏员由于自身的特殊性，其素质不高，而护卫出职成为"治

---

① 《金史》卷6《世宗本纪上》，中华书局，1975，第146页。
② 《金史》卷6《世宗本纪上》，中华书局，1975，第143页。
③ 《金史》卷7《世宗本纪中》，中华书局，1975，第167页。
④ 《金史》卷54《选举志四》，中华书局，1975，第1193、1194页。
⑤ 《金史》卷7《世宗本纪中》，中华书局，1975，第155页。
⑥ 《金史》卷47《食货志二》，中华书局，1975，第1048页。
⑦ 《金史》卷6《世宗本纪上》，中华书局，1975，第146页。

民之官",又需要具备一定的文化修养。因此,世宗试图通过提高吏员的文化素养来弥补。

(2)加强吏员的专业技能。

大定十年,宋、高丽、夏均遣使来贺。世宗命护卫中善射者押赐宋使射弓宴,宋使中五十,押宴者才中其七,便谓左右将军曰:"护卫十年出为五品职官,每三日上直,役亦轻矣,岂徒令饱食安卧而已。弓矢不习,将焉用之。"① 言下之意,护卫应加强武艺训练,才能做好本职工作。

(3)允许吏员上书言事,以便发现人才。

大定二年(1162),世宗诏:"百司官吏,凡上书言事或为有司所抑,许进表以闻,朕将亲览,以观人材优劣。"② 这是世宗时期为巩固统治而采取的一项措施,通过下诏鼓励官员和吏员上书言事,发现优秀人才。

(4)加强对于吏员任用方面的管理。

大定七年(1167),上谓宰臣曰:"海陵不辨人才优劣,惟徇己欲,多所升擢。朕即位以来,以此为戒,止取实才用之。近闻蠡州同知移剌延寿在官污滥,询其出身,乃正隆时鹰房子。如鹰房、厨人之类,可典城牧民耶?自今如此局分,不得授以临民职任。"③ 吏员出身的官员,尤其是鹰房、厨人之类的杂班吏员,被认为素质低下,在官污滥,不适合任官。因此,世宗时加强了对吏员任用方面的管理,在大定七年后,不再对鹰房、厨人之类的杂班吏员授以职任。

(三)章宗时期对于吏员的管理

章宗朝非常重视对吏员的行政管理,有关制度层面的记载也相对比较丰富。为便于对比,章宗朝对于吏员的行政管理,仍从以下两个方面论述:一是章宗朝的吏治;二是章宗朝对吏员其他方面的管理。

对于章宗朝吏治的情况,根据明昌四年(1193)宰臣的进言可窥见一斑。章宗曾下诏说,"吏或不循法度,以隳吾治。"④ 宰臣也曾提到,"今之察举官吏者,多责近效,以干办为上,其有秉心宽厚,欲行德化者,辄谓之迂阔。故人人皆以教化为余事,此孝弟所以废也。若谕所司,官吏有

---

① 《金史》卷6《世宗本纪上》,中华书局,1975,第146页。
② 《金史》卷6《世宗本纪上》,中华书局,1975,第128页。
③ 《金史》卷6《世宗本纪上》,中华书局,1975,第140页。
④ 《金史》卷73《宗雄传》,中华书局,1975,第1681页。

能务行德化者,擢而用之,则教化可行,孝弟可兴矣。今之所察举,皆先才而后德。巧猾之徒,虽有脏污,一旦见用,犹为能吏,此廉耻所以丧也。若谕所司,察举官吏,必审真伪,使有才无行者不以觊觎,非道求进者加之纠劾,则奔竞之俗息,而廉耻可兴矣!"① 说明察举官吏一般较重视办事干练之流,而不重视德行,造成道德沦丧。因此,宰臣提出,要察举官吏必审真伪,对于有德行的官员要擢用,可以宣扬教化,形成良好的社会风气。因此,章宗朝加强对吏员的行政管理是显而易见的,主要有以下几方面。

(1) 采取官员集议的方式,杜绝吏员奸弊。

明昌三年,"上以军民不和、吏员奸弊,诏四品以下、六品以上集议于尚书省,各述所见以闻"②。章宗朝吏员奸弊的情况比较严重,以至于专门召集四品以下、六品以上官员集议,通过集合众官员的意见,以达到对吏员奸弊等现象群防群治的目的。

(2) 戒谕高级吏员。

承安二年(1197),集官吏于尚书省,诏谕之曰:"今纪纲不立,官吏弛慢,迁延苟简,习以成弊。职官多以吉善求名,计得自安,国家何赖焉。至于徇情卖法,省部令史尤甚。尚书省其戒谕之。"③ 以诏谕的形式说明官吏弛慢的弊病。尤其提到省部令史徇情卖法的问题,并要求尚书省进行戒谕。

金代茶自宋人岁供之外,皆贸易于宋界之榷场。承安三年(1198),以谓费国用而资敌,遂命设官制之。"以尚书省令史承德郎刘成往河南视官造者,以不亲尝其味,但采民言谓为温桑,实非茶也,还即白上。上以为不干,杖七十,罢之。"④ 金代文散官有九品,共四十二阶。其中,正七品散官有两阶,上曰承德郎,下曰承直郎。"阶"是散官上升或下降的最小单位。这里的尚书省令史刘成的文散官阶为正七品上,由于检视失职,被施以杖刑并免职。

(3) 究察胥吏侵暴。

大定二十九年(1189),尚书省上奏,"民验丁佃河南荒闲官地者,

---

① 《金史》卷10《章宗本纪二》,中华书局,1975,第227页。
② 《金史》卷9《章宗本纪一》,中华书局,1975,第223页。
③ 《谕官吏诏》,(清)张金吾编纂《金文最》,中华书局,1990,第84、85页。
④ 《金史》卷49《食货志四》,中华书局,1975,第1108页。

如愿作官地则免租八年，愿为己业则免税三年，并不许贸易典卖。若豪强及公吏辈有冒佃者，限两月陈首，免罪而全给之，其税则视其邻地定之，以三分为率减一分，限外许诸人告诣给之"①。对冒名租佃官田的豪强及公吏，金朝政府限其两个月内自首，可以免其罪责，但需交纳一定的税。章宗朝前期是比较重视革除吏弊的。承安二年，章宗谕宰臣："比以军须，随路赋调。司县不度缓急，促期征敛，使民费及数倍，胥吏又乘之以侵暴。其令提刑司究察之。"②出现胥吏侵暴军需的事情，引起朝廷重视，令提刑司究察此事。章宗朝通过提刑司究察胥吏侵暴，在制度层面明确了胥吏违法时的主管机关。提刑司改为按察司后，由按察司纠察其违法行为。

（4）延续连坐制度。

章宗朝延续世宗朝的连坐制度，并将辐射面扩展到亲王府的吏员：明昌元年，"制定亲王家人有犯，其长史府掾失觉察、故纵罪"③。这是对长史府掾管理，通过连坐的方式，使其承担失觉察、故纵罪，起到迫使长史府掾防范亲王家人犯罪。制定连坐的深层次原因是官吏苟且对统治造成影响。

（5）治理官吏苟且。

官吏苟且是章宗朝比较明显的弊病。明昌六年（1195），"赐宰臣手诏，以风俗不淳，官吏苟且，责之"④。可见官吏苟且的问题之严重，章宗还专门赐宰臣手诏，凭此责问。另有"制强族大姓不得与所属官吏交往，违者有罪"⑤。表面上看，是对强族大姓的管理，实际上，也是对吏员的行政管理，通过禁止吏与大族勾结，避免对金政权造成威胁。

章宗朝对吏员其他方面的管理有如下几方面。

（1）实行吏目移转法。

金朝政府通过对吏员的调转，杜绝地方吏员把持地方政权。泰和四年前，金代已实行过吏目转移制度，后又废止，然而，"自罢移转法后，吏势浸重，恣为豪夺，民不敢言。今又无朝差都目，止令上名吏人兼管经历

---

① 《金史》卷47《食货志二》，中华书局，1975，第1049页。
② 《金史》卷10《章宗本纪二》，中华书局，1975，第241页。
③ 《金史》卷9《章宗本纪一》，中华书局，1975，第215页。
④ 《金史》卷10《章宗本纪二》，中华书局，1975，第236页。
⑤ 《金史》卷9《章宗本纪一》，中华书局，1975，第211页。

六案文字，与同类分受贿赂。吏目通历三十年始得出职，常在本处侵渔，不便"①。因此，泰和四年，"复行吏目移转法"②。具体规定是："依旧三十月移转，年满出职，以杜把握州府之弊。"③

（2）加强吏员的文化教育。

大定二十九年（1189），"诏诸有出身承应人，系将来受亲民之职，可命所属谕使为学。其护卫、符宝、奉御、奉职，侍直近密，当选有德行学问之人为之教授"④。章宗朝以诏令的形式加强对有出身的承应人进行文化、德行方面的教育，提高其素质，使其文化素养与将来所授亲民之职相适应。

（3）对吏员饮酒的管理。

金代饮酒之风盛行，群臣上下，逢宴必饮，且有熙宗"荒于酒"在先，海陵禁酒在后，章宗对饮酒误事已经认识得很清楚，故于大定二十九年"禁宫中上直官及承应人毋得饮酒"⑤，对当值的宫中官员及承应人下禁酒令。

（4）调整吏员的待遇。

关于吏员休假问题，明昌元年（1190），"制内外官并诸局承应人，遇祖父母、父母忌日并给假一日"⑥。主要是针对诸局承应人休假的规定。关于吏员受赏的相关问题，明昌五年（1194），"以天寿节，宴枢光殿，凡从官及承应人遇覃恩迁秩者，并受宣敕于殿前"⑦。对承应人遇覃恩迁秩者，在殿前受宣敕。还制定了承应人退闲迁赏制度，承安四年，"定亲军及承应人退闲迁赏格"⑧。

（5）禁止吏员参与贸易及采炼金银铜冶。

金朝政府于承安三年（1198）立制"以钱与外方人使及与交易者，徒五年，三斤以上死，驵侩同罪。捕告人之赏，官先为代给钱五百贯。其逮及与接引、馆伴、先排、通引、书表等以次坐罪，仍令均偿"⑨。吏员也被禁止与外方人交易，且在追捕中承担一定责任。金朝政府还明文禁止

---

① 《金史》卷53《选举志三》，中华书局，1975，第1178页。
② 《金史》卷12《章宗本纪四》，中华书局，1975，第268页。
③ 《金史》卷53《选举志三》，中华书局，1975，第1178页。
④ 《金史》卷9《章宗本纪一》，中华书局，1975，第210页。
⑤ 《金史》卷9《章宗本纪一》，中华书局，1975，第213页。
⑥ 《金史》卷9《章宗本纪一》，中华书局，1975，第214页。
⑦ 《金史》卷10《章宗本纪二》，中华书局，1975，第232页。
⑧ 《金史》卷11《章宗本纪三》，中华书局，1975，第252页。
⑨ 《金史》卷48《食货志三》，中华书局，1975，第1076页。

吏员参与冶炼之事。明昌五年定制,"有冶之地,委谋克县令籍数,召募射买。禁权贵、官吏、弓兵、里胥皆不得与。如旧场之例"①。

(6) 加强基层吏员的行政管理。

金朝政府认识到郡县吏员作为基层的官吏,对政策的执行情况直接关系到国家的稳定。因此,明昌元年,在对常平仓的设置上,有大臣提出:"如计诸郡县验户口例以月支三斗为率,每口但储三月,已及千万数,亦足以平物价救荒凶矣。若令诸处,自官兵三年食外,可充三月之食者免籴,其不及者俟丰年籴之,庶可久行也。然立法之始贵在必行,其令提刑司各路计司兼领之,郡县吏沮格者纠,能推行者加擢用。"② 纠察阻挠执行政策的郡县吏员,而对有助于推行政策的郡县吏员,则加以擢用。明昌三年,在常平仓的管理上,章宗对宰臣言:"郡县吏受代,所籴粟无坏,一月内交割给由。如无同管勾,亦准上交割。违限,委州府并提刑司差官催督监交。本处岁丰,而收籴不及一分者,本等内降,提刑司体察,直申尚书省,至日斟酌黜陟。"③ 在粮食储备方面,章宗对郡县吏员提出具体的工作要求。

世宗朝和章宗朝都比较重视吏员的行政管理。在吏治方面,均针对实际情况出台一系列管理措施,并取得一定的效果。但两者之间是有异同的,世宗朝比较重视对于实际情况的治理,除戒谕官吏之外,还加强官吏的访察,重视官吏的能力,选任贤能。严禁官吏勾结,通过连坐制度,加强对吏员的监督。故《金史》中评价:"自熙宗时,遣使廉问吏治得失。世宗即位,凡数岁辄一遣黜陟之,故大定之间,郡县吏皆奉法,百姓滋殖,号为小康。"④ 而章宗朝在承袭世宗朝对吏员一系列管理制度的前提下,通过集议的办法,加强对吏员的行政管理。在针对吏员其他方面的管理上,世宗朝和章宗朝又各有特色,相比较而言,章宗朝更加注重在制度上加强对吏员的行政管理,先后出台了一系列相关条例,以约束吏员的行为。

(四) 宣宗朝及以后对吏员的行政管理

金代在章宗后期已暴露出盛世掩盖下的矛盾,逐渐由盛转衰。卫绍王

---

① 《金史》卷50《食货志五》,中华书局,1975,第1116页。
② 《金史》卷50《食货志五》,中华书局,1975,第1120页。
③ 《金史》卷50《食货志五》,中华书局,1975,第1121页。
④ 《金史》卷73《宗雄传》,中华书局,1975,第1681页。

执政时，内部灾害频发、政局混乱，外有蒙古军入侵。宣宗迁汴，仍是内忧外患不断。宣宗时期有关吏员管理的史料较少，但是根据有限的资料来看，金朝政府对吏员的行政管理并未中断，但是力度显然不如以前。如贞祐四年，山东行省仆散安贞言："泗州被灾，道殣相望，所食者草根木皮而已。而邳州戍兵数万，急征重役，悉出三县，官吏酷暴，擅括宿藏，以应一切之命。民皆逋窜，又别遣进纳闲官以相迫督。皆怙势营私，实到官者才十之一，而徒使国家有厚敛之名。乞命信臣革此弊以安百姓。"诏从之。① 说明宣宗时期，战乱、灾害频发，金朝政府对官吏的管理有所松弛，官吏趁机中饱私囊。在吏员的行政管理方面，主要有以下几个方面。

（1）防范吏与官勾结。

宣宗于贞祐四年（1216）下诏："外使入国私通本国事情，宿卫、近侍官、承应人出入亲王、公主、宰执家，灾伤乏食有司检核不实致伤人命，转运军储而有私载，考试举人而防闲不严，其罚并决。"② 金朝政府明文禁止宫廷吏员（宿卫、承应人）出入亲王、公主、宰执家，限制官吏之间交往。

（2）加强对吏员的考察。

兴定四年（1220），"河南雨水害稼，复亨为宣慰使，御史中丞完颜伯嘉副之，循行郡县，凡官吏贪污不治者，得废罢推治"③。可见在宣宗时，金朝政府加强对官吏的管理，派遣李复亨为宣慰使，对郡县进行巡察，对其中贪污不治者，可以"废罢推治"。即便在金末哀宗正大年间，仍有管理官吏方面的诏令："司农以敦本察吏，不可苟且而旷职司"④，即是敦促司农对官吏的考察。

（3）削减庶官冗员。

在冗员的状况出现时，兴定元年（1217），"议减庶官冗员"⑤。随着冗官冗员的裁减，吏员数量也必定有所下降。

应该注意的是，宣宗朝时，重用胥吏的现象非常严重。高琪为相，"省、部、寺、监官，参注进士，吏员又使由郡转部，由部转台省，不三五

---

① 《金史》卷47《食货志二》，中华书局，1975，第1061页。
② 《金史》卷45《刑志》，中华书局，1975，第1025页。
③ 《金史》卷100《李复亨传》，中华书局，1975，第2218页。
④ 《戒谕百官诏》，（清）张金吾编纂《金文最》，中华书局，1990，第102页。
⑤ 《金史》卷15《宣宗本纪中》，中华书局，1975，第327页。

年，皆得要职。士大夫反畏，避其锋，而宣宗亦喜此曹刻深，故时全由小吏侍东宫，至为金枢密院事"①。这一时期，皇帝、宰相重用胥吏造成臣吏权大盛，不利于对吏员进行管理。而且面对内忧外患，金朝政府余力不多，反使奉御监军、监战，对吏员的行政管理更是无暇顾及，逐渐流于形式。

总体来说，金朝统治者颁布了一系列法规，在多个方面对官吏进行规范和管理，对官吏贪赃枉法、违法乱纪、以权谋私的行为进行了有效的治理，取得一定成果。故而金朝中期循官良吏代不乏人，颇得后世史家的赞誉。末期由于战争、灾害的因素，对吏员的管理有所松弛，也导致吏员弄权军中，从而加速了金代的灭亡。

二 吏员的俸给、仪卫、服饰管理

（一）俸给管理

金代吏员集团作为金代政治中的一个特殊阶层，虽然内部有不同的层级，但有着共同的利益，包括经济利益，俸禄即是其中之一。金代吏员俸禄制度的确立，为金代吏员集团内部各层级吏员的经济收入提供了保障，对于维持国家机器的正常运转具有重要意义。古代的俸禄一般以官吏品级为发放准则，以实物和货币作为主要支付方式。

1. 金代吏员俸禄制度确立时间、发放范围及频率

金代吏员俸禄制度伴随金政权的建立而确立并逐步完善，经历了两个阶段。

第一阶段，浮动式俸禄阶段，自金初一直延续到大定九年（1169）前后。大定九年，"上以吏非禄无以养廉，于是止增亏分数为殿最，乃罢克俸、给赏之制，而监官酬赏仍旧"②。表明在世宗大定九年之前，吏员的俸禄制度还不完善，其俸禄与考核挂钩，单纯以"增亏分数"作为考核的结果，增赏亏罚，实行浮动俸禄，类似于今天绩效工资的形式。由于考核方式非常单一，可操作性差，吏员收入不稳定，吏员阶层的廉政问题逐渐暴露出来，引起了金代统治者的密切关注，最终于大定九年罢除了"克俸、给赏之制"。

---

① （金）刘祁撰《归潜志》卷7，崔文印点校，中华书局，1983，第71页。
② 《金史》卷58《百官志四》，中华书局，1975，第1348页。

第二阶段，固定式俸禄阶段，这种相对固定的俸禄制度是逐步建立起来的。据大定二十八年（1188）五月丙午条记载，"给俸与丞簿等"①，说明到大定二十八年，官员中最低品级的县丞、主簿等群体才形成相对固定的俸禄制度。而金代地方吏员的俸禄于贞祐二年（1214）才确定下来，"始给京府州县及转运司吏人月俸有差"，而之前"惟吏案孔目官有俸，余止给食钱"。②地方吏员在贞祐二年之前无俸禄，食钱是其主要的经济来源。金代中央吏员中，大定二十八年增加了繁难局分承应人的俸禄③。据此，作为吏员集团中的较高层级，至迟在大定二十八年以前，承应人为代表的宫廷吏员的俸禄已经作为制度确定下来，大定二十八年只是针对繁难局分的承应人的俸禄又进行了微调。其他中央吏员的俸禄相对固定下来并制度化，其时间必定不会晚于地方吏员，这一时间可推定最迟为贞祐二年之前。

金末，金廷财政状况每况愈下，官吏的俸给额度日渐紧缩，俸禄制度在日益混乱中随金亡而自动废止。

俸禄的发放范围，涵盖了中央吏员和地方吏员。中央吏员又包括中央政府吏员和宫廷吏员：中央政府机构吏员如尚书省、御史台、枢密院、六部等都设有数量不等的令史、译史、通事等；宫廷内部还有从事各种服务的人员，即宫廷吏员，也称为宫中诸局分承应人，有护卫、奉职、奉御、阁门祗候等，名目多达数十种。地方吏员包括各路、府、州、县及猛安、谋克等机构有司吏、译人、抄事、公使等。吏员俸禄的发放范围并非一成不变，贞祐二年之前，地方吏员就不在俸禄发放范围之内，同时，在同一层级内的不同吏职，其俸禄的发放也会有微调。御史台官在贞祐三年（1215）曾进言："在京军官及委差官刍粮券例悉同征行，乞减其给。枢密院委差有俸人吏，非征行不必给。"④明确指出了对于枢密院委差有俸人吏，如果没有征行，就不必给刍粮券，这个建议得到了金廷的认可。

俸禄的发放频率，据泰和六年（1206）"尚书省奏，减朝官及承应人月俸折支钱"⑤以及元光二年（1223）宣宗"比闻朝官及承应人月给俸

---

① 《金史》卷8《世宗本纪下》，中华书局，1975，第200页。
② 《金史》卷58《百官志四》，中华书局，1975，第1353页。
③ 《金史》卷8《世宗本纪下》载："命增外任小官及繁难局分承应人俸"，参见《金史》卷8《世宗本纪下》，中华书局，1975，第200页。
④ 《金史》卷14《宣宗本纪上》，中华书局，1975，第307、308页。
⑤ 《金史》卷12《章宗本纪四》，中华书局，1975，第278页。

粮"① 等记载来看，吏员俸禄与官员一样，一般为按月发放。

2. 金代吏员俸禄的构成

中国古代俸禄一般以官吏品级为准则，以实物和货币作为主要支付方式。金代吏员的俸禄主要由正俸和补助两大类构成。

（1）正俸。

金代吏员的正俸主要为钱粟（贯石）另有绢绵（匹两），部分吏员还享有公田（顷）及笔墨纸张。这种以钱币为主，以绢、绵等为辅的支付方式，可上溯至宋仁宗嘉祐二年（1057）颁布的《嘉祐禄令》。②《嘉祐禄令》改变了过去俸禄支付以实物为主的方式，确立起以钱币为主，以绢帛、职田等实物为辅的新的支付方式。可以说，这种钱币支付为主，实物支付为辅的俸禄支付方式具有显著的时代特征，金代官吏俸禄的支付方式，正是《嘉祐禄令》所确立的俸禄支付方式的延续，反映出金代俸禄制度深受北宋俸禄制度影响的一面。金代吏员正俸的具体构成情况如下。

一是俸钱。

俸钱是吏员俸禄的主要组成部分，主要有铜钱、交钞和银币等货币形式，其发放的时间、数量、方式等又颇有不同。

铜钱以贯、文为发放单位，是金代早期主要的货币形式。"金初用辽、宋旧钱，天会末，虽刘豫'阜昌元宝'、'阜昌重宝'亦用之。"③ 金代发行自己铸造的铜钱始于正隆年间，正隆三年（1158）二月"中都置钱监二，东曰宝源，西曰宝丰。京兆置监一，曰利用。三监铸钱，文曰'正隆通宝'，轻重如宋小平钱，而肉好字文峻整过之，与旧钱通用"④。世宗即位以后，在前朝铜禁政策的基础上，积极开采铜矿，扩大铜源，甚至"以夫匠逾天山北界外采铜"⑤。经过长时期的积累，政府掌握了相当数量铜，并铸造了著名的"大定通宝"，其钱"字文肉好又胜正隆之制，世传其钱料微用银云"⑥。总体而言，受限于铜源匮乏，金代铸造的钱币

---

① 《金史》卷16《宣宗本纪下》，中华书局，1975，第366、367页。
② 张俊超：《俸禄厚薄与吏治清浊——〈中国俸禄制度史〉给我们的启示》，《武汉大学学报》（哲学社会科学版）1997年第6期。
③ 《金史》卷48《食货志三》，中华书局，1975，第1069页。
④ 《金史》卷48《食货志三》，中华书局，1975，第1069页。
⑤ 《金史》卷48《食货志三》，中华书局，1975，第1074页。
⑥ 《金史》卷48《食货志三》，中华书局，1975，第1071页。

远远不能满足市场需求，更达不到代替旧钱的程度。故刘祁在《归潜志》中提出，"金朝钱币，旧止用铜钱。正隆、大定、泰和间，始铸新钱，余皆宋旧钱。"①

交钞亦以贯、文为发放单位，在金代中期以后逐渐成为最重要的货币形式。海陵贞元二年（1154）实行交钞之法，其后交钞与铜钱并用，在海陵、世宗两朝，本位货币仍然是铜钱，交钞只是大额本位货币的代用券。章宗即位以后，出台了两项措施：一是停止铸造铜钱，大定二十九年（1189）十二月"罢代州、曲阳二监"②，致使铜钱更加紧缺；二是废除交钞分界发行的制度，改为永久流通，即"罢七年厘革之限，交钞字昏方换，法自此始"③。自此以后，纸币发行数量越来越多，目前存世的交钞有多种，如贞祐宝券、贞祐通宝、兴定宝泉、元光重宝、天兴宝会等。政府层面也开始采用强制手段使交钞和宝货流通，规定"一贯以上俱用银钞、宝货，一贯以下听民便"④，又规定"随路漕司所收，除额外羡余者，亦如之，所支官钱，亦以银钞相兼，银已零截者令交钞库不复支，若宝货数少，可浸增铸"⑤。明昌四年（1193）八月，提刑司言"官兵俸，许钱绢银钞各半之，若银钱数少，即全给交钞"⑥，规定了官钱的发放要"银钞相兼"，在特定情况下，还有全部以交钞形式支付俸禄的情况。泰和八年宰臣所奏"旧制，内外官兵俸皆给钞，其必用钱以足数者，可以十分为率，军兵给三分，官员承应人给二分，多不过十贯"⑦，当指在明昌年间，交钞是官吏俸钱的主要支付形式，在必须用钱支付的部分，承应人给二分，最多不超过十贯。明昌五年，金政权参照唐代元和十二年（817）的限富家钱法制定了限钱法，"令官民之家以品从物力限见钱，多不过二万贯，猛安谋克则以牛具为差，不得过万贯，凡有所余，尽令易诸物收贮之。有能告数外留钱者，奴婢免为良，佣者出离，以十之一为赏，余皆没入"⑧。后于承安三年（1198）再次严格限钱法，"复减元限之数，更定官

---

① （金）刘祁撰《归潜志》卷10，崔文印点校，中华书局，1983，第109页。
② 《金史》卷48《食货志三》，中华书局，1975，第1073页。
③ 《金史》卷48《食货志三》，中华书局，1975，第1073页。
④ 《金史》卷48《食货志三》，中华书局，1975，第1076页。
⑤ 《金史》卷48《食货志三》，中华书局，1975，第1077页。
⑥ 《金史》卷48《食货志三》，中华书局，1975，第1075页。
⑦ 《金史》卷48《食货志三》，中华书局，1975，第1082页。
⑧ 《金史》卷48《食货志三》，中华书局，1975，第1075页。

民存留钱法,三分为率,亲王、公主、品官许留一分,余皆半之,其赢余之数期五十日内尽易诸物,违者以违制论,以钱赏告者"①。结果是越来越多的铜钱转入窖藏或者外流。

2008年底,辽阳市文圣区永昌雅居项目的建筑工地在施工过程中发现了一处金代中晚期的钱币窖藏,出土了大量汉至金代的铜钱,初步估算其重量在1万~2万公斤,其中除正隆元宝外,还有大量的大定通宝②。这么大规模的窖藏,在辽宁尚属首次发现,在东北地区亦属罕见。辽阳在金代时为东京,窖藏所处位置又在老城区,推测窖藏的性质可能为辽阳官署的钱库,这批钱币用途之一可能是作为货币支付金代官吏的俸禄。

辽阳永昌雅居的庞大的钱币窖藏可能与金代的限钱法有一定的关联。或许正是限钱法的实行,导致大量的铜钱被存放起来。据窖藏发掘者的叙述③,在窖藏内部钱币用木板分隔开储藏,铜钱成串整齐码放在一起,表明这些铜钱经过了认真的整理;初步的统计表明,北宋铜钱的数量和种类都占绝对多数,金国自己铸造的正隆通宝和大定通宝等主流铜钱所占份额较小,这从侧面印证了金国自己铸造的钱币远远不能满足市场需求,只能以北宋的钱币作为主要流通货币;根据出土的铜钱分析,这批窖藏的年代被推定为金代中晚期,恰恰是在这一时期,金政权制定了限钱法,严格限制钱币的流通,导致大量的铜钱退出流通领域,形成了像永昌雅居窖藏这样专门储藏铜钱的大型钱币库,迄今为止在金统治下的地区屡有发现。

银币以两为单位,也是金代重要的货币形式之一。金代银币的来源主要有四个④:其一为女真贵族攻破北宋开封城和废伪齐的过程中,都得到了大量的银币;其二为宋向金输出的岁币,据统计岁币银共计多达1485万两⑤;其三为金代的矿业生产,尤其是世宗大定十二年(1162)"诏金、银坑冶听民开采,毋得收税"⑥和大定二十年"定商税法,金银百分取一"⑦之

---

① 《金史》卷48《食货志三》,中华书局,1975,第1076页。
② 樊圣英:《辽阳市永昌雅居金代钱币库》,《中国考古学年鉴》(2009年),文物出版社,2010,第167、168页。
③ 樊圣英:《辽阳市永昌雅居金代钱币库》,《中国考古学年鉴》(2009年),文物出版社,2010,第167、168页。
④ 张婧:《金代交钞研究》,中央民族大学博士学位论文,2008,第18~20页。
⑤ 朱瑞熙:《宋代的岁币》,《岳飞研究》第三辑,中华书局,1992,第213~232页。
⑥ 《金史》卷7《世宗本纪中》,中华书局,1975,第158页。
⑦ 《金史》卷49《食货志四》,中华书局,1975,第1110页。

后，金银禁榷的政策实际上被废止，在宽松的政策刺激下，北京、河北、山西境内的银矿业生产得到了较快的发展；其四为宋金之间的贸易，在与南宋的贸易中，由于宋金贸易的不平衡，由宋入金的白银要较由金入宋的白银为少，金国在白银方面的处境常居于劣势。金政权采取了一系列积极的措施以图改变。通过以上的几个方面，金国积累了大量的金银。据考证，章宗明昌五年，府库铜钱总三千三百四十万贯有奇，而明昌二年（1191）"天下见在金千二百余铤，银五十万二千余铤"①，折合铜钱5502万贯，等于同时期库存铜钱数的165%。在铸造银币之前，民间的大宗交易实际上已在使用银锭，章宗时由于交钞阻滞，将库存的白银投入流通领域，于承安二年（1197）"遂改铸银名'承安宝货'，一两至十两分五等，每两折钱二贯，公私同见钱用，仍定销铸及接受稽留罪赏格"②。"承安宝货"③是中国历史上第一次发行法定流通的银币，但作为军费增加、财政困难和交钞贬值阻滞的情况下的应急措施，发行意义不可估计太高④。其后，"私铸'承安宝货'者多杂以铜锡，浸不能行，京师闭肆。五年十二月……遂罢'承安宝货'"⑤。因此，在承安二年铸'承安宝货'到承安五年停止发行之间三年时间之中，银币"公私同见钱用"，短期内也曾作为法定流通货币用以支付吏员的俸禄。金代除印造以钱为本位，以贯、文为面额的交钞外，还有以银（承安宝货）为本位，以两为面额的纸币，中国钱币博物馆收藏有一方纸币印版残版的圣旨回易交钞，被认为是以白银"承安宝货"为钞本的纸币印版，为宣宗迁汴以后的制品⑥，表明了承安宝货在承安五年停罢后，宣宗南迁时又得以恢复使用，或转为钞本，以银钞形式继续参与流通⑦。

  吏员的俸钱，即以上述三种法定的货币作为支付方式，无论是发放哪

---

① 《金史》卷48《食货志五》，中华书局，1975，第1116页。
② 《金史》卷48《食货志三》，中华书局，1975，第1076页。
③ 承安宝货多年来屡有发现，其形状为仿银锭铸造而成，形状呈束腰、两端圆形，表面微凹，边缘漫圆，底部呈蜂窝状，四周有三道水波纹，正面刻有"承安宝货一两半""库""部"等字样。相关研究可见韩伟《关于陕西临潼出土的金代税银的几个问题》，《磨砚书稿——韩伟考古文集》，科学出版社，2001，第344~352页；叶世昌：《金朝货币：银、钱、绢》，《国际金融报》2002年4月22日；韩锋：《承安宝货银币》，《北方文物》2003年第1期。
④ 张婧：《金代交钞研究》，中央民族大学博士学位论文，2008，第18~20页。
⑤ 《金史》卷48《食货志三》，中华书局，1975，第1077页。
⑥ 姚朔民：《金"圣旨回易交钞"版考》，《文物》2006年第6期，第91~96页。
⑦ 张婧：《金代交钞研究》，中央民族大学博士学位论文，2008，第38~40页。

第五章 吏员的职责与管理

一种，具体的数量是一定的。据《金史》百官志可知，吏员的俸钱额数为0~17贯不等，最高为符宝郎、奉御的17贯，最低为未系班者，无俸钱。

二是俸粟。

俸粟作为实物支付方式，是金代官吏俸禄的重要支付方式之一，以石为支付单位，数目往往与钱相同。以粮食作为俸禄支付方式在《金史》中屡有记载，大定三年（1163），户部尚书梁铧上言："大定以前，官吏士卒俸粟支帖真伪相杂，请一切停罢"[1]；元光二年，（宣宗）敕诸御史曰："比闻朝官及承应人月给俸粮，多杂糠土，有司所收曷尝有是物哉。"[2] 以上记载都明确指出吏员的俸禄中有粮食。据《金史》百官志可知，吏员的俸粟额数为0~17石不等，最高为符宝郎、奉御的17石，最低为未系班者，无俸粟。

三是绢绵。

绢绵在中国古代社会长期作为实物支付方式存在，究其原因，与这种织物的生产过程中消耗了大量的劳动力，形成了高附加值的产品，并成为身份与地位的象征，在生产力不发达的中国古代社会，被高度认可并有着相对固定的消费人群，从而长期扮演着硬通货的角色，行使着货币或类货币的职能。直到金代，绢绵作为支付方式，在金代的经济生活中仍然具有重要的地位。

绢绵作为实物支付方式，在金代吏员正俸中也占有一定的比例，是正俸中的辅助支付方式，分别以匹、两为单位进行发放。发放范围为中央吏员，地方吏员则不享受此待遇，发放额数为绢2~8匹，绵20~40两，其中，发放绢匹额数最高的符宝郎、奉御为8匹，额数最低的六部等通事、诰院令史、国史院书写、随府书表、亲王府祗候郎君、典客署引接书表、走马郎君（内、班祗）均为2匹；发放绵两额数最高的省令史、译史，符宝郎、奉御为40两，额数最低的六部等通事、诰院令史、国史院书写、随府书表、亲王府祗候郎君、典客署引接书表、走马郎君（内、班祗）及未系班者，均为20两。

四是公田。

公田也是吏员正俸之一，只是享有公田的吏员范围较小，以顷为发放单位。有关吏员公田的记载并不多，《金史》明确记载了金代部分地方吏

---

[1] 《金史》卷86《李石传》，中华书局，1975，第1912页。
[2] 《金史》卷16《宣宗本纪下》，中华书局，1975，第366、367页。

员有公田，"诸防刺已上女直、契丹司吏、译史、通事，不问千里内外，钱七贯，公田三顷"①。对于享受公田待遇的吏员范围做了界定，诸防刺已上女直、契丹司吏、译史、通事这些在吏员集团中处于较高层级的吏员，享有公田的待遇，额数为三顷。大定二十三年（1183）"以省除提控官、与运司置司处，亏课一分克俸一分，其罚涉重。亦命先给月俸之半，余半验所亏分数克罚补，公田则不在克限"②。大定二十三年的规定中，克扣省除提控官与运司置司处等官吏的俸禄时，公田作为俸禄的一部分，是不在克扣范围之内的。

金代的官员依品级享有相应的职田，亦即公田，《金史》谓之"职官公田"。官员中享受三顷职田的为正八品，多则至三十顷，少则有二顷，正二品及以上的高级官员是没有职田的，其他品级的官员，也明确记载有不享有公田的，如从四品的"猛安，钱粟四十八贯石，余皆无。乌鲁古使，同，无职田"③；从五品的"乔家部族都铃辖，无职田"④；从六品的乌鲁古副使"无职田"⑤；正七品的"诸司属令、诸府军都指挥……无职田。潼关使……无职田"⑥；等等，由此可见，享有公田的官员普遍比享有公田的吏员享更多的公田额数，但公田额数的多少并不能完全反映官吏之间的待遇差别。

五是笔墨纸张。

笔墨纸张也是吏员的正俸之一。《金史》对吏员享有笔墨纸张的额数有详细的记载，几乎所有地方吏员每月均可领取一定数量的笔墨纸张，其额数为每月"大纸五十张，小纸五百张，笔二管、墨二锭"⑦，中央吏员是否也享有同样或更多的额数，文献失载，已不可考。

金代吏员的正俸并非一成不变，金朝政府会根据实际情况，调整俸粟和俸钱之间的比例，即所谓的月俸折支钱。宣宗在贞祐元年（1213），"以粮储不足，诏随朝官、承应人俸，计口给之，余依市直折之"⑧，即反

---

① 《金史》卷58《百官志四》，中华书局，1975，第1348、1349页。
② 《金史》卷58《百官志四》，中华书局，1975，第1348页。
③ 《金史》卷58《百官志四》，中华书局，1975，第1341页。
④ 《金史》卷58《百官志四》，中华书局，1975，第1342页。
⑤ 《金史》卷58《百官志四》，中华书局，1975，第1342页。
⑥ 《金史》卷58《百官志四》，中华书局，1975，第1342页。
⑦ 《金史》卷58《百官志四》，中华书局，1975，第1349页。
⑧ 《金史》卷58《百官志四》，中华书局，1975，第1353页。

映了宣宗朝贞祐元年对官吏俸禄发放内容的微调，是由于粮储不足，俸粟不能足额发放到位，除发放一定数额的粮粟之外，俸禄的不足部分均依市值折算钱币支付。这种俸禄支付方式的变化，也反映出金代经济形势对俸禄制度的影响。

金代吏员的正俸发放额数，《金史·百官志四》有详细的记载，可按中央吏员和地方吏员分别考述。金代中央吏员俸禄发放的数量，如表5-1所示。

表5-1　金代中央吏员俸禄

吏员名目	钱粟（贯石）	绢（匹）	绵（两）
省令史、译史	10	4	40
省通事、枢密令史、译史	12	3	30
枢密通事、六部、御史台令译史	10	3	30
六部等通事、诰院令史、国史院书写、随府书表、亲王府祗候郎君、典客署引接书表	8	2	20
走马郎君（内祗）	8	2	20
走马郎君（班祗）	7	2	20
符宝郎、奉御	17	8	40
笔砚承奉、閤门祗候	12	4	30
妃护卫、奉职、符宝典书、东宫入殿小底	10①	3	30
尚衣、奉御、捧案、擎执、奉辇、知把书画、随库本把、左右藏库本把、仪鸾局本把、尚辇局本把、妃奉事	8	3	30
未系班		3	20

注：勒留则添二贯石。

从表5-1可知，金代中央政府吏员的俸禄，省令史、译史的要略优于省通事、枢密令史、译史以及枢密通事、六部、御史台令译史等，以上中央政府吏员的要明显优于六部等通事、诰院令史、国史院书写等。在宫廷吏员中，符宝郎、奉御的俸禄待遇最高，其他宫廷吏员的俸禄额数差距不大，而以走马郎君（班祗）的俸禄为最低。

金代地方吏员的俸禄制度直到贞祐二年（1214）之后才确立，在此之前，地方吏员无俸禄，其主要的经济来源为食钱。贞祐二年之后，地方吏员的俸禄发放额数也趋于制度化。据《金史·百官志四》做诸京府运司提刑司节镇防刺等地方吏员俸给表：

表 5-2 金代地方吏员俸给

吏员名目	钱（贯）	公田	笔墨纸张
诸京府运司提刑司节镇防刺等部门的汉人、女真、契丹司吏、译史、通史、孔目官	8		月支大纸 50 张，小纸 500 张，笔 2 管、墨 2 锭
押司官	7		
前后行	6		
诸防刺已上女直、契丹司吏、译史、通事	7	3 顷	
诸盐使司都目	14		
诸盐使司司吏	6		
诸巡院司县司狱等司吏（有译史，通事者同）	5		

从表 5-2 可以看出，地方吏员的俸禄比省令史、译史要少，更无法与职官俸禄相比。俸禄最高的三师（正一品职官）每月钱粟 300 贯石、从五品职官每月 30 贯石，从九品的朝官每月 10 贯石，外官每月 12 贯石。相比之下，吏员俸禄待遇极低，为吏员贪赃埋下了伏笔。

据《金史·百官志四》百官俸禄条记载，正一品的官员，其俸禄的钱粟高达 300 贯石，即使是从九品的官员，仍然可以达到 10 贯石。吏员中，即使是俸禄待遇最高的符宝郎、奉御，其钱粟也不过 17 贯石，多数中央吏员的俸禄待遇与从九品的官员相当或更低。孟繁清对处于吏员集团最上层的令史进行研究后认为，金代的令史，完全是一种特殊的吏，而不是普通的吏。他们执掌中央的文书案牍，了解全国的政治、经济、军事等各方面的机密，其地位是十分重要的。虽然从职务上讲，他们属于吏，但从地位上看，他们并不低于县一级的地方官。而且从来源上看，他们或是宗室与高官子弟，或是以官充吏，这与普通吏员相比，也是大有区别的。[①] 这与他们在俸禄待遇等方面与低品级的官员相当的情况是符合的。

---

① 孟繁清：《金代的令史制度》，《宋辽金史论丛》（第二辑），中华书局，1991，第 339 页。

第五章 吏员的职责与管理

表 5-3 金代百官俸给

品级（名目）	钱粟（贯石）	曲米麦（称石）	春罗秋绫（匹）	春秋绢（匹）	绵（两）	公（职）田（顷）
正一品（三师）	300	各50	各50	各200	1000	
正一品（三公）	250	各40	各40	各150	700	
正一品（亲王、尚书令）①	220	各35	各35	各120	600	
从一品（左右丞相、都元帅、枢密使、郡王、开府仪同）	200	各30	各30	各100	500	
从一品（平章政事）	190	各28	各25	各95	450	
从一品（大宗正）	180	各25	各25	各90	400	
正二品（东宫三师、副元帅、左右丞）	150	各22	各22	各80	350	
从二品	140	各20	各20	各75	300	
从二品（同判大宗正）	120	各18	各18	各70	250	
正三品	70	各16	各12	各55	200	
正三品（外官）	100	各15		各40	200	30
正三品（统军使、招讨使、副使）	80	13		各35	160	25
正三品（都运、府尹）	70	12		各30	140	
从三品	60	各14	各10	各50	180	
从三品（外官）②	60	各10		各25	120	21
正四品	45	各12	各8	各40	150	
正四品（外官）	45					
正四品（副统军）	50			各22	80	17
正四品（余）③		各8		各20	70	15
从四品	40	各10	各6	各30	130	
从四品（外官）	40	各7		各18	60	14

---

① 皇统二年（1142），定制，皇兄弟及子封一字王者为亲王，给二品俸，余宗室封一字王者以三品俸给之。天德二年，以三师、宰臣以下有以一官而兼数职者，及有亲王食其禄而复领他事者，前此并给以俸，今宜从一高，其兼职之俸并不重给。至大定二十六年，诏有一官而兼数职，其兼职得罪亦不能免，而无廪给可乎。遂以职务繁简定为分数，给兼职之俸。

② 皇统元年二月，诏诸官、职俱至三品而致仕者，俸禄、傔人，各给其半。

③ 许带酒三十瓶、盐三石。

续表

品级（名目）	钱粟（贯石）	曲米麦（称石）	春罗秋绫（匹）	春秋绢（匹）	绵（两）	公（职）田（顷）
从四品（猛安）①	48	无	无	无	无	无
正五品	35	各8	各5	各25	100	
正五品（外官，刺史、知军、监使）	35	各6		各17	55	13
正五品（余官）	30	各6		各16	50	10
从五品	30	各6	各5	各20	80	
从五品（外官）	25	各4		各10	40	7
从五品（谋克）	20	无	无	无	无	无
正六品	25	麦5石		各17	70	
外官与从六品	20	各3		各8	30	6
从六品	22	麦5石		各15	60	
正七品	22	麦4石		各12	55	
正七品（外官）②	18	各2		各7	25	5
正七品（诸司属令、诸府军都指挥）	18	各2		各7	25	无
正七品（潼关使）	18	各1		各6	30	无
从七品	17	麦4石		各10	50	
从七品（外官、统军司知事）	17	麦4石		各10	50	
从七品（诸镇军都指挥使）	18	各2		各7	25	
从七品③	17	各2		各7	25	5
从七品（会安关使，诸知镇城堡寨）	15	各1		各6	20	4
正八品（朝官）	15	麦3石		各8	45	

① 乌鲁古使，同，无职田。大定二十年，诏猛安谋克俸给，令运司折支银绢。省臣议："若估粟折支，各路运司储积多寡不均，宜令依旧支请牛头税粟。如遇凶年尽贷与民，其俸则于钱多路府支放，钱少则支银绢亦未晚也。"从之。
② 诸同知州军、都转运判、诸府推官、诸节度判、诸观察判、诸京县令、诸次剧县令、提举南京京城、规措渠河官、诸都巡检、诸酒曲盐税副、诸正将。
③ 诸招讨司勘事官、诸县令、诸警巡副、京兆府竹监管勾、五品盐使司判、诸部秃里、同提举上京皇城司、同提举南京京城所、黄河都巡河官、诸酒税榷场使。

续表

品级（名目）	钱粟（贯石）	曲米麦（称石）	春罗秋绫（匹）	春秋绢（匹）	绵（两）	公（职）田（顷）
正八品（外官）①	15	各1		各6	20	4
正八品（乌鲁古判官）	15	各1		各6	20	无
正八品②	13	各1		各6	20	2
正八品（诸司属丞）	13	各1		各6	20	无
正八品（诸节镇以上司狱、诸副将）	13			各3	10	2
正八品③	12			各3	10	
正八品（节镇诸司使、中运司柴炭场使）	10			各2	8	
从八品（朝官）	13	麦3石		各7	40	
从八品（外官，南京交钞库使、诸统军按察司知法）	13	麦3石		各7	40	
从八品④	13	各1		各6	20	3
从八品（诸麽忽、诸移里堇）	13	麦2石		各5	15	3
正九品（朝官）	12	麦2石		各6	35	
正九品（外官，南京交钞库副）	12	麦2石		各6	35	
正九品（诸警巡判官）	13	各1		各6	10	3
正九品（诸县丞、诸酒税副使）	12	麦1石5斗		各5	17	3
正九品⑤	12	麦1石		各3	10	2
正九品（管勾泗州排岸兼巡检、副都巡检、诸巡检）	12	无		各3	10	无

---

① 市令、诸录事、诸防御判、赤县丞、诸剧县丞、崇福埠都巡河官、诸酒税使、醋使、榷场副、诸都巡检。
② 按察司知事、大兴府知事、招讨司知事、诸副都巡检使。
③ 南京京城所管勾、京府诸司使管勾、河桥诸关渡讥察官、同乐园管勾、南京皇城使、通州仓使。
④ 诸州军判官、诸京县丞、诸次剧县丞、诸三品盐司判官、漕运司管勾、永丰广备库副使、左右别贮院木场使。
⑤ 市丞、诸司候、诸主簿、诸录判、诸县尉、散巡河官、黄河埠物料场官。

续表

品级（名目）	钱粟（贯石）	曲米麦（称石）	春罗秋绫（匹）	春秋绢（匹）	绵（两）	公（职）田（顷）
正九品①	12			各3	10	2
正九品（诸部将、队将）	12	麦1石		各3	10	2
正九品（店宅务管勾）	12			各3	10	
正九品②	11			各2	8	
正九品（诸州军司狱）	11			各2	8	2
正九品（节镇诸司副、中运司柴炭场副）	10			各2	8	
从九品（朝官）	10	麦2石		各5	30	
从九品（外官，诸教授）	12	麦1石		各3	10	2
从九品（三品以上官司知法）	10	麦1石		各3	10	
从九品（司候判官）	10			各2	8	2
从九品（诸防次军辖）	10			各2	8	无
从九品（诸榷场同管勾、左右别贮院木场判）	10			各3	6	
从九品（诸京作院都监、通州仓判、五品以上官司知法）	9			各2	6	
从九品（诸府作院都监、诸埽物料场都监）	8			各1	6	
从九品（诸节镇作院都监、诸司都监）	8			各2		
从九品（诸司同监）	7			各2		
从九品（陕西东路德顺州世袭蕃巡检）	10			各2	10	
从九品（陕西西路原州世袭蕃巡检）	钱2贯390文	米4石5斗		3		
从九品（河东北路葭州等处世袭蕃巡检）	10			2	10	

注：据《金史·百官志四》做以上百官俸给表。

① 诸盐场管勾、左右别贮院木场副、永丰广备库判。
② 京府诸司副、南京皇城副、通州仓副、同管勾河桥、诸副讥察。

第五章　吏员的职责与管理

金代百官俸给中均有丝织品，多则五百匹，少则二匹，依官品、职位不同而有所差异。其中，春罗、秋绫作为丝织品中较为优质的部分，只支给从五品及以上朝官，从五品以下的官员并没有，吏员亦没有此项俸禄。金代官用丝帛主要来源于宋贡金岁币。[①]

总体而言，中央吏员处于吏员集团中较高的层级，中央政府吏员和宫廷吏员的俸禄基本在同一层次上，相对于更低层级的地方吏员仍具有一定的优势，而与官员集团有明显差距。吏员和官员这种俸禄待遇上的差距，也是吏员和官员之间社会地位相差悬殊在经济层面的反映。

（2）补助。

除了正俸以外，吏员还有各种名目的补助，主要有出差补贴、输佣钱、津遣钱、燕赐、食钱等。

出差补贴主要是差遣费用，对吏员因公外出进行的合理补助。主要为驰驿及长行马。

驰驿，是中国古代王朝为官员因公外出而设置的沿途享受夫马廪粮之供给的场所。驰驿及长行马作为百官外出时所需的住行补贴，算是一种"出差补贴"[②]，按日发放。对于这一补贴的范围及发放的额数，有明确的记载：诸驰驿及长行马"有职事官日给，外路官往回口券"[③]，"随朝吏员及统军司按察司书吏译人、本局差委及随逐者，日给钱各一百五十文"[④]。可知出差补贴因为职位的不同，分为货币补贴和口券两种，其中货币补贴的对象是随朝吏员及统军司按察司书吏译人、本局差委及随逐者，按日发放，发放额数为一百五十文。口券，在宋代为军队的一种补助凭证[⑤]，金代则适用于各级官吏，凭口券领取钱粮补助，主要针对外路官吏发放，既是出差的补贴，又便于其外出公干。贞祐三年又规定"有禄官吏被差不出本境者并罢给券，出境者以其半给之"[⑥]，则是金廷根据时局变化对官吏

---

① 赵评春：《金代女真服饰研究》，《黑龙江民族丛刊》1995年第1期。
② 杨果：《辽、金俸禄制度研究》，《大陆杂志》1997年第5期。
③ 《金史》卷58《百官志四》，中华书局，1975，第1350页。
④ 口券，即官员出差往返路途中吃住的官方凭证。参见《金史》卷58《百官志四》，中华书局，1975，第1350页。
⑤ 黄惠贤、陈锋主编《中国俸禄制度史》，武汉大学出版社，1996，第326页。
⑥ 《金史》卷14《宣宗本纪上》，中华书局，1975，第309页。另卷58《百官志四》，第1354页也有记载。

出差补贴做出的相应调整。

宫中、东宫承应人因公差外出，"皆验见请钱粟贯石、口给食料，若系本职者住程不在给限，其常破马草料局分，如被差长行马公干本支草料，即听验日克除，若特奉宣差勾当者，依本格：十八贯石以上九百文，十七贯石八百六十文，十五贯石以上五百四十文，七贯石以上四百六十文，六贯石四百二十文，五贯石三百八十文，四贯石三百三十文，三贯石二百八十文，二贯石二百三十文"①。除直接给俸粟外，还以刍粮券的形式支付，贞祐三年，御史台官员进言："在京军官及委差官刍粮券例悉同征行，乞减其给。枢密院委差有俸人吏，非征行不必给。"② 金廷对此持肯定意见（见表5-4）。

表5-4 金代官员出差补助

官员类别	数　　额
职官	一品三贯文，二品二贯文，三品一贯五百文，四品一贯二百文，五品一贯文，六品八百文，七品六百文，八品九品四百文
有职事官、外路官往回	一品二贯五百文，二品一贯六百文，三品一贯二百文，四品一贯文，五品九百文，六品七百文，七品六百文，八品九品四百文
无职事官③	四品一贯三百文，五品一贯二百文，六品九百文，七品七百文，八品九品五百文

金代吏员出差补贴额数，《金史》载之甚详，据《金史·百官志四》做吏员出差补助数额表如表5-5。

表5-5 金代吏员出差补助

吏员名目	数　额	备　　注
随朝吏员（宣差及省部差委官踏逐者，引者亦同）及统军司按察司书吏译人、本局差委及随逐者	钱150文	

---

① 《金史》卷58《百官志四》，中华书局，1975，第1350、1351页。
② 《金史》卷14《宣宗本纪上》，中华书局，1975，第307、308页。
③ 无职事官并验前职日给，无前职者以应仕及待阙职事给之。

第五章　吏员的职责与管理

续表

吏员名目	数　额	备　注
省令、译史	米 6 升	燕赐各部官僚以下，日给米粮分例
院台令译史，省通事	米 5 升	
院台通事、六部令译史通事、省祗候郎君、使库都监	米 4 升	
诰院令史、枢密院移剌各三升，王府直府、王府及省知印直省、御史台通引、王府教读、王傅府尉等下司吏、外路通事、省医工调角匠、招讨司移剌	米 2 升	
写诰诸祗候人（本破人同）大程官院子酒匠柴火	米 1 升	
宫中（东宫同）承应人		皆验见请钱粟贯石、口给食料，若系本职者住程不在给限，其常破马草料局分，如被差长行马公干本支草料，即听验日克除，若特奉宣差勾当者，依本格①
诸试护卫亲军	人 3 口、米粮钱 100 文、马 2 匹草料	听自起发日为始，计程至都，比至试补，其间各日给口券，若拣退还家者，亦验回程给之。未起闲住口数不在支限
班祗充押递横差别路勾当千里以上者	日给米 1 升、马 1 匹草料	无马有驴者，各支依本格
太庙神厨祠祭度勾当人、少府监随色工匠、部役官受给官司吏	钱粟 2 贯石，春秋衣绢各 1 匹	

输佣钱。有金一代，凡品官皆有从己人力，担任从己人力的民户本可免除杂役，但当时的官僚常常令从己人力照旧为官府服役，而官府则须向他们支付"输佣钱"，于是输佣钱便成为官僚俸禄之外的一项常规性收入。② 在明昌元年以前，输佣钱已经作为金代的一种制度而存在。到宣宗贞祐三年

---

① 十八贯石以上九百文，十七贯石八百六十文，十五贯石以上五百四十文，七贯石以上四百六十文，六贯石四百二十文，五贯石三百八十文，四贯石三百三十文，三贯石二百八十文，二贯石二百三十文。
② 刘浦江：《〈金朝军制〉平议——兼评王曾瑜先生的辽金史研究》，《历史研究》2000 年第 6 期。

(1215)，"以调度不给，凡随朝六品以下官及承应人，罢其从己人力输佣钱"。① 承应人的输佣钱因金廷经费不足而从此废除。

津遣钱即丧葬补贴，据《金史》记载，"诸随朝五品以下职事官身故（因公差出、及以理去任、未给解由者，身故同），验品，从去乡地里支给津遣钱（并受职事给之，下条承应人准此）"②。亦即承应人的津遣钱的支取额数，参照随朝五品以下职事官执行，遇到"身故，因公差出及以理去任、未给解由"等情况下，可根据相应的级别，"从去乡地里支给津遣钱"。对于其他吏员的津遣钱发放额数，《金史》也有明确的记载，具体规定是："护卫（东宫护卫同）、奉御、符宝、都省枢密院御史台令译史同九品官，通事、宗正府六部令译史（统军司书史译书、按察司书史，同）。亲军减九品官五分之二，通事、随朝书表、吏员、译人（统军司通事、守当官，按察司书吏、译人，分治都水监典吏，同），及诸局分承应人减五分之三。"③ 金朝九品官的津遣钱规定与其离乡地的远近有关：500里外者给60贯；1000里外者给80贯；2000里外者给100贯；3000里外者给150贯。④ 吏员的津遣钱比照九品官的津遣钱支付，其额数又以吏职和离乡距离远近分为四等：60贯、36贯、24贯（500里外1000里内）；80贯、48贯、32贯（1000里外2000里内）；100贯、60贯、40贯（2000里外3000里内）；150贯、90贯、60贯（3000里外）。吏员中享有津遣钱额数最高的护卫（东宫护卫同）、奉御、符宝、都省枢密院御史台令译史等也仅与九品官员所享额数相同。

若外路官员在任依理身故，各依上官品地里减半给予津遣钱。据《金史·百官志四》列表如表5-6。

表5-6 五品以下外路官津遣钱支给

地 里	五品	六品七品	八品九品
500里内	无	无	无
500里外1000里内	100贯	80贯	60贯

---

① 《金史》卷14《宣宗本纪上》，中华书局，1975，第308页。另卷58《百官志四》，第1354页也有记载。
② 《金史》卷58《百官志四》，中华书局，1975，第1352页。
③ 《金史》卷58《百官志四》，中华书局，1975，第1352、1353页。
④ 《金史》卷58《百官志四》，中华书局，1975，第1352页。

续表

地　里	五品	六品七品	八品九品
1000里外2000里内	120贯	100贯	80贯
2000里外3000里内	170贯	150贯	100贯
3000里外	250贯	200贯	150贯

注：地里为两地相距的里程。

五品以上官员的津遣钱不见于史籍明确记载，但从宰执丧葬待遇的零星记载来看，其优厚程度可见一斑。与五品以下外路官津遣钱的支给对比可知，金代部分高级吏员，比如都省枢密院御史令译史、通事、宗正府、六部令译史、统军司书史译书、按察司书史等的津遣钱支给与八品九品外路官相同，而与五品、六品、七品外路官相比差距较明显，更无法与五品以上官员相提并论。

四是燕赐。燕赐即宴饮赏赐，是临时性赏赐的一种。金代各种名目的礼仪活动，每逢祭祀、节日、生辰、使节往来等多有宴饮，如金代"以重五、中元、重九日行拜天之礼……既毕赐宴，岁以为常"[1]。参加宴饮的官吏可获得相应的赏赐。燕赐吏员是有制度规定的，"燕赐各部官僚以下，日给米粮分例"[2]。燕赐吏员的范围和具体的额数如下："省令、译史六升，院台令译史、省通事各五升，院台通事、六部令译史通事、省祗候郎君……各四升，诰院令史、枢密院移剌各三升，王府直府、王府及省知印直省、御史台通引、王府教读、王傅府尉等下司吏、外路通事、省医工调角匠、招讨司移剌各二升，写诰诸祗候人（本破人同）……正军阿里喜、旗鼓吹笛司吏各一升。"[3] 燕赐吏员的覆盖面非常大，多以俸粟的形式发放，其额数根据职位的不同各有差异，从一升到六升，反映出吏员在吏员集团内部相应的地位。同时期官员燕赐额数，《金史》亦记载甚详，"燕赐各部官僚以下，日给米粮分例，无草地处内，亲王给马二十五匹草料，亲王米一石，宰执七斗，王府三斗，府尉二斗，员外郎、司马各一斗六升，监察御史、尚书省都事、大理司直、六部主事各八升，检、知法七升"[4]。对于官员，按日发放米粮分例，亲王另有多达二十五匹马的草料，

---

[1] 《金史》卷35《礼志八》，中华书局，1975，第826、827页。
[2] 《金史》卷58《百官志四》，中华书局，1975，第1350页。
[3] 《金史》卷58《百官志四》，中华书局，1975，第1350页。
[4] 《金史》卷58《百官志四》，中华书局，1975，第1350页。

且米粮的额数依官员品级的高低，享受一石至七升不等的俸粟。

五是食钱。食钱即伙食补贴，贞祐二年（1214）之前在金代地方吏员中普遍存在，承担过类似俸禄的职能（前文在讨论地方吏员的俸给时已涉及，此不赘述），但由于缺乏制度保障，其实质仍然是吏员补助的一种，其时"惟吏案孔目官有俸，余止给食钱"。① 在贞祐二年之前地方吏员多无正俸，只有一定额数的伙食补贴，发放的范围涵盖了吏案孔目官以外的地方各级吏员，并成为其主要的经济来源，具体发放额数暂无从考证。到贞祐二年"始给京府州县及转运司吏人月俸有差"，地方各级吏员才普遍享有按月发放的俸禄，食钱作为一定时期的产物逐渐退出了金代吏员的经济生活。

从文献记载来看，虽然金代中央机构的令史、地方机构的司吏在设置上有女真和汉人之分，但与俸禄的多少并无直接的关系，吏员的俸禄制度针对的是不同层级的吏员，同一层级的女真和汉人吏员，有相同的俸禄待遇。

3. 金代吏员俸禄相关问题研究

金代吏员俸禄除了相对固定的制度性规定之外，还会根据实际情况不断地调整变化，表现为增俸、减俸以及半俸等。大定二十六年（1186）之前，"旧制，凡监临使司、院务之商税，增者有赏，亏者克俸"。监临使司、院务商税征收的多少决定了其待遇的高低，"增者有赏，亏者克俸"，大定"二十六年四月，奏定院务监官亏永陪赏格"，对院务监官的增俸、减俸以赏罚制度的形式固定下来，而半俸，则是金代在特定时段的制度性规定。这种俸禄额数的变化与金代吏员俸禄制度息息相关，因此，有必要一并探讨。

（1）增俸

在经济条件具备的情况下，提高官吏待遇是吏治清明的重要手段。有学者认为，吏治的腐败与俸禄制度的缺陷是有一定联系的②。为防止吏治腐败，稳固政权，统治者增加官吏俸禄，以期高薪养廉。

有关增俸的记载见于世宗以后诸朝。世宗即位之初，"伐宋未罢兵，用度不足，百官未给全俸"③。但"世宗久典外郡，明祸乱之故，知吏治

---

① 《金史》卷58《百官志四》，中华书局，1975，第1353页。
② 张俊超：《俸禄厚薄与吏治清浊——〈中国俸禄制度史〉给我们的启示》，《武汉大学学报》（哲学社会科学版）1997年第6期。
③ 《金史》卷74《宗望附子京传》，中华书局，1975，第1708页。

之得失。……于是躬节俭，崇孝弟，信赏罚，重农桑，慎守令之选，严廉察之责"[1]，经过世宗励精图治，金廷有了一定的经济基础。大定二十八年增加了繁难局分承应人的俸禄[2]。意图通过提高宫廷吏员待遇的方式，实现吏治清明。宣宗兴定二年，又有"增随朝官及诸承应人俸"[3]的记载，而这一次，则是针对宣宗朝屡屡减俸，导致官吏生活水平严重下降的事实，被迫做出的政策性调整，而且，这次增俸与金末交钞的通货膨胀也有一定的联系[4]。

(2) 减俸

史籍关于减俸的记载颇多，主要有政策性减俸、克扣俸禄减俸及裁员减俸三类。

所谓政策性减俸，即以行政命令的方式削减吏员的俸禄，金代官吏的俸给额数至章宗朝达到顶峰，与此同时，庞大的官吏队伍使本已衰退的经济不堪重负，因此，章宗泰和六年，尚书省奏"减朝官及承应人月俸折支钱"[5]。宣宗时由于战事不断，民不聊生，国库空虚，国家不可避免地对低级官员和吏员的俸禄予以不同程度的削减，"以调度不给，凡随朝六品以下官及承应人，罢其从己人力输佣钱。经兵州、府其吏减半，司、县吏减三之一。其余除开封府、南京转运司外，例减三之一。有禄官吏被差不出本境者并罢给券，出境者以其半给之"[6]。贞祐三年，罢去承应人的输佣钱，而且有战事的地方吏员俸禄减半或三分之一，出差补助也有所减少。宣宗迁汴时，"方迁革仓促，朝廷止以乏军兴为尤，百官俸给减削几尽"[7]。《金史·高汝砺传》亦载，河北 (路)"累经劫掠，户口亡匿，田畴荒废，差调难依原额"[8]。金末迁都仓促，加上战争频仍，国力匮乏，是宣宗朝吏员俸禄减少的主要原因。金亡前夕吏员俸禄进一步被削减，天兴二年 (1233) 九月，元兵降至，蔡城戒严。"诏裁冗员，汰冗

---

[1] 《金史》卷8《世宗本纪下》，中华书局，1975，第203页。
[2] 《金史》卷8《世宗本纪下》，中华书局，1975，第200页。
[3] 《金史》卷15《宣宗本纪中》，中华书局，1975，第337页。
[4] 钟铮铮：《金代文职朝官的俸禄制度研究》，吉林大学硕士学位论文，2008，第39页。
[5] 《金史》卷12《章宗本纪四》，中华书局，1975，第278页。
[6] 《金史》卷14《宣宗本纪上》，中华书局，1975，第308、309页。
[7] (金) 元好问：《如庵诗文序》，(清) 张金吾编纂《金文最》，中华书局，1990，第618页。
[8] 《金史》卷107《高汝砺传》，中华书局，1975，第2356页。

军，及定官吏军兵月俸，自宰执以下至于皂隶，人月支六斗。"① 由战乱引起的严峻经济形势，导致官吏的俸禄全都大幅削减。

克扣俸禄导致减俸可分为两种情况。第一种是考核不合格导致的减俸。金代旧制，"凡监临使司、院务之商税，增者有赏，亏者克俸"。大定九年（1168），"上以吏非禄无以养廉，于是止增亏分数为殿最，乃罢克俸、给赏之制，而监官酬赏仍旧"。② 这是金廷对俸禄制度进行的政策性调整，摈弃了以"增亏分数为殿最"的考核体制，终止了克俸、给赏之制，这种调整显示出金代政策的制度性与灵活性的统一。第二种是人为克扣俸禄导致的减俸。元光二年（1223）秋七月癸丑条中提到朝官及承应人月给俸粮时，"比闻朝官及承应人月给俸粮，多杂糠土，有司所收曷尝有是物哉。至于出纳斗斛亦小大不一。此皆理所不容者，而台官初不问"③。则是不法官吏通过改变容器的容量对官吏俸粮进行克扣，导致吏员俸禄的实际额数减少。这种情形是人为因素造成的，不在金廷规定之列。

裁员减俸针对吏员集团内各层级，而不单纯针对某一类吏员。通过裁汰冗余官吏，可以从整体上减少吏员的俸禄总额，从而保障政局稳定。这种针对吏员群体而非个人的减俸，与前文政策性减俸有较大的区别，特单独列出。章宗泰和七年，"在仕官四万七千余，四季部拟授者千七百，监官到部者九千二百九十余，则三倍世宗之时矣"④。章宗末期，官员数量是世宗时的三倍。虽然没有吏员具体数额的记载，但随着官员队伍的扩大，吏员数目急剧膨胀是必然的，庞大的官吏队伍必然加重财政负担。贞祐四年（1216），监察御史田迥秀条陈五事，第一条就是"省冗官吏"，⑤认为冗余官吏耗费大量金钱，造成国家经济调度困难。而金亡前夕，也有下诏裁汰冗军冗员的举动，则是摇摇欲坠的金政权苟延残喘的最后举动了。

（3）半俸

金代吏员的半俸问题，可看作减俸的一种特殊形式，表现为特定情况下的制度性减俸，涉及部分吏员的出职、请假、致仕等特殊情况。

承应人出职未历致仕者，有半俸的待遇："承应及军功初出职未历致

---

① 《金史》卷119《完颜仲德传》，中华书局，1975，第2609页。
② 《金史》卷58《百官志四》，中华书局，1975，第1348页。
③ 《金史》卷16《宣宗本纪下》，中华书局，1975，第366、367页。
④ 《金史》卷55《百官志一》，中华书局，1975，第1216页。
⑤ 《金史》卷48《食货志三》，中华书局，1975，第1085页。

第五章 吏员的职责与管理

仕，虽未六十者亦给半禄。内外吏员及诸局分承应人，病告至百日则停给。除程给假者俸禄职田皆以半给，衣绢则全给。皇家袒免以上亲户别给（夫亡，妻亦同）。若同居兄弟收充猛安谋克及历任承应人者，不在给限。大功以上，钱粟一十三贯石，春秋衣绢各四匹。小功，粟一十贯石，春秋衣绢各三匹。缌麻、袒免，钱粟八贯石，春秋衣绢二匹。"① 通常情况下，吏员请病假超过一百日就不再给俸禄，其他按程序请假的"除程给假者"，有明确的俸禄发放额数，"俸禄职田皆以半给，衣绢则全给"，即给俸禄职田之一半，衣绢之全部。若是皇家袒免以上亲，即五世同祖以内的皇室宗族成员，按血缘关系的亲疏远近，还要另给钱粟衣绢。历任承应人的不另外给，具体的规定为：大功以上（同祖父的皇族成员），给钱粟十三贯石，春秋衣绢各四匹；小功（三世同祖的皇家成员），给粟一十贯石，春秋衣绢各三匹；缌麻、袒免（四世、五世同祖的皇家成员），给钱粟八贯石，春秋衣绢二匹。这体现了金廷对皇族出身的承应人的优待，且这种优待与血缘关系的亲疏远近有密切关系。

金代规定致仕官有半俸的待遇，而吏员在致仕后的俸禄问题，史籍无明确记载，依据"承应及军功初出职未历致仕，虽未六十者亦给半禄"的记载，可推定"承应及军功初出职"在六十岁致仕后，享有半俸的待遇。

金廷对吏员俸禄的增加或减少，反映了金代对官吏俸禄的动态管理，并会根据国家经济的实际情况不断调整。兴定四年（1220），为解决钱少钞多的问题，"计官吏之俸"②，即是试图通过控制官吏俸禄，来缓解经济困窘的手段，姑且不论其结果如何，其政策的灵活性毋庸置疑。对吏员俸禄的弹性管理方式还可见于章宗明昌三年（1192），针对河州灾伤之后，民乏食、租税未输的情况，晓谕户部："可预给百官冬季俸，令就仓以时直粜与贫民，秋成各以其赀籴之，其所得必多矣，而上下便之。其承应人不愿者，听。"③ 即金廷允许预先给付俸禄，并允许官民两便的经济活动，而对承应人不愿意按照此规定的，也特予准许，充分体现出了不搞一刀切的弹性管理方式。

总之，金代吏员俸禄制度的形成、发展和废止与有金一代是相始终的。金代吏员俸禄制度的建立经过了浮动式俸禄和固定式俸禄两个阶段，

---

① 《金史》卷58《百官志四》，中华书局，1975，第1349页。
② 《金史》卷48《食货志三》，中华书局，1975，第1089页。
③ 《金史》卷9《章宗本纪一》，中华书局，1975，第222页。

发放范围涵盖了中央吏员和地方吏员，一般为按月发放。金代吏员的俸禄主要由正俸和补助两大类构成：正俸包括钱粟和绢绵，部分吏员还享有公田及笔墨纸张；补助包括出差补贴、输佣钱、津遣钱、燕赐、食钱等。从整体上看，吏员与职官的俸禄相差悬殊，其所处的机构不同，担任职务不同，其俸禄待遇也有所不同。从文献记载来看，虽然金代中央机构的令史、地方机构的司吏在设置上有女真和汉人之分，但与俸禄的多少并无直接的关系，同一层级的女真和汉人吏员的待遇是相同的。

金代吏员俸禄除了制度性的规定之外，还会根据实际情况不断地调整变化。金代吏员俸禄的增减受到社会的稳定与动乱、经济兴衰等因素的影响，表现为增俸、减俸以及半俸等。一般来说，金代吏员增俸的情况多发生在政局稳定、经济增长的世宗及章宗前期；而减俸多是在金末战乱、灾害频发、经济衰退的国家危难之秋。金廷对吏员俸禄的增减，反映了金代对吏员俸禄的弹性管理方式。金代吏员俸禄制度的确立，为金代吏员集团内部各层级吏员的经济收入提供了保障，对于维持国家机器的正常运转具有重要意义。

（二）仪卫管理

金代对百官有仪卫方面的规定，对部分吏员也有相应的规定。内外官自亲王以下分别设有名目不等的傔从人员，主要有五种：一是引接，或称引从，只在内官从四品以上设置；二是牵拢官，内外正五品以上设有；三是本破，内外正四品以下设置；四是公使，外官正三品以下设置；五是从己人力，外官正三品京都留守、大兴府尹以下等官设之。本破如牵拢之职，公使从公家之事，从己执私家之役者也。①

中央吏员方面，史载："尚书省枢密院令译史通事、六部御史台及统军司通事、诰院令史、国史院书写等职，各设本破一人。"② 可知，并非所有中央政府吏员都设本破，只有省、院令、译史、通事，部、台的通事，诰院令史、国史院书写等吏员，各设有本破一人。这与正、从九品的朝官各设本破一人的待遇一样。本破，是金代官吏的一种随从人员。从正四品到从九品官员及上述提到的吏员都设有数量不等的本破。作为礼制的

---

① 《金史》卷42《仪卫志下》，中华书局，1975，第962页。
② 《金史》卷42《仪卫志下》，中华书局，1975，第962页。

第五章　吏员的职责与管理

一种，不同身份等级的官吏不得僭越。具体设置如表5-7所示。

表5-7　金代百官仪从之本破设置

百官品级	本破数目	备注
正四品	12	
从四品	12	
正五品	8	
从五品	7	外任，本破10人
正六品	6	外任，本破9人
从六品	5	外任，本破9人
正七品	4	外任，本破7人
从七品	4	外任，本破6人
正八品	2	外任，本破6人
从八品	2	外任，本破5人
正九品	1	外任，本破3人
从九品	1	外任，本破1人

注：此表据《金史·仪卫志下》所做。

金廷对诸局分承应人的仪卫管理："诸局承应者，愿令从己输庸者听，仍具姓名申部，本处官司周年内不得占使。"① 可以看出，金廷对诸局分承应人的从己人力并没有硬性规定，比较尊重承应人各自的意愿。同时也给予更多的优待：承应人所申报使用的从己人力，在一年之内不允许地方官吏同时使用。

地方吏员仪卫方面的规定则直接体现在从己人力的设置上："统军按察司书史、统军司译书通事，一人。"② 并不是所有的地方吏员都设有从己人力。只有统军司的书史、译书、通事和按察司书史才设从己人力，各为一人。这与地方从九品官员设从己人力一人的待遇一致。

总的来说，金廷对吏员的仪卫规定，体现了等级差别。政府部门重要吏员的随从人员设置与品级最低的官员保持一致。中央政府吏员只有省、院令、译史、通事，部、台的通事，诰院令史、国史院书写各设有本破一人；地方吏员中仅统军司的书史、译书、通事和按察司书史各设从己人力

---

① 《金史》卷42《仪卫志下》，中华书局，1975，第964页。
② 《金史》卷42《仪卫志下》，中华书局，1975，第964页。

一人。分别对应于中央、地方最低品级职官的仪卫待遇。

(三) 服饰管理

金代建国之初，女真人着装都很简单，风气淳朴。在某些非正式的场合不太讲究着装礼仪。入主中原后，受中原汉文化的影响，尤其是丰富灿烂的服饰文化的熏陶，女真人纷纷仿效汉人服饰，特别是到了金熙宗时代，女真人的上层贵族，开始学习汉人装束，追求衣着的华丽、奢侈。[1] 世宗时期，吏员的服饰也极尽奢华。吏部尚书梁肃认为，民间钱难，是风俗奢华所致，"今则吏卒、屠贩、奴仆之贱，各衣罗纨绮绣，服带金鱼，以致钱货尽入富商大贾及兼并之家。拟乞严行禁约，明定服色，自然民有余财"[2]。这里提到吏员等衣罗纨绮绣，服带金鱼。这显然不符合中国古代的章服制度。

金代章服制度的形成、发展与完善是一个历史的演变过程。而官吏服饰的规定，在不同时期又有所变化。

熙宗天眷二年（1139），"三月丙辰，命百官详定仪制。四月甲戌，百官朝参，初用朝服"[3]。熙宗天眷元年对官制进行一些改革，次年三月才命百官详定仪制，一个月后百官初用朝服。检索《金史》可以发现，金代官员的服饰分为祭服、朝服和公服。"祭服所以接神，朝服所以事君"。[4] 朝服是在导驾及行大礼时，文武百官的服饰。虽然史籍记载较为简略，但是金代等级森严的官僚体制在章服制度上的反映依然清晰可见。不同品级的官员章服在服色、花纹、质地、佩饰上有明确规定。

金代的章服制度确立于章宗时期。朝服即貂蝉法服。祭服是在朝服的基础上参酌汉唐旧制产生的。史载："章宗时，礼官请参酌汉、唐，更制祭服，青衣朱裳，去貂蝉竖笔，以别于朝服。"[5] 史籍仅仅记载了正一品、正二品、正四品、正五品、正六品、七品官员的朝服，相当简略。而祭服只是去掉朝冠上的貂蝉、竖笔，用青衣、朱裳、白韈、朱履，与朝服的差

---

[1] 参见陈晓燕《简论金代服饰的特点》，《黑龙江史志》2009年第23期。
[2] 《尚书省覆奏梁肃请立衣服禁约疏》，（清）张金吾编纂《金文最》，中华书局，1990，第236页。
[3] 《金史》卷4《熙宗本纪》，中华书局，1975，第74页。
[4] 《金史》卷43《舆服志中》，中华书局，1975，第981页。
[5] 《金史》卷43《舆服志中》，中华书局，1975，第975页。

第五章　吏员的职责与管理

别并是很不大。

公服是官员日常朝见及办公的礼服。古代社会，服饰是等级、地位的象征，因此品级不等的官员有不同的服饰规定，不得逾越等级界限。金代官员的公服在沿袭唐宋制度的同时又有所改变。唐贞观四年制，三品以上服紫，五品以下服绯，六品、七品服绿，八品、九品服以青。[①] 宋代中兴官制，四品以上紫，六品以上绯，九品以上绿，服绯、紫者必佩鱼，谓之章服。[②] 金世宗时期制定了百官的公服之制：按照大定官制，"文资五品以上官服紫。三师、三公、亲王、宰相一品官服大独科花罗，径不过五寸，执政官服小独科花罗，径不过三寸。二品、三品服散搭花罗，谓无枝叶者，径不过寸半。四品、五品服小杂花罗，谓花头碎小者，径不过一寸。六品、七品服绯芝麻罗。八品、九品服绿无纹罗。应武官皆服紫。凡散官、职事皆从一高，上得兼下，下不得僭上，窄紫亦同服色，各依官制品格。其诸局分承应人并服无纹素罗"[③]。按照规定，金代文资官五品以上服紫，六品、七品服绯，八品、九品服绿，并且不同官品的公服在花纹、尺寸等方面都有严格规定。章宗泰和十五年（1215），命给文资官公服加襕。

此外，还有鱼袋之制。鱼袋之制唐代开始，"始曰鱼符，左一，右一。左者进内，右者随身，刻官姓名，出入合之。因盛以袋，故曰鱼袋"[④]。有学者推测：唐人是在算袋旧俗的基础上创鱼袋之制代行绶囊之职进入官服体系。唐鱼袋伴随章服制度大致在中宗时期趋于定型，乃用袋盛随身鱼符，三品以上服紫佩金鱼袋，五品以上服绯佩银鱼，所谓金银之别并不在随身鱼符的质地，而指盛放鱼符的袋子而言。[⑤] 宋因袭唐制而有变化，"以金银饰为鱼形，公服则系于带而垂于后，以明贵贱"[⑥]。并非唐代的盛放鱼符之袋。太宗雍熙元年规定，"凡服紫者，饰以金（鱼）。服绯者，饰以银（鱼）。庭赐紫，则给金涂银（鱼）者。赐绯，亦有特给者。京官、幕职州县官赐绯、紫者，亦佩。亲王武官、内职将校皆不佩。"[⑦] 鱼袋逐渐由具实际功用的物品转变成身份地位的象征，最终由于赐发过滥而被

---

① 《旧唐书》卷45《舆服志》，中华书局，1975，第1952页。
② 《宋史》卷153《舆服志五》，中华书局，1975，第3563页。
③ 《金史》卷43《舆服志中》，中华书局，1975，第982页。
④ 《宋史》卷153《舆服志五》，中华书局，1975，第3568页。
⑤ 王雪莉：《形式的传承：唐宋鱼袋制度初探》，《兰台世界》2013年第9期。
⑥ 《宋史》卷153《舆服志五》，中华书局，1975，第3568页。
⑦ 《宋史》卷153《舆服志五》，中华书局，1975，第3568页。

弃于章服制度之外。

金代章服制度中也有鱼袋。金廷规定:"一品玉带,佩金鱼。二品笏头球文金带,佩金鱼。三品、四品荔枝或御仙花金带,并佩金鱼。五品,服紫者红鞓乌犀带,佩金鱼,服绯者红鞓乌犀带,佩银鱼,服绿者并皂鞓乌犀带。武官,一品、二品佩带同,三品、四品金带,五品、六品、七品红鞓乌犀带,皆不佩鱼,八品以下并皂鞓乌犀带。司天、太医、内侍、教坊,服皆同文武官,惟不佩鱼。应殿庭承应五品以下官,非入内不许金带,又展紫入殿庭者,并许服红鞓,不佩鱼。又二品以上官,许兼服通犀带,三品官若治事及见宾客,许兼服花犀带。"① 鞓是用皮革制成的腰带。金廷对品级不同的官员在使用的腰带方面也有相应规定。金代官员只有七品及以上品级的文官才允许佩金银鱼袋,且不同品级的官员在服色、带制、佩饰上一目了然。古代社会的等级森严由此可见一斑。

在金代,吏员也有特定的服饰规定,以有别于官员和平民。章宗时期还制定了包含承应人在内相关人员的章服之制。明昌六年(1195),"始定文武官六贯石以上、承应人并及荫者、若在籍儒生章服制"②。具体内容未见史籍明确记载。

承应人的服饰,"在官承应有出身人、带八品以下官,未带官亦同,带七品以上官与品官同,许服花纱绫罗纻丝绸,家属同,妇人许用珠子为首饰。无出身人、正九品与良闲八品以上同。遇入宫承应日或从驾出入,衣服承旧。东宫承应人同。带正六品以上官与有出身同。京府州县司吏皆与庶人同,都孔目官与良闲八品同"③。庶人止许"服纻绸、绢布、毛褐、花纱、无纹素罗、丝绵,其头巾、系腰、领帕许用芝麻罗,绦用绒织成者,不得以金玉犀象诸宝玛瑙玻璃之类为器皿,及装饰刀把鞘,并银装钉床榻之类"④。

作为北方少数民族政权,金人的服饰带有鲜明的女真特色,随着与汉民族接触的增多,还吸收了汉民族服饰的某些元素。金人的常服,有巾、盘衣领、带和乌皮靴。巾,以皂罗为之,上结方领,折垂于后。衣多白色,左衽,窄袖,盘领。吐鹘(腰带)可以佩挂腰牌和

---

① 《金史》卷43《舆服志中》,中华书局,1975,第982、983页。
② 《金史》卷10《章宗本纪二》,中华书局,1975,第236页。
③ 《大金集礼》卷30《舆服下》,广雅书局,1895,第16页。
④ 《金史》卷43《舆服志下》,中华书局,1975,第986页。

刀、弓、剑等。① 其中，"巾"是引进的汉族样式，而盘衣领、带和乌皮靴则是女真族传统的服饰款式，只是这些传统款式中，或多或少地融入了汉民族元素。②

金代地方吏员的服饰接近于平民，又以悬书袋有别于平民。

悬书袋之制。金廷规定不同政府部门的吏员悬挂材质不同的书袋。大定十六年（1176），世宗以吏员与士民之服无别，潜入民间受赇鬻狱，有司不能检察，遂定悬书袋之制。具体规定是："省、枢密院令、译史用紫纻丝为之，台、六部、宗正、统军司、检察司以黑斜皮为之，寺、监、随朝诸局、并州县，并黄皮为之，各长七寸、阔二寸、厚半寸，并于束带上悬带，公退则悬于便服，违者所司纠之。"③ 可知，吏员服饰有公服和便服。便服（常服）与平民衣服无别，公服则是根据不同吏员有不同的规定。根据《金史·舆服志》记载，做表 5-8。

表 5-8　金代吏员服饰管理

服饰类别	范围	许用	禁用	备注
公服	诸局分承应人	服无纹素罗	凡散官、职事皆从一高，上得兼下，下不得僭上，窄紫亦同服色，各依官制品格	大定十五年（1175）制曰："袍不加襕，非古也。"遂命文资官公服皆加襕
衣服	文武官六贯石以上承应人并及荫者	许用牙领，紫圆板皂条罗带，皂靴，上得兼下		明昌六年（1195）制
	承应人		不得服纯黄油衣	大定十二年（1172）规定
	在官承应有出身人、带八品以下官，未带官亦同	许服花纱绫罗纻丝丝绸		大定十三年（1173）制
	都孔目与八品良闲官同	许服花纱绫罗丝绸		大定十三年制

---

① 参见宋德金《金代的社会生活》，陕西人民出版社，1988，第 58 页。
② 李艳红：《金代女真服饰的汉化与创新——金齐国王墓出土袍服及蔽膝形制探析》，《史论空间》2013 年第 12 期。
③ 《金史》卷 43《舆服志下》，中华书局，1975，第 986 页。

续表

服饰类别	范围	许用	禁用	备注
衣服	京府州县司吏皆与庶人同	止许服绅绸、绢布、毛褐、花纱、无纹素罗、丝绵,其头巾、系腰、领帕许用芝麻罗,缘用绒织成者	不得以金玉犀象诸宝玛瑙玻璃之类为器皿,及装饰刀把鞘、并银装钉床榻之类	大定十三年制
带制	应殿庭承应五品以下官	展紫入殿庭者,并许服红鞓	不佩鱼	非入内不许金带
	凡朝参、主宝、主符	展紫,御仙花或太平花金束带		大定二年(1162)制,百官趋朝、赴省,并须裹带
	近侍给使、供御笔砚、符宝吏	紫袄子,涂金束带		轮直,则近侍给使并常服,常服则展紫
	閤门六尚			遇朝参侍立则服本品服,若宫中当直则服窄紫、金带
书袋之制	省、枢密院令、译史	用紫纻丝为之		大定十六年(1176)制。书袋各长七寸、阔二寸、厚半寸,并于束带上悬带,公退则悬于便服,违者所司纠之
	台、六部、宗正、统军司、检察司	以黑斜皮为之		
	寺、监、随朝诸局、并州县	并黄皮为之		

在河南、河北、山西等地金代墓葬、戏台等的壁画、雕砖中,亦可见到低级官吏、门吏等的形象,如洛阳古代艺术博物馆藏门吏画像雕砖①、

---

① 徐婵飞、王爱文:《洛阳古代艺术博物馆藏山西金墓画像雕砖》,《中国国家博物馆馆刊》2011年第5期。

图 5-1　洛阳古代艺术博物馆藏门吏画像雕砖

图片来源：徐婵飞、王爱文：《洛阳古代艺术博物馆藏山西金墓画像雕砖》，《中国国家博物馆馆刊》2011年第5期。

山西汾阳东龙观宋金壁画墓换钞图①、山西平定宋、金壁画墓门吏图②等。

山西汾阳东龙观宋金壁画墓 M5 壁画描述了一位持铜钱的妇人在柜台前把钱兑换成纸钞的过程。画中，"有两男一女三个人物。左侧男性坐于桌后，单手执笔作书写状。头戴黑色巾子，身着黑色袍服，窄袖，下身不明。中间男性头戴黑色巾子，留有短须，身着黑色圆领袍服，窄袖，右手拿一纸条状东西，从栅栏中伸出，下身被木质栅栏及隔墙遮挡，情况不明。右侧女性，梳有高髻，外裹黄色巾帕，身着黄绿色的长褙子，窄袖，右手执一贯铜钱，内着金黄色短襦衣，下身着裙，有开衩，因壁画残损，足部情况不明。其上方绘有'飞鸟图'"③。汾阳金时为汾州州府所在地，壁画所描绘的换钞一事，与金代发行、推广交钞有关。《金史》载，承安三年"时交钞稍滞，命西京、北京、临潢、辽东等路一贯以上俱用银钞、

---

① 山西省考古研究所、汾阳市文物旅游局、汾阳市博物馆：《汾阳东龙观宋金壁画墓》，文物出版社，2012，第83页。
② 山西省考古研究所等：《山西平定宋、金壁画墓简报》，《文物》1996年第5期。
③ 山西省考古研究所、汾阳市文物旅游局、汾阳市博物馆：《汾阳东龙观宋金壁画墓》，文物出版社，2012，第83页。

宝货，不许用钱，一贯以下听民便"①。有研究者认为，"汾阳东龙观和高护校金墓中的壁画、砖雕图，反映的正是两处从事钱币兑换业的店铺。从图中看到，当时的兑换业实行钱账分管、双人临柜的较高水平"②，但据泰和"六年十一月，复许诸路各行小钞。……河东北路则于太原、汾州……官库易钱"③的记载，换钱当至各地官库进行，壁画中所描绘的两个男子，从其衣着及从事的工作来看，应非官员身份人物。如壁画所描绘的场景是官方指定的换钱场所，笔者认为，壁画中的两男子身份可能为官库的普通工作人员或吏员。

还有墓主为金代地方吏员的墓葬，如大同市南郊金代壁画墓④，发掘者认为，M2墓主陈庆，官至"西京大同府定霸军左一副兵马使"，朝廷

图 5-2 东龙观西壁 M5 "换钞"临摹图
图片来源：山西省考古研究所等：《汾阳东龙观宋金壁画墓》，文物出版社，2012，彩版112。

---

① 《金史》卷48《食货志三》，中华书局，1975，第1076页。
② 刘建民：《汾阳金墓壁画与中国古代钱币兑换业》，《中国钱币》2011年第3期。
③ 《金史》卷48《食货志三》，中华书局，1975，第1079页。
④ 大同市博物馆：《大同市南郊金代壁画墓》，《考古学报》1992年第4期。

图 5-3　西关村 M1 南壁门吏图

图片来源：山西省考古研究所等：《山西平定宋、金壁画墓简报》，《文物》1996 年第 5 期。

敕加正九品下的"进义校尉"，属武散官中的第四十阶，推断墓主陈庆为下级军吏。

金代在发展过程中，仿照汉人官制制定了百官的服饰制度，具有严格的等级性，但仍保有女真民族的传统特色。吏员服饰与庶人差别不大，悬挂书袋以示区别，但与官员差距明显。这体现了中国古代社会等级分明，吏员在服饰、佩饰上与百官、庶人有着明显的等级差别。

第六章　金代吏员的出职

吏员的迁转主要有两种形式：一种是吏员系统内的迁转，一般遵循由低级吏职升为较高一级吏职，或者吏员从下级部门升入较高一级部门的循序迁转原则；另一种是吏员直接出任职官，由吏员系统进入职官系统，也就是吏员出职。吏员出职分为两种情况：一是出任随朝官，二是出任地方官员。金代吏员出职的情况亦是如此，熙宗、海陵朝确立吏员制度后，经过世宗、章宗两朝的不断完善，最终形成一代典章制度。"吏员出职，金因辽制，至元代而规制益备。"① 然而，金代吏员出职虽有一定的考课制度及时间规定，但实际操作过程中往往不拘于此。吏员所在的部门不同，出职也有差别。以下分部门论述之。

第一节　中央吏员的出职

一　中央政府部门吏员的出职

金代中央政府的吏员，包括省令、译史、通事，枢密院（元帅府）令、译史、通事，御史台令、译史、通事，六部令、译史、通事，以及中央其他部门吏员，如宗正府、统军司令史，番部译史，元帅府通事，国史院书写、典客署书表等。这些吏员在考满以后，绝大部分会出职为官，即脱离吏员的队伍，直接出任职官，进入品官行列。

（一）省令、译史、通事的出职

金朝政府对省令史的出职有制度层面的规定。省令史有不同的选

---

① 关树东：《辽朝的选官制度与社会结构》，张希清主编《10～13世纪中国文化的碰撞与融合》，上海人民出版社，2006，第438～461页。

第六章　金代吏员的出职

任之途：

> 省令史选取之门有四，曰文资，曰女直进士，曰右职，曰宰执子。其出仕之制各异。①

省令史因选任之途不同，在出职方面也有所差别。

1. 文资省令史的出职

文献中对于文资省令史出职的记载比较翔实，根据规定内容的不同，又可分为几个不同阶段。

熙宗皇统八年（1148）规定：

> 官至承直郎以上，一考者除正七品以上、从六品以下职事，两考者除从六品以上、从五品以下。奉直大夫（从六品）以上，一考者除从六品以上、从五品以下，两考者除从五品以上、正五品以下，节运同。②

世宗大定二年（1162）规定：

> 承直郎以上者，一考正七品，除运判、节察判、军刺同知。两考者从六品，除京运判、总府判、防御同知。奉直大夫已上，一考者从六品，除同前。两考从五品，除节运副、京总管府留守司判官。③

熙宗皇统八年的规定，分为文散官至承直郎（文散阶为正七品下）以上和奉直大夫（从六品上）以上的文资省令史，分别规定其一考（通常是 30 个月）出职和二考（通常为 60 个月）出职时所除授的职事官官品。由以上规定可见，文资省令史在出职时除授的职事官官品均高于其出职前的文散官品阶。这一制度在世宗大定二年的规定中得到继承和进一步发展，并明确规定了除授官职，规定承直郎以上的文资省令史，一考出职者，文散官仍为正七品，除授运判、节察判、军刺同知等职事官，二考出职者文散官升为从六品，除授京运判、总府判、防御同知等职事官；奉直大夫以上的文资省令史，一考出职者文散官仍为从六品，除授的职事官与之前的规定相同，两考出职者文散官升为从五品，除授节运副、京总管府

---

① 《金史》卷 52《选举志二》，中华书局，1975，第 1168 页。
② 《金史》卷 52《选举志二》，中华书局，1975，第 1168 页。
③ 《金史》卷 52《选举志二》，中华书局，1975，第 1168 页。

留守司判官等职事官。

大定二十七年（1187）规定：

> 以外多阙官，论者以为资考所拘，难以升进，乃命不论官资，凡一考者与六品，次任降除正七品，第三任与六品，第四任升为从五品。两考者与从五品，次任降除六品，第三、四任皆与从五品，五任升正五品。①

大定二十七年的规定中，省令史的出职与官资无关，其除授职官，皆依考任情况按例迁转。

宣宗贞祐五年（1217），金朝政府规定进士未历任者也可以直接充补省令史。

> 一考者除上县令，再任上县令升正七品，如已历一任丞簿者，旧制除六品，乃更为正七品，一任回降从七品，再任正七品升六品，如历两任丞簿者，一考旧除六品，乃更为正七品，一任回免降，复免正七一任，即升六品。曾历令一任者，依旧格六品，再任降除七品，还升从五品。②

兴定二年（1218），宣宗下诏规定：

> 初任未满及未历任者，考满升二等为从七品。初任未满者两任、未历任者四任、回升正七品，两任正七皆免回降。凡不依榜次勾取者同随朝升除，俟榜次所及日听再就补。③

宣宗贞祐五年和兴定二年的规定，总体上是对大定二十七年规定的修正以及补充，相较之前的规定有所变化，如已历一任丞簿者，旧制除六品，乃更为正七品等，一任回降从七品，再任正七品升六品。这两次的政策主要针对进士未历任者以及初任未满者，为这两类文资省令史的出职提供了政策上的依据。

2. 女真进士令史的出职

关于女真进士出身的令史，大定二十七年，金廷有明确的规定：

---

① 《金史》卷52《选举志二》，中华书局，1975，第1169页。
② 《金史》卷52《选举志二》，中华书局，1975，第1169页。
③ 《金史》卷52《选举志二》，中华书局，1975，第1169页。

第六章 金代吏员的出职

一考注正七品，两考注正六品。二十八年，敕枢密院等处转省者，并用进士。明昌元年，敕至三考者与汉人两考者同除。明昌三年，罢契丹令史，其阙内增女直令史五人。五年，以与进士令史辛苦既同，资考难异，遂定与汉进士一考与从六品，两考与从五品。①

女真进士令史出职，从大定二十七年的一考注正七品，两考注正六品，到明昌元年，规定其三考者与汉人两考者同除，即女真进士令史三考者可除授从五品，再到明昌五年（1194）一考与从六品，两考与从五品，享受与汉进士令史出职相同待遇，不难发现，女真进士的出职经历了一个待遇逐渐上升的过程。

3. 右职令史出职

右职令史的出职，宣宗兴定五年（1221）进行了规定：

兴定五年，定进士令史与右职令史同格，考满未应得从七者与正七品，回降从七一任。所勾诸府令史不及三考出职者除从七品，回降除八品。若一任应得从七品者除六品，回降正七品，若一任应得正七品者免降。②

在兴定五年的规定中，右职令史的出职与进士令史相同，对于考满未应得从七者，先升正七品，根据情况的不同，再回降从七品或八品。对于一任应得从七品者，先除授六品，回降时根据情况，或免降，或回降为正七品。

"回降"专指某些特殊情况下升迁的职官品级较高，为了减缓其升迁速度所采取的措施，金代尚书省令史考满优选者回降是常规制度。③

4. 宰执子弟省令史的出职

宰执子弟省令史的出职，大定十二年（1172）已有规定：

大定十二年，制凡承荫者，呈省引见，除特恩任用外，并内奉班收，仍于国史院署书写、太常署检讨、秘书监置校勘、尚书省准备差使，每三十月迁一重，百五十月出职。如承应一考以上，许试补省令译史，则以百二十月出职，其已历月日皆不纽折，如系终场举人，即

---

① 《金史》卷52《选举志二》，中华书局，1975，第1170页。
② 《金史》卷52《选举志二》，中华书局，1975，第1170页。
③ 参见李鸣飞《〈金史·选举志〉铨选用词考释》，《史学集刊》2013年第3期。

听尚书省试补。①

另外，大定二十八年（1188）时又规定：

  大定二十八年，制以宗室第二从亲并宰相之子，出职与六品外，宗室第三从亲并执政之子，出职与正七品。其出职皆以百五十月，若见已转省之余人，则至两考止与正七品。②

由史料可知，宰执子弟省令史的出职，一般规定每 30 个月（通常为一考）迁一重，150 个月出职，但承应一考以上，许试补省令译史的，则 120 个月出职。对于宗室第二从亲并宰相之子，出职时除授六品，宗室第三从亲并执政之子，出职时除授正七品，均为 150 个月出职。对于见已转省之余人，两考只能除授正七品。

据孟繁清统计，《金史》记载省令史出身的官员有一百一十余人，履历比较清楚的有 97 名，其中就有 31 人担任过参知政事，乃至左右丞、平章政事、左右丞相等中央最高层的行政职务。③ 这些人多是遵循如下出职体例：

进士及第→县令、丞、簿、幕职人员等→省令史→……→左右司官员（左右司郎中、员外郎、首领官等）→……→宰执。

这些经历使他们具备一定的文化素养、基层从政经验，熟悉文案及政府行政事务，而且奏对详敏。元好问就是由省令史而任左右司官员的，"中兴定五年第，历内乡令。正大中，为南阳令。天兴初，擢尚书省掾，顷之，除左司都事，转行尚书省左司员外郎"④。金人刘祁认为，"金朝用人，大概由省令史迁左右司郎中、员外郎、首领官，取其簿书精干也。由左右首领官选宰相执政，取其奏对详敏也"⑤。孟繁清认为，有金一代，省令史出身的宰执不仅数量少，而且本身的地位并不稳固，无力左右金朝大局。这是由他们的地位而不是能力决定的。⑥

----

① 《金史》卷 52《选举志二》，中华书局，1975，第 1170 页。
② 《金史》卷 52《选举志二》，中华书局，1975，第 1171 页。
③ 孟繁清：《金代的令史制度》，《宋辽金史论丛》（第二辑），中华书局，1991，第 339~350 页。
④ 《金史》卷 126《元好问传》，中华书局，1975，第 2742 页。
⑤ （金）刘祁撰《归潜志》卷 7，崔文印点校，中华书局，1983，第 77 页。
⑥ 孟繁清：《金代的令史制度》，《宋辽金史论丛》（第二辑），中华书局，1991，第 349 页。

第六章 金代吏员的出职

金朝政府规定省令史可以出职任左右司官和监察御史。"贞元二年，左右司官，宫中出身、并进士、令史三色人内通选。三年，以监察御史相应人取次禀奏，不复拟注。"①汉人省令史出职为监察御史的有董师中、李完、杨愒、商衡、康锡、聂天骥、张天纲、姬端修等，女真省令史出职为监察御史的有夹谷守中、蒲察郑留、萧贡、完颜伯嘉、蒲察娄室等。此外，尚书省还一度设置有契丹令史，史籍记载了省契丹令史移剌愷的出职路径。

尚书省契丹令史，摄知除→右司都事→真定少尹→侍御史→右司员外郎→……→陈州防御使→太府监→刑部侍郎→大理卿→摄御史大夫→御史中丞，兼同修国史→刑部尚书→吏部尚书→大兴尹→刑部尚书→西京留守→临洮尹，卒。②从其出职仕历可以看出，基本上是遵循吏员出职制度规定的。

《金史·选举志三》记载了省令史、译史出职迁转的路径及所需时间。根据记载，绘制了金代省令史、译史出职表（见表6-1）。

表6-1　金代尚书省令史、译史出职表

时间	制度规定
皇统八年（1148）	出职除正六品以下、正七品以上职官
正隆二年（1157）	系正班与从七品
大定二年（1162）	与正、从七品。院台六部及它府司转省而不及考者，以三月折两月，一考与从七，两考正七品，三考与六品
大定三年（1163）	及七十五月出职者，初上令，二中令，三下令，四、五录事，六下令，七中令，八上令。百五十月出职者，初刺同、运判、推官等，二、三中令，四上令，回呈省
大定二十七年（1187）	一考及不成考者，除从七品，须历县令三任，第五任则升正七品 两考以上除正七品，再任降除县令，三、四皆与正七品，第五任则升六品 三考以上者除六品，再任降正七品，三任、四任与六品，第五任则升从五品

省令史、译史在出职之前的迁考，皇统八年（1148）规定，初考迁一重，女真人依本法外，诸人越进义（武散官正、从九品下）。正隆二年（1157）规定，初考，女真人迁敦武校尉（武散官从八品下），余人迁保义校尉（武散官正九品上）。从以上规定可以看出，女真人作为金代的统

---

① 《金史》卷55《百官志一》，中华书局，1975，第1218页。
② 《金史》卷89《移剌愷传》，中华书局，1975，第1986、1987页。

治民族，在省令、译史出职方面的规定要优于其他民族。

省通事作为尚书省的口头翻译吏员，

> 大定二十年格，三十月迁一重，百二十月出职。一考两考与八品，三考者从七品，余与部令译史一体免差。①

(二) 枢密院（元帅府）令、译史、通事的出职

正隆二年，金朝政府规定枢密院令、译史出职，可除授正班正、从八品职官②。大定十六年（1176），金朝政府规定：

> 一考、两考者，初录事、军判、防判，再除上簿，三中簿，四同初，五、六下令，七、八中令，九、十上令（二十六年，两考者免下令一任）。三考以上，初上令，二中令，三下令，四录事、军防判（二十六年，免此除），五下令（二十六年，亦免此除），六、七中令，八上令。③

大部分吏员是在吏员系统内遵循由低到高的原则升迁，充任较高一级部门的吏员，故现有史料中枢密院（元帅府）吏员直接出职为官的个案极少。金初元帅府通事尼庞古钞兀的出职可做一例，他多次在与宋兵交战中立功，被元帅府承制加忠显校尉（武散官从七品下的散阶），为番部秃里（从七品的女真部族官），之后被授予庆阳少尹。世宗即位后，又因战功而迁西北路招讨使，后改东北路。④ 尼庞古钞兀的出职基本遵循制度规定，但其被授予庆阳少尹，以及因战功而迁西北路、东北路招讨使，则是由其在金宋战争中的卓越表现所致。

元帅府令译史的出职也有相应规定：

> 大定二十一年，定元帅府令译史三十月迁一官，百二十月出职，一考、两考与八品除授，三考与从七品。⑤

---

① 《金史》卷53《选举志三》，中华书局，1975，第1174页。
② 《金史》卷53《选举志三》，中华书局，1975，第1175页。
③ 《金史》卷53《选举志三》，中华书局，1975，第1176页。
④ 《金史》卷86《尼庞古钞兀传》，中华书局，1975，第1922、1923页。
⑤ 《金史》卷53《选举志三》，中华书局，1975，第1175页。

金朝政府还于大定二十一年（1181）规定了元帅府通事的出职：

> 元帅府通事，皆三十月迁一重，百二十月出职系班，一考、两考与九品，三考以上与八品除授。①

虽然元帅府令、译史和通事均为30个月迁一官，120个月出职，但元帅府令、译史，一考、两考除授正八品，三考升从七品，元帅府通事一考、两考除授九品，三考以上升八品。元帅府通事在出职除授的官品上较元帅府令、译史略低。

（三）御史台令、译史、通事的出职

有关御史台令、译史和通事的出职，史籍记载极少。据《金史》记载，

> 御史台令史、译史。皇统八年迁考之制，百二十月出职，正隆二年格，百五十月出职，皆九品，系正班。大定二年，百二十月出职，皆以三十月迁一官。其出职，一考、两考皆与九品，三考与八品。②

由于史料阙如，无法详述，御史台令、译史的出职大体为30个月（即一考）迁一重，120个月（或150个月）出职系正班；一考、两考者除授九品职事官，三考者除授八品职事官。

（四）六部令、译史、通事的出职

吏、户、礼、兵、刑、工六部是尚书省所属的重要机构。金朝对六部令史和译史的出职规定如下：

> 皇统八年格，初考三十月迁一重，女直人依本格，余人越进义，第二、第三考各迁一重，第四考并迁两重，百二十月出职八品已下。正隆二年，迁考与省右职令史同，出职九品。大定二十一年……六部……令史……三十月迁一重，百二十月出职系班，一考、两考与九品，三考已上与八品除授。③……（大定）十六年格，一考两考者，初除上

---

① 《金史》卷53《选举志三》，中华书局，1975，第1176页。
② 《金史》卷53《选举志三》，中华书局，1975，第1174、1175页。
③ 《金史》卷53《选举志三》，中华书局，1975，第1176、1177页。

簿,再除中簿,三下簿,四上簿,五录事、军防判,六、七下令,八、九中令,十上令。三考以上者,初除录事、军防判,再除上簿,三中簿,四如初,五下令,(后免此除。)六、七下令,八中令,九上令。

然而,六部令史在实际出职过程中并不完全遵循以上制度规定,而是带有较大的随意性。以石抹元毅为例,"以荫补吏部令史。再调景州宁津令,有剧盗白昼恣劫为民害,元毅以术防捍,贼散去。入为大理知法,除同知亳州防御使事,被省檄,录陕右五路刑狱,无冤人……明昌初,驿召为大名等路提刑判官,以最迁汾阳军节度副使……迁同知武胜军节度使事,别郡有杀人者,屡鞫不伏,元毅讯不数语即具服……改彰德府治中,寻以边警授抚州刺史。会边将失守,刍粮马牛焚剽殆尽,元毅率吏卒三十余人出州经画军饷,卒与敌遇……元毅力战,射无不中……众寡不敌遂遇害,时年四十七"①。石抹元毅由吏部令史出职后再调景州宁津令,这中间经历的时间史籍没有明确的记载。出职为县令以后的升迁路径,则是遵循官员的考课制度。

有学者认为,"荫叙""吏员"等出身者,在仕途中必须与职官穿插担任数届差使,有"一除一差""两除一差"等不同规定。这里的"除"即除授职事官,"差"即授予差使,差使即院务监当官,主要管理仓库院务课税等,职能多与仓储财务有关,金代属于流外职。"一除一差"即迁转过程中每担任一届职事官后要穿插担任一届差使,"两除一差"即每两任职事官后任一届差使。吏员出身者迁转时很可能是"一除一差",某些特殊情况下,差使可以免除。比如两次终场可免差使;入粟补的县丞、主簿铨注县令时可免一差。②

然而,由上述史料可见,以荫补吏部令史的石抹元毅,出职为宁津令(从七品)→大理知法(从八品)→同知亳州防御使事(正六品)→大名等路提刑判官(从六品)→汾阳军节度副使(从五品)→同知武胜军节度使事(正五品)→彰德府治中(正五品)→抚州刺史(正五品)。其仕途中并没有担任差使的记载,应是受到回降制度的影响。

再以毛矩为例。毛矩于泰和二年(1202)由吏部令史考满出职,为忠

---

① 《金史》卷 121《石抹元毅传》,中华书局,1975,第 2643 页。
② 参见李鸣飞《〈金史·选举志〉铨选用词考释》,《史学集刊》2013 年第 3 期。

勇校尉、博州防御判官，四年改永丰库使，六年转辽阳县丞。① 从其仕历来看，考满出职后，忠勇校尉为武散官正八品上，这只是虚衔，博州防御判官为正八品职事官，之后改永丰库使，为从七品职事官，二年后转辽阳县丞，为正八品职事官。毛矩在迁转过程中遵循"一除一差"的规定，同时也受到回降制度影响。

(五) 中央其他部门吏员的出职

中央其他部门吏员的出职在《金史》中也有较为详细的记载。大定十七年（1177）规定：

> 睦亲府、宗正府、统军司令译史，迁考出职，与台部同。②

大定二十一年（1181），金朝政府进一步规定：

> 宗正府③、六部、台、统军司令史，番部译史，元帅府通事，皆三十月迁一重，百二十月出职系班，一考、两考与九品，三考已上与八品除授。④

除了上述有明确规定的吏员出职制度外，还有国史院书写的出职，虽然缺乏制度层面的相关规定，但是其出职体例也可以根据记载管窥。

"移剌子敬，读书好学，皇统间，特进移剌固修辽史，辟为掾属，辽史成，除同知辽州事……天德三年，入为翰林修撰，迁礼部郎中……迁翰林待制。大定二年，以待制同修国史……改秘书少监，兼修起居注，修史如故……迁右谏议大夫，起居注如故……迁秘书监，谏议、起居如故……转签书枢密院事，同修国史，出为河中尹，请老……改兴中尹……徙咸平、广宁尹。二十一年，致仕，卒于家。"⑤ 此处的"掾属"应是国史院的吏员，子敬因协助修成史书有功，而出任同知辽州事（正七品）一职。

---

① （金）元好问：《毛氏宗支石记》，（清）张金吾编纂《金文最》，中华书局，1990，第465页。
② 《金史》卷53《选举志三》，中华书局，1975，第1176页。
③ 据《金史》记载，"大宗正府。泰和六年避睿宗讳，改为大睦亲府"。参见《金史》卷55《百官志一》，中华书局，1975，第1240页。
④ 《金史》卷53《选举志三》，中华书局，1975，第1176页。
⑤ 《金史》卷89《移剌子敬传》，中华书局，1975，第1988~1990页。

辽东丹王突欲七世孙移剌履，"荫补为承奉班祗候、国史院书写。世宗方兴儒术，诏译经史，擢国史院编修官，兼笔砚直长……（大定）十五年，授应奉翰林文字，兼前职，俄迁修撰。二十年，诏提控衍庆宫画功臣像，过期，降应奉。逾年，复为修撰，转尚书礼部员外郎……二十六年，进本部郎中，兼同修国史、翰林修撰……授蓟州刺史。无几，召为翰林待制，同修国史。明年，擢尚书礼部侍郎，兼翰林直学士……二十九年三月，进礼部尚书，兼翰林直学士……七月，拜参知政事，提控刊修辽史。明昌元年，进尚书右丞"。①

移剌益，"以荫补国史院书写，积劳调徐州录事，召为枢密院知法，三迁翰林修撰……兼监察御史。未几，改户部员外郎。明昌三年……擢授霸州刺史……升辽东路提刑副使。五年……授（泗州）防御使。召为尚书户部侍郎，寻转兵部……出为山东西路转运使……迁河东南北路按察使……泰和二年，卒于官"。②

上述三位国史院吏员移剌子敬、移剌履、移剌益，虽仕历不尽相同，但都曾任翰林修撰（从六品）一职，掌词命文字，这与国史院吏员的文字功底较强有一定关系。《金史·百官志一》国史院条记载编修官（正八品）在"大定十八年用书写出职人"③。而见于史料明确记载的国史院书写只有移剌履一人曾任职国史院编修官，时间是在大定十五年之前。

中央政府吏员出职的体例基本如上所述，吏员出职在制度层面的规定庞杂而多变。归纳通常情况下的出职规定，如表6-2所示。

表6-2　中央政府主要吏员出职简表

类　　别	一考	二考	三考
省令、译史	从七品	正七品	六品
省通事	八品	八品	从七品
枢密院令、译史	八品	八品	从七品
御史台令、译史	九品	九品	八品
部令、译史	九品	九品	八品
睦亲府、统军司令、译史	九品	九品	八品

---

① 《金史》卷95《移剌履传》，中华书局，1975，第2099~2101页；(金)元好问：《尚书右丞耶律公神道碑》，(清)张金吾编纂《金文最》，中华书局，1990，第1555~1558页亦有相关记载。

② 《金史》卷97《移剌益传》，中华书局，1975，第2160、2161页。

③ 《金史》卷55《百官志一》，中华书局，1975，第1245页。

第六章 金代吏员的出职

关于金代中央政府吏员出职的特点有以下几方面。

（1）金代中央政府的吏员在不同时期出职所需要经历的时间不同[1]。

金代中央政府吏员不仅在不同时期出职所需要经历的时间不同，而且在不同政府部门，从事不同性质工作的吏员，其出职迁转的路径也有所差别。金代吏员出职与元代的情况一样，"吏员出职所任官职的大小，取决于吏员所在衙门的高低，任吏时间的久暂和吏职本身的地位"[2]。金代中央吏员出职所任的职官层次也明显不同，以省令史出职为最优。孟繁清认为："令史的出职，是金代入仕升迁的一条重要途径，甚至被看作是一条捷径，尤其是尚书省令史的出职更是这样。"[3] 明昌五年，进士出身的省令史一考可以出职从六品，两考出职任从五品职官。而部令、译史两考一般任九品职官。

（2）中央政府吏员的出职体例与吏员内部的升迁有关。

有些吏员在出职前会经历吏员系统内部的迁转，通常是向高一级的政府部门迁转。譬如宗正府令史阿鲁罕，累擢为省令史。还有，史载粘割斡特剌，贞元初，以习女真字试补户部令史，转尚书省令史。大定七年，选授吏部主事，历右补阙、修起居注。[4] 此人由部令史转为省令史，出职授予的吏部主事为从七品，若以部令史出职，只能出任九品职官。这也可印证省令史是吏员出职过程中的捷径。

（3）中央政府吏员的出职体例与吏员的回降制度有关。

金代的官吏根据资考情况迁转、升降。循资升迁前朝已有之，循资回降却是金代铨选中的创新。[5] 为了解决循资升迁的弊端，调节铨选，吏员在出职迁转过程中依制度回降。在大定二十六年，以阙官，敕"见行格法合降资历内，三降两降各免一降，一降者勿降。省令译史合得县令资历内，免录事及下县令各一任。密院令史三考以上者，同前免之。台、部、宗正府、统军司令译史，合历县令任数，免下令一任。外路右职文资诸科，合历县令亦免一任。当过检法知法，三考得录事者，已后两除一差"。[6] 在官缺较多的

---

[1] 孙孝伟：《金朝流外出职制度研究》，《黑龙江教育学院学报》2007年第4期。
[2] 许凡：《元代吏制研究》，劳动人事出版社，1987，第40页。
[3] 孟繁清：《金代的令史制度》，《宋辽金史论丛》（第二辑），中华书局，1991，第339~350页。
[4] 《金史》卷95《粘割斡特剌传》，中华书局，1975，第2107页。
[5] 王世莲：《论金代的考课与廉察制度》，《北方文物》1989年第1期。
[6] 《金史》卷54《选举志四》，中华书局，1975，第1195页。

情况下，吏员出职可以减免一任，提前补上官缺。同样，官缺较少的时候，就需要运用回降来延缓补官缺的时间。大定二十七年（1187），省令史的出职规定中也涉及回降制度："凡一考者与六品，次任降除正七品，第三任与六品，第四任升为从五品。两考者与从五品，次任降除六品，第三、四任皆与从五品，五任升正五品。"① 省译史的出职规定也提到回降："两考以上除正七品，再任降除县令，三、四皆与正七品，第五任则升六品。三考以上者除六品，再任降正七品，三任、四任与六品，第五任则升从五品。"② 这样，吏员的出职迁转过程中还会出现品级下降的现象。比如吏员出职六品，要升到五品需经历这样的一个过程：六品→正七品→六品→正五品。

（4）在特定形势下，纳粟进爵等特例对中央政府吏员出职造成影响。

金代末年，战争频繁，为解决国库空虚问题，允许纳粟进爵，中央政府吏员出职也受到影响。史载，宣宗贞祐四年（1216），河东行省胥鼎言："三举终场人年五十以上，四举年四十五以上，并许入粟，该恩大小官及承应人。令译史吏员，虽未系班，亦许进纳迁官。其有品官应注诸司者，听献物借注丞簿。丞簿注县令，差使免一差。"③ 承应人、令译史吏员纳粟也可以出职为官，具体规定已经失载。

二 宫廷吏员的出职

金代官员完颜守贞进言："国家选举之法，惟女直、汉人进士得人居多，此举更宜增取。其诸司局承应人旧无出身，大定后才许叙使。"④ 如此说来，金代宫廷吏员出职始于世宗大定时期。然而，史籍记载有大量皇统、正隆年间诸局分承应人的出职规定。可以肯定，早在熙宗、海陵时期承应人就已可以出职。

承应人出职在金代有制度规定。《金史·选举志三》记载了世宗时期的相关规定："（大定六年）宫中诸局分承应人，有年满数差使者，往往苦于稽留，而卒不得。其差者，复多不解文字而不干，故公私不便。今后愿出局者听，愿留者各增其秩，依旧承应。"（大定）七年，（世宗）诏宰

---

① 《金史》卷52《选举志二》，中华书局，1975，第1169页。
② 《金史》卷53《选举志三》，中华书局，1975，第1174页。
③ 《金史》卷50《食货志五》，中华书局，1975，第1125页。
④ 《金史》卷73《完颜守贞传》，中华书局，1975，第1688页。

臣曰："女直人自来诸局分不经收充祗候。可自今除太医、司天、内侍外，余局分并令收充勾当。"① 金廷对承应人在承应年满之后的去留问题作出规定，反映出作为统治民族的女真族承应人在出职方面优于其他族：除太医、司天、内侍之外的其余局分承应人可以被收充出任勾当官。金代，六部和三司的勾当官均为正八品，地方机构中还有正九品的勾当官。

宫廷吏员还可以出职任地方官员中的亲民官。大定二十九年（1189），诏诸有出身承应人，系将来受亲民之职，可命所属谕使为学。其护卫、符宝、奉御、奉职，侍直近密，当选有德行学问之人为之教授。② 这是章宗时期以诏令的形式对有出身的承应人出职做出规定，且金廷还下令选德行与学问兼备的人来教这些有出身的承应人，提高其文化素质。亲民官，是指县令、丞、簿、尉、刺史等。清州防御使常德辉上言中提道："刺史县令亲民之职。"③ 张行信在上书中也说："丞、簿、尉亦皆亲民。"④ 由此可知，丞、簿、尉与刺史、县令一样，均为亲民官。

（一）护卫的出职

金代护卫服役达到一定年限，即可离职为官，史称护卫出职制度。护卫出职制度始于金熙宗皇统年间。熙宗时期护卫出职的具体规定，史料阙如。之后的历代继任者，对护卫出职都有明确规定。⑤

护卫出职在《金史·选举志三》中有相关的制度规定：

> 护卫，正隆二年格，每三十月迁一重，初考，女直迁敦武，余迁保义，百五十月出职，与从五品以下、从六品以上除。大定二年格，更为初迁忠勇，百二十月出职。大定十四年官制，从下添两重，遂命女直初迁修武，余人敦武。十八年，制初除五品者次降除六品，第三复除从五品。初任六品者不降，第四任始授从五品，再勒留者各迁一官。明昌元年资格，初任不算资历，不勒留者，初从六品，二、三皆同上，第四任升从五。勒留者，初从五，二、三同上，第四正五品。

---

① 《金史》卷53《选举志三》，中华书局，1975，第1183页。
② 《金史》卷9《章宗本纪一》，中华书局，1975，第210页。
③ 《金史》卷54《选举志四》，中华书局，1975，第1194页。
④ 《金史》卷107《张行信传》，中华书局，1975，第2370页。
⑤ 王崤：《金代护卫述论》，《河北师范大学学报》（哲学社会科学版）2016年第2期。

再勒留者，初正五品，二同上，三少尹，四刺史。明昌四年，降作六品、七品除。贞祐制，一考八品，两考除县令，三考正七品，四考六品。五年，定一考者注上令。两考者一任正七品回降从七，两任正七回升六品。三考者正七一任回，再任正七升六品。四考者，三任六品升从五品。[①]

从以上史料得知，护卫的出职规定在金代不同时期前后有变化。护卫出职所需时间：正隆二年（1157）时规定150个月出职，到大定二年规定120个月出职，30个月为一考，由五考缩短为四考。每任满一考，护卫的武散官品阶就会上升。从所属民族上看，女真护卫在迁考过程中要优于他族。正隆二年女真族护卫在初考时迁敦武（从八品下），其余的迁保义（正九品上或从九品上）。到大定十四年（1174），命女直初迁修武（从八品上），余人敦武（从八品下）。可知，女真护卫任满一考时所迁的武散官品阶较其他民族护卫略高，体现了女真族作为统治民族的优越性。金代对护卫出职所任职官的官品规定，在不同时期也有所变化。据上述规定作表6-3。

表6-3 金代护卫出职表

时　间	护卫出职的制度规定
正隆二年（1157）	除从五品以下、从六品以上职官
大定十八年（1178）	初除五品者，次降除六品，第三复除从五品 初任六品者，不降，第四任始授从五品 再勒留者，各迁一官
明昌元年（1190）	初任不算资历 不勒留者，初从六品，二、三皆同上，第四任升从五 勒留者，初从五，二、三同上，第四正五品 再勒留者，初正五品，二同上，三少尹，四刺史
明昌四年（1193）	除六品、七品职官
贞祐制	一考八品，两考除县令，三考正七品，四考六品
贞祐五年（1217）	一考者，注上令 两考者，一任正七品回降从七，两任正七回升六品 三考者，正七一任回，再任正七升六品 四考者，三任六品升从五品

[①] 《金史》卷53《选举志三》，中华书局，1975，第1183、1184页。

护卫出职的条件是文武兼备。大定十年（1170）二月，世宗谓近臣曰："护卫以后皆是治民之官，其令教以读书。"三月，世宗命护卫中善射者押赐宋使射弓宴，宋使中五十，押宴者才中其七，便谓左右将军曰："护卫十年出为五品职官，每三日上直，役亦轻矣，岂徒令饱食安卧而已。弓矢不习，将焉用之。"① 可知，世宗对护卫出职较为重视，不但下令教以读书，还督促护卫练习武艺。大定二十三年（1183），世宗"以女直字孝经千部付点检司分赐护卫亲军"②。金廷赐护卫以女真字《孝经》使其学习，一方面可以提高其文化素质，另一方面使其学习儒家经典来提高道德水平，为出职后治民、理政做准备。大定十二年，世宗谓宰臣曰："护卫中有考满者，若令出职，虑其年幼不闲政事，兼宿卫中如今日人材亦难得也。若勒留承应，累其资考，令至正五品可乎？"（宰臣）皆曰："善"。③ 这是统治者对护卫出职的一种考虑，说明护卫的出职要考虑到其年龄和宿卫实际情况两个方面的问题，世宗提出勒留承应，累加其资考，最高授予正五品职事官的方案。

《金史》记载护卫出职的史料多不胜数。

宗室完颜承充在蒲鲜万奴叛变时被执，谓其二子曰："吾起身宿卫，致位一品，死无恨矣。"④ 可知完颜承充由护卫而致一品官，可惜其间仕历不详。

"完颜赛不，初补亲卫军，章宗时，选充护卫。明昌元年八月，由宿直将军为宁化州刺史。未几，迁武卫军副都指挥使。泰和二年，转胡里改路节度使。四年，升武卫军都指挥使，寻为殿前左副都点检……贞祐初，拜同签枢密院事。三年，迁知临洮府事，兼陕西路副统军……八月，知凤翔府事，兼本路兵马都总管，俄为元帅右都监"，在抗击夏人进攻中立下战功。"兴定元年二月，转签枢密院事"。其与宋人交战，多次取得胜利。"二年四月，进兼西南等路招讨使、西安军节度使、陕州管内观察使……七月，迁行山东西路兵马都总管，兼武宁军节度使……四年四月，迁枢密副使……正大元年五月，拜平章政事。未几，转尚书右丞相……大元兵薄汴……拜为左丞相。"⑤

---

① 《金史》卷6《世宗本纪上》，中华书局，1975，第146页。
② 《金史》卷8《世宗本纪下》，中华书局，1975，第184页。
③ 《金史》卷54《选举志四》，中华书局，1975，第1199页。
④ 《金史》卷130《列女传·阿鲁真传》，中华书局，1975，第2800页。
⑤ 《金史》卷113《完颜赛不传》，中华书局，1975，第2479~2483页。

完颜元宜,"皇统元年,充护卫,累迁瓯里本群牧使,入为武库署令,转符宝郎。海陵篡立,为兵部尚书……历顺义、昭义节度使,复为兵部尚书、劝农使……(世宗即位后)元宜使使者杀(海陵的)皇太子光英于南京……大定二年春,入见,拜御史大夫……拜平章政事……罢为东京留守……未几,致仕,薨于家。"① 完颜元宜拜平章政事后并没有拜尚书右丞相,而是因故由从一品的平章政事下降为正三品的东京留守,在迁转过程中呈现出反复性。

据以上记载,我们得出护卫出职的迁转路径一般是:

护卫→……→刺史→……→节度使→……→平章政事→尚书右丞相→左丞相。

当然,并不是所有护卫都是严格按照以上路径按部就班地迁转,毕竟古代社会重"人治"。故护卫出职也有特殊情况出现,如乌古论蒲鲁虎。熙宗初,为护卫,改牌印,常侍左右。转通进,袭父谋克,再迁临海军节度使,改卫州防御使。海陵赐食内殿,谓之曰:"卫州风土甚佳,勿以防御为降也。"(乌古论蒲鲁虎)对曰:"颇闻卫州官署不利守者。"即日,改汾阳军节度使……入为太子詹事,卒,年四十一。"② 皇帝可以朝令夕改,决定吏员出职及迁转。乌古论蒲鲁虎终于从三品的太子詹事一职。

影响出职的因素还有很多。金政权面临的内部、外部环境也在不断发生变化。政局变化对护卫出职也有影响。如海陵为伐宋而括马、造船,于是,民不堪命,起义者众,海陵王遂"遣护卫普连二十四人,各授甲士五十人,分往山东、河北、河东、中都等路节镇州郡屯驻,捕捉盗贼。以护卫顽犀为定武军节度副使,尚贤为安武军节度副使,蒲甲为昭义军节度副使,皆给银牌,使督责之"③。皇帝任命护卫为节度副使平定内乱,是比较偶然的现象。

护卫出职后致身丞相的毕竟是少数,很多都是止步于防御使或其他官位上。例如伯德梅和尚,"正隆五年,收充护卫,授曷鲁椀群牧副使。未几,复召为护卫十人长,改尚厩局副使,迁本局使,转右卫将军拱卫使。典尚厩者十余年,积劳特迁官二阶,除复州刺史。明昌初,为西北路副招讨,改秦州防御使,升武胜军节度使。六年,移镇崇义军"④。后

---

① 《金史》卷132《完颜元宜传》,中华书局,1975,第2829~2832页。
② 《金史》卷120《世戚传·乌古论蒲鲁虎传》,中华书局,1975,第2617、2618页。
③ 《金史》卷129《佞幸传·李通传》,中华书局,1975,第2785页。
④ 《金史》卷121《忠义传·伯德梅和尚传》,中华书局,1975,第2644页。

死于王事，终于节度使之位。又如温敦蒲剌，"天德初，充护卫，迁宿直将军……迁耶卢椀群牧使，改辽州刺史。正隆伐宋，召为武翼军副都总管，将兵二千，至汝州南，遇宋兵二万余，邀击败之，手杀将士十余人。是时，嵩、汝两州百姓多逃去，蒲剌招集，使之复其业。改莫州刺史，征为太子左卫率府率，再迁陇州防御使，历镇西、胡里改、显德军节度使。致仕，卒"。① 此人致仕于节度使之位。

此外，东宫护卫的出职官品低于护卫。《金史·选举志三》记载："东宫护卫，正隆二年，出职正班从八品。大定二年，正从七品。"

东宫护卫也有致位宰执的，如完颜曇，以皇家近亲，收充东宫护卫。"转十人长，授御院通进，从世宗幸上京……世宗还都，迁符宝郎，除吏部郎中。章宗即位，坐与御史大夫唐括贡为寿，犯夜禁，夺官一阶，罢。明昌元年，起为同知棣州防御使事，上书历诋宰执。帝以小臣敢讥讪宰辅，杖八十，削一官，罢之，发还本猛安。明年，降授同知宣德州事。召授武卫军副都指挥使，四迁知大兴府事，转左右宣徽使。承安二年，拜尚书右丞，出为泰定军节度使，移知济南府，卒。"②

文献还记载了妃护卫和东宫妃护卫的出职规定："妃护卫，正隆二年格，与奉职同。大定二年，出职与八品。"③ 东宫妃护卫，大定十三年，格同亲王府祗候郎君。"二十八年，有荫人与副巡检、讥察，无荫人与司军、军辖等除"。④ 金代的副巡检为正九品的散巡检之佐，讥察为正八品，司军、军辖均为从九品。由此可见，东宫护卫、妃护卫和东宫妃护卫的出职与护卫差别较大，不能相提并论。

（二）奉职的出职

关于奉职的出职，世宗曾对参知政事唐括安礼说："奉职皆阀阅子孙，朕所知识，有资考出身月日。亲军不以门第收补，无荫者不至武义不得出职。但以女直人有超迁官资，故出职反在奉职上。天下一家，独女直有超迁格，何也？"安礼对曰："祖宗以来立此格，恐难辄改。"⑤ 可以看出，作为统治民族

---

① 《金史》卷67《乌春传附温敦蒲剌传》，中华书局，1975，第1580、1581页。
② 《金史》卷66《宗室传·曇传》，中华书局，1975，第1568、1569页。
③ 《金史》卷53《选举志三》，中华书局，1975，第1185页。
④ 《金史》卷53《选举志三》，中华书局，1975，第1187页。
⑤ 《金史》卷88《唐括安礼传》，中华书局，1975，第1965页。

的女真人，在出职方面要优于其他人由来已久。金廷非常重视对他们文化素质的培养，宣宗曾诏谕近侍局官曰："奉御、奉职皆少年，不知书。朕忆曩时置说书人，日为讲论自古君臣父子之教，使知所以事上者，其复置。"①

史载奉职的出职规定如下：

> 正隆二年格，女直迁敦武，余人历进义，无出身。大定二年格，出职正班九品。大定十四年定新官制，从下添两重，女直初考进义，余人进义副尉。十七年格，有荫者初中簿，二下簿，无荫者注县尉，已后则依格。明昌元年格，有荫者每勒留一考则减一资。二年，以八品出职。六年定格，初录事、军防判、正从八品丞，二上簿，三中簿，四正从八品，若不犯选格者则免此除，五下令，六、七中令，八上令。勒留一考者升下令，四、五中令，六上令，回呈省。勒留两考者升上令，二中令，三、四上令，回呈省。凡奉御奉职之出职，大定十二年增为百五十月，二十九年复旧，承安四年复增。②

通过以上史料可知：奉职出职所需时间经历了120个月→150个月→120个月→150个月。而且，如女真护卫出职前初次考满所迁的武散官品阶略高于他族护卫一样，女真族奉职初考任满，所迁的武散官品阶也是优于他族奉职。大定二年以后奉职才可以出职，之前是不允许出职的。据《金史》中的相关记载作表6-4。

表6-4　金代奉职出职表

时　　间	奉职出职的制度规定
大定二年（1162）	出职正班九品
大定十七年（1177）	有荫者初中簿，二下簿 无荫者注县尉，以后则依格
明昌元年（1190）	有荫者每勒留一考则减一资
明昌二年（1191）	以八品出职
明昌六年（1195）定格	初录事、军防判、正从八品丞，二上簿，三中簿，四正从八品，若不犯选格者则免此除，五下令，六、七中令，八上令。 勒留一考者升下令，四、五中令，六上令，回呈省 勒留两考者升上令，二中令，三、四上令，回呈省

---

① 《金史》卷16《宣宗本纪下》，中华书局，1975，第364页。
② 《金史》卷53《选举志三》，中华书局，1975，第1184页。

虽然制度规定奉职的出职基本为九品、八品职官，然，因奉职接近皇帝，其出职常常超越制度规定的秩限。据史籍记载的实际情况看，奉职出职迁转的路径一般是：奉职→奉御→……→监察御史→……→节度使（副使）→……迁转过程呈现出反复性和曲折性。

> 裴满亨，大定间，收充奉职……二十八年，擢第，世宗嘉之，升为奉御……章宗即位……俄擢监察御史……出为定国军节度副使，三迁同知大名府事……承安四年，改河南路按察副使，就迁本路副统军，中都、西京等路按察使……泰和五年，改安武军节度使。岁大雪，民多冻殍，亨输己俸为之周赡，及劝率僚属大姓同出物以济。转河东南北路按察使，卒于官。①

> 乌林答与，充奉职、奉御、尚食局直长，兼顿舍。除监察御史，累官武胜军节度使、北京按察转运使、太子詹事、武卫军都指挥使。贞祐二年，知东平府事，权宣抚副使。改西安军节度使，入为兵部尚书……坐前在陕州市物亏直，降郑州防御使。寻召为拱卫直都指挥使，复为兵部尚书。兴定三年，卒。②

以上两人都是由奉职而奉御，这是在吏员系统内部的迁转，之后才出职任官。乌林答与出职后的迁转比较曲折，两度为兵部尚书，迁转的时间并没有严格按照制度规定。还有奉职在吏员系统内多次迁转而最终出职任官的情况。如：

"完颜崇成，大定十八年收充奉职，改东宫入殿小底，转护卫。二十五年，章宗为原王，充本府祗候郎君。明年，上为皇太孙，复为护卫。上即位，授河间府判官，以忧去职，起复为宿直将军，累迁武卫军都指挥使。泰和三年卒。"③ 完颜崇成在出职前两度为护卫，出职是因为章宗即位才授官。这是制度之外的偶然因素对吏员出职的影响。

（三）奉御的出职

史载奉御的出职：正隆二年格，同符宝郎。大定二年，出职从七品。

---

① 《金史》卷97《裴满亨传》，中华书局，1975，第2143、2144页。
② 《金史》卷104《乌林答与传》，中华书局，1975，第2291、2292页。
③ 《金史》卷65《始祖以下诸子传乌古出传附崇成传》，中华书局，1975，第1542页。

而符宝郎的出职规定为：正隆二年格，皆同护卫，出职与从七品除授。大定二年格，并同护卫。十四年，初收，女直迁敦武，余人迁进义。二十一年，英俊者与六品除，常人止与七品除。① 虽然金代对奉御出职的制度规定极其简略，我们还是可以据此判断奉御出职基本为从七品职官。

从制度规定来看，奉御的出职似乎优于奉职。然而从实际情况看，由于两者都是近侍，有较多的机会接近皇帝，所以两者出职的差别不大。如奉御完颜纲出职后的迁转路径：奉御→累官左拾遗→刑部员外郎→工部郎中→同签宣徽院事→蜀汉路安抚使、都大提举兵马事→拱卫直都指挥使→陕西宣抚副使→降兵部侍郎、权宣抚副使→陕西路按察使→累官尚书左丞。② 另有内族白撒，"自幼为奉御。贞祐间，累官知临洮府事、兼本路兵马都总管。兴定元年，为元帅左都监，行帅府事于凤翔……（多次）败宋兵……略河池，下凤州，破兴元，宣宗大悦，进白撒官一阶……未几，权参知政事，行省事于平凉……（元光）二年冬，哀宗即位，边事益急。正大五年八月……拜尚书右丞，未几，拜平章政事。"③ 这两位都是由奉御而致身丞相，出职所任的首任职官虽已不详，但是之后基本遵循的是官员的迁转路径。此类情况见于记载的还有仆散揆和宗浩。

仆散揆，"少以世胄，选为近侍奉御。大定十五年，尚韩国大长公主，擢器物局副使，特授临潢府路赫沙阿世袭猛安。历近侍局副使、尚衣局使、拱卫直副都指挥使，为殿前左卫将军。罢职……寻起为滦州刺史，改蠡州，入为兵部侍郎、大理卿、刑部尚书。章宗即位，出为泰定军节度使，改知临洮府事。以政绩闻。升河南路统军使……既入，拜参知政事，改授中都路胡土爱割蛮世袭猛安。进拜尚书右丞。寻出经略边事，还拜平章政事"。④

完颜宗浩，"贞元中，为海陵庶人入殿小底（即奉御）"。世宗即位辽阳，宗浩被官员派遣驰贺。"世宗见之喜，命充符宝祇候。大定二年冬……授山东东路兵马都总管判官。丁父忧，起复，承袭因忒斡鲁浑猛安，授河南府判官。以母丧解，服阕，授同知陕州防御使事。察廉能第一等，进官一阶，升同知彰化军节度使事，累迁同签枢密院事，改曷苏

---

① 《金史》卷53《选举志三》，中华书局，1975，第1184页。
② 参见《金史》卷98《完颜纲传》，中华书局，1975，第2174~2181页。
③ 《金史》卷113《白撒传》，中华书局，1975，第2484~2487页。
④ 《金史》卷93《仆散揆传》，中华书局，1975，第2067、2068页。

馆节度使……二十三年，征为大理卿，逾年授山东路统军使，兼知益都府事……二十六年，为赐宋主赵惇生日使。还，授刑部尚书，俄拜参知政事。章宗即位，出为北京留守，三转同判大睦亲府事……（因战功）拜枢密使，封荣国公……出知真定府事。徙西京留守，复为枢密使，进拜尚书右丞相，超授崇进。时惩北边不宁……进拜左丞相。"①

通过仆散揆和宗浩这两人的仕历可以得出这样的结论：奉御出职后的迁转路径与奉职基本一致：奉御→……→节度使→路统军使→六部侍郎（或尚书）→宰执。

奉御出职也有特例：如爱实，"曾为护卫、奉御，以诛官奴功授节度、世袭千户"。② 这是典型的因功授予节度使职位。通常情况下由奉御至节度使中间需要有任其他职官的经历。如乌林答复，"奉御出身，大定七年尚世宗第七女宛国公主，授驸马都尉。改引进使，兼符宝郎，出为蠡州刺史，三迁归德军节度使。明昌三年，转知兴中府事，久之，为曷懒路兵马都总管。承安四年，拜绛阳军节度使，卒"。③

同样奉御出职的迁转也具有反复性。

> 徒单公弼，初充奉御，大定二十七年，尚世宗女息国公主，加定远大将军、驸马都尉，改器物局直长。转副使、兼近侍局直长。丁父忧，起复本局副使……（章宗时）除滨州刺史，再迁兵部侍郎，累除知大名府事……大安初，知大兴府事……岁余拜参知政事，进右丞，转左丞。至宁初，拜平章政事，封定国公。贞祐初，进拜右丞相，罢知中山府事。是时，中都围急不可行，围解……改知河中府。历定国军节度使事、太孙太师、同判大睦亲府事。兴定五年薨。④

> 徒单铭，大定末，充奉御。章宗即位，特勒袭中都路浑特山猛安。明昌五年，授尚醖署直长，累迁侍仪司令、宿直将军、尚衣局使、兵部郎中……改右卫将军，转左卫，出为永定军节度使，移河东北路按察使、转运使。大安三年，改知大名府，就升河北东西、大名路安抚使。大名荐饥重困，铭乞大出交钞以赈之。崇庆初，移知真定府，复

---

① 《金史》卷93《完颜宗浩传》，中华书局，1975，第2072~2075页。
② 《金史》卷124《忠义传四乌古孙仲端传》，中华书局，1975，第2702页。
③ 《金史》卷120《乌林答复传》，中华书局，1975，第2623页。
④ 《金史》卷120《徒单公弼传》，中华书局，1975，第2627、2628页。

充河北东西、大名路宣抚使。至宁元年九月，奉迎宣宗于彰德府，俄拜尚书右丞，出为北京留守，以路阻不能赴。贞祐二年，卒。①

徒单公弼和徒单铭都是由奉御起身，而历官至宰执，而后在金朝形势日下的情况下，出任外官。

史籍记载了东宫入殿小底的出职规定："三十月迁一重。初考，女直人迁敦武，余人迁保义。吏格，有荫无荫其出职，初八品，二上簿，三中簿，四八品，五下令，六中令，八上令，回呈省。"② 与皇帝身边的奉御出职从七品相比，东宫入殿小底出职的首任职官（八品）品阶稍微低一些。

（四）符宝祗候的出职

符宝祗候（牌印祗候）的出职在正史中没有制度方面的记载。我们可以根据人物传记中由符宝祗候出职为官的个案，推出符宝祗候出职迁转的大致路径。《金史》记载由符宝祗候（牌印祗候）出职为官的有移剌娜、谋衍、徒单绎、完颜守贞、徒单克宁、承裕、承晖、宗永、仆散安贞、宗尹、完颜璋等。其中致身相位的有完颜守贞、徒单克宁、承裕、承晖、宗尹。

> 谋衍，天眷间，充牌印祗候，授显武将军，擢符宝郎。皇统四年，其兄活女袭济州路万户，以亲管奥吉猛安让谋衍，朝廷从之，权济州路万户。八年，为元帅右都监。天德三年，为顺天军节度使，历河间、临潢尹，数月改婆速路兵马都总管。撒八反，谋衍往讨之，是时世宗为东京留守，自将讨括里还，遇谋衍于常安县，尽以甲士付之。世宗还东京，完颜福寿、高忠建率所部南征军，亡归东京。谋衍亦率其军来附，即以臣礼上谒……谋衍、福寿、忠建及诸将吏民劝进，世宗即位，拜右副元帅……（大定）七年，出为北京留守……改东京留守。③

徒单绎，尚熙宗第七女沈国公主。充符宝祗候，迁御院通进，授

---

① 《金史》卷120《徒单铭传》，中华书局，1975，第2628页。
② 《金史》卷53《选举志三》，中华书局，1975，第1187页。
③ 《金史》卷72《谋衍传》，中华书局，1975，第1654～1656页。

符宝郎。历宣德、泰安、淄州刺史，有廉名。改同知广宁府事，以母鄂国公主忧，不赴。世宗特许以忧制中袭父封。服阕，授同知济南府事。二十六年，迁棣州防御使，以政迹闻，升临海军节度使，卒。①

根据以上两人的出职经历，可以看出符宝祗候（牌印祗候）出职后都曾授予符宝郎。然后再由元帅右都监或刺史等其他官职而迁节度使。

徒单克宁，熙宗时为符宝祗候……已而充护卫，转符宝郎，迁侍卫亲军马步军都指挥使，改忠顺军节度使……出为西京留守……降克宁知滕阳军。历宿州防御使、胡里改路节度使、曷懒路兵马都总管。大定初……迁左翼都统……除太原尹……改益都尹，兼山东路兵马都总管、行军都统……改大名尹，历河间、东平尹，召为都点检。十一年，从丞相志宁北伐，还师……明年，迁枢密副使，兼知大兴府事，改太子太保，枢密副使如故。拜平章政事，封密国公……罢为东京留守。明年，上将复相克宁，改南京留守，兼河南统军使……克宁至京师，复拜平章政事，授世袭不扎土河猛安兼亲管谋克……十九年，拜右丞相……二十一年……为左丞相，徙封定国公，恳求致仕……改枢密使……以司徒兼枢密使……二十五年……行左丞相事……以克宁为太尉，兼左丞相……以太尉兼尚书令……进拜太傅，兼尚书令……明昌二年……即榻前拜太师，封淄王，加赐甚厚。是岁二月，薨。②

承裕，以宗室子充符宝祗候。除中都左警巡副使，通括户籍，百姓称其平。迁殿中侍御史，改右警巡使、彰德军节度副使、刑部员外郎，转本部郎中。历会州、惠州刺史，迁同知临潢府事，改东北路招讨副使。以病免，起为西南招讨副使……（泰和）八年……迁河南东路统军使，兼知归德府事，俄改知临潢府事……大安初，召为御史中丞。三年，拜参知政事，与平章政事独吉思忠行省戍边……（因战败）除名……崇庆元年，起为陕西安抚使。至宁元年，迁元帅右监军，兼咸平府路兵马都总管……改同判大睦亲府事、辽东宣抚使。贞祐初，改临海军节度使，卒。③

---

① 《金史》卷120《世戚传徒单绎传》，中华书局，1975，第2622、2623页。
② 《金史》卷92《徒单克宁传》，中华书局，1975，第2044~2052页。
③ 《金史》卷93《承裕传》，中华书局，1975，第2065、2066页。

承晖，大定十五年，选充符宝祗候，迁笔砚直长，转近侍局直长，调中都右警巡使。章宗为皇太孙，选充侍正。章宗即位，迁近侍局使……迁兵部侍郎兼右补阙。初置九路提刑司，承晖东京咸平等路提刑副使，改同知上京留守事。御史台奏："承晖前为提刑，豪猾屏息。"迁临海军节度使。历利涉、辽海军，迁北京路提刑使。历知咸平、临潢府，为北京留守……改知大名府，召为刑部尚书，兼知审官院……改知大兴府事……复改知大名府事……及伐宋，迁山东路统军使……改知兴中府事。卫绍王即位，召为御史大夫，拜参知政事……进拜尚书左丞，行省于宣德。参知政事承裕败绩于会河堡，承晖亦坐除名。至宁元年，起为横海军节度使。贞祐初，召拜尚书右丞……进拜平章政事，兼都元帅，封邹国公。中都被围，承晖出议和事。宣宗迁汴，进拜右丞相，兼都元帅，徙封定国公。①

从以上个案可以看出，符宝祗候（牌印祗候）出职的迁转路径一般是：符宝祗候（牌印祗候）→符宝郎→刺史→节度使、防御使→……→御史大夫、御史中丞→参知政事→尚书左丞→右丞。

此外，还存在制度之外的特殊情况。如：完颜爽有疾，"（世宗）诏除其子符宝祗候思列为忠顺军节度副使。爽入谢，上曰：'朕以卿疾，使卿子迁官，冀卿因喜而愈也。思列年少，未闲政事，卿训以义方，使有善可称，别加升擢。'"② 这是因其父生病而令其出职为官。还有完颜兖子阿合，大定中为符宝祗候，不久被授予同知定武军节度使。"上曰：'汝岁秩未满，朕念乃祖乃父为汝迁官，勿为不善，当尽心学之。'"③ 这是不到出职时间，因其父祖之功而出职为官。

（五）阁门祗候的出职

关于阁门祗候出职的制度规定：

正隆二年格，女直初迁敦武，余人保义，出职正班从八品。大定

---

① 《金史》卷101《承晖传》，中华书局，1975，第2223～2225页。
② 《金史》卷69《太祖诸子传完颜爽传》，中华书局，1975，第1605页。
③ 《金史》卷76《完颜兖传》，中华书局，1975，第1746页。

二年格，出职从七品。八年定格，初都军，二录事，三军防判，四都军，五下令，六中令，七上令。已带明威者即与下令，二录事、军防判，三都军，四下令，五中令，六上令。泰和四年格，初都军，二录事、军防判，三下令，四中令，五上令。①

章宗泰和四年曾"更定阁门祗候出职格"。② 这一年的规定与之前相比，阁门祗候出职加快了迁转步伐。检索史料，并未发现由阁门祗候致身相位的记载，很多阁门祗候出身的官员终于地方官之位。

阁门祗候出职迁转的路径一般是：阁门祗候→县令→……→西上、东上阁门副使→西上、东上阁门使→（符宝郎）→右宣徽使→左宣徽使→节度使（防御使）→……

《金史》中的刘颀、大怀贞、刘珫、光庆、卢玑、卢亨嗣、耶律思忠、移剌光祖基本是遵循这个顺序迁转。这里选取大怀贞和移剌光祖为例来说明。

> 大怀贞，皇统五年，除阁门祗候，三迁东上阁门使。丁母忧，起复符宝郎，累官右宣徽使。正隆伐宋，为武胜军都总管。大定二年，除洺州防御使兼押军万户，改沂州，再迁彰国、安武军节度使……改兴中尹……改彰德军节度使，卒。③

> 移剌光祖，以荫补阁门祗候，调平晋令、卫州都巡河、内承奉押班，累转东上阁门使，兼典客署令。大安中，改少府少监。丁母忧，起复仪鸾局使，同知宣徽院使事，秘书监右宣徽使……（兴定）三年，转左宣徽使。五年，卒。④

此外，也有阁门祗候→……→宫苑使→工部尚书（员外郎）→……→防御使→节度使→……的迁转路径。韩锡、赵諴出职后就是基本遵循这样的路径迁转。

> 韩锡，以荫补阁门祗候。天会中，南伐，锡从军掌礼仪，俄以母

---

① 《金史》卷53《选举志三》，中华书局，1975，第1185页。
② 《金史》卷12《章宗本纪四》，中华书局，1975，第269页。
③ 《金史》卷92《大怀贞传》，中华书局，1975，第2040、2041页。
④ 《金史》卷88《移剌道传附子光祖传》，中华书局，1975，第1969、1970页。

老乃就监差。久之，授神锐军都指挥使，入为宫苑使。天德元年，擢尚书工部员外郎，领燕都营缮。特赐胡砺榜进士及第，四迁尚书户部侍郎，以母丧解……大定改元于辽东，锡奔赴行在，诏复前职。明年，授同知河间府事……迁孟州防御使，累拜绛阳军节度使，改知济南府事，告老，许之。①

赵𬯎，补（辽）阁门祗候，累迁太子左卫率。后居滦州。宗望讨张觉，𬯎逾城出降，授洛苑副使，为滦州千户。迁洛苑使，检校工部尚书。从伐宋，至汴，迁棣州刺史、侍卫步军都虞候。及再伐宋，攻真定与有功，改商州刺史，检校尚书右仆射。五年，同知信德府路统押军兵，兼沿边安抚司事。明年，权知济州事。八年，从定河南，授陇州团练使。十年，改知石州……授𬯎宿州防御使，统本路军兵……废罢……及海陵即位，起为保大军节度使。贞元初，改内省使。未几，为中都路都转运使。明年，再徙顺义、兴平，入为太子詹事，镇沁南，以疾卒，年六十六。②

完颜衷和宗道都是宗室成员，其出职迁转基本也是遵循以上顺序。

完颜衷，大定中，收充为阁门祗候，授代州宣锐军都指挥使……四迁引进使，兼典客署令，改尚辇局使……寻为夏国王李仁孝封册使，历宁海、蠡州刺史，入为大睦亲府丞。除顺义军节度使……移镇镇西。泰和六年，致仕，卒。③

宗道，大定五年，充阁门祗候，累除近侍局使……世宗嘉之，授右卫将军，出为西南路副招讨。章宗即位，改同知平阳府事……除西北路招讨使……提刑司察廉，召为殿前右副都点检。寻除陕西路统军使，以镇静得军民心，特迁三阶，兼知京兆府事……承安二年，为贺宋正旦使，寻授河南路统军使……改知河中府……移知临洮，以病解。泰和四年，卒。④

这两人出职也基本是在制度之内，都是卒于地方官任上。

---

① 《金史》卷97《韩锡传》，中华书局，1975，第2148、2149页。
② 《金史》卷81《赵𬯎传》，中华书局，1975，第1829、1830页。
③ 《金史》卷66《完颜衷传》，中华书局，1975，第1563页。
④ 《金史》卷73《完颜宗道传》，中华书局，1975，第1677、1678页。

(六) 其他宫廷吏员的出职

笔砚承奉（笔砚令史、笔砚供奉）的出职规定："正隆二年，女直人迁敦武，余历进义，无出身。大定二年格，初考女直迁敦武，余保义，出职正班从七品。吏格，初都军，二、三下令，四、五中令，六上令。"①

同时，《金史·选举志三》也记载了符宝典书（牌印令史）、尚衣承奉、知把书画等诸局分承应人的出职规定："符宝典书（牌印令史），正隆二年格，出职九品。大定二十八年，出职八品，二上簿，回验官资注授。尚衣承奉，大定三年，女直人迁敦武，余人迁进义，出职九品。知把书画：正隆二年格，与奉职同。大定二年，出职九品。十四年格，同奉职。二十一年定格，有荫者，初中簿，二军器库副，后依本门户差注。无荫者，与差使。"②

墓志材料中记载的张□震，"以曾祖枢密荫入充内供奉班祗候，授左班殿直。始监招燕州酒，次监冀州□□□□酒，次监无极县酒，次任真定府绫锦使，次除雄州军器库使□任差权估安军，次监□□□□历五差两除，所至有声而又多增羡至"。③此人仕历与前文提到的"荫叙""吏员"等出身者在仕途中必须与职官穿插担任数届差使的情况相一致。

由以上论述可知，在宫廷吏员中，制度规定出职官品较高的是护卫，出职任五品官；其次是奉御、阁门祗候、笔砚承奉，出职从七或八品官；再次是奉职、东宫入殿小底、符宝典书、尚衣承奉、知把书画等，出职八品或九品官。其中，宫廷吏员中出职而致位宰执的有：护卫、符宝祗候、奉御。金代宫廷吏员出职制度承辽启元。正如关树东所说：金朝的宫中承应人出职制度，元朝的怯薛制，与辽朝的祗候郎君、护卫、近侍小底仕进制一脉相承。④

三 中央吏员考满期的变化

考满期是政府对吏员出职任官之前所需要经历的时间规定。在金代，

---

① 《金史》卷53《选举志三》，中华书局，1975，第1185页。
② 《金史》卷53《选举志三》，中华书局，1975，第1185页。
③ （金）弭若愚：《张□震墓志铭》，见王新英编《金代石刻辑校》，吉林人民出版社，2009，第221页。
④ 关树东：《辽朝的选官制度与社会结构》，见张希清主编《10～13世纪中国文化的碰撞与融合》，上海人民出版社，2006，第438～461页。

对于考满期的规定不是一成不变的。而且，中央吏员的考满期规定呈现出多层次性。

(一) 中央政府部门吏员考满期的变化

1. 省令、译史

《金史·选举志三》右职吏员杂选条对此有记载。省令、译史在皇统八年（1148）规定的出职时间是 120 个月，正隆二年规定 150 个月。同时还规定：

> 若自枢密院台六部转省者，以前已成考月数通算出职。①

由此看来，考满期的规定不是限于某一个吏职任内，而是和之前充任的吏职时间也一起计算，大定二年（1162）复以 120 个月出职。

没有考满，也就是说不到规定的考满期，吏员也可以出职。吏员若没有考满就出职，所出任的职官品级低于考满出职所任的职官品级，《金史·选举志三》中有详细的规定：

> （大定）三年，定格，及七十五月出职者，初上令，二中令，三下令，四、五录事，六下令，七中令，八上令。百五十月出职者，初刺同、运判、推官等，二、三中令，四上令，回呈省。②

按照金代的职官品级，主簿为正九品，录事为正八品，县令大多为从七品。

2. 省通事

省通事考满期是 120 个月，大定二十年（1180）时有明确规定：

> 省通事。大定二十年格，三十月迁一重，百二十月出职。一考两考与八品，三考者从七品，余与部令译史一体免差。③

3. 御史台令、译史

御史台令、译史的考满期与省令、译史相同，据《金史》记载，经历

---

① 《金史》卷 53《选举志三》，中华书局，1975，第 1173 页。
② 《金史》卷 53《选举志三》，中华书局，1975，第 1174 页。
③ 《金史》卷 53《选举志三》，中华书局，1975，第 1174 页。

如下变化：120 个月（皇统八年）→150 个月（正隆二年）→120 个月（大定年间）。枢密院（元帅府）令、译史的考满期为大定年间规定的 120 个月。大定年间，规定宗正府、六部、台、统军司令史，番部译史，元帅府通事的考满期为 120 个月。可以得出结论，金代中央政府部门吏员的考满期有 150 个月和 120 个月的交替变化，但以 120 个月为考满期实施的时间最长。

（二）宫廷吏员考满期的变化

金廷对宫廷吏员的出职时间规定：

> 凡已上诸局分承应人，正隆二年格，有出身者皆以五十月为一考，五考出职，无出身者五十月止迁一官。大定二年、三年格，皆三十月为考，迁一重，四考出职。十二年，复加为五考。大定二十九年，又为四考。承安四年，复为五考。自大定十二年，凡增考者，惟护卫则否。①

记载中提到的"已上诸局分承应人"是指护卫、符宝郎、奉御、奉职、阁门祗候、笔砚承奉、妃护卫、符宝典书、尚衣承奉、知把书画。

按正隆二年的规定，50 个月为一考，五考出职，那么考满期是 250 个月。金代的制度规定中，这些宫廷吏员（护卫除外）的考满期经历了如下变化：

250 个月→120 个月→150 个月→120 个月→150 个月。

在论述护卫的出职体例时，根据《金史》记载，可以得出护卫的考满期也经历了正隆二年规定的 150 个月，大定年间规定的 120 个月，之后不再有变化。

纵观金朝历史，汉官制度的建立、发展、完善发生在熙宗、海陵、世宗和章宗时期。吏制与官制联系紧密。吏员考满期的不断变化直至稳定下来同样发生在这一时期。金代中央吏员的考满期主要有 150 个月和 120 个月，很难说哪一个被执行的时间更长一些。不过，这并不足以影响金代吏制为元代吏制之先的历史地位。"90 个月考满，是元朝吏员考满的主要制度"。②

---

① 《金史》卷 53《选举志三》，中华书局，1975，第 1186 页。
② 许凡：《元代吏制研究》，劳动人事出版社，1987，第 49 页。

第二节　地方吏员的出职

地方政府吏员如果不通过充当中央政府吏员这一途径，一般需要经过30年才能出职。① 泰和四年（1204），签河东按察司事张行信言：

"自罢移转法后，吏势浸重，恣为豪夺，民不敢言。今又无朝差都目，止令上名吏人兼管经历六案文字，与同类分受贿赂。吏目通历三十年始得出职，常在本处侵渔，不便。"遂定制，依旧三十月移转，年满出职，以杜把握州府之弊。②

根据此条史料，我们得出两点结论：一是金代地方的吏目在泰和四年之前曾实行移转法而又废止，之后依旧实行吏目在某地 30 个月后即移转他处的政策，这得到《金史》记载的印证，泰和四年"复行吏目移转法"③；二是吏目通历 30 年才能出职任官。

吏目是各机构中众多吏员的首领官，而非普通吏员。金代的吏目有都事、知事、主事、都孔目官、孔目官、都管等。大兴府的吏目是孔目官，由司吏充。据《金史》载：

六案司吏七十五人，内女直十五人，汉人六十人。司吏分掌六案，各置孔目官一员，掌呈覆纠正本案文书。余分前后行，其他处应设十人以下、六人以上者，置孔目官三人，及置提点所处仍旧。女直司吏若十二人以上，分设六案，不及者设三案，五人以下设一案，通掌六案事。以上名充孔目官。④

明确指出司吏充孔目官。又规定："凡诸州以上知印，并于孔目官内轮差，运司押司官并同。无孔目官，以上名司吏充，司、县同此。"⑤ 这则史料说明诸州、司、县的司吏在没有孔目官的情况下，可以充知印，这大概是保管印章的吏目。另外，招讨司的吏目都管，则是司吏、译

---

① 孙孝伟：《金朝流外出职制度研究》，《黑龙江教育学院学报》2007 年第 4 期。
② 《金史》卷 53《选举志三》，中华书局，1975，第 1178 页。
③ 《金史》卷 12《章宗本纪四》，中华书局，1975，第 268 页。
④ 《金史》卷 57《百官志三》，中华书局，1975，第 1304 页。
⑤ 《金史》卷 57《百官志三》，中华书局，1975，第 1313 页。

人、通事、移剌都可以充任。招讨司的情况，《金史》也有记载："司吏十九人。译人三人。通事六人，内诸部三人、河西一人。移剌三十人，以上名充都管。"①

由以上记载可知，金代地方的吏目可以由司吏、译人、通事等普通吏员担任。普通吏员升为吏目的时间，限于史料，我们无从知晓。金代州郡的吏目出职，据《大金国志》载：

> 皂隶出身与荫人等，甚以为重。如州郡都吏出职，并补将仕郎，授录事、判官、司候、司判、市丞，至儒林，亦荫子。部吏缺人，令州县择人供之。十年无公私过，补昭信校尉，授下县令或录事，渐亦可至（知）州、同知。②

据此可知，金代州郡的吏目出职，会补将仕郎（文散官正九品下），授予的官职是录事、判官、司候、司判、市丞，基本都是正八品、正九品、从九品低级职官。而且，州县吏员可以充部吏，然后由部吏再年满出职，10年内无过，则出职时补昭信校尉（武散官正七品下），授予的官职是县令（从六品、正七品、从七品不等）或录事（正八品），逐渐升至正五品、正六品、正七品的知州、同知。

地方吏员的出职途径分两种：一是升为吏目再出职；二是升迁至部吏再出职。以上对比可以发现，若由吏目出职，为吏目30年后出职的官品最高为正八品；若由部吏出职，10年后出职的官品可能会稍高于前者。实际情况与理论推算并不完全吻合，地方吏员在吏员内部更多的是遵循由低到高的升迁原则，还没有升至部吏就已出职。如王瑾：

> 年十五为县吏，寻充府吏，复试补三司掾出职，会丙子之乱，以劳效授章丘县丞。③

这是由县吏→府吏→三司掾，最终以劳效出职为县丞的典型例子。

行省吏员的出职情况分两种。一是升为行省的吏目，之后再出职为行

---

① 《金史》卷57《百官志三》，中华书局，1975，第1328页。
② （宋）宇文懋昭撰《大金国志校证》卷36《皂隶》，崔文印校证，中华书局，1986，第517页。
③ （元）李灏：《王宏墓碑铭》，李修生主编《全元文》卷60（第2册），江苏古籍出版社，1998，第240页。

省职官，逐步升为随朝官员。如耶律安礼"由行台吏、礼部主事累迁工部侍郎，改左司郎中"①。后人为尚书省工部侍郎、工部尚书、吏部尚书、枢密副使，迁尚书右丞，转左丞。二是出职任地方官一段时间后再补省掾，之后再次出职。如杨天德被辟为陕西行台掾后，"寻权大理寺丞，继拟主长安簿。未几，正主庆阳安化簿，寻辟德顺之隆德令，再辟安化令，补尚书都省掾，迁转运司支度判官"②。

第三节　职官吏员的重新出职

职官吏员，就是由职官充任的吏员。金代中央吏员中不少是由职官充任的，主要集中在省令、译史。如省令史来源之一就是文资官，大多是进士出身的县令、丞、簿或地方其他幕职官。金朝政府大定二十八年（1188）规定：

> 省女直译史，制以见任从七、从八人内，勾六十岁以上者相视用之。③

明昌三年（1192）规定：

> 取见役契丹译史内女直、契丹字熟闲者，无则以前省契丹译史出职官及国史院女直书写，见任七品、八品、九品官充。④

明确规定职官可以充任省令、译史。此外，御史台令译史，也明文规定可以从枢密院、六部的"见役品官"中选充。这些规定为职官充任高级吏员提供制度层面的保障。史籍也记载了很多这样的个案，比如梁肃、卢孝俭、张亨、夹谷守中、蒲察郑留等。

职官吏员的出职，金代缺乏相关制度层面的规定，不妨参看元代关于职官充省令译史的出职规定：

---

① 《金史》卷83《耶律安礼传》，中华书局，1975，第1871页。
② （元）许衡：《南京转运司支度判官杨公墓志铭》，李修生主编《全元文》卷72（第2册），江苏古籍出版社，1998，第500页。
③ 《金史》卷53《选举志三》，中华书局，1975，第1174页。
④ 《金史》卷53《选举志三》，中华书局，1975，第1174页。

职官充省令译史，旧例文资右职参注，一考满，合得从七品，注从六品，未合得从七品，注正七品，如更勒留一考，合同随朝升一等。一考满，未得从七注正七品者，回降从七，还入正七。一考满，合得从七注从六品，合得正七注六品者，免回降。正从六品人员不合收补省令史、译史，如有已补人员，合同随朝一考升一等注授。①

这是元世祖至元六年（1269）的规定，"旧例"表明是之前的规定。可以看出，元代由职官充任的省令、译史在一考考满时，出职规定与文武官员的升迁基本相同。此外，也同样涉及回降制度。

而金代的职官吏员出职情况，我们选取几例由职官任省令史后正常出职的个案，与元代进行比较。所谓正常情况下的出职仕历，即没有皇帝特恩眷顾、没有战乱等不安定因素。

王维翰，大定二十八年（1188）进士。"调贵德州军事判官，察廉迁永霸令……历弘政、获嘉令……改北京转运户籍判官（都转运司的户籍判官是从六品，那么，北京转运户籍判官的品阶应低于此），补尚书省令史。除同知保静军节度使事（正五品）……改中都转运副使（正五品）……除侍御史（从五品）。改左司员外郎，转右司郎中……迁大理卿、兼潞王傅，同知审官院事……大安初，权右谏议大夫……转御史中丞，无何，迁工部尚书、兼大理卿，改刑部尚书，拜参知政事。贞祐初，罢为定海军节度使"。②

王维翰由低于从六品官到正五品，中间只经历了尚书省令史，此时省令史的考满期是120个月。而金代普通官员即便是由从六品升到正五品所需时间都要比这个长。金代官员循资升迁，"凡外任循资官谓之常调"③。《金史》记载："其常调制，正七品两任升六品，六品三任升从五品，从五品两任升正五品，正五品三任升刺史。凡内外官皆以三十月为考，随朝官以三十月为任，升职一等。"④ 按照金代的制度规定，官员在正常情况下，由正七品到正五品，需要历官七任，也就是210个月。

以王维翰为代表的金代充任省令史的汉族进士，在任省令史前多是县

---

① 《元史》卷83《选举志三》，中华书局，1975，第2069页。
② 《金史》卷121《王维翰传》，中华书局，1975，第2647、2648页。
③ 《金史》卷52《选举志二》，中华书局，1975，第1158页。
④ 《金史》卷54《选举志四》，中华书局，1975，第1197页。

令、丞、主簿或节镇州判官，其中，除大兴、宛平这两个县令为从六品以外，其他县令均为正从七品，丞、主簿甚至还有正九品的。普通官员从正七品升到正五品尚需 210 个月的时间，从九品升到正五品就需要更长的时间。省令史一职确实可以减少金代仕宦者仕历的时间。

同时代的文人刘祁在此问题上似乎更有发言权，他认为，由县令充任的省令史在出职时，"一考，三十月出得六品州倅。两考，六十月得五品节度副使、留守判官，或就选为知除知案。由之以渐，得都事、左右司员外郎、郎中，故仕进者以此途为捷径。如不为省令史，即循资级，得五品甚迟，故有'节察令推何日了，盐度户勾几时休'之语"①。现代学者陈昭扬通过对世宗以后就任的、26 位进士出身的汉人宰执进行研究，也认为"省令史在汉人宰执的迁转过程中应甚重要。事实上对所有金代仕宦者而言，省令史也是一个关键性职位"②。他通过统计得出，这 25 位汉人宰执（除魏子平一人及第榜次不明外），从进士及第到首任宰执花费的时间平均为 32.3 年，最短的是耿瑞义用时 22 年（1188～1210 年），最久的是董师中用时 47 年（1149～1196 年）。

金代的省令史除了由汉人充任之外，还可由女真人和契丹人充任。史籍记载中，由女真进士历官而任省令史，并最终官至宰执的仅有两位：赤盏尉忻[明昌五年（1194）进士，元光二年（1223）拜参知政事]和完颜阿里不孙[明昌五年进士，调易州、忻州军事判官，安丰县令。补尚书省令史。兴定元年（1212），真拜参知政事]。从进士及第到首任参知政事分别用时 29 年和 23 年，均少于陈昭扬计算出的汉人进士到首任宰执花费的平均时间。契丹人充任契丹令史在史籍中的记载只有移剌愷一例，而且在其充任契丹令史前缺乏任官的相关记载，所以，不能断定就是职官吏员。

史籍记载很多院、台、部令史并未直接出职任官，而是在吏员系统内转补省令史，之后按照省令史的出职体例出职。这种做法在仕途上优势比较明显，而如果枢密院、御史台、六部令史直接出职，从制度规定上看，则远不如省令史。

---

① （金）刘祁撰《归潜志》卷 7，崔文印点校，中华书局，1983，第 76、77 页。
② 陈昭扬：《金代汉族进士的官职迁转》，张希清主编《10～13 世纪中国文化的碰撞与融合》，上海人民出版社，2006，第 562～595 页。

第四节　吏员出职的最高秩限

金代对于吏员出职的最高秩限似乎并没有相关规定。其中，出职官品最高的是护卫和省令史，出职后的迁转似乎没有最高秩限，均可致位宰执。

章宗泰和三年（1203）做出规定：

> 制凡文资右职官应迁三品职事者，五品以上历五十月，六品以下及门荫杂流职事至四品以上而散官应至三品者，皆历六十月，方许告迁。①

通过这则材料可以知道，金代职官仕进过程中，文武官员升迁至三品官所历的时间。单是仕进的时间因素就足以使很多金代仕宦止步于五品六品。吏员，尤其省令史出身的官员在迁转过程中可以节省一些仕进的时间，也可以帮助我们认识吏员出职的最高秩限这个问题。

部令史出职可以致身宰执。皇统初补刑部令史的移剌道，后转尚书省令史，再迁大理司直。"丁母忧，起复，迁户部员外郎。正隆三年（1158），徙临潢、咸平路、毕沙河等三猛安，屯戍斡卢速……明年，迁本部郎中。海陵伐宋，为都督府长史……大定二年，复为户部郎中……迁翰林直学士，兼修起居注……中都转运繁剧，乃改同知中都路都转运事……迁大理卿……再除同知大兴尹……迁户部尚书……改西北路招讨使……父丧去官，起复参知政事……进尚书右丞。乞致仕，（不准而）除南京留守……入拜平章政事……罢为咸平尹"。② 贞元初，补户部令史的粘割斡特剌，也是之后转省令史。在大定十八年（1178）官至参知政事。二十三年（1183），进尚书右丞，二十六（1186）年，转尚书左丞。③ 移剌道和粘割斡特剌都是由部令史转省令史，最终致位宰执。

院令史出职可官至宰执。天会三年（1137）为枢密院令史的孟浩，除平州观察判官。"天眷初，选入元帅府备任使，承制除归德少尹，充行台吏、礼部郎中，入为户部员外郎、郎中……大定二年……有疾，求外补，

---

① 《金史》卷54《选举志四》，中华书局，1975，第1197页。
② 《金史》卷88《移剌道传》，中华书局，1975，第1966~1969页。
③ 《金史》卷95《粘割斡特剌传》，中华书局，1975，第2107~2109页。

除祁州刺史，致仕，归。七年，起为御史中丞……世宗以不次用之，再阅月，拜参知政事……进尚书右丞，兼太子少傅。罢为真定尹……十三年，薨"。①

汉进士出身的省令史的敬嗣晖，"历官怀安丞、弘政令，补尚书省令史……海陵……擢起居注，历谏议大夫、吏部侍郎、左宣徽使……拜参知政事……世宗即位……嗣晖降通议大夫，放归田里……起为丹州刺史……丁母忧，起复为左宣徽使……（大定）十年……复拜参知政事"。②

此外，还有女真字教授充任省令史的纥石烈良弼，其出职的路径为：

尚书省令史→吏部主事→……→吏部郎中→右司郎中→刑部尚书→侍卫亲军马步军都指挥使→参知政事→尚书右丞→左丞→右领军大都督（海陵伐宋时）→南京留守兼开封尹，再兼河南都统（世宗即位后）→尚书右丞→尚书左丞→平章政事→右丞相，监修国史→左丞相，监修国史。③ 这两位是由省令史出职而最终达宰执之位。

元代对吏员出职的最高秩限有明确规定。仁宗时期曾规定"吏人转官，止从七品，在选者降等注授"④。英宗时期依仁宗之制，其在位时间甚短。泰定帝登基后，恢复世祖制度，吏员方面"定吏员出身者秩止四品"⑤。许凡在《元代吏制研究》一书中认为元朝除仁、英两朝约10年时间对吏员出职的限制较严外，其余都执行"秩限四品"的政策。而且元朝虽然规定吏员出身的官员，最高官秩只能升至四品，但是，有相当一部分地位本已很高的"有出身吏员"不在限制之列。所以，这种限制对元代吏员出职的影响不大。

在隋唐时期，"就社会传统观念而言，就统治阶级的既得利益和控制政权的需要而言，干练的胥吏还不能大踏步走入官人行列。他们备受轻视，正是由魏晋南北朝封建贵族社会向宋代封建官僚社会过渡时期的必然现象"⑥。金代吏员出职是官员选任的一个重要途径。金代不同时期吏员的出职情况，因所在部门、吏职不同而有所区别。吏员的出职，充实了金

---

① 《金史》卷89《孟浩传》，中华书局，1975，第1978~1981页。
② 《金史》卷91《敬嗣晖传》，中华书局，1975，第2028、2029页。
③ 《金史》卷88《纥石烈良弼传》，中华书局，1975，第1949~1956页。
④ 《元史》卷25《仁宗本纪二》，中华书局，1976，第566页。
⑤ 《元史》卷29《泰定帝本纪一》，中华书局，1976，第642页。
⑥ 张广达：《论唐代的吏》，《北京大学学报》（哲学社会科学版）1989年第2期。

朝政府的官僚队伍。吏员有可以出职的制度保障，有利于吏员集团参与政治生活，实现个人的政治诉求。并且出职后的升迁没有最高官品的限制，在各方面条件允许的情况下，可以升迁至位于金代官员金字塔塔顶的宰执之位。正如宋德金先生所说："有金一代，由吏员而步入仕途者，不仅数量多，而且可获高位，以至担任参知政事、左右丞、平章政事、左右丞相等要职。这也是以前历代所不曾有过的。"[①] 与宋同时期的金代，吏员有可以出职的制度保障，且可以升迁至宰执，为元代吏员出职之先。这也是金元少数民族政权选官制度的特色。同时也应看到，由于金代吏员出职范围以及年限的限制，相对于数目庞大的吏员队伍，获得在权力核心施展政治才能的机会，成为少数高级吏员才有的特权。

---

① 宋德金：《金代社会与传统中国》，《中央民族大学学报》1995年第3期。

第七章　吏员与金代社会

关于官吏分途问题，赵世瑜认为经过秦汉时期的奠基和魏晋南北朝时期的过渡，在隋唐时期，吏制也与官制、科举选官制度一同确立起来。最重要的是，通过流外官制度，明确地把官与吏相区分，这是秦汉时期官吏不分以来，第一次从体制上明确他们的区别。[①] 这是从制度上论述的。叶炜则从吏员集团形成的角度对官吏分途进行了阐述。他提出，随着官僚制度的发展，因分工而产生行政角色的分化是各国官僚制发展过程中的普遍现象，而同样以行政分工为基础的胥吏，在中国古代史上却形成了一个特殊的社会阶层，这是中国古代特有的现象。[②]

隋唐官吏分途之后，金代吏员同样作为一个群体，从统治集团中相对独立出来，逐渐形成一个特殊的社会阶层。即在历史发展过程中由于事务繁杂，需要政务人员和事务人员逐渐分离，金代吏员也形成了一个相对独立的集团，我们称之为金代吏员集团。

第一节　金代吏员集团的形成及其内部分层

一　金代吏员集团形成的背景与基础

金代吏员集团形成的外在表现是官吏分途，吏员从官员队伍中独立出来，形成一个特殊的社会阶层。其形成的背景，可从历史和社会两方面进行分析。

从历史发展方面来说，是中国古代官僚制发展过程中行政分工的需要。国家的职官制度、文牍制度的演进必然是由简到繁、由粗到细的过

[①] 赵世瑜:《吏与中国传统社会》，浙江人民出版社，1994，第 70 页。
[②] 叶炜:《南北朝隋唐官吏分途研究》，北京大学出版社，2009，第 173、174 页。

程。中国古代的君主专制政体是以皇权为核心的。皇帝通过制定一系列管理制度——官制，调整官僚阶层的权益分配，来保障官僚阶层为其服务，以维护其统治。自汉代以降，吏员开始逐渐从官员队伍中分化出来，到隋唐时期流外官与流内官泾渭分明。金朝是女真贵族建立的少数民族政权，为适应统治需要，熙宗、海陵对官制相继进行改革。改革的重点是建立汉官制度。汉官制是汉族中原封建王朝官僚政治制度的重要内容，并为历史上在中原建立政权的民族所采纳。在发展中逐渐形成了汉官制为主，同时保留女真制度，两种制度并行的官制，金代官制，既是对中原制度的认同、继承，又具有适应女真族统治需要的鲜明特征[1]。在金政权逐步汉化的过程中，文案工作日益专业化，事务与政务日益分化导致吏与官的比例日益增大，吏员逐渐从官僚队伍中分化出来并形成有一定独立性的政治集团。

从社会性方面来说，官吏分途是社会在逐渐发展的过程中，由于事务繁杂，需要政务人员和事务人员逐渐分离，也就是在社会发展的推动下，官制进一步发展出现官吏分途。吏员集团是中国官僚政治高度发展的产物。王亚南说："大体而论，官制包括三个门类：其一是官职、官品、官禄的确定；其二是官吏权责的分划；其三是官吏任用的程序。"[2] "官职、官品、官禄的确定"，明确了各级官僚的地位、待遇。官与吏有各自的权责范围，各职位对充任者的要求不同，任用程序也有所差别。

另外，金朝作为少数民族政权入主中原，由于本民族官员自身文化素质较低，统治者对汉族又不信任，只好借鉴前代制度，用吏员控制地方。随着金代汉官制的形成与完善，吏员逐步形成一个特殊的集团。行政业务的分工影响着社会和道德领域的分层[3]，正是因为如此，官吏分途之后，吏与官的区别日趋明显。金代吏员集团的存在具有自身特殊的政治、经济、文化与社会基础。

政治基础。金朝占统治地位的是女真贵族与汉族地主阶级，而作为他们在政治上的代表的是中央与地方的各级官吏。吏制依附于官制并作为官制的必要补充而存在。由于程式化的政务处理的需要，吏员从官僚队伍中分化出来，承担起大量基础性的行政工作。虽然处于统治阶层的下层，但

---

[1] 程妮娜：《女真人与汉官制》，《吉林大学社会科学学报》1990年第6期。
[2] 王亚南：《中国官僚政治研究》，中国社会科学出版社，1981，第48页。
[3] 叶炜：《南北朝隋唐官吏分途研究》，北京大学出版社，2009，第12页。

吏员集团本身有着强烈的政治诉求。吏员在官员的指挥下，处理具体政务特别是经办各类文书，在一定程度上提高了处理政务的行政效率。而国家机构也需要吏员参与到政治生活中，维持政权机构的正常运转。科举出身的官员由于平日所习主要是儒家经典和正史，虽然日诵万言、文出七步，却不能事必躬亲，执行中央、地方各级机构的各项政令，因此就需要吏员的协助。而吏员正好承担这种繁杂琐碎的事务，协助官员处理行政事务方面的工作，使官员能够腾出手来，处理各项复杂的政务。这种相互的政治需要是吏员集团存在的重要因素。

经济基础。金代皇亲贵族、女真猛安谋克、汉族大地主阶级占有大量的土地和资源，而作为国家管理者的官吏，在经济上也是处于优势的。国家给予官吏各种优遇，俸禄即其中之一。金代吏员虽然多数都有俸禄，但是在数额上与官员的俸禄相差悬殊。根据史籍记载，金代吏员中地位较高的省令史、译史的俸给，为"钱粟一十贯石，绢四匹，绵四十两"。省通事、枢密令史译史的俸给如下："钱粟十二贯石，绢三匹，绵三十两。"枢密通事、六部御史台令译史的俸给是"钱粟一十贯石，衣绢三匹，绵三十两。"而官员中俸给最低的是从九品，其待遇有朝官和外官之别："朝官，钱粟一十贯石，麦二石，衣绢各五匹，绵三十两。外官，诸教授，钱粟一十二贯石，麦一石，衣绢各三匹，绵一十两，职田二顷。"[①] 品级高的官员其俸禄更是优渥，吏员与官员的俸给差别之悬殊由此可见一斑。经济基础决定上层建筑，职官与吏员经济基础的差别与分化，进一步造成了吏员政治地位的下降，加深了两者在政治层面的进一步分化。

文化基础。金代吏员来源广泛、构成复杂。从文化层次上看，吏员队伍中数量最多的地方吏员，多数来源于地方吏员世家。这部分人几代以习吏为业，文化素质不高，仅仅略通文墨。吏员队伍中处于高层且占少数的中央政府吏员多来自进士出身的基层职官。由于吏员集团在整体的文化层次上与以科举出身为主的官员队伍之间存在着较大的差距，由此导致的道德层面的差距也被放大。金世宗曾对宰臣说："夫儒者操行清洁，非礼不行。以吏出身者，自幼为吏，习其贪墨，至于为官，习性不能迁改。政道兴废，实由于此。"[②] 活动在金中叶、进士出身的官员王寂也说："夫吏之

---

① 《金史》卷58《百官志四》，中华书局，1975，第1346、1345页。
② 《金史》卷8《世宗本纪下》，中华书局，1975，第185页。

所习，诡道也。或桀黠尤甚者，揣不言之意，伺欲动之色，推轻重，矫枉直，必利而后已。"① 当时的帝王、文人也认为由于所习不同，吏员与职官之间的差别是显而易见的。他们所论虽然不免有偏见之嫌疑，但也可能确是普遍的看法。

社会基础。吏员集团的形成，也与自唐代以来，日益加深的观念上的解放，进一步摆脱魏晋以来的门阀贵族的传统政治意识的束缚是分不开的。吏员集团代表着统治集团的最下层，官吏分途之后，吏员集团作为一个整体有了系统的发展，其角色定位日益明确，形成了固定的职业，以及相对封闭和独立的迁转系统，共同的利益促使其内部有了共同的认同感。而时人对于金代吏员集团，也已认识到其有别于官员集团的独立性。"高琪秉政，恶儒喜吏，上下苛察。完颜素兰首攻琪恶，谓琪必乱纪纲。陈规力言刀笔吏残虐，恐坏风俗"②。女真进士出身的官员完颜素兰和汉进士出身的监察御史陈规对吏员都深恶痛绝。

金代的吏员集团正是具备了上述基础，才作为金代政治中一个特殊阶层而存在，并对金代社会产生了深远的影响。

二 金代吏员集团的内部分层

官吏分途之后，金代吏员作为一个群体相对独立出来，逐渐形成一个特殊的社会阶层，即在历史发展过程中由于事务繁杂，需要政务人员和事务人员逐渐分离，金代吏员也形成了一个相对独立的集团，我们称之为金代吏员集团。这是中国古代官僚政治体制发展到一定时期，官吏二元政治架构下的一个亦官亦民、非官非民的特殊阶层。

吏员集团的社会分层是以其内部职业的分别为基础的。由于各级行政机构等级差别和职位的不同，金代吏员集团内部可分为中央吏员和地方吏员，其内部分层情况又有所不同，分述如下。

（1）中央吏员中以尚书省令史为代表的高级吏员，包括中央各部门的令、译史、通事等，从事文书案牍事务，作为金代吏员集团的第一等级，是官吏分途以后官与吏之间连接最紧密的部分。

这部分吏员分布在金朝中央政府的核心要害机构中，如尚书省、六

---

① （金）王寂：《送故吏张弼序》，（清）张金吾编纂《金文最》，中华书局，1990，第543页。
② 《金史》卷109《完颜素兰、陈规、许古传》，中华书局，1975，第2418页。

部、枢密院等，虽然主要从事文案工作，但掌握机要，甚至有参政以至宰执的机会，且考核期满，可以年劳出职为官，从而由吏入仕，摇身一变进入官员队伍。同时，又有职官入吏的相关规定，低级官员充任高级吏员后再入官，也事实上提高了此类吏员的社会地位。

（2）中央吏员中的其他吏员，主要是国史院书写及宫中诸局承应人有出身者。这些吏员虽然可以参与政治生活，但由于其从事的多为辅助性工作，而且在出职时间上比令、译史等要长，出任的职官官品也低一些，在地位方面自然也不能相提并论。此部分吏员处于金代吏员集团的第二等级。

此类吏员与第一类吏员共同构成中央吏员（包括中央政府吏员和宫廷吏员），他们中相当一部分为进士出身或贵族、大臣子弟，整体素质较高，普遍优于地方吏员。另外，金朝中后期，随着皇权的加强，近侍的权力不断增强，近侍局吏员奉职、奉御及护卫的地位有所上升，并一度对金代政治产生过重要影响，在出职等方面一度也有更多的特权，显示出第一、第二等级吏员之间分层的动态变化。

（3）地方吏员。世宗大定二年（1162），户部郎中曹望之进言，随处胥吏猥多，乞减其半。[①] 地方吏员数量之庞大由此可见一斑。这些吏员，除少数能通过考试，补充中央政府吏员的缺额及由吏入官的情况外，大多数无出职的可能，但往往刀笔相传，把持地方基层的实权，作用不可或缺，在地方政治生活中扮演较为重要的角色。地方吏员是金代吏员集团的第三等级。

地方吏员在整体素质上无法与第一、第二等级相比，在政治待遇方面也同前二者有天壤之别。在其内部，由于路、府、州、县行政层级的不同，各级吏员的待遇又有差别，尤其是在吏员增补时，往往遵循由低到高、逐级递补的原则。由于缺乏出口，不少吏员终身为吏，吏员成为地方行政机构中十分稳定的一种职业。

综上所述，金代的吏员集团是由三个等级构成的。第一等级是以省令史为代表的省、院、台及六部的令史、译史和通事等，他们能够参与政治，尤其是核心的政权建设，与朝廷和高层官员之间的联系很紧密。第二等级是中央吏员中除此之外的其他吏员，主要是国史院书写及宫中诸局分

---

① 《金史》卷53《选举志三》，中华书局，1975，第1177页。

承应人有出身者，他们虽然也参与政治生活，但由于其从事的多为辅助性工作，其地位自然也不能与第一等级相比。处于第三等级的地方吏员虽然很难进入中央，但对于地方的统治秩序的建立，发挥了较为重要的作用。当然，吏员集团对金代社会产生的负面影响也是不容忽视的。

第二节　吏员集团与金代社会的关系

金代社会的诸多方面都离不开吏员，吏员对金代的政治、经济、文化教育，以及社会管理乃至观念都产生了重要的影响，研究金代的吏员与金代社会的关系，有助于我们对金代吏员的准确定位。

一　吏员集团与金代政治

金朝作为女真贵族建立的少数民族政权，从中央到地方几乎各级行政机构都设置有吏员，中央机构的令史、地方机构的司吏在设置上基本有女真和汉人之分，是金代吏员设置的一个特色。金代吏员集团由于各级行政机构等级差别和职位的不同，其内部又可分为中央吏员和地方吏员。就中央吏员而言，又可横向分为中央政府吏员和宫廷吏员。据《金史》载，"终金之代，科目得人为盛。诸宫护卫，及省台部译史、令史、通事，仕进皆列于正班，斯则唐、宋以来之所无者，岂非因时制宜，而以汉法为依据者乎。金治纯驳，议者于是每有别焉"[1]。这里的"诸宫护卫及省台部译史、令史、通事"都属于中央吏员，在金代皆被列于正班。其中以省令史为代表的中央政府吏员，能够参与政治，尤其是核心政权的建设，而以奉职、奉御等为代表的宫廷吏员，也可以参与一定的政治生活，并一度对金代政治产生过重要影响。相比较而言，地方吏员则很难仕进至中央政府机构，但是对于地方统治秩序的建立，发挥着非常重要的作用[2]。

（一）中央政府吏员与金代政治

在金朝各级机构中，吏员的民族出身以女真族为主，并有汉族、渤海、契丹、奚族人参与其中。但是女真族与汉族所占比例最高。金代吏员

---

[1]　《金史》卷51《选举志一》，中华书局，1975，第1130页。
[2]　王雷：《金代吏员集团的内部分层》，《黑龙江教育学院学报》2009年第11期。

在吏的系统内部民族制衡中发挥着一定的作用，而且对于金代政治也有积极和消极两方面的影响。陶晋生在《金代的政治结构》一文中对该问题有所研究，并列表如下（见表7-1）。

表7-1　金代统治阶层种族分配①

种族	女真			汉人	契丹	渤海	奚	其他	总计
	宗室	完颜氏	其他						
人数	126	36	162	260	33	19	8	4	648
百分比（%）	19	6	25	40.1	5.1	3	1.2	0.6	100
		50							

表7-1是陶晋生根据《金史》列传的人物资料，将金代统治阶层的实际构成做成的统计表。在金统治阶层中，女真族成员占一半，其次是汉人，所占比例也比较大，契丹、渤海、奚以及其他民族成员所占比例较小，除女真族以外的这些民族成员也占到统治阶层的半数。这样就使女真族和其他各民族的总和在总体上处于平衡状态。然而，见于《金史》列传记载的成员以皇族和中上层官员为多，普通吏员则较少。

位于统治阶层底部的吏员集团，其内部也存在着这种民族上的平衡关系。根据《金史·百官志》记载的内容作金代中央政府吏员民族分布表（见表7-2）。

表7-2　金代中央政府吏员民族分布②

民族 吏职	女真	汉	合计	其他
尚书省令史	35	35	70	
尚书省译史	14	14	28	高丽、夏国、回纥译史四人
枢密院令史	12	6	18	回纥译史一人
都元帅府令史	12	6	18	
都元帅府译史	1	2	3	
都元帅府通事	3	2	5	

---

① 陶晋生：《金代的政治结构》，《历史语言研究所集刊》41本4分，1969，第583页。
② 此表为金代通常情况下的编制数额，排除因战争因素都元帅府临时增加的吏员数目。另外，此表数据为不完全统计，因史籍中某些机构的吏员，如省通事、六部译史、通事等无民族成分的记载，此处暂略去。

续表

民族 吏职	女真	汉	合计	其他
御史台令史	13	15	28	
吏部令史	29	40	69	
户部令史	17	55	72	
礼部令史	5	10	15	
兵部令史	12	15	27	
刑部令史	22	29	51	
工部令史	4	14	18	
三司令史	10	40	50	
国史院书写	5	5	10	
审官院掌书	2	2	4	
合计	196	290	486	
占比（%）	40.3	59.7	100	

总体看来，汉人在中央政府吏员中所占比例稍高于女真族。然而，作为最高政务机构的尚书省主要吏员令、译史，则是女真、汉人各占一半；在掌管军机要务的要害部门，女真令史为汉令史的两倍，说明女真统治者在吏员的使用上，对其他民族仍存芥蒂之心，力图保持女真族在要害部门的绝对优势。汉令史多于女真令史的部门是御史台、六部和三司。而且，御史台和兵部汉令史与女真令史基本相当，三司与吏、户、礼、刑、工五部的汉令史数量明显比女真令史多。这主要是因为这些部门掌管财政、官员选授与考课、礼仪、刑罚、江河道路等，作为以传统农业为生的汉人要比出身于白山黑水的女真人更擅长处理这些具体事务。

中央政府吏员由于自身的特殊地位，在参与金代政治方面成发挥了一定的积极作用。其中，省令史等中央政府吏员的上书言事常见于史籍记载，金世宗也曾下诏："百司官吏，凡上书言事或为有司所抑，许进表以闻，朕将亲览，以观人材优劣"。[1] 反映了世宗重视人才的选拔，避免有关部门压制上书言事的官员和胥吏。中央政府吏员参政的积极作用主要表

---

[1]《金史》卷6《世宗本纪上》，中华书局，1975，第128、129页。

现在以下方面。

一是上言政事。金代中央政府吏员参与政治的积极性是非常高的。医师祁宰因进言反对海陵伐宋而被杀,世宗即位后,下诏给其赠官,复其田产。章宗泰和初年,下诏定大臣谥号,有关部门因其职非三品,不在讨论之列。尚书省掾李秉钧上言:"事有宜缓而急,若轻而重者,名教是也。伏见故赠资政大夫祁宰以忠言被诛,慕义之士,尽伤厥心。世宗即位,赠之以官,陛下录用其子,甚大惠也。虽武王封比干之墓,孔子誉夷、齐之仁,何以异此。而有司拘文,以职非三品不在议谥之列,臣窃疑之。若职至三品方得请谥,当时居高官、食厚禄者,不为无人,皆畏罪渊忍,曾不敢申一喙,画一策,以为社稷计。卒使立名死节之士,顾出于医卜之流,亦可以少愧矣。臣以谓非常之人,当以非常之礼待之。乞诏有司特赐谥以旌其忠,斯亦助名教之一端也。"① 李秉钧的建议得到统治者认同,最终议定祁宰谥号为忠毅。事件虽小,我们也可管窥到金代中央政府吏员广泛参与政治活动,敢于抒发己见的事实。

二是为维护金朝统治建言献策。金季,部分省、部令史对时局能正确认识并献策于国是,为维护金朝统治出谋划策。宣宗即位后,由于蒙古军队的进攻,金廷于贞祐二年(1214)迁都汴京,蒙古军步步紧逼,金朝统治危如累卵。贞祐四年(1216),"吏部令史韩希祖陈言,曾以战功致身者尽拘京师备用,从之"②。韩希祖虽为区区一吏部令史,其进言仍能被采用,表明吏员积极参与金代的政治并发挥作用。此外,金亡前夕,哀宗率部分大臣逃离汴京。天兴二年(1233),省令史许安国来到讲议所进言:"古者有大疑,谋及卿士,谋及庶人。今事势如此,可集百官及僧道士庶,问保社稷、活生灵之计。"③ 左司都事元好问,以安国之言告之留守汴京的参知政事完颜奴申,得到奴申与副枢密使的肯定。上述一省一部两令史都是在金末国势衰微的情况下,积极进言献策,从而为挽救金朝统治尽一分力量。

并非所有中央政府吏员参与政治的例子都是正面的,也有吏员对破坏金朝统治起推波助澜的情况。其中,代表性事件是令史告发田珏党事:"皇统七年,尚书省令史许霖告田珏党事,松年素与珏不相能。是时宗弼

---

① 《金史》卷83《祁宰传》,中华书局,1975,第1874、1875页。
② 《金史》卷14《宣宗本纪上》,中华书局,1975,第321页。
③ 《金史》卷115《完颜奴申传》,中华书局,1975,第2525页。

当国，珏性刚正，好评论人物，其党皆君子，韩企先为相爱重之。而松年、许霖、曹望之欲与珏相结，珏拒之，由是构怨。故松年、许霖构成珏等罪状，劝宗弼诛之，君子之党熄焉。"① 我们无意评价这个事件本身的曲直，但是对于这个事件而言，作为中央政府吏员的尚书省令史，在这一政治事件中无疑是发挥了穿针引线的作用。

（二）宫廷吏员与金代政治

陶晋生认为金代政治结构有两个缺点。一是女真政治结构较唐宋为简单，取消了制衡的作用，在治术上着重制压，因而发生了政治过程的残暴化。内朝的权力特别强大，更是一种退化的现象。二是中央集权强化和政治结构简单化的一个结果，是造成金末权臣秉政的现象。金末的三个权臣（纥石烈执中、术虎高琪、撒合辇），两个（术虎高琪、撒合辇）出自内朝。② 与其他朝代相比，金代宫廷政治的一个重要特点是近侍干政，而宦官少与。根本原因是"金法置近侍局，尝与政事，而宦者少与焉"③。由于金代官僚政治制度保障了近侍广泛参与政治的权利，所以，宫廷吏员在有金一代活跃于政治舞台。宦官集团的政治空间被大量压缩，宦官淡出金代政治视野。

金代宫廷吏员中，对金代政治产生重要影响的有两类群体，其一是近侍局吏员——奉职、奉御，其二是护卫。近侍隶属于殿前都点检司下辖的近侍局，周峰从《金史》中摘出有明确身份的近侍74人，其中女真人58人，占78%。女真人当中又颇多权贵乃至宗室，因此与皇帝的关系十分密切④。当然，周峰对近侍的统计，包括近侍局的官员，也包括吏员。护卫隶属于殿前都点检司，多来自宗室子、贵胄子弟。

作为对金代政治产生过重要影响的群体，金立国之初，近侍乏见于在金代的政治生活。据李锡厚研究，直到熙宗以后，推行汉制，实行专制主义中央集权，郎君成为加强皇权的障碍，不再受到皇帝的信任，才被皇帝身边的奴仆——"近侍"所取代⑤。因此，在金代早期，宫廷吏员对于政

---

① 《金史》卷125《文艺传上》，中华书局，1975，第2716页。
② 参见陶晋生《金代的政治结构》，《历史语言研究所集刊》41本4分，1969，第593页。
③ 《金史》卷131《宦者传》，中华书局，1975，第2807页。
④ 周峰：《金代近侍初探》，《内蒙古社会科学》1998年第2期。
⑤ 参见李锡厚《金朝的"郎君"与"近侍"》，《社会科学辑刊》1995年第5期。

治的影响微乎其微。

以近侍吏员为代表的宫廷吏员受到金廷重视,始于熙宗、海陵时期。熙宗时,近侍大兴国受到宠信。史载:"大兴国,事熙宗为寝殿小底,权近侍局直长,最见亲信,未尝去左右。每逮夜,熙宗就寝,兴国时从主者取符钥归家,主者即以付之,听其出入以为常。"① 而宫廷吏员参与金代政治,尤其是金代的宫廷政治,也是始于熙宗遇弑的宫廷政变,其幕后主使是海陵王,护卫仆散忽土也参与密谋,近侍吏员之一的寝殿小底即奉御直接参与。正是这个"最见亲信"的大兴国,在谋弑熙宗的活动中,充当其马前卒。当晚,"兴国取符钥开门,矫诏召海陵入。夜二更,海陵王、秉德等入。熙宗常置佩刀于御榻上,是夜兴国先取投榻下,及乱作,熙宗求佩刀不得,遂遇弑"②。海陵王即位后,对近侍重用有加,以大兴国为广宁尹,天德四年,改崇义军节度使。熙宗朝的寝殿小底大兴国在海陵王一朝实现了从宫廷吏员到官员的身份转变。

世宗时期,多见奉职、奉御传达皇帝谕旨的记载。章宗时期起,近侍吏员在金代政治中扮演越来越重要的角色。近侍吏员干政在章宗朝的政治生活中留下浓重的一笔。明昌初,被章宗派遣出使山东的奉御蒲察五斤,见河间百姓饥荒,便私自令提刑司开仓赈济。事后,皇帝顾忌朝中大臣言论,还是对他进行了处罚。总的来说,熙宗到章宗时期,近侍参与政治主要是个人行为,这些近侍吏员或近侍出身人员本身就较一般官员更接近皇帝,一旦进入决策圈中,势必权倾朝野。而作为管理近侍的近侍局,在金朝政治中发挥作用则始于宣宗朝。

宣宗时期,近侍局作为宫廷的侍御机构,真正参与到金代政治中,发轫于金廷铲除纥石烈执中的政治事件。这一事件可追溯到卫绍王时期,纥石烈执中弑卫绍王而立宣宗,就有护卫开启宫门,效劳马前。宣宗即位后,对发动政变的纥石烈执中不但不加惩治,反而加官、赐第,引起群臣不满。之后,提点近侍局庆山奴、副使惟弼、奉御惟康请除执中。执中死后,其党羽作乱,又是"宣宗遣近侍抚谕之,诏有司量加赒赠,众乃稍安"。平乱之后论赏,"庆山奴、惟弼、惟康皆迁赏",《金史》云"近侍局自此用事矣"③。

---

① 《金史》卷 132《大兴国传》,中华书局,1975,第 2822 页。
② 《金史》卷 132《大兴国传》,中华书局,1975,第 2822 页。
③ 《金史》卷 132《逆臣传》,中华书局,1975,第 2839 页。

南渡以后，宣宗更加宠信、重用近侍。近侍成为皇帝监视百官的耳目、眼线，号为"行路御史"，采访民间，监视民众，或被派到军中，监视军事将领，号为"监战"①。由于宣宗朝"近侍以诌谀成风"，四方灾异或民间疾苦不能上达于皇帝，造成言路堵塞。采访民间的奉御，"或得一二事即入奏之，上因以切责台官漏泄，皆抵罪"；监战的奉御，则"每临机制变多为所牵制，遇敌辄先奔，故师多丧败"②。奉御贻误战机，遇敌先逃，对金军的战败负有不可推卸的责任。

南渡以后直至金亡，近侍频见于史籍记载。直到哀宗时，近侍干涉朝政的情况仍然非常严重，以致大臣斜卯爱实上章谏曰："今近侍权太重，将相大臣不敢与之相抗。自古仆御之臣不过供给指使而已，虽名仆臣，亦必选择正人。今不论贤否，惟以世胄或吏员为之。夫给使令之材，使预社稷大计，此辈果何所知乎。"③金末乱世，退至归德的末帝哀宗，受制于乱政的马军元帅蒲察官奴，宦官、奉御、护卫一起谋诛叛臣蒲察官奴及其党羽。这一事件《金史》的记载如下："及官奴往亳州，（宋）珪阴与奉御吾古孙爱实、纳兰忔答，护卫女奚烈完出、范陈僧、王山儿等谋诛之。官奴自亳还，哀宗御临漪亭，召参政张天纲及官奴议事。官奴入见，珪等即从旁杀之，及其党阿里合、白进、习显。"④奉职、奉御、护卫等宫廷吏员的政治行为并不能改变时局和战争的进程，亦无力挽救金朝最终灭亡的命运，但是宫廷吏员参与金代宫廷政治，维护君主的权威和政治的稳定性，其影响不容忽视。上述事件只是宫廷吏员参与宫廷政治的一个缩影。

以奉职、奉御和护卫为代表的宫廷吏员参与金代的宫廷政治，有着近水楼台的优势，作为皇帝身边的人员，很容易得到信任并走向权力的中心。因此，他们对金代政治的影响是一把双刃剑：一定时期内，宫廷吏员成为君王的眼线和依仗，为加强专制主义中央集权，维护金代政治和社会的稳定，发挥了重要的作用。在某些政治事件中，皇帝也依仗宫廷吏员的忠心，铲除奸逆，归政于君。也正是由于宫廷吏员在金代宫

---

① （金）刘祁撰《归潜志》卷7，崔文印点校，中华书局，1983，第71页。
② 《金史》卷111《完颜讹可传》，中华书局，1975，第2447页。
③ 《金史》卷114《斜卯爱实传》，中华书局，1975，第2516页。
④ 《金史》卷131《宦者传·宋珪传》，中华书局，1975，第2809页。

廷政治中的地位，某些时候，宫廷吏员难免会利用其固有的优势干预政治，金代后期政治的腐败即与此有直接关系。宫廷吏员参与金代政治的消极意义主要有：由于接近皇帝，一朝得势便公受贿赂，弄权朝野。此外，金末近侍吏员谄谀成风，造成朝廷言路堵塞。金亡与此不无关系。

（三）地方吏员与金代政治

金代地方吏员有司吏、抄事、公使、通事、译人、书史、书吏等，尤以司吏、公使最为常见。司吏广泛分布于路府州县、招讨司、漕运司、仪鸾局、群牧所、知镇、知城、知堡、知寨等各个衙署①。地方吏员不仅处理公文，还是联系官与民之间的中间环节，各级政府部门的行政管理只有依赖吏员才能运转。虽然吏员在政权机构中处于附属地位，地位低下，但不可或缺。地方几乎所有机构的主要吏员都有女真人和汉人之分，这是金代地方吏员设置的特色。我们据《金史·百官志三》作金代地方吏员的民族分布表以便对比（见表7-3）。

表7-3 金代地方吏员的民族分布

吏职 \ 民族	女真	汉族	合计
大兴府司吏	15	60	75
上京留守司司吏	20	10人到60人不等②	
北京留守司司吏	13	10人到60人不等	
东京留守司司吏	10	10人到60人不等	
南京留守司司吏	5	10人到60人不等	
西京留守司司吏	5	10人到60人不等	
上京、东京路按察司并安抚司书吏	12	6	18
中都、西京路按察司并安抚司书吏	5	5	10
北京、临潢路按察司并安抚司书吏	3	5	8
南京路按察司并安抚司书吏	2	7	9

---

① 魏佐国：《司吏考略》，《南方文物》1993年第3期。
② 汉人司吏，三十万户以上六十人，二十五万户五十五人，十万户以上四十人，七万户以上三十五人，五万户以上三十人，三万户以上二十四人，不及万户十人。

续表

民族 吏职	女真	汉族	合计
山东路按察司并安抚司书吏	3	7	10
大名路按察司并安抚司书吏	3	6	9
山东西路司吏	15	20人到42人不等①	
大名府路司吏	14	20人到40人不等	
山东东路、咸平府、临潢府司吏	各12人	20人到40人不等	
河北西路司吏	10	20人到40人不等	
河北东路司吏	8	20人到40人不等	
河东南北路、京兆、庆阳、临洮、凤翔、延安路司吏	各4人	20人到40人不等	
曷懒路司吏	10	2	12
婆速路司吏	11	2	13
诸散府司吏	3	17人到40人不等②	
隆州司吏	14	依府尹数例	
盖州司吏	12	依府尹数例	
泰州司吏	11	依府尹数例	
速频、胡里改司吏	各10人	依府尹数例	
蒲与司吏	8	依府尹数例	
平、宗、懿、定、卫、莱、密、沧、冀、邢、同、雄、保、兖、邠、泾、朔、奉圣、丰、云内、许、徐、邓、巩、鄜、全、肇州司吏	各3人	依府尹数例	
上述以外的其余各节度州司吏	各2人	依府尹数例	
诸防御州司吏	1	最多20人③	
韩、庆、信、滦、蓟、通、澄、复、沈、贵德、涿、利、建州、来远军司吏	各2人		
上述以外的其余各刺史州司吏	各1人		

① 户十八万以上四十二人，十五万以上四十人，十三万以上三十八人，十万以上三十五人，七万以上三十二人，五万以上二十八人，三万以上二十二人，不及三万户二十人。
② 若管十六万户四十人，十四万以上三十八人，十二万以上三十五人，十万以上三十二人，七万以上三十人，五万以上二十五人，三万户以上二十人，不及三万户十七人。
③ 管户五万以上二十人，以率而减。

续表

吏职 \ 民族	女真	汉族	合计
中都警巡院司吏	3	15	18
上京警巡院司吏	2	4	6
东京警巡院司吏	2	6	8
西京警巡院司吏	2	8	10
南京警巡院司吏	1	9	10
北京警巡院司吏	1	5	6
都转运司司吏	8	90	98
辽东路转运司司吏	10	20人到50人不等[①]	
西京、北京、山东西路转运司司吏	各5人	20人到50人不等	
其余各路转运司司吏	各4人	20人到50人不等	
山东盐使司司吏	3	19	22
潼关巡检司司吏	1	1	2
大庆关巡检司司吏	1	1	2
统军司书史	8	5	13
诸谋克司吏	1		
诸部族节度使司吏	2	2	4
诸移里堇司吏	1	1	2
诸秃里司吏	1		
诸群牧所司吏	6		

  金廷在地方部门吏员的设置上，更多体现的是因地制宜。虽然我们无法精确计算出地方各机构中女真、汉族吏员所占的比例，但通过表7-3可知，地方要害部门吏员的设置上，依然要保持女真族占绝对优势。如统军司司吏的设置上，女真人要多于汉人，甚至女真族基层组织，有些部门只设置女真司吏，不设汉人司吏。而与经济有关的部门则是汉族吏员较多。金代在地方吏员的设置上，也体现了统治者对汉人有芥蒂之心，同时又因地、因部门而宜。

[①] 课额一百八十万贯以上者五十人，百五十万贯以上四十五人，百二十万贯以上四十人，九十万贯以上三十五人，六十万贯以上三十人，三十万贯以上二十五人，不及三十万贯二十人。

第七章　吏员与金代社会

对于金代政权建设来说，地方吏员是地方政治顺利运转的保障。祖慧在《论宋代胥吏的作用及影响》[1]一文中提到，胥吏对于政治的积极影响主要有三点：沟通上下联系，减少政策失误（公文的抄写、点检、批勘以及收发、传送等工作均为胥吏之职责）；保证政令的贯彻，维持法令的连续性；维系社会安定，稳固专制统治。消极影响有四点：营私舞弊，干扰法令实施；窃权弄政，侵侮士类；敲剥百姓，危害社会稳定；勾结权贵，加重统治的黑暗与腐败。这一论述也同样适用于金代吏员。单就地方吏员与金代政治方面而言，发挥的积极作用主要表现在以下两点。

一是金代地方吏员在保障政策的连续以及上下级政府的联系上发挥了应有的作用。金代吏员队伍的膨胀，从一个侧面反映了金代政权建设对于吏员队伍的需求。而金代一度的中兴和稳定的局面也表明，作为基层政权中不可或缺的吏员集团在无声地发挥着自己的作用，这种作用是无法磨灭的，即便是史书对此类情况的记载较少或不见。

二是金代地方吏员在维护地方政权的稳定方面发挥了积极作用。兴定元年，"陕州振威军万户马宽逐其刺史李策，据城叛。遣使招之，乃降。已而复谋变，州吏擒戮之，夷其族"[2]。正是这些吏员，在政治动荡的时候，积极参与到平叛事件中，为维护金廷统治的稳定发挥了作用。在特殊时期，吏员也会在官员领导下，为维护地方的安全与稳定发挥积极作用，如当石州叛乱者阎先生率众数万至汾州城下，企图攻下汾州。时任知汾州事的郭企忠"乃率吏民城守。会援至，合击，破之"[3]。这里也是州吏在官员的率领下，和普通民众一起坚守城池。

而金代地方吏员对金代政治的消极影响也是显而易见的，有滑吏、奸吏与官员、豪民因缘为奸，以及贪污腐败的情况。此类例子在史料中颇为常见，试举一例。天德年间，河东南路转运使毛硕曾上言："顷者，定立商酒课，不量土产厚薄、户口多寡及今昔物价之增耗，一概理责之，故监官被系，失身破家，折佣逃窜。或为奸吏盗有实钱，而以赊券输官，故河东有积负至四百余万贯，公私苦之。请自今禁约酒官，不得折准赊贷，惟许收用实钱，则官民俱便。"[4] 从其中"奸吏盗有实钱，而以赊券输官"

---

[1] 祖慧：《论宋代胥吏的作用及影响》，《学术月刊》2002年第6期。
[2] 《金史》卷15《宣宗本纪中》，中华书局，1975，第331页。
[3] 《金史》卷82《郭企忠传》，中华书局，1975，第1842页。
[4] 《金史》卷92《毛硕传》，中华书局，1975，第2034页。

的记载来看，依稀可以看出官吏勾结的影子，故毛硕提出"请自今禁约酒官，不得折准赊贷，惟许收用实钱"的建议。在一定程度上，小吏的品行与其长官直接相关。史载，历任顺义、永定、昭义、武宁四镇节度使的萧仲宣，"为政平易，小吏不敢为奸。贿赂禁绝，奴婢入郡人莫识其面"①。张浩为平阳尹时，"强宗黠吏屏迹，莫敢犯者。郡中大治"②。吏员在官员的领导下办事，若长官管理严格，吏员奸猾现象自然会收敛一些。贾芳芳的研究表明，宋代地方的情况也类似，宋代的吏地位比起金、元来低很多，但官要进行统治，又必须通过吏。扮演着"佐官治民"角色的吏，在宋代地方政治中发挥着不可低估的作用。地方政府内部的官吏关系，成为决定宋代地方政治走向的重要因素。然而不论是官欺压或勒索吏，还是"吏强官弱"，或者两者狼狈为奸，都必然造成和加深地方政治的贪腐和黑暗。③

金人元好问曾说："予行天下多矣，吏奸而渔，吏酷而屠，假尺寸之权，朘民膏血以自腴者多矣。"④ 元好问是宣宗兴定年间的进士，他所说的应该是宣宗以后金朝晚期的情况。"金之季年，国势窘蹙，时有横敛于民，贫不能供者，辄拘系榜掠之"⑤。从侧面反映了金末地方吏员横征暴敛，导致叛乱，严重危害金廷统治。

（四）吏权大盛

据现有的研究成果来看，金代在吏员的管理上运用了多种手段，吸收了唐、辽和北宋的政治管理经验，并有所创新，一定程度上协调了政治权力分配中的矛盾。虽然金代没有从根本上改变吏员政治附属于官僚政治的地位，但某些部门吏员的政治地位较高，吏员参与政治生活中的深度和广度都有不同程度的扩展。吏员集团内部有融合，吏员的迁转可分为吏职内部的迁转和吏员出职为官。一般吏职内部的迁转又根据实际情况有所不同，中央政府吏员的迁转有在同一部门内部平调或升迁为更高一级的吏

---

① 《金史》卷82《萧仲宣传》，中华书局，1975，第1851页。
② 《金史》卷83《张浩传》，中华书局，1975，第1862页。
③ 贾芳芳：《宋代地方政治》，河北大学博士学位论文，2009。
④ （金）元好问：《寿阳县学记》，（清）张金吾编纂《金文最》，中华书局，1990，第423页。
⑤ （元）王磐：《綦公元帅先茔之碑》，李修生主编《全元文》卷62（第2册），江苏古籍出版社，1998，第265页。

员，而地方则多表现为到更高一级的地方政府出任吏职。吏员相互之间有联系与勾结，如："李老僧，旧为将军司书吏，与大兴国有亲，素相厚。海陵秉政，兴国属诸海陵，海陵以为省令史。及将举事，使老僧结兴国，兴国终为海陵取符钥，纳海陵宫中成弑逆者，老僧为之也。"① 很多宫廷政变是由宫廷吏员在官员的授意与指挥下，合力参与到其中而完成的。

金朝初期和中期，大多数吏员在官员指挥下，协助官员处理行政事务，大都在吏员的职责范围之内。后期随着吏员——主要是宫廷吏员——参与政治的机会增多，吏员遂超越本身职权行事，吏权逐渐大盛。金代吏权大盛情况的出现，不是一蹴而就，而是有一个动态变化的过程。章宗即位时，太常卿黄久约献言的八事中，就有"吏权太重"一项。尤其是宣宗南渡之后"近侍之权尤重"，到术虎高琪为相后，这种情况更加明显。"贞祐间，术虎高琪为相，欲树党固其权，先擢用文人，将以为羽翼。已而，台谏官许古、刘元规之徒见其恣横，相继言之。高琪大怒，斥罢二人。因此大恶进士，更用胥吏。彼喜其奖拔，往往为尽心，于是吏权大盛，胜进士矣"②。吏权大盛是有其深层次原因的。

一是社会发展的需要。吏员熟悉基层政务、管理事务，政权机构的运作需要干练的吏员。伴随金代疆土的扩大，以及科举取士作为官僚政治的重要支撑，所需要的各种各样能够承担具体事务的吏员职位也在增加。尤其是科举出身的官员不能适应程式化的官僚政治建设的需要，而吏员具备程式化的处理行政事务能力。金代吏学作为一种专门的学问，金代社会中的习吏风气，也反映出政权机构运做专业化的需要。吏员习吏日久，且不像官员调任频繁，往往比官员更熟悉所在部门的环境、风气，这是吏权大盛的内在原因。

二是朝廷内皇帝、官僚的支持。吏权大盛与支持吏员的政治集团不无关系。政府部门吏员的政治生命系于官，宫廷吏员则多决定于皇帝。正是皇帝的支持，使奉职、奉御监军、监战，超越吏员本身职权行事，这是吏权大盛的外部因素。此外，"南渡之后，为宰执者往往无恢复之谋，上下同风，止以苟安目前为乐，凡有人言当改革，则必以生事抑之。每北兵压

---

① 《金史》卷132《逆臣传·李老僧传》，中华书局，1975，第2828页。
② （金）刘祁撰《归潜志》卷7，崔文印点校，中华书局，1983，第71页。

境,则君臣相对泣下,或殿上发叹吁。已而敌退解严,则又张具会饮黄阁中矣。每相与议时事,至其危处,辄罢散曰:'俟再议。'已而复然,因循苟且,竟至亡国"①。正是当权者的不作为,才给吏员参与政治以机会,导致本身并不处于权力核心的吏员集团,在主动与被动双重作用下,于金代政治中发挥着超越自身权力的作用,造成吏权大盛的局面。

综上所述,金代吏员集团作为一个相对独立的群体,对金代政治产生了重要影响。其内部各阶层与金代政治的关系区别明显:以省令史为代表的处于最顶端的中央政府吏员,不但能够游走于权力核心的边缘,参与最高决策,而且在上言政事和建言献策方面发挥着积极作用;以奉职、奉御等为代表的宫廷吏员,从皇帝奴仆逐渐成长为宫廷政治核心力量,广泛参与内朝的政治生活,并一度对金代政治产生重要影响;地方吏员对于地方统治秩序的建立,则发挥着非常重要的作用,成为地方政治的翻云覆雨手。吏员集团成为操控金代各级权力的隐形势力,并通过吏员政治影响官僚政治,在金代社会发展的需要和朝廷内皇帝、官僚的支持下,吏员集团在与官员集团的权力博弈中,不断超越本身职权行事,形成吏权大盛的局面。

吏员在官员指挥下处理具体事务,对政治的影响不言而喻。作为官僚政治的重要构成部分,金代的吏员政治整体而言运行是比较成功的。但吏员政治自身又有难以消除的两面性,其消极作用不独是在金代出现。可以说,有金一代,吏员集团在官员集团的竞争中逐渐减小了两者的权力差距。吏员集团与官员集团之间权力的嬗变,在一定程度上有助于金代政治的改良与权力分配的平衡。

二 吏员集团与金代经济

经济基础决定上层建筑,因此,我们在对吏员集团做全面分析的时候,对于其经济方面必须予以足够的关注。吏员集团与金代经济的关系,可以从两个方面认识。一是吏员本身的经济问题,即构成吏员集团的个体的经济状况,由于吏员集团内部也存在着不同的层级,因此不同的层级之间以及同一层级的不同个体之间的经济状况是不同的。二是吏员集团作为一个利益整体对金代经济的影响,这种关系是建立在前面讨论的基础上,

---

① (金)刘祁撰《归潜志》卷7,崔文印点校,中华书局,1983,第70页。

并超越前者而达到了更深的层次。

(一) 吏员本身的经济状况

史籍明确记载了金代吏员的俸禄情况，在前文已有专门论述。从中央吏员与金代官员俸禄之间的横向对比来看，省令、译史等高级吏员的待遇要优于普通吏员，且基本与低级官员的俸禄持平。宫廷吏员和中央政府吏员的经济基础是比较稳固的，这与他们享有的政治权力也是基本对等的。地方吏员中，《金史·百官志四》记载：诸京、府、转运司、提刑司、节镇州、防御州、刺史州一级的汉人、女真、契丹司吏、译史、通史、孔目官，其俸给为每月八贯钱。押司官，七贯。前后行，六贯。诸防御、刺史州已上女真、契丹司吏、译史、通事，不问千里内外，钱七贯，公田三顷。诸盐使司都目，十四贯。司吏，六贯。诸巡院司县司狱等司吏，有译史、通事者同，钱五贯。此外，诸吏员，每月给大纸五十张，小纸五百张，笔二管、墨二锭。这些规定，明确表明地方吏员也是有固定俸禄的，只是数目相对较少，无法与官员俸禄相提并论。

宣宗贞祐二年（1214），"始给京府州县及转运司吏人月俸有差。旧制惟吏案孔目官有俸，余止给食钱，故更定焉"①。这里所说的"旧制"可能是宣宗即位后至贞祐二年这两年之内金廷的制度，也有可能是金建国以来的制度。不管哪种情况，可知之前只有孔目官有俸，其余只给伙食钱，而且是作为制度执行的。宣宗贞祐二年以后才给京、府、州、县及转运司吏人数量不等的俸禄，即这些地方吏员的报酬才以俸禄的名义按月发放。具体的俸禄情况，如上述所示。

章宗泰和八年（1208），有宰臣上奏："旧制，内外官兵俸皆给钞，其必用钱以足数者，可以十分为率，军兵给三分，官员承应人给二分，多不过十贯。凡前所收大钞，俟至通行当复计造，其终须当精致以图经久。民间旧钞故暗者，乞许于所在库易新。若官吏势要之家有贱买交钞，而于院务换钱兴贩者，以违制论。复遣官分路巡察，其限钱过数虽许奴婢以告，乃有所属默令其主藏匿不以实首者，可令按察司察之。若旧限已满，当更展五十日，许再令变易钞引诸物。"② 此处记载涉及吏员俸禄的发放，

---

① 《金史》卷58《百官志四》，中华书局，1975，第1353页。
② 《金史》卷48《食货志三》，中华书局，1975，第1082页。

承应人给二分，多不过十贯。这是十分明确的数额。同时对于其参与经济又有明确的制度规定，即对于吏员贱买交钞，而在院务换钱兴贩的，以违制论处，从而尽可能地保障承应人获得稳定的经济利益，尤其是俸禄，同时也规范了其经济行为。

（二）吏员集团对金代经济的影响

金代的吏员集团参与到金代经济生活的诸多方面，对金代经济的影响不容忽视。客观地说，这种影响既有积极的一面，又有消极的一面。

金代的纸币称为交钞，作为货币的一种，在金代经济活动中扮演重要角色。有学者认为，金朝的货币中，尤以纸币最为重要。因纸币的发行时间较久，数量最多。从贞元二年（1214）开始发行纸币起，到金朝灭亡止，流通了近80年。此间的金朝政府主要是依靠发行纸币来维持国家的行政和军费开支，调节和促进商品流通。[①] 金朝先后发行过贞祐宝券、贞祐通宝、兴定宝泉、元兴珍货、元光重宝、天兴宝会、贞祐通货等多种纸币。在交钞的发行、流通、管理中，吏员发挥的作用处处可见。吏员集团虽然不是金代经济活动的决策者，但却是其中必不可少的参与者，作为其中的环节，为维护金代经济活动的稳定发挥了积极作用。

金代交钞发行过程中，吏员参与中间的环节。据《金史·食货志三》记载，金代交钞，在料号衡阑下曰"中都交钞库，准尚书户部符，承都堂札付，户部覆点勘，令史姓名押字"。又曰："圣旨印造逐路交钞，于某处库纳钱换钞，更许于某处库纳钞换钱，官私同见钱流转。"其钞如有破损，许于所属库司纳旧换新。若到库支钱，或倒换新钞，每贯克工墨钱若干文。库掐、攒司、库副、副使、使各押字，年月日。印造钞引库库子、库司、副使各押字，上至尚书户部官亦押字。其搭印支钱处合同，余用印依常例。[②] 在发行的交钞上，要有户部令史姓名押字，同时，在交钞纳钱换钞或纳钞换钱的过程中，交钞库的小吏作为其中的一个环节，押字证明。

吏员在交钞以旧换新的实际过程中，在官员指挥下从事繁杂的工作。泰和七年（1207）十月，杨序上言："交钞料号不明，年月故暗，虽令赴库易新，然外路无设定库司，欲易无所，远者直须赴都。"指出在交钞使

[①] 王禹锋、王禹浪：《金代货币制度初探》，《学习与探索》1988年第3期。
[②] 参见《金史》卷48《食货志三》，中华书局，1975，第1074页。

用过程中，磨损严重，需换新钞。章宗问户部尚书高汝砺，对曰："随处州府库内，各有辨钞库子，钞虽弊不伪，亦可收纳。去都远之城邑，既有设置合同换钱，客旅经之皆可相易。更虑无合同之地，难以易者，令官库凡纳昏钞者受而不支，于钞背印记官吏姓名，积半岁赴都易新钞。"从高汝砺的答对，可知在地方的各州府库，有辨钞库子从事交钞换新的实际工作，从而保障交钞顺畅流通。十一月，皇帝又谕户部官多多审察交钞的流通，如少有壅滞即奏闻。高汝砺对曰："今诸处置库多在公廨内，小民出入颇难，虽有商贾易之，然患钞本不丰。……臣等谓宜令州县委官及库典，于市肆要处置库支换。以出首之钱为钞本……以所得工墨钱充库典食直，仍令州府佐贰及转运司官一员提控。"① 于是，皇帝下令在市肆要处设置换新钞的府库，相关官员负责，吏员库典实际操作，并规定用所得的工墨钱充当库典的伙食补助。

虽然吏员集团不能在经济领域发挥决策作用，但是，某些吏员积极对经济政策建言献策。如大定三年（1163），山东西路坊场河渡多逋欠税款。……以尚书工部令史刘行义言，定城郭出赁房税之制。② 这是工部令史进言关于定税方面的记载。此外，南渡后，经济形势进一步恶化，庞大的军费开支使财政不堪重负。贞祐四年（1216），陕西行省令史惠吉进言券法之弊，言："为今日计，莫若更造，以'贞祐通宝'为名，自百至三千等之为十，听各路转运司印造，仍不得过五千贯，与旧券参用，庶乎可也。"③ 经百官集议，最终采用惠吉进言所提的办法，以"贞祐通宝"替代"贞祐宝券"。这是在金朝货币的用度出现危机时，作为吏员的行省令史发挥绵薄之力，积极献策。虽然交钞名称变化并不能从根本上解决钞法弊端，但每次交钞变化刚实施的一段时间内，流通使用比较好，可暂时缓解财政压力。

然而，吏员，尤其是地方吏员，在金代经济中所起的消极作用也显而易见。皇帝和百官都充分认识到这种情况。大定十年（1170），宗叙被拜为参知政事，世宗谕之曰："朕每念百姓凡有差调，吏互为奸，若不早计而迫期征敛，则民增十倍之费。"④ 可知，金帝对"吏互为奸"、侵渔百姓的情况是十分清楚的。

---

① 《金史》卷48《食货志三》，中华书局，1975，第1081页。
② 《金史》卷49《食货志四》，中华书局，1975，第1109页。
③ 《金史》卷48《食货志三》，中华书局，1975，第1086页。
④ 《金史》卷27《河渠志》，中华书局，1975，第670页。

大定十三年（1173），世宗谓宰臣曰："民间科差，计所免已过半矣。虑小民不能详知，吏缘为奸，仍旧征取，其令所在揭榜谕之。"① 吏员故意隐瞒政策，仍旧征取已取消的科差。这是吏员利用其工作便利上下其手，为自己谋私利。这种情况在历朝历代都很普遍，金世宗也认识到这一点。宰臣对此也比较清楚，如贞祐四年（1216），有官员请朝廷遣官劝农，至秋成，考其绩以甄赏。宰臣言："民恃农以生，初不待劝，但宽其力，勿夺其时而已。遣官不过督州县计顷亩、严期会而已。吏卒因为奸利，是乃妨农，何名为劝。"宣宗皇帝以其言为是，没有遣官员去劝农。② 宣宗南渡后，外有蒙古大军的侵扰，内有各地起义队伍反抗金朝统治。战乱之时，百姓流离失所，农业发展自然缓慢。金廷上下对吏卒奸利妨农的认识较清晰，因此，当大臣提到吏卒奸利妨农时，得到皇帝的认可，遂罢遣官劝农之议。

吏员集团对金代经济的消极作用还表现在贪污租赋上。赋税是古代国家财政收入的基础来源，因此，这对金代经济造成的损失是不可估量的。贞祐四年，仆散安贞言："泗州被灾，道殣相望，所食者草根木皮而已。而邳州戍兵数万，急征重役，悉出三县，官吏酷暴，擅括宿藏，以应一切之命。民皆逋窜，又别遣进纳闲官以相迫督。皆怙势营私，实到官者才十之一，而徒使国家有厚敛之名。乞命信臣革此弊以安百姓。"③ 这说明贪官污吏对百姓酷暴导致百姓逃亡。吏员听命于长官，借收租税之名贪污，与朝廷争利。

金代日益增长的吏员数量以及因此耗费大量钱财，成为导致国家经济困难的原因之一，也是吏员集团对金代经济的一个消极影响。大定二十八年（1188），"在仕官一万九千七百员……至泰和七年，在仕官四万七千余……则三倍世宗之时矣"④。仅是章宗一朝，官员数量几乎翻了三倍。官员增加，吏员数目必定随之增长，增长的速度由此可见一斑。贞祐四年，监察御史田迥秀言："国家调度皆资宝券，行才数月，又复壅滞，非约束不严、奉行不谨也。夫钱币欲流通，必轻重相权、散敛有术而后可。今之患在出太多、入太少尔。若随时裁损所支，而增其所收，庶乎或可

---

① 《金史》卷47《食货志二》，中华书局，1975，第1057页。
② 参见《金史》卷14《宣宗本纪上》，中华书局，1975，第316页。
③ 《金史》卷47《食货志二》，中华书局，1975，第1061页。
④ 《金史》卷55《百官志一》，中华书局，1975，第1216页。

也。"因条五事，其中一事便是省冗官吏。① 对于吏员冗余的情况，金廷上下都非常清楚，田迥秀提出减少冗余官吏的建议，认为冗余官吏耗费大量的金钱，造成国家经济调度困难。虽然建议最终没有被金廷接受，但是，当时官员已经认识到吏员冗余对经济造成的消极影响却是不争的事实。

此外，在稽查私盐时，也有吏员奸诈欺民的情况出现。盐与铁作为中国古代重要的战略资源，往往为国家官方掌控。盐与铁专营，成立有专门的机构和职官领盐铁事。金朝，盐仍然具有重要的地位，为榷货之首，"金制，榷货之目有十，曰酒、曲、茶、醋、香、矾、丹、锡、铁，而盐为称首"②。金代设官立法，严格控制盐业生产和销售，诸盐场之上有专门的管理机构——盐（使）司，稽查私盐是其职能之一。大定二十九年（1189），礼部尚书李晏等曰："巡盐兵吏往往挟私盐以诬人，可令与所属司县期会，方许巡捕，违者按察司罪之。"御史中丞移剌仲方则谓私煎盗贩之徒，皆知禁而犯之者也。可选能吏充巡捕使，而不得入人家搜索。③ 对于这种情况，在严厉追究其责任的同时，有官员提出任用能吏，即有才能的官员充任巡捕使，稽查私盐。吏员对金代经济的消极作用由此可见一斑。

总之，作为一个独立的群体，吏员集团在金代经济中扮演了本身应有的角色，参与金代经济活动，在发挥积极作用的同时，对金代经济也产生了消极影响。这与其固有的阶层特征及经济基础分不开。吏员自身缺乏稳固、丰厚的经济来源，其群体又带有极强的功利性，因此，在参与经济活动的过程中，不可避免地利用自身连接上下层的优势谋得私利。

三 吏员集团与金代文化教育

根据"知事、孔目以下行文书者"为吏员的记载，作为日常处理文字工作的吏员，其本身是具有一定的文化知识的。而实际上，吏员集团内部不同层级的吏员文化水平各不相同。

中央政府吏员的主要来源为进士及第的地方官员、契丹字和女真字一般学员、终场举人、宰执子弟以及其他职事官、宗室子。因此，中央政府吏员普遍具有较高的文化修养，这部分人员是金代吏员集团中文化水平最

---

① 《金史》卷48《食货志三》，中华书局，1975，第1084、1085页。
② 《金史》卷49《食货志四》，中华书局，1975，第1093页。
③ 《金史》卷49《食货志四》，中华书局，1975，第1098页。

高的层级。在金代，尚书省令史作为吏员集团中的一个重要位置以及职官升迁的捷径，是具有其自身原因的。金代撤并中书门下后，尚书省一家独大，成为维系金代中央政府统治的最核心职能部门，而尚书省令史作为尚书省机构运转的重要环节的作用也日益凸显。因此尚书省令史这一职位对充任者要求较高，其素质在金代吏员集团中居于前列。因此，可以说尚书省令史这一系统，文化素质较高，在中央吏员中是有代表性的。此外，金代入吏有的还需要通过考试，比如国史院书写。对于吏员的基本要求针对其职责的不同而有所变化，例如对译人（译史）就有语言、文字方面的要求。这些在客观上有利于促进吏员提高自身的文化水平。

宫廷吏员来源非常繁杂，主要是皇族近亲、宗室子、有一定品级的官员子孙，乃至宰执子、死于王事的官员后代，这部分人群本身具有较好的受教育机会。而且，"金代以皇族宗室子弟、侍卫亲军和宫女为教育对象的宫廷教育，提高了皇族、宗室子弟及宫廷服务人员的整体素质"①。因此，宫廷吏员总体素质还是比较好的，但是其文化水平肯定不能与科举出身的官员同日而语。

地方吏员中，路府吏员主要由官员保举有德且具吏才的吏员通过考试来充任，行省的吏员一般是由官员充任。因此，他们的文化水平也比较高，相对而言文化水平较低的是州县吏员，作为与社会底层直接联系的群体，其来源多为习吏世家，平日所习也主要是吏学，文化素养并不是很高。同时，这类吏员在吏员群体中又是数量最多的，因此，影响了吏员集团整体的文化水平。

(一) 官吏之间的斗争实质——儒学、吏学之争

金代儒士入吏，从某方面来说是有积极意义的。对提高吏员集团的素质，也大有裨益。金代吏员出职制度扩大了官员的来源，是官僚政治发展到一定程度的产物。金代吏员与官员之间的动态变化是十分复杂的。两者既有对抗和冲突，也有竞争和合作，并且在一种动态的演化态势下共存。一般而言，官员对政务做出决策，吏员负责具体的事务工作。然而"士大夫不习国家台省故事，一旦冒居其位，见侮于胥"②。虽

---

① 兰婷：《金代宫廷教育》，《东北史地》2007年第6期。
② （宋）叶适著、刘公纯等点校《水心别集》卷14《吏胥》，《叶适集》第3册，中华书局，1961，第808、809页。

然记载的是宋朝情况，同样也适用于同时期的金朝。贞祐年间，"县令之弊无甚于今，由军卫监当进纳劳效而得者十居八九，其桀黠者乘时贪纵，庸懦者权归猾吏"①。官与吏之间的知识结构差别以及官员行政能力的不足，是胥吏得以获得行政权力的重要原因。

在金代的政治冲突中，吏员集团和官员集团的斗争与冲突是不能回避的问题。这种斗争是隐性的，主要表现在官吏之间对于权力的分配上。官吏之间的矛盾冲突，于有金一代是动态存在的。金初，统治者重视儒士而轻胥吏，章宗后期开始出现吏权大盛的局面，之后愈演愈烈，直至金亡。

金代存在吏员与官员勾结，成为其马前卒，从而提高自己的政治地位的情况，如："承安三年，御史台劾奏：'右司谏张复亨、右拾遗张嘉贞、同知安丰军节度使事赵枢、同知定海军节度使事张光庭、户部主事高元甫、刑部员外郎张岩叟、尚书省令史傅汝梅、张翰、裴元、郭郹，皆趋走权门，人戏谓"胥门十哲"。复亨、嘉贞尤卑佞苟进，不称谏职。俱宜黜罢。'"② 这里的傅汝梅、张翰、裴元、郭郹四位省令史与部分官员一起，投入佞臣胥持国门下，危害金廷朝政。与之相对的是，世宗以来对儒家文化的认同与吸收，汉族文人士大夫被禁锢的思想有所放松，尝试着参政议政，并就儒经的标准分别君子与小人③。明昌年间，"完颜守贞礼接士大夫在其门者，号'冷岩十俊'"④，正式形成与遵循儒家礼法的汉族文人官僚的价值观格格不入的吏员集团相对峙的势力，互相排挤和打击对方。完颜守贞推行文治，主张扩大进士录取名额，裁减经童科的录取人数及宫中承应人的出职人数，限制吏权，以"刚直明亮"成为君子的代表；胥持国擅权，"士之好利躁进者皆趋走其门下"，故为"好利躁进"小人之代表。关树东认为，明昌党争的背景在于经过世宗以来三十年的相对宽松的政治环境，特别是对儒家文化的认同，章宗时期达到极致，汉族文人士大夫被禁锢的思想有所放松，尝试着参政议政。面对不同的政治势力，特别是蛮狠专权的女真贵族，自视贵种的女真侍卫、承应、武士，舞文弄法的胥

---

① 《金史》卷109《陈规传》，中华书局，1975，第2406页。
② 《金史》卷129《胥持国传》，中华书局，1975，第2794页。
③ 参见关树东《金世宗、章宗时期政风士风刍议》，朱瑞熙等主编《宋史研究论文集》，上海人民出版社，2008。
④ 《金史》卷104《孟奎传》，中华书局，1975，第2290页。

吏，他们进入官僚队伍后，与遵循儒家礼法的汉族文人官僚的价值观形成强烈反差。汉族文士不免就儒经的标准分别君子与小人，以近君子、远小人。"小人"则攻击"君子"结党，危害朝政，鼓动最高统治者打击朋党。①

金代的党争，其背后实际上是他们所代表的吏员集团与官员集团政治利益的冲突。史籍中也不乏吏员和官员之间起冲突的事例。《金史》记载：尚书省点差接送伴宋国使官，令史周昂具数员呈请。左司都事李炳乘醉见之，怒曰："吾口举两人即是，安用许为？"命左右揽周昂衣欲杖之，恰好左司官召周昂。李炳便骂诸令史为奴畜，第二日，还跟权令史李秉钧说："吾岂惟棰骂，汝进退去留，亦皆在我！"群吏将陈诉，刚好有官员劾奏，事下大理寺议，差接送伴官事当奏闻，李炳所说口举两人，当属违制。大理寺丞邹谷曰："口举两人，一时之言，当杖赎。揽昂衣欲加杖，当决三十。"皇帝曰："李炳读书人，何乃至是？"宰臣对曰："李炳疾恶，众人不能容耳。"皇帝又曰："炳诚过矣，告者未必是也。"于是从邹谷所议②。这一事件的引子是尚书省点差接送伴宋国使官，令史周昂按照正常的程序报呈上数个人员姓名，而官员左司都事李炳醉酒怒骂并欲杖令史周昂，并骂诸令史为奴畜，激起群吏的反对。这是官员和吏员集团之间冲突的一个例子，反映出官员内对于吏员的轻视。而吏员作为一个集团，有相似的政治和社会地位，以及共同的利益。在其政治地位被损害的时候，会自然而然地形成合力，集体对抗官员。这种行为在一定程度上抑制了官员的专权行为，有利于统治者对官员进行管理。

吏员集团和官员集团之间的政治冲突更多表现为隐性的竞争与转化，但这种冲突在一定程度上有助于金代政治的改良与权力分配的平衡。吏员集团与官员集团冲突是政治地位不对等条件下的必然产物，就其本质而言，是吏学与儒学之争。

吏学，又称幕学、宦学、仕学、牧学、官学、政学，是关于官吏居官施政司法的学问，也是为官经验的总结。中国古代吏学主要涉及以下几方面内容：其一是为官道德。这是居官的道德要求，包括"心术""才识""器度""敬上"等。其二是为政要则，即执行公务的政策原则，涉及钱

---

① 关树东：《金朝明昌党事考实》，姜锡东、李华瑞主编《宋史研究论丛》（第七辑），河北大学出版社，2006。
② 《金史》卷104《邹谷传》，中华书局，1975，第2289页。

粮、赋税、司法、选举、教化、赈济、市易、农桑、水利、狱政等。其三是施政技术，包括执行公务的具体方法、技术和诀窍。中国古代吏学大体上可以分成两个阶段：一是西周春秋时期贵族政体的吏学；二是战国后和整个封建社会集权政体的吏学。①

秦汉时期，为适应专制主义中央集权制官僚政治体制之需，迅速而大量地培养出办理官、民事庶务的吏员，便成为政府急切之要务。因之，此时学吏、训吏之风亦随之大盛。学吏、训吏必有教材，而且政府还统编过训吏教材。秦有"以吏为师"的学吏制度，汉有"文吏之学"产生，东汉有贱儒生而高文吏之俗。欲进入吏途，则都是必先有一个学吏过程，不论通过官学或私学（秦汉"学吏制度"的延续），或向正式吏员去做学徒，总是必须先取得做吏的业务能力与资格，然后再结合长吏的辟置而进入吏途。② 金代吏学的情况，囿于史料记载缺乏，我们只能从文献中金代世代习吏的记载，知道金代世吏之家，正是通过这种世代相传的吏学，立足于地方，世代把持着地方吏职。这种世代相传的为吏的学问，正是金代吏学中的根本和精髓。其内容可从紧随其后、与之关系密切的元代吏学管窥一斑。存世的《吏学指南》，是对于元代吏学非常重要的指导性书籍。此书又名《习吏幼学指南》，成书于大德五年（1301），分"吏师定律之图"和"为政九要"两部分。书中用较大篇幅来记录法律术语，因为在吏员的日常工作中，需要为官员提供诉讼案件相应的法律条文或可以援引的先例。正如此书序言所说"吏人以法律为师，非法律则吏无所守"。此外，书中还记载了吏员的"行止：孝事父母、友于兄弟、勤谨、廉洁、谦让、循良、笃实、慎默、不犯赃滥。才能：行遣熟闲、语言辩利、通习条法、晓解儒书、算法精明、字书端正"③。对吏的道德

---

① 《吏学得失与扬弃》一文将吏学的定义为：吏学是围绕吏制研究所阐发的思想、观念、原理、学说，认为古代吏制的特色，堪称"三制鼎立"：法律制度、铨叙制度、监察制度构成了一个纵横交错的制度框架，实现了选任、控制、约束官吏的基本功能，也使吏学的研究完全围绕选拔人、管理人、监督人的主题进行。武树臣：《中国古代的法学、律学、吏学和谳学》，《中央政法管理干部学院学报》1996 年第 5 期。

② 本部分关于秦汉吏学的情况，均来自学界已有研究成果。参阅张金光《论秦汉的学吏制度》，《文史哲》1984 年第 1 期，《论秦汉的学吏教材——睡虎地秦简为训吏教材说》，《文史哲》2003 年第 6 期；倪道善：《秦汉学吏制度及古汉字八体》，《北京档案》2001 年第 8 期；邓玮光：《走马楼吴简所见"私学"考》，《东南文化》2010 年第 3 期；李迎春：《走马楼简牍所见"私学"身份探析》，《考古与文物》2010 年第 4 期。

③ （元）徐元瑞撰、杨讷点校《吏学指南》，浙江古籍出版社，1988，第 17 页。

品质和工作能力提出要求。元代吏学在金代吏学的基础上发展而来，并已趋于完备，吏学的发展绝不是一夕之功，反观金代吏学发展的程度，由此可见一斑。

关于金代的儒学情况，刘辉认为：就其政治地位和作用而言，儒学是金代占统治地位的主体思想。终金一代，其主要政治制度的制定皆以儒家思想和文化为主导思想，或受到深刻影响，同时各项政治制度的实施和落实，皆有赖于儒学人才的承担和推进。完全可以说，金朝不同历史时期的兴衰与荣辱，皆在不同程度上显示出与儒学不同程度的犀通。[①] 金代把科举作为培养、选拔人才的途径之一，省令史等一批吏员也是来自有进士及第背景的地方官员。科举考试的内容之一是儒家经典，儒家的忠君观念对金人影响甚大。诚如前人所说："一个朝代的灭亡，总会使中国的历史学家和历史哲学家津津乐道。他们总是想以道德的沦丧来解释一个国家的覆亡，这种道德原则的具体化，就是儒家的伦理。但是对于金朝的灭亡，在这点上却没有多少话好讲。即使是正统的史学家也不得不承认，'忠'这一基本道德一直到金朝的最后阶段也仍然存在着，虽然也确实有叛徒和投机者，但无论官员和士兵，无论女真人还是汉人，即使到了最危急的最后关头仍保持忠贞的人数之多是令人惊讶的。"[②]

章宗承安年间，平章政事徒单镒对政治的评论中，提到为政之术有二。其一是"正臣下之心"。其二"曰，导学者之志。教化之行，兴于学校。今学者失其本真，经史雅奥，委而不习，藻饰虚词，钓取禄利，乞令取士兼问经史故实，使学者皆守经学，不惑于近习之靡，则善矣"[③]。这代表了相当一部分金代官员的看法，可以说是针砭时弊，入木三分。这也是对儒学和吏学一个很好的阐释，儒家虽经典却雅奥难懂，而吏学虽然藻饰虚词，却能钓取禄利。当时，学者不守经学，惑于近习之靡已是普遍的社会现象。

吏学还得到了金代地方政府的支持，以剧县夏邑为例，"夏邑旧为剧县，自往年兵革之余，民物凋敝，迩来稍复安集。为政者但区区于簿书期

---

① 刘辉：《金代儒学研究》，吉林大学博士学位论文，2008，第 176、177 页。
② 〔德〕傅海波、〔英〕崔瑞德编《剑桥中国辽西夏金元史》，史卫民等译，中国社会科学出版社，1998，第 272 页。
③ 《金史》卷 99《徒单镒传》，中华书局，1975，第 2187、2188 页。

会，以舒目前之患，而以学校为不急之务，漫不省视者十之八九"①。地方政府重用吏员，片面地重视吏学的实用性，而忽视了对于儒学的发展，以至于以学校为不急之务，漫不省视，这是对地方政府对于儒学和吏学的态度在社会生活中的反映。"自功利之说兴，入仕者以簿书狱讼为听断之计，而不知正谊明道之实；为士者以缔章绘句为进取之阶，而不知治心养性之术。"② 在功利思想的影响下，吏员急功近利，忙于繁琐的文案和狱讼事务，逐渐丧失公正和良心。

对于儒学和吏学，时人普遍认为，习吏者，处理文簿、狱讼，必须熟悉国家律令、地方风俗，见效迅速而且趋利，认为儒学见效慢且不切实际。王堪在《清河县重修庙学碑》中提到，"郡县之学盖复于元魏，炽于有唐。且一郡一邑，守令为之师师，而又职在承流宣化，则崇学校，美风俗，实为己任。然风教之行，起于微眇。初若汗漫迂阔，不切于时变。逮乎薰涵浸渍之久，使人迁善远罪而不自知，若簿书狱讼，朝行而夕见其效者也。故吏之急于功名者，鲜以为是意，殆于先王风教之本，承流宣化之职，有所未究而。国家崇右儒术，以科举造士，凡登名天府、接武王宫者，必自乡贡始。吏于此时，上有以副朝廷敦奖之意，下有以为诸子作成之际，宜莫先乎学"③。又有"先是贞元中，省曹承上德意，念郡国宣圣庙像有敝毁者，委部使者完缮。而四方之远郡，将或不知儒术，方以簿书期会为功，钩钜听察为明，视文教为迂缓而不切"④。

金代吏员集团和官员集团之间斗争与冲突的关系，与刘辉《金代儒学研究》⑤一文中对金代儒学的阶段性特征的论述相对应：金代初期，百废待举，太祖太宗时即确立了以儒治国的基本国策，这一时期的儒学有很强的经世致用的现实意义，官员集团是金初政治当仁不让的主体。到中期以后，儒学仍然在金代封建化改革和政治制度的制定中发挥着主体作用，但是吏学的地位也得到了提高，吏员的数量不断增加，以及在政治、社会生

---

① （金）左容：《夏邑县重修儒学碑》，（清）张金吾编纂《金文最》，中华书局，1990，第1095页。
② （金）赵秉文：《邓州创建宣圣庙碑》，（清）张金吾编纂《金文最》，中华书局，1990，第1023、1024页。
③ （金）王堪：《清河县重修庙学碑》，（清）张金吾编纂《金文最》，中华书局，1990，第991页。
④ （金）王堪：《密州修学碑》，《全辽金文》（中），山西古籍出版社，2001，第1483页。
⑤ 参见刘辉《金代儒学研究》，吉林大学博士学位论文，2008。

活中扮演的作用都在增强。金代后期，在统治阶层的扶植下，吏学兴盛起来，吏员集团在金代政治舞台上谋得了比较充足的话语权，而儒学则走向学术化，但仍然保留着经世致用的基本价值取向。

(二) 吏员集团对金代文化教育的影响

吏员集团是金代知识阶层中的一部分，其整体的文化程度虽然低于以儒学为本的官员集团，但是中央政府吏员仍然掌握了一定的文化知识，金代吏员集团人数的膨胀，以及当时社会入吏的风气兴盛，必然在一定程度上促进金代文化教育的发展。在金代官方组织的女真文字的译经活动中，就有中央政府吏员参与译经。大定十五年（1175），"诏译诸经，著作佐郎温迪罕缔达、编修官宗璧、尚书省译史阿鲁、吏部令史杨克忠译解，翰林修撰移剌杰、应奉翰林文字移剌履讲究其义"[1]。其中有尚书省译史和吏部令史参与用女真文字译解诸经的工作，对于儒家思想在金代的传播与发展无疑起到了促进的作用。

在传统观念里，吏学对文化知识要求的程度相对较低。因此，当儒学走向学术化，吏学大盛，吏学在一定程度上替代了儒学学术化留下的空缺，对金代文化教育的消极作用就暴露得愈加明显。

当然，吏员集团中的一部分人，对于金代历史的传承还是发挥了一定作用的。最明显的一个例子是卫绍王时期，"身弑国蹙，记注亡失，南迁后不复记载"。到蒙元时，学者研究此段历史，从前代的官吏中采撷当时诏令，即有"故金部令史窦祥年八十九，耳目聪明，能记忆旧事，从之得二十余条"[2]。另外，曾为尚书省令史的元好问，在金亡以后，以保存金代的历史为己任，对于金代文化的保存发挥了不可磨灭的作用。

四　吏员集团与金代社会管理

叶炜提出，"官吏分途的基本特点，是政务处理程式化进一步发展基础上的行政分工"，并认为"吏与官的行政等级分明，固定于制度，

---

[1] 《金史》卷99《徒单镒传》，中华书局，1975，第2186页。卷105《温迪罕缔达传》，第2321页记载："大定十五年，缔达迁著作佐郎，与编修官宗璧、尚书省译史阿鲁、吏部令史张克忠译解经书。"参与译经的吏部令史是张克忠，还是杨克忠，已无从考证，暂且存疑。

[2] 《金史》卷13《卫绍王本纪》，中华书局，1975，第298页。

并且形成了与吏胥行政地位、角色行为特点相应的以职位管理为核心的管理制度"。①

金代吏员的贪赃现象受封建政权的制约，也由于时代和阶级的局限性而存在。就金代吏员集团的管理制度而言，一方面有利于吏员集团参与政治生活，实现个人的政治诉求，另一方面由于吏员集团受到出职的范围以及年限的限制（部分吏员可以出职，但出职的时间太长，地方吏员很难出职），只有少数吏员有施展政治才能的机会。由于仕途无望，很多地方吏员便利用其自身职务之便，在长官与百姓之间上下其手，上媚长官，下欺百姓。承安五年，翰林修撰杨庭秀上言，"州县官往往以权势自居，喜怒自任，听讼之际，鲜克加审。但使译人往来传词，罪之轻重，成于其口，货赂公行，冤者至有三二十年不能正者"。州县长官在审理案件中权力较重，操纵地方司法，而州县的翻译吏员利用其翻译证词的机会，收受贿赂导致冤案，破坏司法的公正性，对金代社会管理非常不利。于是章宗命令定立条约，有违反者交由按察司处理。并且谓宰臣曰："长贰官委幕职及司吏推问狱囚，命申御史台闻奏之制，当复举行也。"② 由于吏员在司法程序中起到不可或缺的作用，因此金朝政府对于司法官员委托幕职人员及司吏审问狱囚，重新施行御史台闻奏的制度。

史料中"奸吏""猾吏""黠吏"的记载比较常见。譬如世宗大定九年（1169），规定在处理狱讼时，无正条者皆以律文为准。当时多种法令并行，有军前权宜条理、续行条理、皇统新制、正隆续降制书等，因而造成"是非淆乱，莫知适从，奸吏因得上下其手"③ 的局面。吏员利用律法的混乱得以上下其手，造成弊病。世宗下令大理卿校正律法，最终于大定二十二年（1182），修成一部综合性法典《大定重修制条》，为减少吏员干扰司法提供了法律层面的保证，也有利于稳定金代的社会管理秩序。黠吏影响地方的社会治安。一旦黠吏屏迹，地方治安大好。如张浩任平阳尹时，治理严明，"强宗黠吏屏迹，莫敢犯者。郡中大治"④。反之，黠吏横行或者吏员与地方长官、豪强联合之时，社会统治秩序变得紊乱、无序。

大定二十七年（1187），尚书省奏，"民验丁佃河南荒闲官地者，如

---

① 叶炜：《南北朝隋唐官吏分途研究》，北京大学出版社，2009，第253页。
② 《金史》卷45《刑志》，中华书局，1975，第1023页。
③ 《金史》卷45《刑志》，中华书局，1975，第1018页。
④ 《金史》卷83《张浩传》，中华书局，1975，第1862页。

愿作官地则免租八年，愿为己业则免税三年，并不许贸易典卖。若豪强及公吏辈有冒佃者，限两月陈首，免罪而全给之，其税则视其邻地定之，以三分为率减一分，限外许诸人告诣给之。"① 从尚书省上奏的情况来看，吏员冒名认领荒闲官地实属常见，所以才奏请对此类情况的处理意见，并得到皇帝支持。在中国古代，地方吏员通常与豪强有千丝万缕的联系，金代也不例外。王竞任河内令时，"夏秋之交，沁水泛溢，岁发民筑堤，豪民猾吏因缘为奸，竞核实之，减费几半"②。二者联合起来侵渔百姓，不利于地方的社会管理。

贞祐四年（1216），宣宗皇帝下诏，"外使入国私通本国事情，宿卫、近侍官、承应人出入亲王、公主、宰执家，灾伤乏食有司检核不实致伤人命，转运军储而有私载，考试举人而防闲不严，其罚并决。在京犯至两次者，台官减监察一等治罪，论赎，余止坐，专差任满日议定。若任内曾以漏察被决，依格虽为称职，止从平常，平常者从降罚。"③ 通过诏令的方式，对部分宫廷吏员约束，禁止护卫和承应人出入亲王、公主、宰执家，禁止宫廷吏员与高级官员之间交往过度，预防官吏勾结，避免对金代的社会秩序造成威胁。

总体来看，吏员集团对金代社会秩序产生了一定的影响，就目前史料所见，多强调所产生的不良影响，这与人们对吏员集团的评价总体不高有关。

第三节　吏员与金代官场、社会风气

综观数千年来官僚政治制度的发展，吏员逐渐从官的概念中被剔除，在官员之外形成另一特定的群体。这个过程，是该群体政治和权力边缘化的过程，而作为官僚政治的一部分，他们虽然被边缘化，但仍然处于统治阶级的底层参与其中。所以，吏员在其中发挥的作用与当时官场、社会的风气密切相关。金朝立国百余年，共历九帝，经历了一个王朝政权从诞生、发展、鼎盛、逐步衰落直至灭亡的历史过程。

从政治制度的角度看，经过海陵正隆官制的改革，以后每次皇位的更

---

① 《金史》卷47《食货志二》，中华书局，1975，第1049页。
② 《金史》卷125《王竞传》，中华书局，1975，第2722页。
③ 《金史》卷45《刑志》，中华书局，1975，第1025页。

迭并没有从根本上改变官僚政治体系和官吏之间权力的分配模式。各部门的吏员在其长官指挥下维持国家机器的正常运转，同时，吏员的贪赃现象受专制政权的制约，也由于时代和阶级的局限性而存在。

从政治经济学的广义效用视角来看，胥吏的预期效用由收入、职位和名誉组成。由于古代中国的社会复杂化和行政繁琐化，同时国家财政能力并未相应增长，导致国家无法支付胥吏的信息租金，甚至无法支付胥吏的基本生活费用，而社会阶层的动态隔离演化，使胥吏群体的职位前景与社会声誉交替下降，胥吏无法通过正常途径获得满足，只能通过各种替代性方式谋求体制外的补偿，导致腐败的广泛化，胥吏政治遂发展成难以治理的痼疾[①]。

一 海陵朝及以前

熙宗天眷三年（1140）之前，使用酷毒刑具的情况是比较普遍的，加之其时吏员贪赃奸猾，很可能是酷吏政治。熙宗天眷三年，对于酷吏政治的变革，改变了以前运用酷毒刑具的状况，"复取河南地，乃诏其民，约所用刑法皆从律文，罢狱卒酷毒刑具，以从宽恕"[②]。这一时期，金代官场已出现争权夺利的斗争，这种现象在古代社会在所难免，田珏党狱一案，就被认为是非女真官员中燕人（燕云十六州的汉人）和南人（北宋系汉人）之间的摩擦和倾轧，演变成的党派斗争[③]。"田珏之狱发生后，使正人为之夺气，给以后的为政者留下了可怕的阴影，造成了畏缩不前、因循苟且的政治风气。"[④]

海陵时，大批任用汉人、渤海人和契丹人，海陵也"显责大臣，使进直言"[⑤]，并"以十二事戒约官吏"[⑥]。官场风气整体上呈现出积极进取的气象，官员直言进谏也时有出现，大臣祁宰就因直言进谏海陵南伐一事而死。

二 世宗时期

金世宗即位后，重进士轻俗吏，积极为受过儒家正规教育的知识分子

---

① 丁建峰：《新政治经济学视野下的胥吏政治》，《天府新论》2013年第3期。
② 《金史》卷45《刑志》，中华书局，1975，第1015页。
③ 陶晋生：《金代的政治冲突》，《历史语言研究所集刊》43本1分，1971。
④ 都兴智：《田珏之狱略论》，《北方文物》1995年第3期。
⑤ 《金史》卷5《海陵本纪》，中华书局，1975，第117页。
⑥ 《金史》卷5《海陵本纪》，中华书局，1975，第96页。

开辟仕途①，并采取诸多措施整顿吏治。惩贪奖廉，强化对各级官吏的考核是金世宗吏治思想的核心②。"当此之时，群臣守职，上下相安"③。世宗即位之初便下诏对吏员予以整顿，大定三年（1163）"诏吏犯赃罪，虽会赦不叙"④。对因贪赃而罢黜的吏员做出"虽会赦不叙"的规定。大定七年又重申这一规定，"吏人但犯赃罪，虽会赦，非特旨不叙。"⑤《金史·选举志三》是这样记载的："吏人但犯赃罪罢者，虽遇赦，而无特旨，不许复叙。"这一规定的两处记载，似乎都包含如有特旨便可以叙用的意味。

大定二十三年（1183）十一月，世宗谓宰臣曰："夫儒者操行清洁，非礼不行。以吏出身者，自幼为吏，习其贪墨，至于为官，习性不能迁改。政道兴废，实由于此。"⑥ 提到了以进士入吏的原因，主要是进士操行清洁，能够有助于政治风气的好转。而吏员本身，从小即为吏，因此养成的恶习，即便成了官员以后也不能够改正过来，这样的结果对于政治的稳定来说是不利的。这些看法来自统治阶层，可以说，代表了当时对于吏员集团与社会风气关系的主流看法。因此，金廷在认可吏员出身官员能力的同时，也认为在廉洁方面，与进士群体相比是有一定差距的。大定二十六年（1186）十一月，世宗谓宰臣曰："女直人中材杰之士，朕少有识者，盖亦难得也。新进士如徒单镒、夹古阿里补、尼厐古鉴辈皆可用之材也。起身刀笔者，虽用才力可用，其廉介之节，终不及进士。"⑦ 在世宗皇帝严惩贪官污吏之下，这一时期整个的官场风气比较清明。

经过历代皇帝对吏治的治理，到大定年间，吏治相对比较清明，连地方吏员都依法办事。"自熙宗时，遣使廉问吏治得失。世宗即位，凡数岁辄一遣黜陟之，故大定之间，郡县吏皆奉法，百姓滋殖，号为小康。"⑧正史能对郡县吏员有这样的记载实属不易，看来当时从官到吏经过整顿之后，金代官场风气比较清明，多数吏员也能做到奉公守法。但仍有作奸犯

---

① 付百臣：《略论金世宗的吏治思想与举措》，《社会科学战线》2005 年第 4 期。
② 王德朋：《金世宗吏治思想与金中叶的小康局面》，《文史杂志》2007 年第 1 期。
③ 《金史》卷 8《世宗本纪下》，中华书局，1975，第 204 页。
④ 《金史》卷 6《世宗本纪上》，中华书局，1975，第 131 页。
⑤ 《金史》卷 6《世宗本纪上》，中华书局，1975，第 139 页。
⑥ 《金史》卷 8《世宗本纪下》，中华书局，1975，第 185 页。
⑦ 《金史》卷 8《世宗本纪下》，中华书局，1975，第 195 页。
⑧ 《金史》卷 73《宗雄传》，中华书局，1975，第 1681 页。

科之吏，吏员集团中的一部分，作奸犯科，勾结工匠，侵克工物。大定年间，有关部门曾上奏重修上京御容殿。世宗皇帝对宰臣说："宫殿制度，苟务华饰，必不坚固。今仁政殿辽时所建，全无华饰，但见它处岁岁修完，惟此殿如旧，以此见虚华无实者，不能经久也。今土木之工，灭裂尤甚，下则吏与工匠相结为奸，侵克工物，上则户工部官支钱度材，惟务苟办，至有工役才毕，随即欹漏者，奸弊苟且，劳民费财，莫甚于此。自今体究，重抵以罪。"① 吏员与工匠侵克建筑材料，造成工程质量不过关，而且劳民伤财，俨然已成风气。因此世宗命令对此加以纠察并治罪，上上下下参与其中的官、吏都逃脱不了干系，一并被彻查。再如大定六年（1166），顺义军节度使永元所在的朔州，"猾吏大姓蠹狱讼，瞀乱赋役"②。因此，对吏员的治理是一项长期而复杂的任务。

三 章宗时期

世宗时期和章宗前期是金朝的鼎盛时期，章宗后期开始由盛转衰，各种社会矛盾也逐渐暴露出来。章宗是众多金朝皇帝中唯一一位宠信后妃、外戚的皇帝，金朝的官僚体系由此而更加腐化，虽然他一再强调选用官吏要德才兼备，也采取了诸多的监察措施防止官吏腐败，但是由于没有能够彻底地贯彻这一原则，造成了金朝的官僚体系自上而下地不断腐化的状况。③ 早在章宗即位之初，吏权太重的问题就引起统治阶层的注意。史载："章宗即位，久约以国富民贫、本轻末重、任人太杂、吏权太重、官盐价高、坊场害民、与夫选左右、择守令八事为献，皆嘉纳之。"④ 黄久约上书的八事中，吏权太重是其中之一，献策也为皇帝所接纳。平章政事完颜守贞也说："今吏权重而积弊深，移转为便。"⑤ 表明这一时期吏权太重的问题还是引起了统治者的重视，并且采取了应对措施。

章宗朝下层吏员奸弊的情况比较严重，以至明昌三年（1192）时"上以军民不和、吏员奸弊，诏四品以下、六品以上集议于尚书省，各述

---

① 《金史》卷8《世宗本纪下》，中华书局，1975，第202页。
② 《金史》卷76《永元传》，中华书局，1975，第1745页。
③ 金宝丽：《章宗时期金朝由盛转衰原因的历史考察》，东北师范大学硕士学位论文，2007，第17页。
④ 《金史》卷96《黄久约传》，中华书局，1975，第2125页。
⑤ 《金史》卷73《完颜守贞传》，中华书局，1975，第1688页。

所见以闻"①。吏员奸弊问题与军民不和问题被作为六品至四品官员集议的对象,可见此时吏员积弊之深。明昌六年(1195),"敕宫中承应人出职后三年内犯赃罪者,元举官连坐,不在去官之限,著为令"②。从对宫中承应人出职后犯赃的处罚"著为令"看来,这种现象当不在少数。

这一时期官场风气污浊,贿赂公行,腐败横生。吏员的政治生命系于官员,因此官吏相互勾结,贪图荣禄、无耻求进。以"胥门十哲"为例,"承安三年,御史台劾奏:'右司谏张复亨、右拾遗张嘉贞、同知安丰军节度使事赵枢、同知定海军节度使事张光庭、户部主事高元甫、刑部员外郎张岩叟、尚书省令史傅汝梅、张翰、裴元、郭郐,皆趋走权门,人戏谓"胥门十哲"。复亨、嘉贞尤卑佞苟进,不称谏职。俱宜黜罢。'"③当时章宗重用胥持国,于是有部分吏员省令史和一些官员便趋炎附势以图升迁,可以窥见此时官场风气。此外,章宗任用完颜匡为相,史载他"怙宠自用,官以贿成"。而且"自占济南、真定、代州上腴田,百姓旧业辄夺之,及限外自取。上闻其事,不以为罪,惟用安州边吴泊旧放围场地、奉圣州在官闲田易之,以向自占者悉还百姓"④。完颜匡曾为帝师,章宗对其收人贿赂便与人官、擅占良田之事并没有深究。但高层官员如此,上行下效,下层的吏员自不必说。由于最高统治者对此惩治不力,造成这一时期的官场风气恶化,以致章宗以后出现纥石烈胡沙虎、术虎高琪专政的局面,直至金亡。

四 宣宗朝至金亡

宣宗南渡后,吏员集团队伍增长很快,良莠不齐,通过吏员仕进的风气比较浓厚。"宣宗尚刀笔之习,严考核之法,能吏不乏,而岂弟之政罕见称述焉。"⑤这里的"能吏"指的是有经世之才的官员,而非吏员,当时风气严苛成风,功利心很强,政声已非昔比。可以说,从吏入仕在扩大仕进之途的同时,也促使社会风气发生了变化,人们把入吏看作仕进的捷

---

① 《金史》卷9《章宗本纪一》,中华书局,1975,第223页。
② 《金史》卷10《章宗本纪二》,中华书局,1975,第236页。
③ 《金史》卷129《胥持国传》,中华书局,1975,第2794页。
④ 《金史》卷98《完颜匡传》,中华书局,1975,第2173、2174页。
⑤ 《金史》卷128《循吏传》,中华书局,1975,第2758页。

径，兴定年间，就连士人也攀附胥吏求进，"时胥吏擅威，士人往往附之"①。而军队中派奉御"监军"，不但没有增强军队的战斗力，而且导致武将指挥系统受到影响，甚至贻误战机，可以说，这也成为金朝走向衰败的原因之一。

金廷南渡以后，金初以来淳厚、积极进取的官风被彻底破坏了，宫廷和官场风气出现了较大变化。主要表现在争夺权力，钩心斗角成风；因循苟且，不思进取；诌谀迎和，取媚君主；遇事推诿，不肯负责；贪污受贿，相沿成习。金代后期的官场风气已经败坏到无法收拾的地步。宫廷和官场风气败坏，直接影响士风和民风变坏，进而影响整个社会风气变坏，终于导致了金朝的灭亡②。因此，时人刘祁在《归潜志》中提出，"由高琪执政后，擢用胥吏，抑士大夫之气不得伸，文法棼然，无兴复远略。大臣在位者，亦无忘身殉国之人，纵有之，亦不得驰骋。又偏私族类，疏外汉人，其机密谋谟，虽汉相不得预。人主以至公治天下，其分别如此，望群下尽力难哉。故当路者惟知迎合其意，谨守簿书而已。为将者，但知奉承近侍以偷荣幸宠，无效死之心。幸臣贵戚，皆据要职于一时，士大夫一有敢言、敢为者，皆投置散地。此所以启天兴之亡也。"③

总而言之，官场风气清明的时候，吏员奉法办事有助于官场风气的净化，有助于国家统治机器正常运转；官风恶化之时，吏员得到了可乘之机，利用职务之便谋取私利，对金廷统治造成威胁。吏员贪赃的现象在中国古代非常普遍，并不独为金朝所特有，可以说，官场风气的嬗变，吏员在其中起到了推波助澜的作用。

---

① 《金史》卷115《聂天骥传》，中华书局，1975，第2531页。
② 雷庆、杨军、郑玉艳：《金朝宫廷及官场风气略论》，《松辽学刊》（社会科学版）1999年第5期。
③ （金）刘祁撰《归潜志》卷7，崔文印点校，中华书局，1983，第136、137页。

第八章　官制视野下的金代吏制

金政权是以女真贵族为核心建立起来的，在其吞辽灭北宋的过程中，统治范围不断扩大，从东北一隅逐步扩展到秦岭、淮河沿线以北的北部中国广大地区，这期间，还一度扶持张邦昌、刘豫先后建立了楚、齐政权以为附属，治下民族也从女真族扩大到契丹、渤海、汉族等多个民族，形成了以女真贵族为核心，契丹、渤海、汉族等多民族上层人士共同统治的少数民族政权。为适应统治及其变化的需要，金代的政治制度也经历了从女真政治制度到汉官制度的发展演变过程。

吏员制度依附于官制而存在，探究金代吏制的民族特质，不能脱离官制单独论述，且囿于金代吏制材料的匮乏，在金代官制的视野下管窥吏制的特质，通过金代官制的发展演变过程，可观察依附的吏制变化及其关联，从而揭示其民族特质。

第一节　金代官制的发展演变

一　金初官制的发展演变

(一) 从诸部分治到宗室共治

1. 金政权建立之前的中央政治结构——联盟议事会

女真在建立政权之前，一般认为其发展阶段处于原始社会后期，尚未形成统一的整体。辽圣宗时，依据其同辽的关系和社会发展状况，将其分为系籍女真（包括熟女真和回跋）和生女真两大部分，采取了不同的治理方式[1]。生女真早期部落"自推雄豪为酋长，小者千户，大者数千户"[2]，

---

[1] 李桂芝：《辽金简史》，福建人民出版社，1996，第 196~198 页。
[2] （宋）徐梦莘：《三朝北盟会编》卷 3 政宣上，上海古籍出版社，1987，第 16 页。

各部酋长称孛（勃）堇（女真语，意即官长），部落联盟长的选择带有世选制的痕迹，由各部酋长在完颜家族内推举有能力者担任。这一时期，仍然残留有氏族社会的军事民主制传统，联盟采取由各部部长、耆老组成联盟议事会的方式讨论决定联盟的重大事项①，"国有大事，适野环坐，画灰而议。自卑者始，议毕，即漫灭之，不闻人声"②，对部落成员的支配权由部落酋长行使，部落之间是一种较为松散的联盟关系，部落联盟长对其他部落尚不能有效掌控。

随着完颜部在女真部落联盟中的势力日益强大，建国前的政治组织从分割的部落演变到中央集权的酋长部落③。阿骨打起兵抗辽，进而完成了女真各部的统一，女真社会内部形成以完颜氏为核心的部落大联盟，实行勃极烈制的统治制度，勃极烈，即孛堇之音转，意即"女直之尊官"④，按《金史》记载：

> 金自景祖始建官属，统诸部以专征伐，巍然自为一国。其官长，皆称曰勃极烈，故太祖以都勃极烈嗣位，太宗以谙版勃极烈居守。谙版，尊大之称也。其次曰国论忽鲁勃极烈，国论言贵，忽鲁犹总帅也。又有国论勃极烈，或左右置，所谓国相也。其次诸勃极烈之上，则有国论、乙室、忽鲁、移赉、阿买、阿舍、昊、迭之号，以为升拜宗室功臣之序焉。其部长曰孛堇，统数部者曰忽鲁。凡此，至熙宗定官制皆废。⑤

虽然"金自景祖始建官属，统诸部以专征伐，巍然自为一国"，但此"国"非彼"国"也。张博泉提出，景祖时在女真军事部落联盟组织中所建立的官署，属于氏族制的官属机构，它具有以下六个特点。①氏族制的官属及其由官属所组成的机关，是靠自由的、自愿的尊敬，国家的官属及其机关是靠法律的力量取得尊敬。②氏族制的官属及其由官属所组成的机

---

① 张帆：《回归与创新——金元》，吴宗国主编《中国古代官僚政治制度研究》，北京大学出版社，2004，第290、291页。
② （宋）宇文懋昭撰《大金国志校证》卷36《兵制》，崔文印校证，中华书局，1986，第521页。
③ 参阅陶晋生《金代的政治结构》，《历史语言研究所集刊》41本4分，1969，第569页。
④ 《金史》卷70《撒改传》，中华书局，1975，第1615页。
⑤ 《金史》卷55《百官志一》，中华书局，1975，第1215、1216页。

关，是社会公共利益的代表者，是维护公共利益的，它的基础是共有制。公共利益对个人利益起着约束、抵制的作用。国家的官属及其机关，是建立在国有制基础上，是剥削者、统治者利益的代表者，是维护私有制的。③氏族制的官属及其由官属所组成的机关，没有向公民征收捐税的权力，因为在氏族社会中捐税还不存在。国家的官属及其机关，已掌握着征税权，国家剥夺了公民的土地权和人身自由，由官吏向公民征收赋税和将沉重的徭役压在他们身上。④氏族制的官属及其由官属所组成的机关，既具有军事的特点，又保有民主的因素，是一种军事民主制，还没有同社会人民脱离。国家的官属及其机关，已凌驾于社会之上，并脱离了人民，成为强制的统治的力量。⑤氏族制的官属及其由官属所组成的官属会议与人民大会共同存在，人民大会对官属会议讨论的决定有赞成与否定的权力。国家的官属与会议是剥削与统治人民的权力机构，人民处于被剥削、被压迫的地位。⑥作为氏族制的官属的最高统领者是联盟的军事首长；国家的最高统治者是皇帝。氏族时君臣关系还在形成中，国家的君臣关系已定①。

2. 金初的中央政治体制——勃极烈制度

阿骨打起兵抗辽后，契丹、渤海和汉族等多个民族人民不断纳入金朝统治之下，以往在单一的女真部落内部运行的联盟议事会已不能满足新形势下女真政权统治的需要。金朝建立后，阿骨打以都勃极烈继皇帝位，废除了女真部落传统的部落联盟议事会，将都勃极烈的职能和国相的职能结合起来，并在此基础上建立起新的政治体制——勃极烈制度。程妮娜称之为中央国论勃极烈制度，认为这一制度虽然仅仅由五六个勃极烈组成，却囊括了国家机构所必需的各种职能，是国家方针政策的决策机关和审议机关，是国家最高行政机关，是国家最高司法机关，是最高军事决策、统帅机关②。吴本祥认为，勃极烈制度具有完颜氏四大家族联合执政的家族奴隶制鲜明特征，同时又是一个议政、行政和军政合一的机构，成为金初中央官制的一大特点，也是一大优点，它适应了金初政治的客观要求。③勃极烈制度作为金初中央政权机构中实行的政治制度，带有浓厚的联盟议事会残余，主要有三个特点：一是带有浓厚军事民主遗风，皇帝与大臣之间地位平等，共议国事，然后做出决策；二是勃极烈制保留兄终弟及的传统

---

① 张博泉等著《金史论稿》第一卷，吉林文史出版社，1986，第209、210页。
② 程妮娜：《金代政治制度研究》，吉林大学出版社，1999，第16～19页。
③ 吴本祥：《金代初期的官制》，《黑龙江农垦师专学报》1997年第4期。

遗风，还没有确立皇位的嫡长子继承制；三是带有世选制的遗迹和血缘关系色彩。①

在勃极烈制度下，部落联盟议事会演变为勃极烈会议，参与决策的有谙版、国论、乙室、忽鲁、移赍、阿买、阿舍、昊、迭勃极烈等诸勃极烈，"以为升拜宗室功臣之序焉"。为了排斥诸部旧贵族的势力，完颜氏部落首领力图在职官任用上贯彻"亲贵合一"的原则②。阿骨打曾以其弟吴乞买为谙班（版）勃极烈；其下国论勃极烈，堂兄撒改充任，后增置左右二人，子宗幹、侄宗翰分别充任；其下阿买勃极烈，族叔习不失充任；其下昊勃极烈，幼弟杲充任。此四勃极烈辅佐金帝，参与皇位继承、军事征伐、内政外交等军国大事的决策，拥有军政权力。此后，根据统治的需要，又对勃极烈制度进行了微调，陆续增设了移赍、乙室、忽鲁、阿舍、迭等勃极烈。据统计，金初实行勃极烈制约二十年的时间内，任职可考者先后有12人，均是从完颜贵族集团中选任，或为父子兄弟，或为叔侄近亲。在女真社会从部落到国家的进程中，上层权力的中心由异姓贵族让位于同姓贵族、宗室疏属让位于宗室近属，以完颜氏为代表的女真贵族政治表现出宗室共治的鲜明特征，宗室近属成为依赖血缘政治建立起的皇权最稳固的支撑，而金初皇权则淹没在完颜氏家族的集体权力之中③。

为了适应统治的需要，勃极烈制度不断地调整、变化，程妮娜将其划分为三个阶段：第一阶段，从太祖收国元年（1115）七月至天辅五年（1121）五月，是勃极烈制度的初创时期，此时国家处于初创时期，各种政治制度不健全，勃极烈制度的军事性质较强；第二阶段，从太祖天辅五年六月至太宗即位，为稳固新占领区的统治和建立正常的统治秩序时期，对勃极烈制度进行了调整、补充，加入了太祖家族的势力，加强了皇权；第三阶段，太宗朝，勃极烈制度职能进一步调整，随着国家机构的不断完善，各种官僚机构相继设立，其职能进一步减少，政治辅弼功能渐强，其

---

① 武玉环：《金朝中央官制的改革》，《北方文物》1987年第2期。
② 刘庆：《金代女真官制的演变道路》，《民族研究》1987年第2期。
③ 参阅李桂芝《辽金简史》，福建人民出版社，1996，第214~216页；张帆：《回归与创新——金元》，吴宗国主编《中国古代官僚政治制度研究》，北京大学出版社，2004，第290~293页；赵冬晖：《金初勃极烈官制的特点》，陈述主编《辽金史论集》第一辑，上海古籍出版社，1987，第371~380页；程妮娜：《金代政治制度研究》，吉林大学出版社，1999，第16~24页。

他功能渐弱①。

(二) 从勃堇制度到猛安谋克制度

1. 金初的勃堇制度

勃堇为女真语，最早出现在11世纪前期，为女真部落酋长的称号。阿骨打五世祖昭祖石鲁为完颜部勃堇②。根据纥石烈部人钝恩"祖曰劾鲁古，父纳根涅，世为其部勃堇"③的记载和《金史·乌春传》中"乌春，阿跋斯水温都部人，以锻铁为业。因岁歉，策杖负檐与其族属来归。景祖与之处，以本业自给。既而知其果敢善断，命为本部长，仍遣族人盆德送归旧部"④，《金史·阿疏传》中"世祖喻之（阿疏）曰：'乌春本微贱，吾父抚育之，使为部长，而忘大恩，乃结怨于我，遂成大乱，自取灭亡'"⑤的记载，勃堇由世选产生或由部落联盟长任命。勃堇具有氏族部落的政治、经济、司法、军事等诸种权力，其上有都勃堇，既指以完颜氏为核心的军事部落联盟长，又指军事部落联盟长统辖下的若干部落组成的地方部落联盟长⑥。勃堇在战时又称猛安谋克。《金史》记载：

> 金之初年，诸部之民无它徭役，壮者皆兵，平居则听以佃渔射猎习为劳事，有警则下令部内，及遣使诣诸孛堇征兵，凡步骑之仗糗皆取备焉。其部长曰孛堇，行兵则称曰猛安、谋克，从其多寡以为号，猛安者千夫长也，谋克者百夫长也。谋克之副曰蒲里衍，士卒之副从曰阿里喜。⑦

金在建国前，猛安谋克，原为女真部民围猎时的组织，后发展为生女真战时的军事组织，"平居则听以佃渔射猎习为劳事，有警则下令部内，及遣使诣诸孛堇征兵"，战争时以氏族、部落为单位，战士自备武器粮草。作为女真各部勃堇，在战时用猛安、谋克的称号，在行军中根据所部出征

---

① 程妮娜：《金代政治制度研究》，吉林大学出版社，1999，第20～22页。
② 《金史》卷32《礼志五》，中华书局，1975，第775页。
③ 《金史》卷67《钝恩传》，中华书局，1975，第1583页。
④ 《金史》卷67《乌春传》，中华书局，1975，第1577页。
⑤ 《金史》卷67《阿疏传》，中华书局，1975，第1585页。
⑥ 程妮娜：《金代政治制度研究》，吉林大学出版社，1999，第38～40页。
⑦ 《金史》卷44《兵志》，中华书局，1975，第992页。

人数的多少确定其称猛安或是谋克，猛安即千夫长，谋克即百夫长。又据《三朝北盟汇编》记载：

> 其官名则以九曜二十八宿为号，曰"谙版勃极烈"大官人，"勃极烈"官人。其职曰"忒母"万户，"萌眼"千户，"毛毛可"百人长，"蒲丽偃"牌子头。勃极烈者，统官也，犹中国言总管云。自五十户勃极烈推而上之，至万户勃极烈皆自统兵，缓则射猎，急则出战。①

程妮娜认为这一记载混同了国论勃极烈制度和勃堇制度，其中女真人对统官的传统称谓"勃堇"即五十户勃极烈（勃堇）、万户勃极烈（勃堇），勃堇与勃极烈词根相同，在使用上有明显区别，不可混同；"毛毛可"百夫长为百户长之误，百夫长为单纯军事统兵官，是作为军事制度的猛安谋克的长官，行政长官的谋克，因其领户可称百户长。②

在世祖劾里钵之后，随着女真内部统一和联盟外的军事活动加剧，猛安谋克从战时的临时作战组织又发展为常规部落军事组织，女真内部勃堇成为治民时"官长"的称呼，而猛安谋克成为领兵时"军长"的称呼。《金史》中就存在勃堇而不领兵的情况，按《金史》载，"景祖异母弟跋黑有异志，世祖虑其为变，加意事之，不使将兵，但为部长"③。又世祖初立，跋黑有异志，"诱桓赧、散达、乌春、窝谋罕离间部属，使贰于世祖。世祖患之，乃加意事之，使为勃堇而不令典兵"④。

从天会初年汉官职称出现到天会五年后，勃堇称谓不再见于史书，金初中央政权出现了勃堇与汉官并存的短暂时期，随着曷苏馆路和耶懒路路制改置和两路都勃堇的撤销，尤其是金政权在辽东地区恢复州县制，从此女真地方官不再称为勃堇⑤。

2. 猛安谋克制度

太祖继任都勃极烈之后，将勃堇领兵制与女真基层村寨组织相结合，以氏族部落为主的勃堇制度被以领户为特点的猛安谋克制取代。金代猛安

---

① （宋）徐梦莘：《三朝北盟会编》卷3"政宣上"，上海古籍出版社，1987，第18、19页。
② 程妮娜：《金代政治制度研究》，吉林大学出版社，1999，第90、91页。
③ 《金史》卷1《世纪序》，中华书局，1975，第7页。
④ 《金史》卷65《跋黑传》，中华书局，1975，第1542页。
⑤ 程妮娜：《金代政治制度研究》，吉林大学出版社，1999，第51~53页。

谋克世袭制度，按《大金国志》载：

> 其世袭法，世袭千户，全国深重其赏，非宗室勋臣之家不封，勋臣之家亦止本色人及契丹、奚家而已。所袭官职，亦非一等，上自明威将军，下至千户、三百户。①

而猛安谋克户，据马扩《茆斋自叙》记载：

> 某随打围自来流河阿骨打所居，指北带东行约五百余里，皆平坦草莽，绝少居民。每三五里之间，有一二帐族，每帐族不过三五十家。②

太祖时使金到过女真内地的宋人马扩记录了女真族父子兄弟聚族而居的生活方式，却并未意识到这种生活方式与猛安谋克制度之间的关系，但这种深植于女真族观念中的生活方式，即使在女真猛安谋克迁居中原后的世宗大定年间依然存在。按《金史》记载，大定二十年（1180），世宗谓宰臣曰："猛安谋克人户，兄弟亲属若各随所分土，与汉人错居，每四五十户结为保聚，农作时令相助济，此亦劝相之道也。"③ 这一时期的猛安谋克人户，在民族杂居的情况下，仍然保持四五十户结为保聚的小聚居形式，受到猛安谋克的管辖。猛安谋克官既是女真奴隶制国家的地方长官，同时也是女真猛安谋克户的宗族之长。

女真灭辽过程中，"继而诸部来降，率用猛安、谋克之名以授其首领而部伍其人。出河之战兵始满万，而辽莫敌矣。及来流、鸭水、铁骊、鳖古之民皆附，东京既平，山西继定，内收辽、汉之降卒，外籍部族之健士。尝用辽人讹里野以北部百三十户为一谋克，汉人王六儿以诸州汉人六十五户为一谋克，王伯龙及高从祐等并领所部为一猛安"④。随着统治范围的急速扩张，民族成分也日趋复杂，金朝统治者不得不采取不同的统治方式，"内收辽、汉之降卒"，采用猛安谋克制度，根据降卒多少确定称号。一般汉人六十五户或辽人百三十户为一谋克，降卒多者则授猛

---

① （宋）宇文懋昭撰《大金国志校证》卷35《除授》，崔文印校证，中华书局，1986，第507页。
② （宋）徐梦莘：《三朝北盟会编》卷4"政宣上"，上海古籍出版社，1987，第30页。
③ 《金史》卷46《食货志一》，1975，第1034页。
④ 《金史》卷44《兵志》，1975，第992、993页。

第八章　官制视野下的金代吏制

安，如王伯龙"率众二万及其辎重来降"，则"授世袭猛安，知银州，兼知双州"①。在原辽朝部族分布区，仍保持原有的部落制度，其中女真诸部等部落长仍称勃堇。为安置新纳入女真治下各部，金太祖于收国二年（1116）正月下诏："自破辽兵，四方来降者众，宜加优恤。自今契丹、奚、汉、渤海、系辽籍女直、室韦、达鲁古、兀惹、铁骊诸部官民，已降或为军所俘获，逃遁而还者，勿以为罪，其酋长仍官之，且使从宜居处。"②用女真建国前各部已有的猛安谋克制消除辽对各女真的影响，明确诏告各部及新附诸部，女真人即政权制度及文化认同的核心③。同年五月，"东京州县及南路系辽女直皆降"，为消除辽朝的影响，"诏除辽法，省税赋，置猛安谋克一如本朝之制"④。

女真猛安谋克随着金初统治范围的扩大，自太祖年间开始不断向新占领区迁移，最早是"收国二年，分鸭挞、阿懒所迁谋克二千户，以银术可为谋克，屯宁江州"⑤。其后在太祖天辅二年（1118）"命合诸路谋克，以娄室为万户镇之（黄龙府）"⑥，天辅五年（1121）"遣昱及宗雄分诸路猛安谋克之民万户屯泰州，以婆卢火统之"⑦。其后，为加强金政权对中原地区的统治，太宗到海陵期间相继将猛安谋克外迁。绍兴和议以后，淮河以北的广大地区割让给金国，"自燕之南，淮陇之北具有之，多至五六万人，皆筑垒于村落间"⑧。张博泉估计女真猛安谋克户口有一半以上分布在中原⑨。女真族猛安谋克户迁入内地，与百姓杂处，但在统治方式上，仍然采取猛安谋克的政治制度，"今屯田之处，大名府、山东、河北、关西诸路皆有之，约一百三十余千户，每千户止三四百人。所居止处皆不在州县，筑寨处村落间，千户百户虽设官府，亦在其内"⑩。在这一地区，外迁的女真猛安谋克受到当地府、节度使等的统辖，汉官制中的州县制与

---

① 《金史》卷81《王伯龙传》，中华书局，1975，第1820页。
② 《金史》卷2《太祖本纪》，中华书局，1975，第29页。
③ 王耘：《金初女真人的崛起与文化认同之变迁》，《北方论丛》2015年第6期。
④ 《金史》卷2《太祖本纪》，中华书局，1975，第29页。
⑤ 《金史》卷72《银术可传》，中华书局，1975，第1658页。
⑥ 《金史》卷2《太祖本纪》，中华书局，1975，第31页。
⑦ 《金史》卷2《太祖本纪》，中华书局，1975，第35页。
⑧ （宋）李心传：《建炎以来系年要录》卷138，中华书局，1956，第2226页。
⑨ 张博泉：《金代经济史略》，辽宁人民出版社，1981，第40页。
⑩ （宋）宇文懋昭撰《大金国志校证》卷36《屯田》，崔文印校证，中华书局，1986，第521页。

女真猛安谋克制度并行，两者在官职、官品上进一步融合。汉官制将猛安谋克纳入地方统治机构的序列，而猛安谋克，据《金史·百官志》记载，"猛安，从四品，掌修理军务、训练武艺、劝课农桑，余同防御（司吏四人，译一人，挞马、差役人数并同旧例）。诸谋克，从五品，掌抚辑军户、训练武艺。惟不管常平仓，余同县令（女直司吏一人，译一人，挞马）。"① 外迁的猛安谋克仍然保留原有的政治、军事、经济三种职能，并有与州县相对应的官府机构组织，除从四品的官员猛安以外，吏员设有"司吏四人，译一人"，另外还有挞马和差役；谋克中则设有女真司吏一人，译一人及挞马等吏员。除下属吏员有记载外，猛安之下还有"与猛安同勾当副千户官"，谋克下还设有寨使，"猛安谋克部村寨，五十户以上设寨使一人，掌同主首"②。又记载，"凡户口计帐，三年一籍。自正月初，州县以里正、主首，猛安谋克则以寨使，诣编户家责手实，具男女老幼年与姓名，生者增之，死者除之"③，而"京府州县郭下则置坊正，村社则随户众寡为乡置里正"④。经过汉官制度改造的猛安谋克制度，深深打上了封建官制的烙印，对加速女真族封建化的进程具有重要的促进作用。

　　由于在女真统治下的封建地区推行猛安谋克制度带来了政治、经济上的混乱，达不到预期的效果，因此自天会年间开始，金政权根据统治的需要，对猛安谋克制的推行政策进行调整，"至天会二年，平州既平，宗望恐风俗揉杂民情弗便，乃罢是制，诸部降人但置长吏，以下从汉官之号"⑤。太宗灭北宋后，在原辽朝统治的北部地区多为猛安谋克制度；平州以南地区沿用辽的府、州、县制度；淮河以北的原北宋广大地区沿用汉地旧制。熙宗天眷元年颁行新官制以后，金朝进入封建制度，废止了女真奴隶制国家政权奴隶制度，但女真族奴隶制基层社会组织尚且保留。在女真内地上京路，汉官制度与女真猛安谋克制度并行。"会宁府，下。初为会宁州，太宗以建都，升为府。天眷元年，置上京留守司，以留守带本府尹，兼本路兵马都总管。"⑥ 在上京路兵马都总管治下，还保留有金初所

---

① 《金史》卷57《百官志三》，中华书局，1975，第1329页。
② 《金史》卷46《食货志一》，中华书局，1975，第1031页。
③ 《金史》卷46《食货志一》，中华书局，1975，第1032页。
④ 《金史》卷46《食货志一》，中华书局，1975，第1031页。
⑤ 《金史》卷44《兵志》，中华书局，1975，第993页。
⑥ 《金史》卷24《地理志上》，中华书局，1975，第551页。

置的蒲与路、恤品路、胡里改路等万户路，直至"海陵例罢万户，乃改置节度使"。万户路下，是猛安、谋克等次一级的统治机构。熙宗天眷元年（1138）以后，对女真猛安谋克制度的改造并未止步，"天眷三年，罢汉、渤海千户谋克"①，又"熙宗皇统五年，又罢辽东汉人、渤海猛安谋克承袭之制，浸移兵柄于其国人，乃分猛安谋克为上中下三等，宗室为上，余次之"②，至海陵天德三年，"诏罢世袭万户官"③，猛安谋克的统辖体系虽然继续保留，但在统治体系上进一步向汉官制演变和靠拢。章宗以后，猛安谋克形成了具有军屯特征的封建组织机构。

章宗即位伊始，将猛安谋克纳入国家监察制度的管理之下，大定二十九年（1189）六月，"乙未，初置提刑司，分按九路，并兼劝农采访事，屯田、镇防诸军皆属焉"④。承安二年改为监察御史"查其臧否"⑤。泰和元年（1201）八月，"制猛安谋克并隶按察司，监察御史止按部纠举，有罪则并坐监临之官"⑥。猛安谋克又回到按察司监管之下，直至宣宗贞祐三年（1215）罢按察司。

二 汉官制度对金朝政治结构的继承与改造

（一）金代中央机构中汉官制度的演变

1. 金代三省制度的确立及其演变

天辅六年（1122），金朝南侵燕云地区。在此之前，金朝军队先后攻占了辽朝的东京道等地区，统一了女真和渤海，形成了能够和辽朝对峙而立的统一女真族政权，阿骨打下诏在辽东地区"除辽法，省税赋，置猛安谋克一如本朝之制"，并遣使入辽议和，寻求辽朝册封。这表明金朝在占领辽东等地，统一女真和渤海后，试图以此与辽朝相峙而立，阿骨打此时的目标还是建立一个统一的女真族政权，统一实行女真制度⑦。由于辽朝没能满足金朝的全部要求，自天辅四年（1120），金朝开始了灭辽的进程，到天辅六年十

---

① 《金史》卷80《大臭传》，中华书局，1975，第1809页。
② 《金史》卷44《兵志》，中华书局，1975，第993页。
③ 《金史》卷5《海陵本纪》，中华书局，1975，第98页。
④ 《金史》卷9《章宗本纪一》，中华书局，1975，第210页。
⑤ 《金史》卷10《章宗本纪二》，中华书局，1975，第243页。
⑥ 《金史》卷11《章宗本纪三》，中华书局，1975，第257页。
⑦ 叶坦、蒋松岩：《宋辽夏金元文化史》，东方出版中心，2007，第461页。

二月，已先后攻克辽上京、中京、西京、燕京等地，全面占领辽境。在这样的形势下，金朝统治者不得不调整统治政策，以满足统治的需要。

天辅六年十月，"蔚州降。庚寅，余睹等遣蔚州降臣翟昭彦、徐兴、田庆来见。命昭彦、庆皆为刺史，兴为团练使。诏曰：'比以幽、蓟一方招之不服，今欲帅师以往，故先安抚山西诸部。汝等既已怀服，宜加抚存。官民未附已前，罪无轻重及系官逋负，皆与释免，诸官各迁叙之。'"① 辽蔚州翟昭彦、徐兴、田庆降，金"命昭彦、庆皆为刺史，兴为团练使"。蔚州辽时为西京道辖下节度州，从诏书中"比以幽、蓟一方招之不服，今欲帅师以往，故先安抚山西诸部"和"汝等既已怀服，宜加抚存"的情况来看，金朝对辽朝降将积极安抚，授予了辽朝原有的南面官系统的节度使、团练使等官职。另外，在攻打燕京前夕，还"诏谕燕京官民，王师所至，降者赦其罪，官皆仍旧"②。

从天辅七年（1123）开始，金朝在原辽朝汉人聚居区采用辽南面官制度，按《金史》记载：

> 初，太祖定燕京，始用汉官宰相赏左企弓等，置中书省、枢密院于广宁府，而朝廷宰相自用女直官号。太宗初年，无所改更。及张敦固伏诛，移置中书、枢密于平州，蔡靖以燕山降，移置燕京，凡汉地选授调发租税皆承制行之。③

太祖定燕京后，"上至燕京，入自南门，使银术哥、娄室阵于城上，乃次于城南。辽知枢密院左企弓、虞仲文，枢密使曹勇义，副使张彦忠，参知政事康公弼，金书刘彦宗奉表降"④。太祖用汉官宰相赏左企弓等，《金史·左企弓传》也记载"太祖驻跸燕京城南，企弓等奉表降，太祖俾复旧职，皆受金牌"⑤。"天辅七年以左企弓行枢密院于广宁，尚踵辽南院之旧。"广宁府所置枢密院为契丹南枢密院，按《辽史·百官志》载，"契丹南枢密院。掌文铨、部族、丁赋之政，凡契丹人民皆属焉。以其牙帐居大内之南，故名南院。元好问所谓'南衙不主兵'是也。"⑥ 又载：

---

① 《金史》卷2《太祖本纪》，中华书局，1975，第38页。
② 《金史》卷2《太祖本纪》，中华书局，1975，第39页。
③ 《金史》卷78《韩企先传》，中华书局，1975，第1777页。
④ 《金史》卷2《太祖本纪》，中华书局，1975，第39页。
⑤ 《金史》卷75《左企弓传》，中华书局，1975，第1724页。
⑥ 《辽史》卷45《百官志一》，中华书局，1974，第688页。

第八章 官制视野下的金代吏制

"辽国官制,分北、南院。北面治宫帐、部族、属国之政,南面治汉人州县、租赋、军马之事。"① 检阅《金史》,"枢密院,天辅七年,始置于广宁府。天会三年下燕山,初以左企弓为使,后以刘彦宗。初犹如辽南院之制,后则否。"② 枢密院本是辽代的宰相机构,金初在新占领的汉地设枢密院负责当地行政事务,受女真军事统帅宗翰、宗望等人统辖,并不直隶中央③。金初在广宁府所置枢密院,初依辽南院之制,即契丹南枢密院,学界多认为契丹南枢密院即《辽史·百官志》中南面朝官系统中记载的汉人枢密院④。

中书省也是辽旧名,"中书省。初名政事省。太祖置官,世宗天禄四年建政事省,兴宗重熙十三年改中书省"⑤。有学者认为,天会四年(1126)所成立的尚书省所辖诸司,并不是单独的机构,恰恰是枢密院本身的组成部分⑥。"天辅七年五月,左企弓、虞仲文、曹勇义、康公弼赴广宁,过平州,觉使人杀之于栗林下,遂据南京叛入于宋,宋人纳之。"⑦枢密院的几个主要官员左企弓、虞仲文、曹勇义、康公弼等东迁过平州,不幸被降而复叛的平州将领张觉缢杀。继左企弓之后,刘彦宗为"同中书门下平章事,知枢密院事,加侍中,佐宗望军",主持汉人枢密院,其时,宗望方图攻取张敦固,经奏请,"凡州县之事委彦宗裁决之"⑧。张敦固伏

---

① 《辽史》卷45《百官志一》,中华书局,1974,第685页。
② 《金史》卷55《百官志一》,中华书局,1975,第1239页。
③ 张帆:《回归与创新——金元》,吴宗国主编《中国古代官僚政治制度研究》,北京大学出版社,2004,第311页。
④ 有关辽朝的枢密院相关问题的研究,杨树森、傅乐焕、张博泉、武玉环、杨若薇、何天明等学者均有论述,学界一直以来未形成统一的意见,究其原因,《辽史·百官志》中记载了三个枢密院,即汉人枢密院、契丹北枢密院和契丹南枢密院,而《辽史·萧孝忠传》和李焘《续资治通鉴长编》、余靖《契丹官仪》和叶隆礼《契丹国志》分别都记载有两个枢密院,何天明《辽代政权机构史稿》一书第三章"枢密院制度"辟有"汉人枢密院"和"契丹南枢密院"两节专论,讨论最为详细。参见杨树森《辽史简编》,辽宁人民出版社,1984;傅乐焕:《辽史丛考》,中华书局,1984;张博泉:《关于辽代枢密院的几个问题》,《黑龙江文物丛刊》1984年第1期;武玉环:《辽制研究》,吉林大学出版社,2001,第49页;杨若薇:《契丹王朝政治军事制度研究》,文津出版社,1992,第137页;何天明:《辽代政权机构史稿》,内蒙古大学出版社,2004,第16~27、53~65页。
⑤ 《辽史》卷47《百官志三》,中华书局,1974,第774页。
⑥ 李涵:《金初汉地枢密院试析》,《辽金史论集》第四辑,书目文献出版社,1989,第190、191页。
⑦ 《金史》卷133《张觉传》,中华书局,1975,2844页。
⑧ 《金史》卷78《刘彦宗传》,中华书局,1975,第1770页。

诛后，移置中书、枢密于平州，天会三年（1125）伐宋后，蔡靖以燕山降，枢密院又移置燕京，主要负责汉地选授调发租税等事务。"燕山既下，循辽制立枢密院于广宁府，以总汉军。太宗天会元年，以袭辽主所立西南都统府为西南、西北两路都统府。三年，以伐宋更为元帅府，置元帅及左、右副，及左、右监军，左、右都监。"① 又《金虏节要》记载"东路斡里不（完颜宗望）建枢密院于燕山""西路粘罕（完颜宗翰）建枢密院于云中""虏人呼东朝廷、西朝廷"②。

随着金军占领区扩大到黄河流域，如何对原北宋地区的州县实施有效统治成为金朝统治者不得不面对的问题。"斜也、宗干当国，劝太宗改女真旧制，用汉官制度。"③ 其时，在原辽朝汉人聚居区和原宋朝统治区分别实行辽、宋两种制度，辽南面汉制是以中书省为中心的三省制，枢密院为最高军、政机构，主六部事。宋制则是以尚书省为中心的三省六部制。"天会三年，获辽主于应州西余睹谷，始议礼制度，正官名，定服色，兴庠序，设选举，治历明时，皆自宗干启之。"④ 覆灭辽朝之后，主持朝政谙班（版）勃极烈完颜斜也和国论勃极烈完颜宗干意识到要适应灭辽后的新形势，必然要改革女真旧制，建议采用汉官制度，太宗接受此建议，于天会四年在燕京建置尚书省⑤，之后又建立六部，这在《金史·张通古传》中有载，"天会四年，初建尚书省，除工部侍郎，兼六部事"⑥。完颜宗干在确定礼仪制度、官名、服色、庠序、选举、历法等方面做出了重要贡献。至"天会四年，始定官制，立尚书省以下诸司府寺"⑦，"官制行，诏中外"⑧。

女真统治者主要依靠原辽、宋等旧官吏，如辽韩昉、宋宇文虚中、渤海张浩等，并借鉴唐、辽、宋诸朝制度，对女真旧制和原辽汉人枢密院进行改革，太宗天会四年"建尚书省，遂有三省之制"⑨，建立以尚书省为

---

① 《金史》卷44《兵志》，中华书局，1975，第1002页。
② （宋）徐梦莘：《三朝北盟会编》卷45靖康中，上海古籍出版社，1987，第340页。
③ 《金史》卷78《韩企先传》，中华书局，1975，第1777页。
④ 《金史》卷76《宗干传》，中华书局，1975，第1742页。
⑤ 有关金代尚书省建立和发展的问题，可参阅孟宪军《试论金代尚书省的建立和发展》一文。孟宪军：《试论金代尚书省的建立和发展》，《辽宁师范大学学报》（社会科学版）2000年第3期。
⑥ 《金史》卷83《张通古传》，中华书局，1975，第1859页。
⑦ 《金史》卷78《韩企先传》，中华书局，1975，第1777页。
⑧ 《金史》卷76《宗干传》，中华书局，1975，第1742页。
⑨ 《金史》卷55《百官志一》，中华书局，1975，第1216页。

中心的三省制，自此三省之名齐备，又"立尚书省以下诸司府寺"，建立了尚书省下属机构。这次官制改革于天会八年（1130）初步完成，天会八年十月，"诏辽、宋官上本国诰命，等第换授"①，又有"天会中，辽、宋旧有官者皆换授，松年为太子中允，除真定府判官"②的记载。辽官即指金踵辽南面的官，宋官即指新占的黄河以北的官。天会八年辽、宋旧官皆换授，即按天会四年新定的官制换授，这样就把黄河以北的辽制、宋制统一在新官制之中③。三省制的内容，在《大金国志》④《建炎以来系年要录》⑤《鄱阳集》⑥《中兴小纪》⑦中均有记载，且大同小异。虽然金朝有人称"自古享国之盛，无如唐室，本朝目今制度，并依唐制"⑧，张帆认为，宋制（元丰改制后的三省制度）对金朝制度可能有更直接的影响，并对金朝三省制进行了概括⑨：废勃极烈会议，代以三省，以旧任勃极烈的一些元勋重臣挂三师（太师、太傅、太保）头衔"领三省事"。三省之中，尚书省机构最为完备，设左右丞相、平章政事、左右丞、参知政事共同组成宰相集团，下设左右司为僚属机构，六部负责具体行政事务。门下、中书两省则基本上是徒有虚名，其长官侍中、中书令分别由尚书左、右丞相兼任，极少见其余官员除授的记载。枢密院、御史台、大宗正府、翰林学士院等机构，也在这次改革中正式设立。各级机构中除少量官员外，大多数为各部及各机构的吏员，比如令史、译史、通事等。太宗天会十二年（1134）正月，"甲子，初改定制度，诏中外"⑩，新制度未全面实行，太宗驾崩。

《金史·选举志四》记载，"自太宗天会十二年，始法古立官，至天眷元年，颁新官制。"⑪ 熙宗即位后，开始着手废止勃极烈制度，全面实

---

① 《金史》卷3《太宗本纪》，中华书局，1975，第62页。
② 《金史》卷125《蔡松年传》，中华书局，1975，第2715页。
③ 张博泉：《金天会四年"建尚书省"微议》，《社会科学辑刊》1987年第4期。
④ （宋）宇文懋昭撰《大金国志校证》卷9《纪年·熙宗孝成皇帝一》，崔文印校证，中华书局，1986，第137页。
⑤ （宋）李心传：《建炎以来系年要录》卷84，中华书局，1956，第1388页。
⑥ （宋）洪皓：《鄱阳集》卷4《跋金国文具录札子》，钦定四库全书，集部。
⑦ （宋）熊克：《中兴小纪》卷18，绍兴五年条，钦定四库全书，史部。
⑧ （宋）徐梦莘：《三朝北盟会编》卷163"炎兴下"，上海古籍出版社，1987，第1177页。
⑨ 张帆：《回归与创新——金元》，吴宗国主编《中国古代官僚政治制度研究》，北京大学出版社，2004，第312页。
⑩ 《金史》卷3《太宗本纪》，中华书局，1975，第65页。
⑪ 《金史》卷54《选举志四》，中华书局，1975，第1193页。

行三省六部制。《金史·百官志一》记载，"至熙宗颁新官制及换官格，除拜内外官，始定勋封食邑入衔，而后其制定"，熙宗天眷元年（1138）颁布了新官制及换官格，但新官制的内容未载于《金史》，仅言"大率皆循辽、宋之旧"，这与《金国闻见录》中天眷二年（1139）《定臣制札子》记载一致，其文为：

> 太祖皇帝圣武经启，文物度数曾不遑暇。太宗皇帝嗣位之十二载，威德畅洽，万里同风，聪明自用，不凝于物，虽下明诏建官正名，欲垂范于将来，以为民极，圣谟宏远，可举而行，克成厥绪，正在今日。伏惟皇帝陛下至性孝德，钦奉先犹爰命有司用精详订。臣等谨按，当唐之治朝品禄爵秩考覆选举，其法号为精密尚虑拘牵，故远自开元所记，降及辽宋之传，参用讲求有便于今者，不必泥古取正于法者，亦无循习今先定到官号品秩职守，上进御府以塵乙览，恭俟圣断。①

据此可知，金代三省六部制度系太宗以来，一直到熙宗时期，参用唐、辽、宋三朝之制，结合金朝国情而制定。在汉官制度的构架下，同时逐步建立的还有吏员制度。各机构中吏员的类别与编制数目逐步固定，吏员的选任、出职等制度也逐步建立起来。

2. 金代一省制度的确立及其发展

金太宗到熙宗时的"天会官制"，主要是机构的创设和调整，金熙宗时的"天眷官制"则是新定"官号、品秩、职守"。从今存记载中看不到有机构上的重大变化。至于金海陵王时的改官制，主要是天德二年（1150）"罢行台尚书省，改都元帅府为枢密院"，正隆元年"罢中书、门下省"②。

海陵王即位后，开始对政治架构进行有步骤的改革，天德二年十二月，"己未，罢行台尚书省。改都元帅府为枢密院"③。天德三年（1151）"十一月癸亥，诏罢世袭万户官，前后赐姓人各复本姓"④。正隆元年

---

① （宋）徐梦莘：《三朝北盟会编》卷166"炎兴下"，上海古籍出版社，1987，第1197、1198页。
② 王曾瑜：《金熙宗"颁行官制"考辨》，《宋史研究论丛》第六辑，河北大学出版社，2005，第295页。
③ 《金史》卷5《海陵本纪》，中华书局，1975，第96页。
④ 《金史》卷5《海陵本纪》，中华书局，1975，第98页。

(1156)正月,"罢中书门下省"①,"正隆二年(1157)八月癸卯,始置登闻院。甲寅,罢上京留守司"②。天德二年以来的一系列改革,包括改革最高军事机构都元帅府,罢行台尚书省、地方万户路官等,是海陵在基本不触动女真族奴隶制基层社会组织猛安谋克的基础上,努力消除残留在中央和地方官制中的奴隶制痕迹,调整国家政治体制,为下一步创立更加集权的制度做准备,正隆元年罢中书、门下省以后,将三省制推向一省制,一省制的确立,使金朝君主集权进一步加强,中国封建君主专制政治进入新阶段③。

《金史·百官志》记载,"海陵庶人正隆元年罢中书门下省,止置尚书省。自省而下官司之别,曰院、曰台、曰府、曰司、曰寺、曰监、曰局、曰署、曰所,各统其属以修其职。"④正隆官制革除了中书、门下两省,扩充了六部的下属机构,女真旧制的痕迹减少,内部机构互相制约机制较强,更加体现为君主集权政治,具有如下几个特点:①宰执人数减少,皇帝更加专制;②监察机构增加,尚书省内各主要机构间的制约关系加强;③军事、经济、文化机构健全,封建职能明显加强。海陵正隆官制所确立的一省制,为国家政治、经济、文化的发展提供了必要的政治保证,为世宗、章宗时继续调整统治,迈入王朝盛世奠定了坚实的基础。⑤

海陵创立一省制以后,"终金之世守而不敢变",随着尚书省成为皇帝控制下的唯一最高权力机构,为限制宰执权力的膨胀,世宗以后在一省制的框架下不断设置机构和官职,对尚书省的权力进行制衡,主要有如下变化:增设平章政事,尚书令渐变为虚职不授的官制;监察机构与制度日益严密,从中央到地方自成系统;近侍之权渐重,内相权力比于宰执;枢密院从尚书省分离出来,院省并立;行尚书省的设置与地方机构的新变化⑥。

海陵时期创立的一省制,是金代官僚政治制度的新模式,上承唐、辽、宋诸朝的三省制而来,下讫元、明、清三朝政治制度,意义重大,影

---

① 《金史》卷5《海陵本纪》,中华书局,1975,第106页。
② 《金史》卷5《海陵本纪》,中华书局,1975,第107页。
③ 程妮娜:《金代政治制度研究》,吉林大学出版社,1999,第120~126页。
④ 《金史》卷55《百官志一》,中华书局,1975,第1216页。
⑤ 程妮娜:《金代政治制度研究》,吉林大学出版社,1999,第121~133页。
⑥ 程妮娜:《金代政治制度研究》,吉林大学出版社,1999,第126~133页。

响深远。故《归潜志》如是评价海陵王："至海陵庶人，虽淫暴自强，然英锐有大志，定官制、律令皆可观。又擢用人才，将混一天下。功虽不成，其强至矣。"①

在三省制到一省制的过程中，以及一省制创立之后，不断设置新的机构，金代中央的吏制也随之发生了一定的调整，相关机构的吏职裁并与增设也不断在发生变化。

(二) 金代地方政权机构中汉官制度的确立与发展

1. 金代行省制度的演变

行省在中国古代地方行政制度史中具有重要的地位，金朝行省制度是其中一个重要阶段。天会十二年（1134）以后，金朝废止了中央官制中的勃极烈制度，代之以汉族模式的三省制度。金前期中央尚书省的设立，为行台尚书省提供了制度与形式上的保障。金朝在其统治前期和后期，分别两度设置行省，形成了独特的行省制度②。金朝前期行台省与后期行省，性质、职能上有着重大的差别，即使同为金朝后期行省，在不同历史时期，其性质、职能也不相同③。

《金史》中零散的记载，为管窥金初行省制度的面貌提供了线索。相关研究，以三上次男《金初的行台尚书省及与之有关的各种政治问题》一文为代表，对金初行台尚书省设置的政治原因、行台省的机构组织、行台省的权限、设置沿革以及特征进行了详细论述。杨清华《金代行省制度研究》④也有专门章节对金朝前期行台尚书省建置，包括机构、职官及其职能等相关问题进行了论述。

《金史·百官志一》载，"行台之制。熙宗天会十五年，罢刘豫，置

---

① （金）刘祁撰《归潜志》卷12，崔文印点校，中华书局，1983，第136页。
② 参阅〔日〕三上次男《金初的行台尚书省及与之有关的各种政治问题》，《历史与文化》4号，1959；景爱：《金代行省考》，《历史地理》第9辑，上海人民出版社，1990；鲁西奇：《金初行台尚书省与汉地统治政策》，《江汉论坛》1994年第10期；鲁西奇：《金末行省考述》，《湖北大学学报》1995年第1期。孟宪军：《试论金代的行省》，《辽宁师范大学学报》（社会科学版）1995年第5期。杨清华：《金朝后期行省建置》，程尼娜、付百臣主编《辽金史论丛——纪念张博泉教授逝世三周年论文集》，吉林人民出版社，2003；杨清华：《金代行省制度研究》，吉林大学博士学位论文，2009；王雷：《金朝后期行省官制考》，《史学集刊》2012年第4期。
③ 杨清华：《金代行省制度研究》，吉林大学博士学位论文，2009，第42页。
④ 杨清华：《金代行省制度研究》，吉林大学博士学位论文，2009。

行台尚书省于汴。天眷元年，以河南地与宋，遂改燕京枢密为行台尚书省。天眷三年，复移置于汴京。"① 这是对金朝早期行省制度的记载。行台之制始于熙宗天会十五年，是年罢刘豫齐国，"置行台尚书省于汴"，后于天眷元年，"改燕京枢密为行台尚书省"。《金史·熙宗本纪》也记载天眷元年九月，"丁酉，改燕京枢密院为行台尚书省"②。这在《建炎以来系年要录》卷118绍兴八年（即金天眷元年）也有记载，"金主改燕京枢密院为行台尚书省，以三司使杜充、签书枢密院事刘筈并签书省事"③。作为金朝中央全面推行以尚书省为中心的新官制改革的举措，废罢燕京枢密院，代之以燕京行台尚书省，继续实行对燕云地区的统治，燕京行台尚书省是中央尚书省的外派机构。金初行台尚书省建立后，在金廷与元帅府的双重统辖下，主要负责处理中原汉地的行政事务，具有大行政区的性质④。

关于燕京行台尚书省被并入汴京行台尚书省问题，鲁西奇认为在天眷三年（1140）正月，燕京行台尚书省被并入驻于祁州的汴京行台尚书省，合并后的行台尚书省在金军收复河南后（天眷三年七月）迁回汴京⑤。天眷三年十一月，实际主持燕京行台省事务的行台右丞相杜充去世后，燕京行台省已名存实亡，这种情况下，为划一汉地军政管辖权，燕京行台尚书省被直接并入已迁回汴京的汴京行台省，宗弼兼领燕京行台尚书省事与汴京行台尚书省事⑥。

汴京行台尚书省设立于天会十五年（1137），"十一月丙午，废齐国，降封刘豫为蜀王，诏中外。置行台尚书省于汴"⑦。汴京行台尚书省在废除刘豫齐国之后设立，以统治刘豫齐国疆域下的山东、河南、陕西等原宋地。"齐废，梁王宗弼领行台省事"⑧，为汴京行台尚书省最高长官。《金史·熙宗本纪》也记载，天眷三年正月，"以都元帅宗弼领行台尚书省事"⑨。此后，领汴京行台省事者，多以都元帅或左、右副元帅兼任，以

---

① 《金史》卷55《百官志一》，中华书局，1975，第1219页。
② 《金史》卷4《熙宗本纪》，中华书局，1975，第73页。
③ （宋）李心传：《建炎以来系年要录》卷118，中华书局，1956，第1903页。
④ 杨清华：《金代行省制度研究》，吉林大学博士学位论文，2009，第42页。
⑤ 鲁西奇：《金初行台尚书省与汉地统治政策》，《江汉论坛》1994年第10期。
⑥ 杨清华：《金代行省制度研究》，吉林大学博士学位论文，2009，第44页。
⑦ 《金史》卷4《熙宗本纪》，中华书局，1975，第72页。
⑧ 《金史》卷105《范拱传》，中华书局，1975，第2313页。
⑨ 《金史》卷4《熙宗本纪》，中华书局，1975，第75页。

元帅府长贰官兼领行台省最高长官——领行台尚书省事,充分说明行台省并非是元帅府直接统辖机构,元帅府长官只有在兼任行台省长官的情况下,才有权干预行台省事务。另外,出任领行台尚书省事者均为女真宗室贵族,表明金统治者已牢牢地将汉地行台省的统治权掌控在自己手中,已不再像汉地枢密院及刘齐政权时期,单纯倚靠契丹、汉人等异族官员治理汉地行政,这是金朝封建制改革的必然结果,标志着金前期统治政策的重大转变[1]。

金前期行台省机构与职官设置,大体仿照中央尚书省。行台机构与属官设置上的简化,体现出行台省机构具有务实、简约、高效的特征。行台省对中原汉地有便宜选授州县官吏、征收租赋、裁决诉讼事务的职能[2]。皇统初,金下诏:"诸州郡军旅之事,决于帅府;民讼钱谷,行台尚书省治之"[3],明确指出汉地的民政、财政之事专由行台省处理。在金初朝廷一时无力对中原实施直接统治的情况下,行台尚书省作为一个有相对独立行政权的中央派出机构,在稳定局势、治理汉地方面起到了重大作用。海陵王即位后,在进行官制改革、强化中央集权的同时,计划将国家本位移到中原,对汉地实施直接统治,行台尚书省失去了存在的意义[4]。海陵天德二年(1150)十二月,"己未,罢行台尚书省"[5]。

金朝后期行省之设,始于章宗朝明昌五年(1194)黄河水患,《金史·马琪传》记载,明昌"五年,河决阳武,灌封丘而东,琪行尚书省事往治之,讫役而还"[6]。《金史·胥持国传》记载,"会河决阳武,持国请督役,遂行尚书省事"[7]。卫绍王时期,为防备和抵御蒙古军队入侵,金朝先后设置了宣德、西京、缙山三处临时军事性行省,以指挥对敌作战。宣宗即位后,将都城南迁汴京[8],先后设立中都行省和大名行省。宣宗迁都汴京后,至金亡共设24处行省,其中在河北、山东、东北、河东、陕西地区所设的行省,均为军政合一性行省,而在河南地区,所设行省都

---

[1] 杨清华:《金代行省制度研究》,吉林大学博士学位论文,2009,第46页。
[2] 杨清华:《金代行省制度研究》,吉林大学博士学位论文,2009,第46~56页。
[3] 《金史》卷77《宗弼传》,中华书局,1975,第1754页。
[4] 张帆:《回归与创新——金元》,吴宗国主编《中国古代官僚政治制度研究》,北京大学出版社,2004,第370页。
[5] 《金史》卷5《海陵本纪》,中华书局,1975,第96页。
[6] 《金史》卷95《马琪传》,中华书局,1975,第2118页。
[7] 《金史》卷129《胥持国传》,中华书局,1975,第2793页。
[8] 《金史》卷14《宣宗本纪上》,中华书局,1975,第301~305页。《元史》卷1《太祖纪》,中华书局,1977,第17页。

属于临时军事性行省。

章宗时期的行省设置,与卫绍王至宣宗迁都汴京前行省的设置类型有很大不同。章宗朝所设行省,为处理重大政务所设的临时政务性行省所占比例略大于为军事征伐而设置的临时军事性行省;行省在遇有重大军政事务时设置,事毕即罢,属临时性机构。卫绍王、宣宗迁都汴京前所设行省,无一例属于临时政务性行省,而以临时军事性行省为主。更为重要的是,这一时期,出现了像西京行省、中都行省这样的具有地方性特征的军政合一性行省,它们设置时间虽短,却开启了宣宗迁都汴京后,在境土内设置各地最高军政机构——军政合一性行省的新局面。宣宗迁都汴京后,为在战时环境下加强对各地的军政统治,于河北、河东、山东、东北、陕西地区均择要路之首府设置了军政合一性行省作为当地最高军政统辖机构,这些行省一方面对辖区进行军事统辖,另一方面有权在辖区内行使行政职能,它们虽先后随蒙古军在金境逐渐扩大占领区而相继遭废罢,但设置期间在金朝地方军政统治上发挥了积极作用,延缓了金朝灭亡的脚步。临时军事性行省在宣宗朝设置较少,但在哀宗正大末、天兴年间,即金朝灭亡前夕,面对蒙古军队的全线进攻,哀宗在河南地区设置了9处临时军事性行省,以作最后的挣扎,但仍然未能延缓金朝灭亡的进程①。

2. 金代路制的演变

金代路制设置始于收国元年(1115),"十二月,始置咸州军帅司(后改都统司),以经略辽地"②,斡鲁古为军帅③。又置保州路都统司,"太祖以撒喝为保州路都统"④。收国二年,又相继设立南路都统司、曷懒路都统司和曷苏馆路都勃堇⑤。太祖天辅初年,始置路于女真内地,设立

---

① 杨清华:《金代行省制度研究》,吉林大学博士学位论文,2009,第57~77页。
② 《金史》卷44《兵志》,中华书局,1975,第1002页。
③ "太祖伐辽,使斡鲁古、阿鲁抚谕斡忽、急赛两路系辽女真,与辽节度使挞不也战,败之,斩挞不也,酷萼岭阿鲁台罕等十四太弯皆降,斡忽、急赛两路亦降。与辽都统实娄战于咸州西,败之,斩实娄于阵,与娄室克咸州。隈满忽吐以所部降于斡鲁古,邻部户七千亦来归,遂与辽将喝补战,破其军数万人。太祖嘉之,以为咸州军帅。"见《金史》卷71《斡鲁古勃堇传》,中华书局,1975,第1635页。
④ 《金史》卷135《高丽传》,中华书局,1975,第2884页。
⑤ 参阅《金史》卷44《兵志》,中华书局,1975,第1002页;《金史》卷81《夹谷谢奴传》,中华书局,1975,第1817页;《金史》卷66《胡十门传》,中华书局,1975,第1562页。

了蒲与路①、胡里改路②、耶懒路（后改称恤品路）。天会五年灭北宋后，金朝在黄河以北原宋朝统治区域，因宋路制，设置兵马都总管府。天会六年（1128），诏"诸路各设兵马都总管府，州镇置节度使，沿边州则置防御使"③，可见《金史·兵志》记载的"凡猛安之上置军帅，军帅之上置万户，万户之上置都统"④，与金初地方机构和金朝兵制都不符。熙宗天眷三年，颁行新官制，地方设路、（府）州、县三级行政机构，皇统元年，"都元帅宗弼伐宋，渡淮。以书让宋，宋复书乞罢兵，宗弼以便宜画淮为界"⑤。金宋和议划定了金朝的疆域，共置十七路，至章宗泰和时又增加为十九路，即《金史·地理志上》所载，"袭辽制，建五京，置十四总管府，是为十九路"⑥。各路设兵马都总管府，路的兵马都总管一般由路治京、府的留守（或府尹）兼任。海陵天德二年（1150），"改诸京兵马都部署司为本路都总管府"⑦。

金初设有三种不同类型的路，采取不同的统治系统：一为万户路，设在女真族居住地区，由中央直接统辖，其下为女真奴隶制地方组织猛安谋克，具有女真家族奴隶制宗法统治的色彩。二为都统、军帅司路，设在原辽朝地区，亦由中央直接统辖。都统、军帅司下为府、州、猛安谋克（燕云地区都统、军帅司录下为府州县），是一种介乎奴隶制与封建制之间的地方统辖机构。三为兵马都总管府，设在原北宋地区，其下为封建制地方统辖机构，这种路制不由中央统辖，而是由元帅府及其下属的汉地枢密院统辖，其下统辖府、州、县封建地方行政机构。⑧

3. 金代府（州）、县制的演变

女真政权吞辽并宋的过程中，随着统治范围扩大和民族结构日趋复杂，女真统治者经历了从"置猛安谋克一如本朝之制"到"因俗而治"，从全面推行女真奴隶制度到兼采辽宋制度，原辽、宋境内原有的府、州成

---

① 《金史·地理志上》记载，"蒲与路，国初置万户"。见《金史》卷24《地理志上》，中华书局，1975，第552页。
② 《金史·地理志上》记载，"胡里改路，国初置万户。"见《金史》卷24《地理志上》，中华书局，1975，第553页。
③ 《金史》卷44《兵志》，中华书局，1975，第1002页。
④ 《金史》卷44《兵志》，中华书局，1975，第1002页。
⑤ 《金史》卷4《熙宗本纪》，中华书局，1975，第77页。
⑥ 《金史》卷24《地理志上》，中华书局，1975，第549页。
⑦ 《金史》卷44《兵志》，中华书局，1975，第1003页。
⑧ 程妮娜：《金代政治制度研究》，吉林大学出版社，1999，第62~66页。

为金朝路制下的地方统治机构。

女真反辽后，金太祖收国二年（1116）五月"东京州县及南路系辽女直皆降。诏除辽法，省税赋，置猛安谋克一如本朝之制"①。天辅七年，完颜挞懒"抚定奚部及分南路边界，表请设官镇守。上曰：'依东京渤海列置千户、谋克'"。②汉、渤海族的猛安谋克与女真人猛安谋克存在着质的差别，在猛安谋克之下仍然保留原有的封建生产关系，不是靠奴隶进行生产，而是一家一户的个体封建经济，猛安谋克长官与所辖的人民没有血缘关系③。这一时期，金朝统治者在辽东、辽西占领地区推行猛安谋克制，少见任命汉制县令的记载。之后，"至天会二年，平州既平，宗望恐风俗揉杂民情弗便，乃罢是制，诸部降人但置长吏，以下从汉官之号"④。女真统治者意识到在汉地推广猛安谋克制并未达到预期的统治效果，反而带来了诸多的不便，于是废罢汉地的猛安谋克制，保留了原有汉制的府、州、县各级统治机构。

天会二年（1124）之后，汉制县制开始大量出现。"汉官之制，自平州人不乐为猛安谋克之官，始置长吏以下。"⑤但辽地和宋地所用县制分别辽制和汉制，并不一致，尤其是金灭北宋后，地方官制混乱。天会六年（1128），"以州郡职员名称及俸给因革诏中外"⑥，金朝统治者兼采辽、宋官制，建立并推行新的府州县制度，随之对黄河以北原北宋统治区行政区划进行了大幅调整。建炎三年（金天会七年），"去中山、庆源、信德、河中府名，复旧州名；去庆阳、庆成军名，复旧县名；改安肃军为徐州，广信军为遂州，威胜军为沁州，顺安军为安州，永宁军为宁州，北平军为永平县，乐寿县为寿州，肃宁城为肃宁县"⑦。这一时期，猛安谋克担任府、州官员，有明确的官职，并在汉官制度的框架下行使权力。天会八年（1130）以后，在辽东、辽西地区也逐步恢复州县机构，重新补置废弃州、

---

① 《金史》卷2《太祖本纪》，中华书局，1975，第29页。
② 《金史》卷77《挞懒传》，中华书局，1975，第1763页。
③ 程妮娜：《金代政治制度研究》，吉林大学出版社，1999，第87页。
④ 《金史》卷44《兵志》，中华书局，1975，第993页。
⑤ 《金史》卷55《百官志一》，中华书局，1975，第1216页。
⑥ 《金史》卷3《太宗本纪》，中华书局，1975，第59页。
⑦ 关于金天会五年灭北宋之后对原北宋统治区内行政区划的调整，更多史料亦散见于《金史·地理志》各卷。参阅《三朝北盟会编》卷123；《金史》卷24、25、26，中华书局，1975。

县。王寂《先君行状》中记载，"会辽东更置郡县守令，皆取当时治有声迹者。先君（王础）擢海州析木令"①，即是金朝在恢复辽东地区州县机构时，注重选调"治有声迹"的州县官吏。

第二节　金代吏制的民族特质

通过对金代官制发展演变过程的叙述，观察依附于其上的金代吏制，笔者认为金代吏制具有以下三个方面的特征。

一　皇权专制烙印与贵族政治色彩并存

立国之后，金初政治表现出宗室共治的鲜明特征，随着皇权的逐步加强，尤其是熙宗时勃极烈制度的废除与以三省制度为特征的汉官制度的建立，虽然贵族政治的色彩依然浓厚，但金朝君臣之间的等级差别日趋明显，"出则清道警跸，入则端居九重，旧大功臣非惟道不相合，仍非时莫得见，瞻望墀阶，迥分霄壤矣"②。海陵王时，迁都燕京、改革官制之外，还残酷打击宗室中的异己势力，削弱宗室力量，进一步巩固了皇权专制。

熙宗和海陵王时，奠定了金朝官制的基本格局，其后虽有微调，但始终没有突破这一时期确立的汉官制度的框架。同时，皇权专制的建立打破了金初宗室共治的模式，但贵族政治依然存在，以女真贵族为代表的世家大族势力依然活跃在金代政治的各个层面。这种状况，决定了金代吏制必然显现出皇权专制烙印与贵族政治色彩并存的显著特征。这种特征，在金代吏制中突出表现为以下两个方面。

（一）近侍权力的加强

近侍局不见于金初史籍，据《金史·大兴国传》记载，"大兴国，事熙宗为寝殿小底，权近侍局直长，最见亲信，未尝去左右"③。可知熙宗时已设立近侍局。按《金史》载：

---

① （金）王寂撰《拙轩集》卷6《先君行状》，钦定四库全书，集部。
② （宋）徐梦莘：《三朝北盟会编》卷166炎兴下，上海古籍出版社，1987，第1197页。
③ 《金史》卷132《大兴国传》，中华书局，1975，第2822页。

近侍局。提点，正五品。（泰和八年创设。）使，从五品。副使，从六品。掌侍从，承敕令，转进奏帖。直长，正八品（大定十八年增二员。奉御十六人，旧名入寝殿小底。奉职三十人，旧名不入寝殿小底，又名外帐小底，皆大定十二年更）①。

近侍局职掌为"掌侍从，承敕令，转进奏帖"，官吏有提点、使、副使、直长及若干奉御和奉职，其中官员最高的品级只有五品，且在行政上隶属于殿前都检点司②。就是这样一个小小的机构，却在金代中后期的政治舞台上发挥着越来越重要的作用。近侍在金代政坛发挥了三方面的作用③：一是侍从皇帝、上传下达，这是近侍的本来职能；二是作为皇帝的耳目刺探大臣私下的言行向皇帝汇报；三是奉皇帝之命出使国内、国外，以使皇帝掌握第一手情况。张帆认为，内朝集团的活跃，反映了皇权的膨胀，近侍局依附于皇权而存在，职掌与前代王朝的宦官有相通之处，属于内朝官的性质，在官僚政治范围内属于非理性的政治因素④。奉御和奉职为近侍局的吏员，是宫廷吏员的重要组成部分。按史籍记载，近侍局提点1人，使1人，副使1人，职掌1人（后增为3人），奉御16人，奉职30人，总人数为50人（后增为52人），其中，官员4人（后增为6人），占比8%（后增为11.5%），吏员46人，占比92%（后减为88.5%）。从这组数字可以看出，在近侍局中除了极少数的官员，绝大部分为奉御和奉职两类吏员。可以说，近侍局吏员在近侍局官员的指挥下，忠实执行皇帝的意志，是参与金代政治的重要力量。

事实上，近侍局作为侍奉皇帝的机构，与皇帝的关系十分密切。孙孝伟认为，近侍预政是金朝政治的一个显著特征，近侍权力的加强，是皇权加强的一种表现形式。近侍权力的逐渐加强，与皇帝对近侍的信任和重用

---

① 《金史》卷56《百官志二》，中华书局，1975，第1255页。
② 周峰推测近侍局可能为熙宗官制改革的产物。按《金史》记载，殿前都检点司置于天眷元年，而近侍局最早有记载也在金熙宗时期，"天眷官制"新定"官号、品秩、职守"，结合近侍局吏员中奉御"旧名入寝殿小底"和奉职"旧名不入寝殿小底，又名外帐小底"的记载，近侍局可能为天眷元年官制改革时的产物，在这次官制改革中成立并隶属于殿前都检点司。限于材料，此点尚需进一步证实。参阅周峰《金代近侍初探》，《内蒙古社会科学》1998年第2期。
③ 周峰：《金代近侍初探》，《内蒙古社会科学》1998年第2期。
④ 张帆：《回归与创新——金元》，吴宗国主编《中国古代官僚政治制度研究》，北京大学出版社，2004，第296页。

有直接关系,因为近侍是皇帝心腹,皇帝保护近侍的利益,近侍维护皇权尊严,双方之间形成了休戚与共的关系。① 近侍权力不断地扩大,与金代中后期皇权的支持与加强有很重要的关系。

金朝帝王对于近侍局人员选任非常重视,早在世宗大定二十七年,谕宰执曰:"近侍局官须选忠直练达之人用之。朕虽不听谗言,使佞人在侧,将恐渐渍听从之矣。"② 金代后期,近侍局官员亦例从本局或宫中官员升转,即"例注本局人及宫中出身"③。对近侍局的看重,也使得近侍外任时更容易升迁,世宗大定二十九年(1189)七月,"敕近侍官授外任三品、四品、赐金带一,重币有差"④。品级为从五品近侍局使,外任即授为三品、四品,并例行赏赐有差。

同时,金代帝王也非常重视对近侍的培养,章宗上任伊始,"诏诸有出身承应人,系将来受亲民之职,可命所属谕使为学。其护卫、符宝、奉御、奉职,侍直近密,当选有德行学问之人为之教授"⑤。宣宗时,诏谕近侍局官曰:"奉御、奉职皆少年,不知书。朕忆曩时置说书人,日为讲论自古君臣父子之教,使知所以事上者,其复置。"⑥

金代近侍大多为女真人,据周峰统计,《金史》中有明确身份的近侍74人,其中女真人58人,占78.4%,其中不少出自权贵乃至宗室。⑦ 近侍由贵族子弟充当,其中女真人占据多数,与皇帝关系亲近,是皇帝控制百官的工具;近侍预政加深,从一个侧面说明贵族政治回归,种族统治至上,皇权逐渐加强。⑧ 金朝中后期,近侍在国家政治中的地位越来越高,宣宗时元帅右监军术虎高琪诛杀权臣纥石烈执中,在此之前,提点近侍局庆山奴、副使惟弼、奉御惟康以执中权大,危及宣宗,先请除之,事平后,"庆山奴、惟弼、惟康皆迁赏,近侍局自此用事矣"⑨。由于"近侍局尝先事启之,遂以为功,阴秉朝政"⑩,以致形成了近侍权力大盛,干预

---

① 孙孝伟:《金朝近侍预政探微》,《北方论丛》2012年第2期。
② 《金史》卷8《世宗本纪下》,中华书局,1975,第197页。
③ 《金史》卷101《抹撚尽忠传》,中华书局,1975,第2229页。
④ 《金史》卷9《章宗本纪一》,中华书局,1975,第211页。
⑤ 《金史》卷9《章宗本纪一》,中华书局,1975,第210页。
⑥ 《金史》卷16《宣宗本纪下》,中华书局,1975,第364页。
⑦ 周峰:《金代近侍初探》,《内蒙古社会科学》1998年第2期。
⑧ 孙孝伟:《金朝近侍预政探微》,《北方论丛》2012年第2期。
⑨ 《金史》卷132《纥石烈执中传》,中华书局,1975,第2839页。
⑩ 《金史》卷101《抹撚尽忠传》,中华书局,1975,第2229页。

朝政的局面。金代近侍预政的途径，一是收集信息和传达旨令。近侍在皇帝身边，经常由皇帝安排搜集信息，供皇帝决策时参考，还直接秉承皇帝旨意，对宗室诸王、朝廷百官和平民百姓传达旨令。二是近侍预政的其他途径，主要有巡边、移民、征粮、监军，均为近侍按照皇帝安排直接进行的。近侍作为皇帝的代表，亲临地方处理政事，虽职位低微，但权责甚重。[①] 金末大臣斜卯爱实上章进谏近侍预政，"今近侍权太重，将相大臣不敢与之相抗。自古仆御之臣不过供给指使而已，虽名仆臣，亦必选择正人。今不论贤否，惟以世胄或吏员为之。夫给使令之材，使预社稷大计，此辈果何所知乎"[②]。其结果是惹怒皇帝，送有司查办，虽终被赦，但无力扭转近侍干政的局面。

故刘祁提出，"金朝近习之权甚重，置近侍局于宫中，职虽五品，其要密与宰相等，如旧日中书，故多以贵戚、世家、恩幸者居其职，士大夫不予焉。南渡后，人主尤委任，大抵视宰执台部官皆若外人，而所谓心腹则此局也。"[③]

(二) 金代吏制中的贵族政治色彩

贵族政治在封建王朝政权中是普遍存在的现象。在中国古代国家形成过程中，早期国家政治体制始终具有强烈的"族"的色彩，统治在一定程度上依靠亲缘关系维系，尤其是族中的上层人物，更是维系国家政体稳固的有力支撑。自西周时期宗法制和分封制确立以来，中国古代的政治制度就迈向了官僚政治制度演变和发展的道路。秦汉中央集权的官僚政治制度已非常先进，这一时期逐步确立的士大夫政治成为之后两千年间中国古代官僚政治模式的典范，秦帝国的文吏政治至汉代逐渐让位于儒生官僚，宗室近属仍然是国家体制中不可忽视的存在乃至左右政治走向的主要力量。隋唐以降，官僚政治体制主要表现为官吏分途，宋辽金元则是对隋唐确立的胥吏政治的发展和完善，宗室依然是国家政治生活中不可或缺的力量。即使是到明清这样中国古代官僚政治制度发展的巅峰，官僚机构依托皇权的无上权威程式化运作，国家机器空前强大，也无法完全摆脱血缘政治的束缚，贵族政治的色彩仍然时

---

① 孙孝伟：《金朝近侍预政探微》，《北方论丛》2012年第2期。
② 《金史》卷114《斜卯爱实传》，中华书局，1975，第2516页。
③ （金）刘祁撰、崔文印点校《归潜志》卷7，中华书局，1983，第78、79页。

隐时现①。

处于这时期的金朝，在建立政权之初，还处于原始社会后期，起步于女真族松散的部落联盟，直到建国初期，仍然带有浓郁的军事民主制残余，亲缘关系纽带下，以完颜氏为代表的宗室近属在其建立官僚政治制度的过程中，一直发挥着巨大的作用，因此，金代的官僚政治制度具有浓厚贵族政治的色彩。金代的官制以及附属于官制而存在的吏员制度，也不可避免地表现出贵族政治色彩浓厚的特征。

金初皇权的巩固依赖于完颜氏贵族的"协辅"，《金史》记载：

> 太祖即位后，群臣奏事，撒改等前跪，上起，泣止之曰："今日成功，皆诸君协辅之力，吾虽处大位，未易改旧俗也。"……凡臣下宴集，太祖尝赴之，主人拜，上亦答拜。天辅后，始正君臣之礼焉。②

宗室共治，因此国初君臣之礼未正，虽有君臣之称，而君臣同乐不分尊卑的情况长期存在。《金虏节要》中也记载："盖女真初起，阿骨打之徒为君也，粘罕之徒为臣也，虽有君臣之称，而无尊卑之别，乐则同享，财则同用。至于屋舍、车马、衣服、饮食之类，俱无异焉……君臣晏然之际，携手握臂，咬头扭耳，至于同歌共舞，莫分尊卑而无间。"③君臣之间不分尊卑，更无森严的等级差别，这在赵翼看来，"金初风气淳实……开国之初，家庭间同心协力，皆以大门户启土宇为念，绝无自私自利之心，此其所以奋起一方，遂有天下也"④。承接了早期女真军事民主制的传统，金政权建立之初实行的勃极烈制度，满足了完颜氏为核心的女真贵族内部"民主"，宗室贵族政治地位极速上升，成为皇权的有力支撑，在开疆拓土、扩大版图的过程中，女真贵族的进取心被极大地激发出来，许多统兵作战的上层统帅、将领都来自完颜氏和外戚徒单氏。宋人史料中也记载有："阿骨打初起兵时，皆以宗族近亲为

---

① 参见阎步克《士大夫政治演生史稿》，北京大学出版社，2015；叶炜：《南北朝隋唐官吏分途研究》，北京大学出版社，2009。
② 《金史》卷70《撒改传》，中华书局，1975，第1614、1615页。
③ （宋）徐梦莘：《三朝北盟会编》卷166炎兴下，上海古籍出版社，1987，第1197页。
④ （清）赵翼：《廿二史札记校证》卷28"金初父子兄弟同志条"，王树民校证，中华书局，1984，第621、622页。

将相……其主兵者曰……其主谋者曰陈王希尹，亦阿骨打之疏族，次曰娄宿，曰撒离喝，皆女真人，不知其属族之远近。"[1] 据统计，辽东、西和燕云地区的诸路都统、军帅中，百分之六十为完颜氏，稍后这些职务甚至完全被完颜氏和外戚徒单氏垄断[2]。故《金史》称金初勃兴时，"兄弟子姓才皆良将"。

从文化认同[3]的角度来看，女真人崛起的过程是始终伴随着自身文化认同的转移与变迁的。女真人在兴起之初最先确立的，是以宗室为认同核心的完颜文化，即将本来有别的各完颜部皆认同为宗室，进而与生女真中的其他各部相区分。一方面通过扩张势力，抚并生女真诸部，将完颜部文化扩散到女真各部；另一方面，则通过模糊完颜内部各支的边界，扩大宗室的影响，并利用历史书写的方式将完颜文化保存为生女真族重要的先祖记忆。完颜阿骨打建立金国，从政治组织上确立了完颜作为王朝宗室的文化象征，这意味着以宗室为核心统一的完颜认同最终确立。[4]

随着皇权的加强，金朝从宗室共治逐步向以三省六部制为特征的汉官制度演变。金代三省制度与汉族王朝三省制度相比，具有三个不同特点。第一，三省最高长官领三省事，还残存着金初国论勃极烈制度的大贵族联合执政的色彩；第二，三省制度下，女真军功贵族、宗室把握着中央和地方的要职，他们虽任各级封建官吏，但大多又承袭或受封猛安谋克世爵，具有封建官吏和女真家族奴隶主的双重身份，即食俸禄又有领地民户，地位优越于其他各族官吏；第三，封建三省制前期尚未树立起君主的绝对权威，三省制中作为君主耳目的监察机构——台谏之制有名无实[5]。自天眷元年金朝三省制确立之后，金代中央政体在三省制的框架下运转，盲目照搬唐宋制度设立的弊端逐渐暴露，在三省简并向一省制转变的历史趋势下，金朝形同虚设的中书、门下二省附属于尚书省，三省名不副实，由此而设置的领三省事，表现出女真贵族政治的残余。

金朝作为少数民族政权，要巩固皇权的统治，必然要任用宗室贵族参

---

[1] （宋）李心传：《建炎以来朝野杂记》乙集卷19，中华书局，2000，第1591页。
[2] 程妮娜：《试论金初路制》，《社会科学战线》1989年第1期。
[3] 作为一种文化倾向性的认可，文化认同既是自身文化归属意识的反映，也可以用于区分不同质文化的边界，即从文化意义上区分我者与他者。参见郑晓云《文化认同论》，中国社会科学出版社，1992，第4页。
[4] 王耘：《金初女真人的崛起与文化认同之变迁》，《北方论丛》2015年第6期。
[5] 程妮娜：《金代政治制度研究》，吉林大学出版社，1999，第109~114页。

与王朝统治之中并保持相当的优势。因此，金朝统治者一方面需要宗室贵族参政，同时又要时刻防备宗室贵族对于皇权造成威胁。表现在统治策略上，则是"防近族而用疏属"，太祖、太宗、撒改等比较活跃的宗属支系在熙宗、海陵朝都受到了严酷的打压，而血统稍远的宗属疏属则得到重用，"故白撒、承立、兀论辈皆腹心倚之"①。同时，异姓女真贵族的势力也相对有所上升，尤其是与金朝皇室联姻的几大贵族，"国朝故事，皆徒单、唐括、蒲察、拏懒、仆散、纥石烈、乌林答、乌古论诸部部长之家，世为姻婚，娶后尚主"②。另《金史·世戚传》言："金之徒单、挈懒、唐括、蒲察、裴满、纥石烈、仆散皆贵族也，天子娶后必于是，公主下嫁必于是。"③同样，因为对皇权威胁较小，而又不得不依赖以维系统治的还有降服于金朝的契丹、渤海等族贵族。就尚书省宰执大臣任用情况而言，"凡在此位者，内属、外戚与国人有战伐之攻、预腹心之谋者为多。潢霫之人，以门阀见推者次之。参用进士则又次之。其所谓进士者，时以示公道，系人望为尔。轩轾之权既分，疏密之情亦异"④。

对于金代宗室贵族的入仕，陶晋生指出，"女真人入仕和升迁的情形，似并不顾及专业的原则，而是凡生为女真人，就注定了可以作各种性质的官"⑤。金制，"自进士、举人、劳效、荫袭、恩例之外，入仕之途尚多，而所定之时不一。若牌印、护卫、令史之出职，则皇统时所定者也。检法、知法、国史院书写，则海陵庶人所置者也。若宗室将军、宫中诸局承应人、宰相书表、太子护卫、妃护卫、王府祗候郎君、内侍，及宰相之子，并译史、通事、省祗候郎君、亲军骁骑诸格，则定于世宗之时，及章宗所置之太常检讨、内侍寄禄官，皆仕进之门户也"⑥。金朝皇帝亦十分清楚女真贵族利用特权快速升迁。世宗对石琚说过，"女直人径居达要，不知闾阎疾苦。汝等自丞簿至是，民间何事不知，凡有利害，宜悉敷陈"⑦。

金朝对宗室近属及职官子弟通过考试充任吏员有明确的规定。据元

---

① 《金史》卷116《内族承立传》，中华书局，1975，第2552页。
② 《金史》卷64《元妃李氏传》，中华书局，1975，第1528页。
③ 《金史》卷120《徒单铭传》，中华书局，1975，第2629页。
④ （金）元好问：《平章政事寿国张文贞公神道碑》，（清）张金吾编纂《金文最》，中华书局，1990，第1340页。
⑤ 陶晋生：《女真史论》，台北，食货出版社，1981，第56页。
⑥ 《金史》卷52《选举志二》，中华书局，1975，第1158页。
⑦ 《金史》卷6《世宗本纪上》，中华书局，1975，第146页。

人王恽记载："皇家缌麻以上亲及曾任宰执之子听试尚书省令、译史；皇家袒免亲及宰执孙并弟，若三品以上职事官之子弟及终场举人，听试台、院令、译史。其散官五品以上职事子孙、兄弟及侄，或散官不及五品，曾任五品职事子孙、兄弟，皆听试部令、译史、通事。"① 女真贵族子弟在金朝任职，还有一些特定的入仕途径，如军功、荫补、袭爵等。军功和袭爵是女真贵族的特权，在女真贵族垄断军权和绝大多数猛安、谋克爵位为女真贵族的情况下，由军功或袭爵为官成为金朝定制。金制，"文资则进士为优，右职则军功为优，皆循资，有升降定式而不可越"②。至于袭爵，早在熙宗时就已向女真贵族集中，皇统五年（1145），"罢辽东汉人、渤海猛安谋克承袭之制，浸移兵柄于其国人，乃分猛安谋克为上中下三等，宗室为上，余次之"③。章宗时期，对猛安谋克袭爵又增加一系列规定，承安五年正月"定猛安谋克军前怠慢罢世袭制"④；五月"定猛安谋克斗殴杀人遇赦免死罢世袭制"⑤。泰和八年（1208）四月，"诏更定猛安谋克承袭程试格"⑥。

在入仕的诸途径中，荫补是贵族子弟入仕的主要方式。《金史》中对门荫之制有专门的记载：

> 凡门荫之制，天眷中，一品至八品皆不限所荫之人。贞元二年，定荫叙法，一品至七品皆限以数，而削八品用荫之制。世宗大定四年五月，诏："皇家袒免以上亲，就荫者依格引试，中选者勿令当偏使。"五年十月，制："亡宋官当荫子孙者，并同亡辽官用荫。"又曰："教坊出身人，若任流内职者，与文武同用荫。自余有勤劳者，赏赐而已。昔正隆时常使教坊辈典城牧民，朕甚不取。"又更定冒荫及取荫官罪赏格。七年五月，命司天台官四品以上官改授文武资者，并听如太医例荫。其制，凡正班荫亦正班，杂班荫杂班。⑦

---

① （元）王恽：《秋涧先生大全集》卷87《论职官子孙试补省台院部令史状》，《元人文集珍本丛刊》（二），台北，新文丰出版公司，1985，第427页。
② 《金史》卷52《选举志二》，中华书局，1975，第1157页。
③ 《金史》卷44《兵志》，中华书局，1975，第993页。
④ 《金史》卷11《章宗本纪三》，中华书局，1975，第252页。
⑤ 《金史》卷11《章宗本纪三》，中华书局，1975，第253页。
⑥ 《金史》卷12《章宗本纪四》，中华书局，1975，第283页。
⑦ 《金史》卷52《选举志二》，中华书局，1975，第1159页。

明昌元年（1190），又对品官用荫的人数进行了调整，并准许让荫。至泰和二年（1202）又有新的调整。金朝荫补制度的确立和调整，都是在确保金朝贵族子弟入仕，延续金王朝统治的基础上进行的。《金史》中贵族子弟以荫补吏的例子比比皆是，如移剌光祖以其父移剌道荫补为阁门祗候①，移剌益以荫补国史院书写②，石抹元毅以荫补吏部令史③等。元好问总结为："维金朝入仕之路，在近代为最广，而出于任子者十之四。"④ 章宗泰和元年（1201）更定荫叙法，始于太府监孙复言："方今在仕者三万七千余员，而门荫补叙居三之二，诸司待阙，动至累年。盖以补荫猥多，流品混淆，本末相舛，至于进纳之人，既无劳绩，又非科第，而亦荫及子孙，无所分别，欲流之清，必澄其源。"⑤ 然而宣宗南渡以后，"科举取士亦复泛滥"之外，"仕进之歧既广，侥幸之俗益炽，军伍劳效，杂置令录，门荫右职，迭居朝著"⑥。

对于宗室贵族入仕的特权，刘祁认为，"大抵金国之政，杂辽宋非全用本国法，所以支持百年。然其分别蕃汉人，且不变家政，不得士大夫心，此所以不能长久。"⑦

二 制度融合与汉制创新并存

（一）女真原有政治制度的发展与演变

就金代的政治制度而言，立国之初，国家制度以本民族传统制度为主，这是由于女真政权建立的过程，也是其由氏族社会向封建社会极速转化的过程。随着女真政权统治范围的扩大，女真贵族统治对象由女真部落扩展到契丹、渤海、汉族等多民族，这些民族的上层人士进入女真政权的统治阶层，事实上形成以女真贵族为核心，多民族共治的局面。金朝统治者为了稳固政权，不得不主动调整统治方式和政治制度，以适应进入阶级

---

① 《金史》卷88《移剌道传附子光祖传》，中华书局，1975，第1969页。
② 《金史》卷97《移剌益传》，中华书局，1975，第2160页。
③ 《金史》卷121《石抹元毅传》，中华书局，1975，第2643页。
④ （金）元好问：《辅国上将军京兆府推官康公神道碑铭》，（清）张金吾编纂《金文最》，中华书局，1990，第1496页。
⑤ 《金史》卷11《章宗本纪三》，中华书局，1975，第255页。
⑥ 《金史》卷51《选举志一》，中华书局，1975，第1130页。
⑦ （金）刘祁撰《归潜志》卷12，崔文印点校，中华书局，1983，第137页。

社会所面临的变化。

女真在建立政权之前，随着完颜部在女真部落联盟中的崛起，逐步从分割的部落向中央集权的酋长部落演变。金初勃极烈制施行二十年，建于太祖，行于太宗，废除于熙宗，在金政权从部落联盟向国家的演进过程中，勃极烈制度替代旧有的联盟议事会制度，扮演了过渡时期的金朝政治体制的角色。在女真早期政权中，血缘政治色彩浓厚，以完颜氏为代表的女真贵族成为皇权最稳固的支撑，因此，金初的政治表现出宗室共治的鲜明特征。勃极烈制度作为金代女真贵族政治的集中体现，根植于女真社会，具有非常鲜明的民族特色，在金代政权中的作用是逐步弱化并废除的。金初勃极烈会议是金朝中央唯一的政权机关。既是决策机关又是执行机关，同时还是军事机关，随着统治范围的扩大，为满足统治需要，勃极烈制度不断调整，其军事性质由强变弱，政治性质由弱变强，诸勃极烈驻地由分散到集中，诸勃极烈分工日趋明确，勃极烈会议的职能由包罗万象渐变为国家最高军政决策机关和审议机关。①

作为一种具有过渡性质的政治制度，勃极烈制度并不能解决金政权在成为国家，尤其是快速封建化以后的统治问题。因此，基于以下两点分析，勃极烈制度必然被弱化乃至于最终被一种新的政治制度所取代②。

一是经济基础决定上层建筑，金代经济基础的变化必然引起政治体制的变化。金军占领了北宋和辽朝统治的燕云地区，金代的经济成分构成及其比重也在不断发生变化，实行封建租佃式地主经济，因此，金政权攻灭辽朝，占据中原的过程，也是金代经济中居于主导地位的奴隶制经济逐步让位于封建租佃式地主经济，退居次要地位的过程。勃极烈制度建立在女真奴隶制经济基础上，代表的是女真贵族的利益，随经济基础的嬗变，作为上层建筑最主要组成部分的政治体制，在中央政权机构中，实行勃极烈制度已不能适应对汉族地区的统治和女真族由奴隶制向封建制演变的需要。

二是加强皇权和君主专制统治的需要。金朝统治阶级内部的矛盾，即皇权与相权、集权与分权的矛盾，是促进金朝政治制度变革的又一原因。③

---

① 程妮娜：《金代政治制度研究》，吉林大学出版社，1999，第20~24页。
② 武玉环：《金朝中央官制的改革》，《北方文物》1987年第2期；程妮娜：《金代政治制度研究》，吉林大学出版社，1999，第33~37页；张帆：《回归与创新——金元》，吴宗国主编《中国古代官僚政治制度研究》，北京大学出版社，2004，第293~297页。
③ 武玉环：《金朝中央官制的改革》，《北方文物》1987年第2期。

金初的勃极烈制度体现的是完颜氏贵族的集体权力，依赖于此而建立的皇权，还没有摆脱诸勃极烈对于君主权力的制衡，甚至于宗室贵族权力的膨胀，还对皇权造成一定的威胁。故"太宗以武元之弟升居储位，继登大宝。然一时将相如粘罕、兀术、兀室，皆开国大功臣，桀黠难制，太宗居位，拱默而已"[1]。甚至在建储立嗣问题上，"太宗以宗翰等皆大臣，义不可夺，乃从之，遂立熙宗为谙班（版）勃极烈"[2]。

金初的地方官制中，勃堇制度为女真军事民主制的产物，是金初奴隶制国家在特定历史条件下实行的具有鲜明民族特点的政治制度。金政权从奴隶制社会向封建制国家演变的过程中，其勃堇制度也在发生相应的变化，在金代地方政权政治制度中，最终为猛安谋克制度所取代。[3]勃堇作为金初特定历史条件下出现的官吏称谓，有如下三个特点：①勃堇不是某种固定的官职，而是中央诸勃极烈下各级官员和女真族部分地方官员的总称；②金初勃堇虽是女真奴隶制官吏，但仍保留着浓厚的原始色彩；③勃堇作为权宜官称，具有鲜明的临时特点。[4] 三上次男认为，金室直辖地区或一部分新占领区实行猛安谋克制度，而金室后征服的女真部落则继续保存原有的勃堇制度，他们仍然保留着相当的独立势力[5]。

其后，勃堇制度为猛安谋克制度所取代。猛安谋克制度作为金朝女真族的重要制度，至少包含三方面内容：一是地方基层行政组织；二是军事组织；三是世袭爵。[6]金太祖阿骨打起兵反辽后，都勃极烈和诸勃堇之间的关系逐步发展为君臣关系，勃堇逐步具备了女真奴隶制国家政权机构中的官吏职能。太祖继任都勃极烈之后，将勃堇领兵制与女真基层村寨组织

---

[1] （宋）宇文懋昭撰、崔文印校证《大金国志校证》卷8《纪年·太宗文烈皇帝六》，中华书局，1986，第130页。
[2] 《金史》卷74《宗翰传》，中华书局，1975，第1699页。
[3] 参阅程妮娜《金代政治制度研究》，吉林大学出版社，1999，第38~97页；《金初勃堇初探》，《史学集刊》1986年第2期；张博泉：《论猛安谋克在女真族社会发展中的作用》，《吉林大学社会科学学报》1963年第1期；王景义：《论金代猛安谋克制的产生和发展》，《绥化师专学报》1994年第4期；杨勇、金宝丽：《谈金代女真族猛安谋克制的变迁》，《黑龙江农垦师专学报》2002年第4期；孙昊：《女真建国前社会组织研究》，吉林大学博士学位论文，2011。
[4] 程妮娜：《金代政治制度研究》，吉林大学出版社，1999，第53~54页。
[5] 〔日〕三上次男：《金初的勃堇》，《金史研究》第一册，中央公论美术出版，1970~1972年。
[6] 程妮娜：《金代政治制度研究》，吉林大学出版社，1999，第90页。

相结合，以氏族部落为主的勃堇制度被以领户为特点的猛安谋克制取代，其领户数量，"初命诸路以三百户为谋克，十谋克为猛安"①。猛安谋克不再仅仅是部队统率者或部队单位，而是进一步演变为女真社会的地方行政单位及其首脑的称呼。叶坦等认为，兵员初时并无定数，到阿骨打袭位都勃极烈的第二年，明确规定三百户为一谋克，十谋克为一猛安，编制实现了统一化。领户数量的固定，使其兵员数更加准确，同时也使猛安谋克官具有了部落首领和地方官职称号的双重性质，猛安谋克从军事联盟时期的军事组织发展成为国家的兼有军事、行政双重性质的基层组织。② 武玉环提出，金代乡里村寨组织是君主专制国家政权结构中的基层行政单位，拥有按比户口、宣布教化、督催赋税、摊派力役、维持治安、兼理司法的职权，被称为"治民之基"。乡里村寨组织是女真由血缘社会向地域社会转型过程中的必经之路，是金代农业文明国家形态及其政治体制赖以形成和发展的基础。③ 太宗至海陵期间，外迁的女真猛安谋克受到当地府、节度使等的统辖，汉官制中的州县制与女真猛安谋克制度并行，两者在官职、官品上进一步融合，汉官制将猛安谋克纳入地方统治机构的序列，猛安谋克的统辖体系虽然继续保留，但在统治体系上进一步向汉官制演变和靠拢。经过汉官制度改造的猛安谋克制度，深深打上了封建官制的烙印，对加速女真族封建化的进程具有重要的促进作用。

（二）汉官制度的确立

汉官制是汉族中原封建国家政治制度的重要内容，与中原的封建经济基础相适应。金代汉官制，既是对中原制度的认同、继承，又具有适应女真族统治需要的鲜明特征。④ 金朝一方面用汉人和汉官制度，另一方面推行女真制度，并在发展中逐渐形成以汉官制为主的两种制度并行的官制。

女真人任职汉官，始于金建国前景祖乌古乃接受辽朝生女真部族节度使时。辽代部族节度使是带有羁縻性质的官职，因而这只是女真首领在名义上接受汉官职称之始。⑤ 金代汉官制度是在勃极烈制度逐步弱化并最终

---

① 《金史》卷2《太祖本纪》，中华书局，1975，第25页。
② 叶坦、蒋松岩：《宋辽夏金元文化史》，东方出版中心，2007，第458页。
③ 武玉环：《金代的乡里村寨考述》，《中国边疆史地研究》2013年第3期。
④ 程妮娜：《女真人与汉官制》，《吉林大学社会科学学报》1990年第6期。
⑤ 程妮娜：《女真人与汉官制》，《吉林大学社会科学学报》1990年第6期。

废除的基础上逐步发展起来的,而并非继承勃极烈制度而来,两者之间有着本质的区别。按《金史》记载:

> 汉官之制,自平州人不乐为猛安谋克之官,始置长吏以下。天辅七年以左企弓行枢密院于广宁,尚踵辽南院之旧。天会四年,建尚书省,遂有三省之制。至熙宗颁新官制及换官格,除拜内外官,始定勋封食邑入衔,而后其制定。然大率皆循辽、宋之旧。海陵庶人正隆元年罢中书门下省,止置尚书省。自省而下官司之别,曰院、曰台、曰府、曰司、曰寺、曰监、曰局、曰署、曰所,各统其属以修其职。职有定位,员有常数,纪纲明,庶务举,是以终金之世守而不敢变焉。①

根据《金史》这段记载可知,金代中央机构中汉官制度的发展,经历了三省制和一省制等不同的阶段。金朝一省制的确立过程大约可分为四个阶段②:第一阶段,太祖天辅七年至太宗天会四年,中央官制为勃极烈制度,在新占领的辽朝汉人聚居区沿用辽南面官制度;第二阶段,太宗天会四年至天会十二年,在原辽朝和宋朝统治区分别实行辽、宋汉官制度,三省制建立起来,并确立了尚书省在三省中的主导、核心地位;第三阶段,太宗天会十二年至海陵正隆元年,金朝中央官制中的勃极烈制度被废止,代之以汉族模式的三省制度;第四阶段,海陵正隆元年(1156)以后,罢中书、门下省,保留尚书省,颁行正隆官制,确定金朝中央官制的新框架。

从天辅七年(1123)开始,金朝在原辽朝汉人聚居区采用辽南面官制度,"循辽制立枢密院于广宁府",在广宁府所置枢密院,初依辽南院之制。太宗天会元年(1123)"以袭辽主所立西南都统府为西南、西北两路都统府",天会三年(1125)"以伐宋更为元帅府"。对此,程妮娜提出,金廷元帅府为中原军政合一的统治机构,东路军统帅皇子完颜宗望以燕京为驻地,广宁枢密院前往燕京,称燕京枢密院,西路军统帅左副元帅宗磐

---

① 《金史》卷55《百官志一》,中华书局,1975,第1216页。
② 参阅张帆《回归与创新——金元》,吴宗国主编《中国古代官僚政治制度研究》,北京大学出版社,2004,第310~313页;〔日〕三上次男:《金朝初期的三省制度》,《金史研究》第二册,中央公论美术出版,1970~1972年;张博泉:《金天会四年"建尚书省"微议》,《社会科学辑刊》1987年第4期。

第八章 官制视野下的金代吏制

以西京为驻地，其下新设汉人枢密院，称云中枢密院。汉人枢密院分设两处，分左、右元帅府，辅佐两路女真奴隶主军功贵族治理中原地区民政①。据《金虏节要》记载，"领燕京枢密院事刘彦宗以病死，并枢密院于云中，除云中留守韩企先为相，同时立爱主之"②，辽朝降官刘彦宗、韩企先、时立爱等汉官主持枢密院事，配合女真统帅治理汉地。尽管枢密院在行政隶属上有分合，但职掌及统辖范围不变。在金朝中央，其时实行勃极烈制度，"朝廷宰相自用女直官号"，表明真正的金朝宰相是有女真官号的诸勃极烈。结合《金史》中"太祖入燕，始用辽南、北面官僚制度"③的记载，王曾瑜认为金初的枢密院即是南面官，金朝中央沿用勃极烈制度，形成了金朝初年的南、北面官制④。自天会三年以后，汉人枢密院转变为都元帅府之下统辖汉人州县政务机构，不再受朝廷直接管辖，其权限和地位比太祖末年保留辽南面汉人枢密院时的设想要低很多⑤。

太宗天会四年（1126）"建尚书省"，并建立了尚书省下属机构。此时的三省是设于汉地的地方统治机构，对金朝中央和北面的官制基本上没有影响，但表明了金朝统一辽、宋官制，进一步向以尚书省为中心的三省制的汉制靠拢的改革方向，为进一步在全国准行统一的汉官制打下基础，推动了科举取士的发展和扩大⑥。

这次建尚书省是把原来辽朝的汉人居住区统一起来，用统一的汉官制度来统治该地区的一种措施⑦。学界普遍认为，天会四年是着手创建尚书省，并不表明金朝中央尚书省的设置已完成。对于尚书省的设置地，张博泉先生提出，此尚书省是统治黄河以北汉地的地方机构，并非设于中央，因而不能看作中央官制⑧。李涵认为，此尚书省系设于汉人枢密院处，属

---

① 程妮娜：《金代政治制度研究》，吉林大学出版社，1999，第99、100页。
② （宋）徐梦莘：《三朝北盟会编》卷132炎兴下，上海古籍出版社，1987，第960页。
③ 《金史》卷78《韩企先传》赞，中华书局，1975，第1779页。
④ 王曾瑜：《金朝军制》，河北大学出版社，2004，第10页。
⑤ 程妮娜：《金代政治制度研究》，吉林大学出版社，1999，第100页。
⑥ 参阅张博泉《金天会四年"建尚书省"微议》，《社会科学辑刊》1987年第4期；张帆：《回归与创新——金元》，吴宗国主编《中国古代官僚政治制度研究》，北京大学出版社，2004，第311～312页；程妮娜：《金代政治制度研究》，吉林大学出版社，1999，第100～103页。
⑦ 孟宪军：《试论金代尚书省的建立和发展》，《辽宁师范大学学报》（社会科学版）2000年第3期。
⑧ 张博泉：《金天会四年"建尚书省"微议》，《社会科学辑刊》1987年第4期。

于枢密院的组成部分①。程妮娜认为，天会四年建尚书省诏令下达后，中央官制与中原汉人枢密院同步进行改革，这场改革自下而上，先建基层机构，后立最高机构②。天会四年"建尚书省"，存在四点局限：①天会四年"建尚书省"时，还未最后征服两河地区，尚书省的机构、官职的制定承袭辽制，而且这一次参加制定的人也是有限的，向新占领的宋人地区推行此制也不得不随着军事的推移而扩大；②女真族的官制国论勃极烈、勃堇制没有废除，南北面官制的特点没有消除，北面依然保持其初推行猛安谋克所建的路；③对黄河以南的汉人地区先后立张邦昌、刘豫为帝，山东、河南、陕西地无法纳入新置的尚书省来领管；④天会六年刘彦宗死后，由西京留守韩企先代刘彦宗，任同中书下平章事、知枢密院事，燕京枢密院并未取消，当时最高权势仍控制在元帅府③。

熙宗时期，参用唐、辽、宋三朝之制，结合金朝国情而制定、颁布了新官制及换官格。程妮娜对天眷官制的内容进行了探讨，提出天眷官制改革是一次从中央到地方比较深入而全面的官制改革，废止了女真奴隶制国家政权奴隶制度（女真族奴隶制基层社会组织尚且保留），统一了辽宋旧制，建立起一套适合于金朝国情的封建官制，成为金朝进入封建制度的重要标志④。

海陵王天德年间的改革，是在基本不触动女真族奴隶制基层社会组织猛安谋克的基础上，努力消除残留在中央和地方官制中的奴隶制痕迹，调整国家政治体制。正隆元年所创立的一省制，是金代官僚政治制度的新模式，上承唐、辽、宋诸朝的三省制，下讫元、明、清三朝政治制度。

金熙宗、海陵时期女真官制的变化同时意味着金朝双重官制体系让位于封建的汉官制体系。虽然猛安谋克更多的作为一种政治躯壳保存下来，但在总体上，金朝官制与中原汉官制的根本性区别已不复存在。主要表现在：正式确立了嫡长子皇位继承制度；军事民主制遗迹彻底消失，皇权空

---

① 李涵：《金初汉地枢密院试析》，《辽金史论集》第4辑，书目文献出版社，1989，第180~195页。
② 程妮娜：《金代政治制度研究》，吉林大学出版社，1999，第102、103页。
③ 张博泉：《金天会四年"建尚书省"微议》，《社会科学辑刊》1987年第4期。
④ 程妮娜：《金代政治制度研究》，吉林大学出版社，1999，第109~114页。

第八章　官制视野下的金代吏制

前加强，封建社会的君臣关系已经形成；世袭万户、猛安谋克的势力被削弱，承袭受到了限制；不再以宗室亲疏作为拣选官吏的原则，打破贵贱与民族差别的束缚，广泛吸收各族地主士大夫进入统治机构。封建的汉官制最终占据了统治地位。[1] 吴凤霞认为熙宗改制所建的尚书省，是在划一辽、宋制度的基础上，结合女真官制特点而形成的全国最高政务机构，它与金太祖、太宗时划域而治的地方尚书省截然不同。到了正隆改制时，海陵王完颜亮彻底罢除中书、门下省，结束了中晚唐以来三省政务体系的破败局面，创立了尚书省一省制的政务新体系。从此后尚书省成为金代皇帝控制下的唯一的最高政务机构。国家的一切政治、经济、军事、文化事务必经尚书省。海陵以后，一省制体系内部某些机构、组织虽有些调整、变革，但一省制体制终金之世没有改变。这充分证明，在金代得以确立、发展的一省制已是一种比较成熟的政治体制[2]。

在金代的地方政权中，汉官制的出现是伴随着金太祖阿骨打起兵抗辽，从辽东、辽西地区，逐步扩展到原辽朝统治的燕云地区等汉人聚居区，再到黄河以北原宋朝统治区，从汉官制度建立和发展的角度，经历了从辽制到辽宋制并行，再到路、府（州）县三级行政机构，最终建立行省制度的过程。

金代汉官制始行于辽东、西地区，女真人任汉官亦由地方官始。太祖收国元年十二月，始置都统、军帅司路，任女真贵族为都统、军帅，路下基本保留辽府、州制度，由于女真统治者广置猛安谋克，"一如郡县置吏之法"[3]，导致县级机构破坏严重[4]。

"至天会二年，平州既平，宗望恐风俗揉杂民情弗便，乃罢是制，诸部降人但置长吏，以下从汉官之号。"[5] 完颜宗望、阇母等平定平州之乱以后，鉴于"风俗揉杂民情弗便"，对原有的"置猛安谋克一如本朝之制"的政策进行了调整，"诸部降人但置长吏，以下从汉官之号"，金朝地方政权机构中正式引入汉官制度。故《金史·百官志》载"汉官之制，

---

[1] 刘庆：《金代女真官制的演变道路》，《民族研究》1987年第2期。
[2] 吴凤霞：《辽金元省制特点刍论》，《社会科学辑刊》1996年第5期；吴凤霞：《金代尚书省若干问题探讨》，《辽金史论集》第八辑，吉林文史出版社，1994。
[3] 《金史》卷128《循吏传》序，中华书局，1975，第2757页。
[4] 程妮娜：《女真人与汉官制》，《吉林大学社会科学学报》1990年第6期。
[5] 《金史》卷44《兵志》，中华书局，1975，第993页。

自平州人不乐为猛安谋克之官,始置长吏以下"[1]。自平州以后,女真奴隶主集团奉行"因俗而治"的方针,对新占领的汉人地区皆遵循原封建制度不变,故而燕云十六州及北宋黄河以北大片地区的封建地方制度路、府、州、县与官制得以保留,虽同是汉人居住区,但辽地用辽制,宋地用宋制,两地制度有一定差异[2]。

金朝行省制度的出现可追溯到南北朝隋唐时期的行台尚书省,且对元朝行省制度的形成影响巨大,因此,金代行省制度具有承前启后的重要作用。金前期行台省,是金朝在封建三省六部制建立之初,为适应对经济、文化高度发达的汉地统治的需要而设置的,它是取代先前所置汉地枢密院、刘齐政权而统治汉地的地方行政机构[3]。金初行台省是金初"分域而治"政策的体现[4]。金朝后期的行省是一种非正规的临时建置,其广泛且长期设立、集军政之权于一身、便宜从事,是与当时特殊的形势分不开的,对统治者来说属于不得已而为之。金朝在设置行省方面是相当慎重的,通常一旦设立,就要予以"承制""便宜"之类比较大的机动权力,除指挥军事行动外,行省在人事上也拥有较大的权力。[5]杨清华对金后期设置的34处行省的置罢时间、治所、辖区做了较为详细的考察,并将其按性质分为军事性较强的军政合一性行省和非军事性行省两类,指出初期行省多遇事而设,事毕即罢,属权宜性地方建置;宣宗南渡后,行省设置密度逐步增大,且多兼理民事,已明显具有向地方统治机构转变的趋向[6]。

金代路制的发展过程,随女真统治集团对辽宋战争的胜利和统治范围的扩大而不断变化。女真奴隶主统治集团经历了由初期推行女真族制度,到对新占区采取因族、因地、因俗而制的统治方针的转变过程,从而形成了多种路制并存的地方统辖体系,既不同于辽、宋,也与金熙宗在全国实行汉制以后的路制不同。是由奴隶制政权向封建制政权过渡时期的产物诸

---

[1] 《金史》卷55《百官志一》,中华书局,1975,第1216页。
[2] 程妮娜:《金代政治制度研究》,吉林大学出版社,1999,第100页。
[3] 杨清华:《金代行省制度研究》,吉林大学博士学位论文,2009,第52页。
[4] 鲁西奇:《金初行台尚书省与汉地统治政策》,《江汉论坛》1994年第10期。
[5] 张帆:《回归与创新——金元》,吴宗国主编《中国古代官僚政治制度研究》,北京大学出版社,2004,第372页。
[6] 杨清华:《金朝后期行省建置》,程尼娜、付百臣主编《辽金史论丛——纪念张博泉教授逝世三周年论文集》,吉林人民出版社,2003。

路的多元性质，形成了三个统辖系统（万户路，都统、军帅司路，兵马都总管府），呈现出不同特点[①]。就其渊源而言，万户路设置于女真人聚居区，是在女真人社会组织猛安谋克的基础上建立起来的，是金朝旧有的路制。都统、军帅司路是在原辽朝地区设立的，主要是自辽朝制度继承而来[②]。兵马都总管路设在原北宋地区，是由北宋马步军都总管府演变而成的封建性质的地方机构[③]。金朝十九路中，六路属于原辽境，十三路属于原北宋境，在北宋北方八路的基础上进一步划分而来，就主体而言，金朝的路制继承了北宋制度[④]。就其性质而言，三个系统的路制中，万户路属于奴隶制范畴，兵马都总管府路属于封建制范畴，都统、军帅司路介于两者之间，它是女真奴隶制统治集团在封建地区强行推行奴隶制官制时，不得不在一定程度上兼容了封建官制而形成的一种特殊的过渡型官制[⑤]。

金代州县制的发展，表现为原辽、宋境内原有的府、州逐步纳入金朝统治之下，并成为金朝路制下的地方统治机构。程妮娜将其分为原辽朝封建地区类型和原北宋地区类型两种类型[⑥]。

一是原辽朝封建地区类型。在基本保存辽制的基础上，兼容了女真奴隶主成分。金朝奴隶制国家时期，原辽朝封建地区府、州在区划、机构和官制上沿袭辽制，但实际内容发生了重大的变化。其一，府、州分为路治府、州与一般府州；其二，府州官员的职掌为军政合一，尤其军事性质较强是其显著特点之一；其三，女真族府、州官员均由女真奴隶主贵族担任，女真贵族任一般州长官者，均称之为"勃堇"；其四，诸路治所京府州的长官，并不是以路官兼任，而是另外任命，这与金熙宗以后，路长官兼任治所的某京留守或某府尹的制度不同；其五，不仅女真族府、州官员大多具有世袭猛安谋克的封号，其他民族的一些府、州官员也授予世袭猛安、世袭谋克的封号。

[①] 程妮娜：《试论金初路制》，《社会科学战线》1989年第1期。
[②] 参阅〔日〕三上次男《关于金朝初期的路制》，《金史研究》第三册，中央公论美术出版，1970～1972年；程妮娜：《试论金初路制》，《社会科学战线》1989年第1期。
[③] 程妮娜：《试论金初路制》，《社会科学战线》1989年第1期。
[④] 张帆：《回归与创新——金元》，吴宗国主编《中国古代官僚政治制度研究》，北京大学出版社，2004，第351页。
[⑤] 程妮娜：《金代政治制度研究》，吉林大学出版社，1999，第77页。
[⑥] 程妮娜：《金代政治制度研究》，吉林大学出版社，1999，第78～85页。

二是原北宋地区类型。这一时期，金朝直接统治的中原地区主要承用了宋朝的府州制度，但宋朝原有的一些地方统辖系统被打乱。原宋地设置的诸路，是在基本沿用宋制的基础上，稍加调整改变名称而形成的，路治皆为府。

（三）金代政治制度融合与演变的特征

金代政治制度的融合和演变，是在女真政权完成封建化进程的过程中，伴随统治范围从东北一隅扩展至淮河以北的北部中国，统治对象从单一女真族扩大到女真、契丹、渤海、汉族等多民族，统治方式从"因俗而治"的政策嬗变为制度划一汉官制度确立，统治模式从女真、契丹、汉族多元制逐步演变为一省制框架下的一元制（路以下地方政权仍然保留了州县制与猛安谋克制并行的二元制模式）。在制度的融合和演变过程中，金政权建立了一省制的制度框架，并对行台尚书省进行了探索，既继承了前朝的制度，又不因循守旧而有所创新，且深刻影响了之后数代王朝的政治制度框架。

就金代政治制度的统治效果而言，女真人用一套相当成功的恩威并施的方法统治了东北和华北约120年，但女真政治结构较唐宋为简单，取消了制衡作用，在治术上注重制压，因而金代政治结构的缺点之一是发生了政治过程的残暴化[①]。但金代在政治制度融合和演变方面取得了非常显著的成果，应予以充分肯定。结合学界研究成果，笔者总结金代政治制度在融合和演变中取得的成功主要表现在以下几个方面。

一是金王朝在政权建立最初过程中，随着政权的建立和统治的需要，女真民族完成了自身社会形态的巨大转变，从原始社会后期向封建社会迈进，并确保了快速封建化的进程中政治制度的平稳过渡。金朝中央政权层面实现了以勃极烈制度取代原始的军事民主制，地方政权则完成了勃堇制度向猛安谋克制度的过渡。

二是在金初灭辽进程中，女真政权对契丹南、北面官制度进行了扬弃，在契丹、渤海等少数民族分布的原辽朝部族地区，为消除辽朝的影响，"置猛安谋克一如本朝之制"，以女真族独有的猛安谋克制度取代这一地区原来实行的辽北面官制度；在原辽朝的汉人聚居区，在短暂推行猛安

[①] 陶晋生：《金代的政治结构》，《历史语言研究所集刊》41本4分，1969，第567、568页。

谋克制并失败之后，金朝即迅速对政策进行调整，太祖定燕京后，"置中书省、枢密院于广宁府"，代之以更适合统治的原辽朝的南面官制度。

三是金朝政权在并吞辽宋的扩张过程中，在金朝中央官制层面，逐步削弱并最终废止了女真族独有的勃极烈制度，确立了以宋制为基础的汉官制度，即以尚书省为核心的三省六部制，成功实现了中央官制层面的制度交替。金朝统治范围扩展到原北宋统治区后，尤其是覆灭北宋后，在原北宋境内，无论是扶植刘齐等傀儡政权，还是金王朝自己实施统治，都保留了地方原有宋制的基本政治架构，以宋制治宋人。

四是金朝中央政权确立了以尚书省为核心的三省六部制后，又于正隆元年"罢中书门下省"，通过系列改革，创立了尚书省一省制的新制度模式。一省体制革除了三省制的弊端又有所创新，上承唐宋，下启元明清诸朝，奠定了金朝中后期直至清代中央官制的结构框架。通过中央一元制的政体，以皇权为核心的中央集权进一步加强。

五是金朝地方政权中汉官制度的发展演变，经历了从辽制到辽、宋两制并行的过程，同时，女真社会中还保留了本民族独有的猛安谋克制度，并逐步将其纳入金代地方路府州县的框架之下，成为金代路（府）辖下与州、县等汉式机构并行的另外一套统辖系统。表明金代中后期地方政治制度在路（府）一级的统治制度趋同、遵循一元制汉官制度的表象下，事实上在次一级的统治中实行"因俗而治"这一契丹、女真少数民族政权共同采取的统治方针，推行辽、宋、女真多制并行的多元政治体制。

六是金朝探索和发展了行台省制度。金朝前、后期先后出现的行台尚书省是两种性质不同的政治机构，分别体现了"分域而治"和适当分权、便宜从事的统治政策，金早、晚两期的行台尚书省，体现了行台尚书省从临时性机构逐步向常设地方统治机构演变的趋势。金代晚期的行台尚书省尽管仍然是临时派出机构，但已经初步显现出作为朝廷派出机构与地方军事和行政统治机构的双重特征，为蒙元行省制度的确立奠定了基础①。

七是金朝内迁到汉族分布区的猛安谋克，汉民族主体和少量的女真人共同构建起了"大杂居、小聚居"的局面。猛安谋克这一金朝基层军政一

---

① 李治安《元代政治制度研究》第二章第一节《元代行省制的特点与历史作用》中认为，具有两重性质（朝廷派出机构和地方最高官府）和代表中央分驭各地的使命，是元行省制的一个基本特征。参阅李治安《元代政治制度研究》，人民出版社，2003，第67~71页。

体的地方统治体系，在金朝路以下地方机构中与州县制并行且互不影响，确保了女真族聚居的村寨等基层组织独立于以州县制为特征的汉官体系之外自行运转，避免了被周围人数占优且制度更先进的汉族群体所融合，保持了女真人自身文化和传统风俗的延续，形成了金朝基层政权中，汉民族和女真族杂处且界线分明、"和而不同"的民族特征。

八是金朝政治体制，是通过推进自身制度的快速变革和借鉴辽、宋制度，通过对新制度的吸收和对旧制度的扬弃，由几种性质不同的政治制度深度融合而成的。因此，金代政治体制的融合特征，在吏制层面也有所反映。金朝在主体上采用了汉官制度，但也设置有具有女真特色的地方机构，如诸猛安谋克、诸乣、诸移里堇司等，并设置有相关的司吏、译人、通事等吏职。同时，还继承了辽代的一些行政机构，如天辅七年始置于广宁府的枢密院这样的仿照辽南院之制建立起机构[①]，辖下"枢密院令史，女直十二人，汉人六人，三品官子弟四人，吏员转补二人。译史三人，通事三人，回纥译史一人，曳剌十五人"。还有像诸群牧所（女真语为"乌鲁古"）这样直接继承辽朝群牧制度的行政机构，分别在提控诸乌鲁古下设女真司吏2人，译人1人，通事1人。知法下设女真司吏4人，译人1人。

综上所述，金政权建立以后，最初实行勃极烈制和猛安谋克制，后在燕云和黄河以北地区推行三省制和州县制，遂形成女真、汉官制并行的双重政治制度体系。这种具有因族、因俗而置的双重体系的地方政治制度，是金代政治制度的一大特色。[②] 依附于金代官制的吏制，在官制的融合和演变过程中，也随之发生变化，并伴随汉官制度的形成过程，逐步形成完备的、具有普适性的"内外诸吏员之制"。金代吏制与官制共同反映出金代制度兼采与融合的过程。

三　民族融合与等级差别并存

（一）民族融合过程及其在政治制度中的反映

金朝是一个多民族国家，境内生活着汉族、女真、契丹、奚族、渤

[①] 按《金史·百官志一》记载，"枢密院。天辅七年，始置于广宁府。天会三年下燕山，初以左企弓为使，后以刘彦宗。初犹如辽南院之制，后则否。"枢密院初依辽制，后又有所改变。参见《金史》卷55《百官志一》，中华书局，1975，第1239页。

[②] 程妮娜：《金代政治制度研究》，吉林大学出版社，1999，第95页。

海等多个民族，在金朝起兵吞灭辽、宋的过程中，必然要求女真统治者调整统治政策，尤其是要充分考虑到金政权所灭亡的辽朝和北宋政权的主体构成民族：契丹族和汉族，并采取不同的民族政策，以及移民等手段，分散反对者的力量或是加强对各族人民的防备，从而维持统一的国家政权。

12世纪至13世纪，女真统治者派遣大批军队入主中原，接着又以猛安谋克的半数以上人口390余万迁到中原屯田，同时从中原掠往"金源内地"大批汉人，形成了中国历史上人口南北大对流，形成空前的民族大融合的形势[①]。故世宗时，大臣唐括安礼在回答金世宗关于山东猛安贫户签军时，提出"猛安人与汉户，今皆一家，彼耕此种，皆是国人"[②]，认为女真、汉人一家，同为国人。到金朝末年，随着民族融合和发展，这些民族之间的差别越来越小，以至于陶宗仪《南村辍耕录》记元朝所列"汉人八种"[③]，包括契丹、高丽、女直、竹因歹、术里阔歹、朱温、竹赤歹、渤海（女直同），把契丹、女直、渤海等均看作汉人。

在民族融合的过程中，契丹、奚等少数民族逐渐被女真族同化，女真、渤海、契丹等诸多少数民族或多或少又都存在汉化的趋势，这种情况是这一时期民族融合的主流，同时，还存在少量汉人胡化的情况。现就契丹、汉族和女真族的民族融合情况简述如下。

1. 契丹、奚族等的同化

早在女真政权立国之初，女真族在多民族融合的过程中，表现得比较强势，意图以本民族固有的政治制度取代原辽朝统治区实行的南、北面官制度。在辽朝部族分布区，由于"东京州县及南路系辽女直皆降"，为消除辽朝的影响，阿骨打下诏在辽东地区"除辽法，省税赋，置猛安谋克一如本朝之制"。为分化瓦解辽朝政权，笼络辽朝投降的契丹、奚等族官民，金朝政权对契丹等贵族实施了招抚为主的政策。"继而诸部来降，率用猛安、谋克之名以授其首领而部伍其人。出河之战兵始满万，而辽莫敌矣。及来流、鸭水、铁骊、鳖古之民皆附，东京既平，山西继定，内收辽、汉之降卒，外籍部族之健士。尝用辽人讹里野以北部百三十户为一谋克，汉

---

① 范寿琨：《金代东北的汉人》，《社会科学战线》1986年第2期。
② 《金史》卷88《唐括安礼传》，中华书局，1975，第1964页。
③ （元）陶宗仪：《南村辍耕录》卷1《氏族》，文灏点校，文化艺术出版社，1998，第13页。

人王六儿以诸州汉人六十五户为一谋克,王伯龙及高从祐等并领所部为一猛安。"① 收国二年,太祖下诏,曰:"自破辽兵,四方来降者众,宜加优恤。自今契丹、奚、汉、渤海、系辽籍女直、室韦、达鲁古、兀惹、铁骊诸部官民,已降或为军所俘获,逃遁而还者,勿以为罪,其酋长仍官之,且使从宜居处。"②

在金朝政权稳定之后,金政权借契丹贵族反叛的机会对其进行镇压,同时,还通过罢除契丹猛安谋克、并入女真等族猛安谋克等的方式,进一步削弱其势力,并同化之。世宗时,曾"诏罢契丹猛安谋克,其户分隶女直猛安谋克"③。窝斡反叛被镇压后,"乃散契丹隶诸猛安谋克"④。《金史·完颜兀不喝传》记载则更为详细:"窝斡已平,诏罢契丹猛安谋克,其元管户口,及从窝斡作乱来降者,皆隶女直猛安谋克,遣兀不喝于猛安谋克人户少处分置。"⑤

金政权担心西北边境的契丹族与西辽大石联合,遣使"徙西北路契丹人尝预窝斡乱者上京、济、利等路安置"。按照金世宗的策略和要求,"俾与女直人杂居,男婚女聘,渐化成俗,长久之策也"⑥,试图通过将契丹族人迁徙到女真族分布区,通过民族之间的婚姻,逐步将其同化。

奚族的同化,据《金史·奚王回离保传》可知,奚族在金朝的民族融合过程经历了降而复叛的反复过程,"太祖破耶律谢十,诸将连战皆捷,奚铁骊王回离保以所部降,未几,遁归于辽"⑦。太祖入居庸关后,"回离保至卢龙岭,遂留不行,会诸奚吏民于箭里部,僭称帝,改元天复,改置官属,籍渤海、奚、汉丁壮为军"⑧。天辅六年九月,太祖曾对六部奚下诏:"汝等既降复叛,扇诱众心,罪在不赦。尚以归附日浅,恐绥怀之道有所未孚,故复令招谕。若能速降,当释其罪,官皆仍旧。"⑨ 则是在原辽朝部族统治区实行辽北面官制度。但奚族彻底归附金政权,还是在奚王

---

① 《金史》卷44《兵志》,中华书局,1975,第992、993页。
② 《金史》卷2《太祖本纪》,中华书局,1975,第29页。
③ 《金史》卷6《世宗本纪上》,中华书局,1975,第132页。
④ 《金史》卷44《兵志》,中华书局,1975,第994页。
⑤ 《金史》卷190《完颜兀不喝传》,中华书局,1975,第1998页。
⑥ 《金史》卷88《唐括安礼传》,中华书局,1975,第1964页。
⑦ 《金史》卷67《奚王回离保传》,中华书局,1975,第1587页。
⑧ 《金史》卷67《奚王回离保传》,中华书局,1975,第1588页。
⑨ 《金史》卷2《太祖本纪》,中华书局,1975,第38页。

回离保死后,"回离保死,奚人以次附属,亦各置猛安谋克领之"①,大部分奚族被女真族逐步同化。

2. 女真族的汉化

女真族的"汉化"倾向,表现为对中原汉族社会制度、生活方式的接受和对汉族文化的吸收。女真人对保留本民族的传统比较重视,尤其是金世宗皇帝,大定十三年(1173)三月,世宗皇帝对宰臣说:"会宁乃国家兴王之地,自海陵迁都永安,女直人浸忘旧风。朕时尝见女直风俗,迄今不忘。今之燕饮音乐,皆习汉风,盖以备礼也,非朕心所好。东宫不知女直风俗,第以朕故,犹尚存之。恐异时一变此风,非长久之计。甚欲一至会宁,使子孙得见旧俗,庶几习效之。"②之所以世宗如此看重本民族的习俗,其原因从大定年间世宗的一席话可窥见端倪。他说:"亡辽不忘旧俗,朕以为是。海陵习学汉人风俗,是忘本也。若依国家旧风,四境可以无虞,此长久之计也。"③不仅如此,在世宗统治期间,"禁女直人不得改称汉姓,学南人衣装,犯者抵罪"④。"违者杖八十,编为永制"⑤。金世宗时期尽力维护女真族的传统,推行女真为本的政策,主要表现在以下五个方面:一是对移居中原的女真部落进行各项改革,解决部分女真人生活贫困以及贫富不均的问题;二是推广女真文字的学习,积极培养女真人才,并翻译大量汉文经史书籍为女真文,供女真子弟学习;三是设立女真进士科,选拔女真平民中的人才进入官僚体系;四是重建海陵时期毁弃的祖宗龙兴之地上京会宁府,并巡幸当地,慰问女真父老,强化各地女真共同一体的观念;五是以女真为本的民族政策。⑥

章宗时也尽力维护女真传统,"敕女直人不得改为汉姓及学南人装束"⑦。这一时期仍然保留女真猛安谋克制度,其目的在发挥其政治、军事、生产三种职能之外,对保留女真族特有的文化传统起到重要的作用。

---

① 《金史》卷67《奚王回离保传》,中华书局,1975,第1588页。
② 《金史》卷7《世宗本纪中》,中华书局,1975,第158、159页。
③ 《金史》卷89《移剌子敬传》,中华书局,1975,第1989页。
④ 《金史》卷8《世宗本纪下》,中华书局,1975,199页。
⑤ 《金史》卷43《舆服志下》,中华书局,1975,985页。
⑥ 王久宇:《论金世宗制订"以女真为本"政策的历史前提》,《牡丹江师范学院学报》(哲学社会科学版)2008年第6期。
⑦ 《金史》卷12《章宗本纪四》,中华书局,1975,199页。

同时，金代按察司中，设使一名，"正三品，镇抚人民、讥察边防军旅之事，仍专管猛安谋克，教习武艺及令本土纯愿风俗不致改易"①。其职掌中明确提出保护好本女真民族的风俗习惯而"不致改易"。

女真汉化的途径有三条②：政治制度的汉化，经济、文化的合流，风俗习惯的转化。对于女真政治制度的汉化，政治体制的转变是根本性转变，在这方面女真统治者经历了以女真制待汉人—以汉制待汉人—以汉制待国人的过程，最后实现了由女真化向汉化的全面转变③。前文在论述金朝汉官制度的确立时已进行了详尽的论述。经济文化的合流方面，主要是通过移民的手段，即猛安谋克的内迁实现的，"猛安谋克杂厕汉地，听与契丹、汉人昏因以相固结"④。迁入中原内地的女真人数达数百万人，和汉人交错杂居，以及女真、汉人人数相差巨大的实际情况，客观上促进了女真和汉人之间的交流。而汉文化对女真人的影响无处不在，尤其是儒家文化对女真上层社会的影响更为巨大，故元时忽必烈以"辽以释废，金以儒亡"为题向金朝遗老发问。《归潜志》中记载的"南渡后，诸女直世袭猛安、谋克往往好文学，喜与士大夫游"⑤也从侧面反映了女真上层的汉化问题。女真风俗习惯的汉化，主要表现为婚姻制度的变化，多次颁布婚姻制度及法令，逐步以汉族的婚姻制度代替女真原有制度。金朝女真人思想文化、生活习惯等领域的汉化是逐步形成的。经过几朝帝王的努力，至章宗统治期间，尊孔之制、汉官制、礼乐制度、科举取士制度、教育体制等各项制度的发展趋于完备。且女真人的汉化不仅仅局限于改汉姓、穿汉服、与汉人通婚这些表面现象，而是汉文化的思想意识、伦理道德观念已深入女真人的头脑中，忠孝节悌渐渐成为金代全社会的道德规范⑥。

3. 汉人的"胡化"

汉人"胡化"在汉化倾向严重的金朝社会，并不是主流的现象，但从

---

① 《金史》卷57《百官志三》，中华书局，1975，第1309页。
② 陈晓宁：《从"金以儒亡"谈起——评女真汉化及其影响》，《消费导刊》2009年第9期。
③ 乔幼梅：《论女真统治者民族政策的演变》，《文史哲》2008年第2期。
④ 《金史》卷44《兵志》，中华书局，1975，第991页。
⑤ （金）刘祁撰《归潜志》卷6，崔文印点校，中华书局，1983，第63页。
⑥ 张新艳：《金统治下汉人与女真人的关系——金统治下汉人研究之三》，《黑龙江民族丛刊》1998年第3期。

民族融合的角度,也是其不可或缺的一部分。被"胡化"的汉人,主要是通过移民的方式被迁至东北地区的汉人以及原辽朝境内的汉人。金朝推行移民政策,把燕云和中原的汉人强制迁往"金源内地",这种大规模的实"内地"之举,据范寿琨统计,主要有五次[1]:天辅六年(1125),"既定山西诸州,以上京为内地,则移其民实之"[2]。天辅七年二月取燕京路"尽徙六州氏族富强工技之民于内地"[3]。同年四月,"命习古乃、婆卢火监护长胜军,及燕京豪族工匠,由松亭关徙之内地"[4]。太宗天会元年"以旧徙润、隰等四州之民于沈州之境"[5]。天会五年,金兵从汴京北撤时,"华人男女,驱而北者,无虑十余万"[6]。其结果是东北"金代户数实增于辽代之二倍,则其移来人民之多,可以窥见矣"[7]。

同时,金初在辽朝汉人聚居区推行猛安谋克,"置猛安谋克一如本朝之制",从制度上将汉人纳入猛安谋克这一典型的女真特色的政治制度之中,意图同化原辽朝境内汉人。

汉人"胡化"尤其是女真化的主要途径。

一是政策性的强制行为。天会五年金军俘宋徽、钦二帝,皇后,太子,宗戚及官吏、内侍等3000人北去,北宋灭亡。金廷颁布了一些针对宋地汉人的政策,强行改变其原有的风俗习惯。天会七年六月,"禁民汉服及削发,不如式者死"[8]。《建炎以来系年要录》也记载:"金元帅府禁民汉服,又下令髡发,不如式者杀之。"[9] 一时出现不少因衣服和发式不合规定的无辜受害者,史籍有载:

> 时金国所命官刘陶守代州,执一军人于市,验之顶发稍长,大小且不如式,斩之。后韩常守庆源,耿守忠知解梁,见小民有衣袜鼻者,亦责以汉服斩之。生民无辜(被害)不可胜纪。时复布帛大贵,

---

[1] 范寿琨:《金代东北的汉人》,《社会科学战线》1986年2期。
[2] 《金史》卷2《太祖本纪》,中华书局,1975,第32页。
[3] 《金史》卷2《太祖本纪》,中华书局,1975,第33页。
[4] 《金史》卷2《太祖本纪》,中华书局,1975,第41页。
[5] 《金史》卷46《食货志一》,中华书局,1975,第1032页。
[6] (宋)李心传:《建炎以来系年要录》卷4,中华书局,1956,第92页。
[7] 金毓黻撰《东北通史》,五十年代出版社,1981,第365页。
[8] (宋)宇文懋昭撰《大金国志校证》卷5《纪年·太宗文烈皇帝三》,崔文印校证,中华书局,1986,第85页。
[9] (宋)李心传:《建炎以来系年要录》卷28,中华书局,1956,第560页。

细民无力，坐困于家，莫敢出焉。①

金初统治者采取这些带有强制性的行为强行开启汉人的女真化进程，虽然政策实施初期有一定的效果，但随着时间的推移和汉人的抵抗，最终不了了之。

二是民族融合中的汉人女真化。由于汉人与女真人杂处的格局，双方接触日益增多，互相借鉴学习导致汉人女真化。范成大《揽辔录》记载，"民亦久习胡俗，态度嗜好与之俱化……最甚者衣装之类，其制尽为胡矣！自过淮以北皆然，而京师尤甚。"②女真的衣着习俗在原宋朝统治区的汉人中流行起来，就连北宋旧都汴京也不例外。金统治下汉人受南移女真文化的影响，文化艺术领域出现了新的内容，女真人带来了骑马民族的歌曲，与河北、辽东等地的慷慨悲歌曲调相结合，形成了新的诗歌体——散曲③。此外，女真人中流行的火葬习俗对两宋汉人的丧葬习俗也有一定的影响。《大金国志》中对女真民族旧俗描述为"死者埋之而无棺椁。贵族生焚所宠奴婢、所乘鞍马以殉之"④。辽金时代的火葬墓，首先是在契丹人、女真人中出现的，而后影响到汉族人。⑤

三是归附金朝的汉人被赐女真姓氏，转为女真人。金政权在金初和金末政权迫切需要稳固的紧要关头，都曾赐予外族女真姓氏，即《金史》载"又甚而叛臣剧盗之效顺，无金帛以备赏激，动以王爵固结其心，重爵不葸，则以国姓赐之"⑥。金初如"降臣郭药师、董才皆赐姓完颜氏"⑦，其中郭药师为在辽渤海人，董才为宋地汉人。到宣宗时，这一现象更加频繁。贞祐三年二月，"武清县巡检梁佐、柳口巡检李咬住以诛乣贼张晖、

---

① （宋）宇文懋昭撰《大金国志校证》卷5《纪年·太宗文烈皇帝三》，崔文印校证，中华书局，1986，第85页。
② （宋）范成大：《揽辔录》，赵永春编注《奉使辽金行程录》，吉林文史出版社，1995，第277、278页。
③ 张新艳：《金统治下汉人与女真人的关系——金统治下汉人研究之三》，《黑龙江民族丛刊》1998年第3期。
④ （宋）宇文懋昭撰《大金国志校证》卷39《初兴风土》，崔文印校证，中华书局，1986，第553页。
⑤ 景爱：《辽金时代的火葬墓》，《东北考古与历史》1982年第1期。
⑥ 《金史》卷46《食货志一》，中华书局，1975，第1030页。
⑦ 《金史》卷3《太宗本纪》，中华书局，1975，第54页。

刘永昌等功进官有差，皆赐姓完颜"①。同年九月，又有"赐东永昌姓为温敦氏，包世显、包疙疸为乌古论氏，睹令孤为和速嘉氏，何定为必兰氏，马福德、马柏寿为夹谷氏，各迁一官"②的记载。不仅如此，还下诏对有功赐女真姓氏的情况进行了详细的规定：

> 丁丑，诏司、县官能募民进粮五千石以上，减一资考，万石以上，迁一官，减二资考，二万石以上迁一官，升一等，注见阙。诸色人以功赐国姓者，能以千人败敌三千人，赐及缌麻以上亲，二千人以上，赐及大功以上亲，千人以上，赐止其家。③

金朝赐国姓是一种笼络外族为女真政权效力的行为，而海陵王天德三年时"诏罢世袭万户官，前后赐姓人各复本姓"④则是女真政权对赐姓外族政策的调整。"贞祐以后，赐姓有格。夫以名使人，用之贵则贵，用之贱则贱，使人计功而得国姓，则以其贵者反贱矣。"⑤其出发点不是进行汉人等诸色人的女真化，但用女真国姓，客观上体现了金朝笼络的这部分汉人的女真化倾向。龙小松从文化变迁的角度分析，总结了金朝女真文化与汉文化相互融合，最后形成了一种以汉文化为主体，其他文化多元共存的中华文化综合体的过程：金朝前期发生了女真文化欲同化汉文化的女真化运动；熙宗和海陵都倾慕汉文化，渴望实现全面的汉化；世宗一朝采取以保护女真文化与继续汉化相综合的方针，一方面奉行保护女真文化的政策，一方面却又大力推进汉文化的建设，二元文化政策并举，且这种政策为继任者章宗所继承；金代后期，女真文化与汉文化之间达到了空前的融合，国家的各种制度与中原王朝大致相当。他还从金朝文化变迁的历史中得出两个结论：其一，金朝文化、女真文化真正成为中华文化不可分割的部分；其二，两种文化的冲突与融合的过程，是在同化失败之后，相互调适和融合，循环反复，螺旋上升。⑥

辽金时期，女真等北方少数民族南下，不断输入新的血液，同时也充

---

① 《金史》卷14《宣宗本纪上》，中华书局，1975，第307页。
② 《金史》卷14《宣宗本纪上》，中华书局，1975，第312、313页。
③ 《金史》卷14《宣宗本纪上》，中华书局，1975，第313页。
④ 《金史》卷5《海陵本纪》，中华书局，1975，第98页。
⑤ 《金史》卷103《完颜仲元传》，中华书局，1975，第2299页。
⑥ 龙小松：《冲突与融合——金代文化的变迁》，浙江大学博士学位论文，2008。

实了其他民族，民族之间相互渗透和融合，对中华民族多元一体格局[①]的形成起了重要作用。乔幼梅认为金代变革、融合的深刻程度远胜于辽、元。金朝女真统治者对于契丹、奚等族，长期以打击和同化政策为主；对汉族的政策，则存在着一个由入主中原之初十余年间的压迫、打击和排斥，到与南宋媾和之后转向主动学习、仿效、交流和融合的演变过程，从而全面实现了体制性的变革，终于融入了古代中华民族共同体。[②]

（二）民族等级差别及其在官制中的反映

金朝作为统一多民族政权，在其统治下有女真、契丹、奚、渤海、汉（包括汉人和南人）等多个民族。金代府、州官吏的任免，由汉地枢密院和都元帅府承制任免，府州官制的人员分配，"每破州郡，用一金人、一燕人、一南人同共镇守"[③]。但女真奴隶制国家官僚集团中存在严重的民族等级差别，《燕云录》记载，"有公事在官先汉儿，次契丹，方到金人……有兵权钱谷先用女真，次渤海、次契丹、次汉儿；汉儿虽刘彦宗、郭药师亦无兵权"[④]。《燕云录》作者赵子砥记录的靖康之变时随徽、钦二帝北迁在金朝见闻实录，真实地反映出金初的民族关系，将金朝初期的民族等级划分为女真族、渤海族、契丹族和奚族、汉族四个等级。20世纪80年代，有学者首次提出金朝存在着五个民族等级，即女真、渤海、契丹及奚、汉人、南人[⑤]。

女真人和汉人在入仕比例上存在严重不平衡状况。根据《金史》记载，金朝章宗明昌四年"见在官万一千四百九十九，内女直四千七百五员，汉人六千七百九十四员"[⑥]。金代的猛安谋克人口约占全国总人口的14%，州县人口占全国总人口的80%以上，但他们在官员中所占比例则分别为41%和59%[⑦]。金代各朝宰执约359人，女真族230人，占总数

[①] 费孝通：《中华民族的多元一体格局》，费孝通等著《中华民族多元一体格局》，中央民族学院出版社，1989，第1~36页。
[②] 乔幼梅：《论女真统治者民族政策的演变》，《文史哲》2008年第2期。
[③] （宋）徐梦莘：《三朝北盟会编》卷98靖康中，上海古籍出版社，1987，第726页。
[④] （宋）徐梦莘：《三朝北盟会编》卷98靖康中，上海古籍出版社，1987，第725页。
[⑤] 张中政：《汉人、签军与金朝的民族等级》，《社会科学辑刊》1983年第3期。
[⑥] 《金史》卷55《百官志一》，中华书局，1975，第1216页。
[⑦] 刘浦江：《金代猛安谋克人口状况研究》，《民族研究》1994年第2期；刘浦江：《金朝的民族政策与民族歧视》，《历史研究》1996年第3期。

64%，汉族79人，契丹族26人，渤海族24人，且宰执中职务越高，女真人比重越大；路官总计347人，女真路官259人，占总数的74.6%，军事机构中历任枢密使均为女真人，枢密副使44人中，女真族31人，契丹族8人，渤海族1人，汉族4人，女真人占70%[1]。

从入仕的途径及规定上，女真族也获得比其他民族更多的机会。以入仕四途军功、荫补、袭世爵、科举中的军功为例，由于女真人垄断了军事权力，军功任官几乎成为女真人的特权，金朝前期尤其如此[2]。熙宗皇统元年"绍兴和议"后，南北进入和平时期，战事稀少，军功不再是女真人入仕的主要途径[3]。除此以外，女真人尤其是女真宗室在入仕上更是享有诸多特权，世宗时就有不少相关记载。大定四年（1164）五月，诏"皇家袒免以上亲，就荫者依格引试，中选者勿令当僸使"[4]，"十六年，命皇家两从以上亲及宰相子，直赴御试。皇家袒免以上亲及执政官之子，直赴会试"[5]，"十七年，制试补缌麻袒免以上宗室郎君"[6]。在金代中央和宫廷吏职中，就有向女真宗室倾斜的记载。章宗明昌元年时，"敕麻吉以皇家袒免之亲，特收充尚书省祗候郎君，仍为永制"[7]。甚至有些吏职是以规定的形式保障了女真宗室的特权，如符宝典书，"旧名牌印令史，以皇家袒免以上亲、有服外戚、功臣子孙为之"[8]。又有擎执僸使，"明昌六年，以皇家袒免以上亲、不足则于外戚、并三品已上散官、五品以上职事官应荫子孙弟兄侄，以宣徽院选有德而美形貌者"[9]。另外，金代的护卫，"取五品至七品官子孙及宗室并亲军、诸局分承应人，身长五尺六寸者，选试补之"[10]。

在金代吏员出职制度的相关记载中，也凸显出女真族作为统治民族的优越性，女真吏员在出职的官品、考课、迁转、出职年限，乃至年满之后

---

[1] 程妮娜：《金代政治制度研究》，吉林大学出版社，1999，第248~254页。
[2] 张帆：《回归与创新——金元》，吴宗国主编《中国古代官僚政治制度研究》，北京大学出版社，2004，第297页。
[3] 程妮娜：《金代政治制度研究》，吉林大学出版社，1999，第254页。
[4] 《金史》卷52《选举志二》，中华书局，1975，第1159页。
[5] 《金史》卷51《选举志一》，中华书局，1975，第1141页。
[6] 《金史》卷53《选举志三》，中华书局，1975，第1176页。
[7] 《金史》卷9《章宗本纪一》，中华书局，1975，第215页。
[8] 《金史》卷58《百官志四》，中华书局，1975，第1185页。
[9] 《金史》卷58《百官志四》，中华书局，1975，第1187页。
[10] 《金史》卷44《兵志》，中华书局，1975，第1002页。

的去留问题上都表现出作为统治民族明显优于其他民族的特征。如，正隆二年时规定尚书省令、译史，初考，女真人迁敦武校尉（武散官从八品下），余人则迁保义校尉（武散官正九品上）；女真护卫任满一考所迁的武散官品阶较其他民族护卫略高；女真族的宫中诸局分承应人，除太医、司天、内侍之外，均可被收充出任勾当官（六部和三司的勾当官为正八品，地方机构中有的勾当官为正九品）。

因此，女真族作为统治民族，居于最高地位，女真宗室贵族握有军权，通过勃极烈制度赋予女真贵族的特权参议国政，诸勃极烈全部来自女真宗室子弟。尽管熙宗以后的汉官制改革，废止了勃极烈制度，强化君权的同时，不断削弱女真贵族势力，但相较于其他民族，女真贵族仍然掌握着金代社会的最高权力，女真族在金朝一直居于统治民族地位。明昌六年二月，章宗与宰臣的对话中提到，"今如分别户民，则女直言本户，汉户及契丹，余谓之杂户"①。金朝统治者对于女真族统治地位的重视，由此可见一斑。

女真族认为女真、渤海同源，"其初皆勿吉之七部"，故"金伐辽，渤海来归"②。太祖获耶律谢十，曾诏谕渤海人曰："女直、渤海本同一家。"③ 但女真、渤海风俗有所不同，"渤海旧俗男女婚娶多不以礼，必先攘窃以奔"④。正是这种族源上的亲近感，使渤海族成为女真族最坚定的同盟者，在金朝享有特殊的地位，受重视的程度仅次于女真族，而优于其他被统治的民族。⑤ 金初，建渤海军，"所谓渤海军，则渤海八猛安之兵也"⑥，《金史》又载，"以渤海军为八猛安"⑦，可知，渤海军也是金初的军事力量之一。熙宗皇统五年以后开始逐步削弱渤海势力，"罢辽东汉人、渤海猛安谋克承袭之制，浸移兵柄于其国人"⑧，当然，这里也有一个例外，即渤海人大㚖，熙宗天眷三年，"罢汉、渤海千户谋克，以㚖旧臣，

---

① 《金史》卷46《食货志一》，中华书局，1975，第1036页。
② 《金史》卷135《高丽传》，中华书局，1975，第2281页。
③ 《金史》卷1《世纪》序，中华书局，1975，第2页。
④ 《金史》卷7《世宗本纪中》，中华书局，1975，第169页。
⑤ 杨玉彬：《金朝中期各民族地位问题研究——兼论金朝中期的民族政策和民族关系》，辽宁师范大学硕士学位论文，2009。
⑥ 《金史》卷44《兵志》，中华书局，1975，第997页。
⑦ 《金史》卷44《兵志》，中华书局，1975，第1002页。
⑧ 《金史》卷44《兵志》，中华书局，1975，第992页。

独命依旧世袭千户"①。

由于渤海汉化较深，早在辽朝，"至太宗时，治渤海人一依汉法"②。入金以后，金政权对渤海人的管理，仍然继承了辽朝的做法，在文字、婚姻制度等方均参照汉人。文字方面，熙宗天眷元年九月，"诏百官诰命，女直、契丹、汉人各用本字，渤海同汉人。"③ 婚姻方面，世宗大定九年（1169）正月，"制汉人、渤海兄弟之妻，服阕归宗，以礼续婚者，听"④。但在猛安谋克户的充任上，渤海人与汉人的资格是相同的，"凡汉人、渤海人不得充猛安谋克户"⑤。

契丹族在金朝的统治之下，一直处于比较尴尬的地位。女真和契丹为世仇，在灭辽进程以及金初，契丹人的地位要高于"汉人"和南人，女真统治者对契丹族施行笼络政策，太祖诏谕下属，"已降或为军所俘获，逃遁而还者，勿以为罪，其酋长仍官之，且使从宜居处"。同时，也对契丹族有所猜忌和防范，耶律余睹策动燕云地区降金的契丹官员反金密谋泄露后，遭到了金朝统治者残酷镇压，"契丹附大金者，由此一乱，几成灰烬"⑥。正隆年间，海陵王强制签军南征，尽征西北路契丹丁壮，遭到了契丹人的强烈抵制，"契丹部族大抵皆叛"⑦。叛乱平息后，契丹人的民族地位明显下降且每况愈下，世宗"诏罢契丹猛安谋克，其户分隶女直猛安谋克"⑧，进一步压缩契丹人的政治空间。章宗时，"诏契丹人立功官赏恩同女直人，许存养马匹，得充司吏译人，著为令"⑨。这是辽朝笼络安抚契丹人的策略，并不意味着契丹人在立功赏赐方面获得了和女真人相同的政治待遇。相反，卫绍王时期，"（元）太祖起兵朔方，金人疑辽遗民有他志，下令辽民一户以二女真户夹居防之"。即便是如此政治高压态势，大安三年（1211）契丹千户耶律留哥举兵反金，闻讯归附者

---

① 《金史》卷80《大臬传》，中华书局，1975，第1809页。
② 《辽史》卷61《刑法志上》，中华书局，1974，第937页。
③ 《金史》卷4《熙宗本纪》，中华书局，1975，第73页。
④ 《金史》卷5《世宗本纪上》，中华书局，1975，第144页。
⑤ 《金史》卷46《食货志一》，中华书局，1975，第1032页。
⑥ 《金史》卷3《太宗本纪》，中华书局，1975，第64页；卷133《耶律余睹传》，中华书局，1975，第2849页。
⑦ 《金史》卷91《蒲察世杰传》，中华书局，1975，第2021页。
⑧ 《金史》卷6《世宗本纪上》，中华书局，1975，第132页。
⑨ 《金史》卷132《纥石烈执中传》，中华书局，1975，第2833页。

"数月众至十余万"①。

奚族与契丹同源，在辽时待遇"拟于国族"，"奚有五王族，世与辽人为昏，因附姓述律氏中"②，金代时，往往和契丹人视为同一个民族等级，得到和契丹一致的民族政策。奚人因参与契丹人的叛乱，逐步失去金朝统治者的信任，世宗以后，奚人在金代政治舞台活跃度非常低，大定近三十年间，职位最高的官员仅仅是正五品③。

金朝将汉族分为汉人和南人④，汉人主要指原辽朝统治区的汉族，南人指原北宋统治区的汉族⑤。金朝统治者入主中原之初，即有意识地对汉人和南人实行区别对待的政策，尤其是在太祖、太宗和熙宗三朝，表现在科举制度上，是实行"南北选"，南北选的差异还不仅仅表现在取士人数多寡上，官途迁转也有速滞之分⑥。

金朝初期采取安抚政策为主、压制手段为辅的方针，统治在政治、经济、文化领域均优于自己的汉人。对东北汉人、汉化渤海人的上层豪族给予官职；但汉族上层士大夫参与朝政，只能在专门统治汉人的枢密院中充任职务，国家的重要职务均为女真贵族担任。为加强对汉人的管理，金太祖还采取压制手段，在汉人居民区派驻女真军队，以地方军政机关的都统司、军帅司统治汉人，同时实行人质制，把当时一些汉人的和渤海人的名族大姓的子女送内地上京作为人质，并令其在帝都落户⑦。刘浦江认为，

---

① 《元史》卷149《耶律留哥传》，中华书局，1976，第3511页。
② 《金史》卷67《奚王回离保传》，中华书局，1975，第1587页。
③ 刘浦江：《金朝的民族政策与民族歧视》，《历史研究》1996年第3期。
④ 贾敬颜著有《"汉人"考》一文，详细考察了"汉人"这一历史称谓含义的历史变化过程。他提出，金时所谓"汉人"与北魏以来的"汉人"语义不尽相同，其所谓"汉人"者，乃故辽境内的汉人及渤海人、契丹人。……"汉人"因居地在幽燕，故又被称为"燕人"。金以燕人与南人对举。考金朝立国，南据河南、山东之地与宋为邻，故金所谓南人乃宋、辽分界处的汉人，即河南、山东之人。……需要注意的是，当论及南人而不与燕人（或汉人）对举时，其所指便一定是河南、山东之人了。参阅贾敬颜《"汉人"考》，费孝通等著《中华民族多元一体格局》，中央民族学院出版社，1989，第144、145页。
⑤ 清代赵翼指出，"金、元取中原后，俱有汉人、南人之别。金则以先取辽地人为汉人，继取宋河南、山东人为南人。元则以先取金地人为汉人，继取南宋人为南人"。参阅（清）赵翼著、王树民校证《廿二史札记校证》卷28金元俱有汉人南人之名条，中华书局，1984，第630页。
⑥ 刘浦江：《金朝的民族政策与民族歧视》，《历史研究》1996年第3期。
⑦ 张新艳：《金统治下汉人与女真人的关系——金统治下汉人研究之三》，《黑龙江民族丛刊》1998年第3期。

"汉人"在金初之所以能享有高于南人的政治社会地位，与女真统治者对他们的信任和倚重是分不开的。由于"汉人"长期处于北方少数民族的统治之下，他们比起南人来更容易接受女真人的政权；加上燕云地区自唐末以来数易其主，人们的政治态度一般都较为灵活①。熙宗皇统七年发生的田珏党狱，沉重打击了燕人政治集团，"田珏党事起，台省一空"②，"意味着以燕人为中心的旧辽官僚集团在金廷的衰落"③。

  金初女真贵族对南人是非常敌视的。《松漠纪闻》记载，"撒也（即斜也）称谙版孛极烈，吴乞买时为储君，尝谋尽诛南人。"④ 苗耀《神麓记》载，"按班孛极列谢也称皇太弟储君，尝欲尽坑南人，吴乞买不从其请。"⑤ 因此，金初对南人压迫尤甚，太宗天会四年（1126）发布命令，"今随处既归本朝，宜同风俗，亦仰削去头发，短巾左衽。敢有违犯，即是犹怀旧国，当正典刑，不得错失"⑥。直至海陵天德二年（1150），"诏河南民，衣冠许从其便"⑦，才对这一政策进行了调整。世宗曾谓贺扬庭曰："南人矿直敢为，汉人性奸，临事多避难。异时南人不习词赋，故中第者少，近年河南、山东人中第者多，殆胜汉人为官。"⑧ 大定二十三年（1183）时，世宗又称："燕人自古忠直者鲜，辽兵至则从辽，宋人至则从宋，本朝至则从本朝，其俗诡随，有自来矣。虽屡经迁变而未尝残破者，凡以此也。南人劲挺，敢言直谏者多，前有一人见杀，后复一人谏之，甚可尚也。"⑨

  从世宗朝开始，活跃在金朝政治舞台上的汉族知识分子，已由金初的以"汉人"为主变为以南人为主，"汉人"和南人在原有的五个民族等级中的地位有了根本的改变，他们之间的界限也就渐渐趋于模糊了⑩。刘浦

---

① 刘浦江：《金朝的民族政策与民族歧视》，《历史研究》1996年第3期。
② 《金史》卷83《张浩传》，中华书局，1975，第1862页。
③ 〔日〕外山军治：《米芾虹县诗卷跋——金人田及其党祸》，《金朝史研究》附录4，同朋舍（京都），1979，第658页。
④ （宋）洪皓撰、翟立伟标注《松漠纪闻》，吉林文史出版社，1986，第13页。
⑤ （宋）徐梦莘：《三朝北盟会编》卷166炎兴下，上海古籍出版社，1987，第1196页。
⑥ （金）佚名编、金少英校补、李庆善整理《枢密院告谕两路指挥》，《大金吊伐录校补》，中华书局，2001，第306页。
⑦ （宋）宇文懋昭撰、崔文印校证《大金国志校证》卷13《纪年·海陵炀王上》，中华书局，1986，第186页。
⑧ 《金史》卷79《贺杨庭传》，中华书局，1975，第2151页。
⑨ 《金史》卷8《世宗本纪下》，中华书局，1975，第184页。
⑩ 刘浦江：《金朝的民族政策与民族歧视》，《历史研究》1996年第3期。

江提出，金代前期的民族歧视主要表现为女真、渤海、契丹（奚）、汉人、南人五个民族等级的不平等地位；海陵王至世宗时期，金朝的民族政策发生了很大的变化，南人地位的上升与汉人、契丹及奚人地位的下降，使得各个被统治民族的等级界限不如过去那么鲜明了，然而表现在女真人与非女真人之间的诸多不平等现象却始终存在，这是金代民族歧视的一个一贯性问题。

总之，金代吏制中的民族等级差别，外在表现为居于统治地位的女真人在吏员选任、职位、迁转出职、待遇等各方面总体上优于非女真吏员，尤其在军事等要害部门，女真吏员的数目要远超非女真吏员，这种民族等级差别的表现是女真族作为统治民族优越性的体现，也是吏员集团内部在分层之外的另外一种差别。

第九章　金代吏员及其制度评价

第一节　金代吏员评价

隋唐以来，胥吏之贱不绝于书。清代牟愿相说，"唐宋以来，士其业者不为吏胥，为吏胥者则市井奸猾，巨家奴仆及犯罪之人，以是吏胥贱。"[①] 尽管如此，还是有人意识到胥吏是中国古代官僚政治体系中不可缺少的组成部分，"胥吏者，官民交换之枢纽也"[②]。各级官僚时时升调，对一方风俗不甚了解。胥吏来自民间，了解民情，久居衙门，熟悉公务。胥吏就成为官民之间不可缺少的"枢纽"，而胥吏为害也就不可避免。这是中国古代官僚政治体制中无法克服的矛盾。

吏重具体事务的处理，而儒重经学、诗赋。就国家管理需要而论，实用性的业务技能是不可缺少的；而"学秀才的经学、词赋是两等，经学的是说修身齐家治国平天下的勾当，词赋的是吟诗课赋作文字的勾当。自隋唐以来，取人专尚词赋，人都习学的浮华了"[③]。由此来看，"宋之尚文，其弊迂……通而敏者，莫吏若也"[④] 的分析，基本上是符合事实的。马端临也说，"后世儒与吏判为二途。儒自许以雅而诋吏为俗……吏自许以通而诮儒为迂……而上之人又不能立兼收并蓄之法，过有抑扬轻重之意。"[⑤]"通而敏"的确是吏的长处。所谓"奸吏""滑吏"，此即缘由之一

---

① （清）牟愿相：《说吏胥》，见《皇朝经世文编》卷24《吏政十》，清光绪宜今室石印本。
② （清）袁枚：《答门生王礼圻问作令书》，（清）徐栋辑《牧令书辑要》卷2《政略》，见张原君、陶毅主编《为官之道》，学习出版社，1999，第87页。
③ 郭成伟点校《中华传世法典：大元通制条格》卷5《科举》，法律出版社，1999，第73页。
④ （元）蒋易：《送郑希孔之建宁学录序》，李修生主编《全元文》卷1466（第48册），凤凰出版社，2004，第70页。
⑤ （宋）马端临撰《文献通考》卷35《选举八》，中华书局，1986，第330页。

也。最常见的评判是"官清似水,吏滑如油"。能够客观评价的毕竟是少数。

金代官员王寂曾说:"夫吏之所习,诡道也。或桀黠尤甚者,揣不言之意,伺欲动之色,推轻重,矫枉直,必利而后已。"① 对金代吏员的普遍特征进行了概括。因此,杨振为代表的良吏以其个人的操守为当时社会所多推崇,当时名流李安国称之为"纯夫吏业而儒行"②,这种看法既是对其人的肯定,也反映出当时人对吏和儒的不同看法。

通过史料来看,金代不同阶层对吏员的评价是不同的。即便是同一阶层,对吏员的评价也有所不同。

一 百姓对吏员的评价

金代普通百姓普遍对吏员,尤其是高级吏员非常慕羡。当时一些重要的中央吏职,为许多仕人所艳羡,如"台掾,要津,仕子慕羡而不能得者"③,"得充侍卫,终身荣贵"④,这种观念在金代普通百姓中是有代表性的。尤其是南渡后,吏权大盛。"一时之人争以此进,虽士大夫家有子弟读书,往往不终辄辍,令改试台部令史。其子弟辈既习此业,便与进士为雠,其趋进举止,全学吏曹,至有舞文纳赂甚于吏辈者。"⑤

百姓对吏员的评价,主要是基于吏员是寒门学子一种仕进途径,甚至是捷径的基础上。尤其是在社会上、下层之间缺乏流动,普通百姓缺乏仕进通道的情况下,通过科举考试做官者虽有之,但毕竟极少人才能跻身,而为吏,提供了另外一种相对容易仕进的途径。金代中央吏员选任的门槛较高,除吏员转任外,文资、女直进士入吏首先要通过科举考试,宗室、贵族、品官子弟及终场举人,大多数也要参加考试竞争。地方吏员则多由试补或推举产生,有金一代,良家子推择为吏的情况多有记载,而下级吏员通过考试,试补上一级部门的吏员,甚至通过考试试补中央吏员,进而

---

① (金)王寂:《送故吏张弼序》,(清)张金吾编纂《金文最》,中华书局,1990,第543页。
② (金)元好问:《萧轩杨公墓碑》,姚奠中主编《元好问全集》卷22,山西人民出版社,1990,第576页。
③ (金)元好问:《河南路课税所长官兼廉访使杨君神道之碑》,(清)张金吾编纂《金文最》,中华书局,1990,第1436页。
④ 《金史》卷95《蒲察通传》,中华书局,1975,第2105页。
⑤ (金)刘祁撰《归潜志》卷7,崔文印点校,中华书局,1983,第72页。

二 吏员对自身的评价

大多数吏员对自己的身份是认同的,"凡佐吏许自辟以从,被选者以为荣"①。这是金末元初的情况,与金末吏权大盛的社会现实相关。由于金代吏员集团地位急剧上升,尤其是省令史一职,成为晋升职位的捷径,由吏员而达公卿者也不在少数,"国朝故事,掾属之分有左右选。右选之在吏曹者,往往至公卿达官"②。

但并非所有吏员都对自己的身份有认同感。由儒入吏的人员,表达了另外一种声音,如科举不中的杨奂,在同舍劝其试补台掾时,杨奂却以"先夫人每以作掾为讳,仆无所似肖,不能显亲扬名,敢贻下泉之尤乎"作答。其卧病时,犹召子弟秀民说:"吾乡密迩丰镐,民俗敦朴,儿辈皆当孝弟力田,以廉慎自保,毋习珥笔之陋,以玷伤风化。"③ 在杨奂及其母亲的观念里,都以做吏为耻,并认为习吏是珥笔之陋,有伤风化。又如,曾于正大元年监麟游酒税的杨宏道,就认为"夫仕有尊卑制禄之称。今也仕之卑者,不为制禄,而斗米束刍,绳之以法,举手蹈足,辄挂罪罟,折腰于里胥,屈膝于县吏,平昔所养,消沮殆尽。于是昼惭形影,夜惭梦寐,饮惭瓯盂,食惭匕箸"④。杨宏道通过"不为制禄,而斗米束刍"的经济待遇,以及日常里"绳之以法,举手蹈足,辄挂罪罟"的工作情况,感慨自己"折腰于里胥,屈膝于县吏",以至于"平昔所养,消沮殆尽",对吏员的地位表达了不满情绪。这是某些对吏员身份缺乏认同感的为吏者的心声和现实地位的写照。

三 官员对吏员的评价

金代官员对吏员的评价普遍不高,杨奂曾说"政之不立,区区尽

---

① (金)杨奂:《李状元事略》,《全辽金文》(下),山西古籍出版社,2002,第2814页。
② (金)元好问:《吏部掾属题名记》,(清)张金吾编纂《金文最》,中华书局,1990,第432页。
③ (金)元好问:《故河南路课税所长官兼廉访使杨君神道之碑》,(清)张金吾编纂《金文最》,中华书局,1990,第1436~1440页。
④ (金)杨宏道:《养浩斋记》,《全辽金文》(下),山西古籍出版社,2002,第2859、2860页。

心力于簿书、狱讼、期会之间者，俗吏也。以俗吏之所为，而欲与三代拟隆，非所闻也"①。对尽心力于簿书、狱讼、期会的吏员，称为俗吏，认为于立政无益。李晏上章时，以胥吏作比，认为"分别轻重，乃胥吏舞文法之敝"②。不经意间透露出对胥吏的不满。尤其是"南渡以来，郡县吏以榜掠过差辄得罪去者，相踵也"③。因此，尽管金代某些吏员的政治地位得到相当大的提升，但是官员集团普遍对吏员的评价不高。

宣宗南渡以后，重吏而轻士大夫。士大夫出身的大臣，虽然名义上居高位，但他们既然为小吏所排斥，所能掌握的实权也就非常有限，更不要说参与决策了④，这也事实上加剧了官员集团与吏员集团之间的矛盾。尤其是兴定年间，"时胥吏擅威，士人往往附之"⑤，时人对"狎于禁近之习，倚兵阃以为重"的良佐，就曾怀疑其"不能如奉法之吏"⑥。这一时期对吏员的评价日趋降低，"自风俗之坏，上之人以徒隶遇佐史，甚者先以机诈待之。廉耻之节废，苟且之心生，顽钝之习成，实坐于此"⑦。风俗的颓变，加速了吏员的堕落，导致官员集团对吏员的评价进一步降低。因此，刘祁认为，"又，高琪定制，省、部、寺、监官参注进士，吏员又使由郡转部，由部转台、省，不三五年，皆得要职。士大夫反畏避其锋，而宣宗亦喜此曹刻深，故时全由小吏侍东宫，至为签枢密院事。南征帅又有蒲察合住、王阿里之徒居左右司，李涣辈在外行尚书六部，陷士夫数十人，亦亡国之政也"⑧。

虽然由官入吏，尤其是进士出身的地方官员补省令史是金代较常见的现象，但从现有史料来看，有官员对地方官员再到吏员的身份并不认同。

---

① （金）杨奂：《李状元事略》，《全辽金文》（下），山西古籍出版社，2002，第2813、2814页。
② （金）元好问编《中州集》卷2《李承旨晏》，中华书局，1959，第100页。
③ （金）元好问：《赠镇南军节度使良佐碑》，（清）张金吾编纂《金文最》，中华书局，1990，第1494页。
④ 李锡厚：《金朝的"郎君"与"近侍"》，《社会科学辑刊》1995年第5期。
⑤ 《金史》卷115《聂天骥传》，中华书局，1975，第2531页。
⑥ （金）元好问：《赠镇南军节度使良佐碑》，（清）张金吾编纂《金文最》，中华书局，1990，第1494页。
⑦ （金）元好问：《吏部掾属题名记》，（清）张金吾编纂《金文最》，中华书局，1990，第432页。
⑧ （金）刘祁撰、崔文印点校《归潜志》卷7，中华书局，1983，第71页。

以尚书省令史为例，就有曾为县令，后"丁内艰，服除，召补尚书省令史。辞去，为卫州防御判官"①的李晏和"由龙山令召补尚书省令史，不就，改榷货副使、平阳府判官，入为国子博士"②的马百禄等官员，在召补为尚书省令史以后，辞职或不就。

吏员出身的官员，其出身问题往往被推到风口浪尖之上。贞祐三年，陈规上言："警巡使冯祥进由刀笔，无他才能，第以惨刻督责为事。由是升职，恐长残虐之风，乞黜退以励余者。"③陈规在上章中，就把警巡使冯祥的吏员出身作为其残暴的潜在原因特别提出，《金史》赞曰"陈规力言刀笔吏残虐，恐坏风俗"④，可见当时官员对吏出身的官员的认同感还是非常低的。

纵观有金一代，金代帝王对吏员的态度也非常清晰。世宗曾提到，"起身刀笔者，虽才力可用，其廉介之节，终不及进士。"又说："夫儒者操行清洁，非礼不行。以吏出身者，自幼为吏，习其贪墨，至为官，习性不能迁改，政道兴废，实由于此。"⑤因此，金朝历代统治者多次戒谕官吏守法，并颁布一系列法规对吏员进行管理。尽管统治者对吏员的评价不高，多数吏员本身也地位较低，但吏员于基层统治不可缺少，庞大的吏员集团为金代统治的稳定提供了保障。就其在社会政治中的一般职能来说，它与整个官僚地位一样起着管理实施国家政务的作用⑥。

综上，在金代社会中，大多数吏员地位并不显赫却不可缺少，但是，正是有这些处理具体事务的吏员存在，才使各项政令得以下达并实施，为金代统治提供了保障。

通过对金代吏员评价的考察，我们认为，对于金代吏员的评价既不能刻意拔高，也不能主观地降低，且不能一概而论，而要做区别对待，对不同的吏员个体应区别评价。诚如元好问在《吏部掾属题名记》中说："古人以为吏犹贾然。贾有贤有愚。贤贾之取廉，日计不足，月计有余；愚贾之求无纪极，举身以徇货，反为所累者多矣！此最善喻者。"又说："孰

---

① 《金史》卷96《李晏传》，中华书局，1975，第2125页。
② 《金史》卷97《马百禄传》，中华书局，1975，第2156页。
③ 《金史》卷109《陈规传》，中华书局，1975，第2402页。
④ 《金史》卷109《完颜素兰、陈规、许古传》赞，中华书局，1975，第2418页。
⑤ 《金史》卷8《世宗本纪下》，中华书局，1975，第195、185页。
⑥ 赵忠祥：《试析宋代的吏强官弱》，《西北师大学报》（社会科学版）2000年第2期。

善，孰恶，孰由此而达，孰由此而败，观者当自知之，得以鉴焉。"① 这是十分客观的态度。对于吏员，元好问并没有像其他人那样全盘肯定或否定，而是以商人作比，认为吏亦有分别。

就文化素养来讲，部分吏员（如省令史等）来自进士出身的官员，绝大多数吏员仅是粗通文墨，其文化素养不能与科举出身的官员同日而语，而且吏员贪赃枉法的现象史不绝书。因此，有学者提出，不能给予吏员太高的评价②。然而，我们在正视金代吏员消极作用的同时，也不应忽视其积极的一面。

第二节　金代吏员制度评价

一　金与宋、元吏员制度的比较

在中国古代官制中的传统观念中，吏员制度一直为官制的附庸，吏员整体社会地位远低于职官。"就社会传统观念而言，就隋唐时代统治阶级的既得利益和控制政权的需要而言，干练的胥吏还不能大踏步走入官人行列。他们备受轻视，正是由魏晋南北朝封建贵族社会向宋代封建官僚社会过渡时期的必然现象。"③ "记载辽代历史的资料缺漏、错误较多，对政权机构和职官制度的记载更是简陋。"④ 辽朝职官制度尚且多有缺载，遑论吏员制度。检索《辽史》，其中关于吏员的相关制度性记载极少，这方面的研究成果也极为少见，现有材料不足以与金代吏员制度进行对比。故可以宋代和元代吏员制度的情况与金代进行横向和纵向的对比。

（一）金与宋、元吏员选任制度的比较

金代吏员的选任渠道多样，因吏职的不同差别明显。金代中央政府吏员的选任比较复杂，"皇家缌麻以上亲及曾任宰执之子听试尚书省令、译史；皇家袒免亲及宰执孙并弟，若三品以上职事官之子弟及终场举人，听

---

① （金）元好问：《吏部掾属题名记》，（清）张金吾编纂《金文最》，中华书局，1990，第432页。
② 孙孝伟：《金朝流外出职制度研究》，《黑龙江教育学院学报》2007年第4期，第77页。
③ 张广达：《论唐代的吏》，《北京大学学报》（哲学社会科学版）1989年第2期。
④ 何天明：《辽代政权机构史稿》，内蒙古大学出版社，2004，第7页。

试台、院令、译史。其散官五品以上职事子孙、兄弟及侄，或散官不及五品，曾任五品职事子孙、兄弟，皆听试部令、译史、通事"①。以尚书省令史为例，按《金史》记载，"省令史选取之门有四，曰文资，曰女直进士，曰右职，曰宰执子"②。尚书省令史主要由进士出身的文资官、宰执子，还有枢密院、御史台、六部、统军司令史转补来充任；金代宫廷吏员由于其特殊性，主要由皇族近亲、宗室子、有一定品级的官员子孙，甚至是宰执子、死于王事的官员后代来选任；地方吏员多是由试补或推举产生。

穆朝庆对宋代中央官府吏制的研究表明，在诸种吏员选拔方式中，除少量的子弟承袭外，多数经过推荐与身世和政绩考察的程序，并参加考试竞争。③ 学者对宋代中央令史诸职来源的考察表明，其来源主要有二：一者从士大夫子弟中直接选拔；二者从中央或地方才干的吏职中拔擢④。祖慧提出，宋代胥吏的主要入仕途径有承袭（胥吏因年迈或亡故，由其子孙入役承代）、保引（官吏担保，引荐亲属充任吏职）和投名（即自荐）这三种，宋代吏职迁补大致包括升名和升等两种方式⑤。

元代吏员的选取途径大体有四条。一是由普通百姓直接招考参充，二是由见习吏人升任，三是由儒而吏，四是由官而吏。⑥ 这和金朝的情况是非常相似的，尤其是职官、儒人入吏的制度更是承自金朝。许凡提出，元朝的封建官府有品级之差，各衙门的吏员也有高低之分，上级衙门的吏往往从下级衙门选取，路、府、州、县的司吏同样依次递选⑦，即"各路司吏有缺，于所辖请俸州司吏内选取。府、州司吏有缺，于县司吏内选取"⑧。许凡进一步提出，官吏之两途在元代已合为一途，选官的标准被选吏的标准所取代⑨。

---

① （元）王恽：《秋涧先生大全集》卷87《论职官子孙试补省台院部令史状》，《元人文集珍本丛刊》（二），新文丰出版公司，1985，第427页。
② 《金史》卷52《选举志二》，中华书局，1975，第1168页。
③ 穆朝庆：《宋代中央官府吏制述论》，《历史研究》1990年第6期。
④ 李志刚、李文才：《试论宋代令史的选拔和迁转》，《山东师范大学学报》（人文社会科学版）2012年第3期。
⑤ 祖慧：《宋代胥吏的选任与迁转》，《杭州大学学报》（哲学社会科学版）1997年第2期。
⑥ 赵世瑜：《吏与中国传统社会》，浙江人民出版社，1994，第111~112页。
⑦ 许凡：《元代吏制研究》，劳动人事出版社，1987，第20页。
⑧ 陈高华等点校《元典章》卷12《选取司吏》，天津古籍出版社、中华书局，2011，第476页。
⑨ 许凡：《元代吏制研究》，劳动人事出版社，1987，第143页。

（二）金与宋、元吏员出职制度的比较

一是金与宋、元吏员出职的年限比较。金代吏员出职是官员来源的一个重要途径，与前代相比，金代高级吏员有更高的地位，《金史》亦曰"诸宫护卫，及省台部译史、令史、通事，仕进皆列于正班，斯则唐、宋以来之所无者"[①]。护卫、省令史、译史、通事等列于正班，为唐宋时所不见。不仅如此，"海陵初，除尚书省、枢密院、御史台吏员外，皆为杂班，乃召诸吏员于昌明殿，谕之曰：'尔等勿以班次稍降为歉，果有人才，当不次擢用也'"[②]。金代吏员出职年限普遍较短，除正隆二年短暂实行250个月出职外，金代中央吏员多在120个月（或150个月，个别吏职时间更短）即可出职，至泰和四年，罢移转法期间，"吏目通历三十年始得出职"[③]。

北宋前期胥吏出职年限短者三四年或五六年，长者则需十余年，元丰以后一般需要二三十年[④]，两者相比，整体上相当，金朝与南宋时期比则明显要短得多。祖慧对宋代胥吏出职制度的研究表明，"北宋初年，诸事草创，胥吏出职亦无定制；直到真宗朝，才对胥吏的出职年限、出职授官和授官勒留等作了初步规定"，并提出"宋代在胥吏的出职年限、出职授官以及注拟差遣等方面已经形成一套较为完备的管理体制，它对维系官僚集团的统治有一定的积极作用。但是由于胥吏的社会地位日渐卑下，真正能出官入流，跻身于官员行列的人却很少"[⑤]。可见，宋代的吏员出职对官员队伍的补充所起到的作用微乎其微。

元代吏员的出职，因吏员的职位不同又有较大的差别，如省部令史、译史、通事等职，至元六年，省议："旧例一百二十月出职，今案牍繁冗，难同旧日，会量作九十月为满"[⑥]。《至元新格》规定所有吏员"须以九十个月方得出职"[⑦]。之后出职制度又多次调整，至大二年又诏改为"中外

[①] 《金史》卷51《选举志一》，中华书局，1975，第1130页。
[②] 《金史》卷53《选举志三》，中华书局，1975，第1177页。
[③] 《金史》卷53《选举志三》，中华书局，1975，第1178页。
[④] 祖慧：《宋代胥吏出职与差遣制度研究》，《浙江学刊》1997年第5期。
[⑤] 祖慧：《宋代胥吏出职与差遣制度研究》，《浙江学刊》1997年第5期。
[⑥] 《元史》卷83《选举志三》，中华书局，1976，第2068页。
[⑦] 陈高华等点校《元典章》卷8《至元新格》，天津古籍出版社、中华书局，2011，第247页。

吏员人等，依世祖定制，以九十月为满，参详，历一百二十月已受除者，依大德十一年内制，外任减一资。所有诏书已后在选未曾除受，并见告满之人，历一百二十月者，合同四考理算，外任一资不须再减"①。直到仁宗时才完全解决了吏员出职即考满期变化所带来的问题。故许凡提出，除成宗朝有12年时间按120个月为考满计算外，吏员出职考满期都是按世祖90个月为满的政策执行。90个月为考满，是元朝吏员考满的主要制度②。至元六年所指旧例120个月出职当指金朝制度，《金史》中关于金朝120个月出职的记载，金朝尚书省、六部、御史台、枢密院、宗正府等中央政府主要部门的令史、译史、通事等吏员出职，大多遵循这一制度。由此可见，120个月出职的制度对元代吏员出职制度有直接影响。

二是金与宋、元吏员出职的官品比较。金代中央吏员出职所任的职官受所在部门、任吏时间及吏职本身等多个条件的限制，情况各有不同。中央政府吏员中以省令史出职为最优，进士出身的省令史一考可以出职从六品，两考出职任从五品职官，而部令、译史出职一般任九品职官。在宫廷吏员中，以护卫出职的官品最高，出职任五品官；其次是奉御等，出职从七品或八品官；再次是奉职、东宫入殿小底等，出职八品或九品官。金代吏员出职没有最高官品的限制，省令史、护卫、符宝祗候、奉御均有出职而致位宰执的情况。

宋代胥吏出职，无论是出职授官还是注拟差遣，随着时间的推移，其所授文、武官阶和所注地方差遣均呈现由高及低逐步下降的趋势。以中央百司胥吏出职为例，北宋时，中央百司胥吏出职多补簿、尉（选人阶），或三班奉职、借职（小使臣）之类的低品文、武官阶，到了南宋以后，中央百司胥吏出职所授官阶较之北宋又有所降低。即便出职授官，'吏'的身份又决定了他只能处于官僚集团的底层③。宋代胥吏的出职方式除正常年满出职外，还有一种比换出职作为补充，即"内外百司吏职，未该年劳而愿比换者，依格改换官资，注拟差遣"④。胥吏在任职年限未满，无法按年劳出职法的有关规定出职入流的情况下，仍然可以依现有资格比换相应官阶出职。

---

① 《元史》卷84《选举志四》，中华书局，1976，第2096页。
② 许凡：《元代吏制研究》，劳动人事出版社，1987，第49页。
③ 祖慧：《宋代胥吏出职与差遣制度研究》，《浙江学刊》1997年第5期。
④ （宋）赵昇撰《朝野类要》卷3《升转·比换》，钦定四库全书，子部。

元代时，科举制不再成为选拔官吏的主要制度，而吏员出职则日趋重要。由吏入官是元朝的主要入仕途径，是元朝吏制的核心内容①。《送李茂卿序》一文记载：

> 大凡今仕惟三途：一由宿卫，一由儒，一由吏。由宿卫者，言出中禁，中书奉行，制敕而已，十之一。由儒者，则校官，及品者提举教授，出中书，未及者则正录，而下出行省宣慰，十分一之半。由吏者，省台院、中外庶司、郡县，十九有半焉。②

上述史料表明，由吏入官是元代入仕三种途径中最主要的一种。许凡对元代基层吏员的出职研究表明，吏员出职所任官职的大小，取决于吏员所在衙门高低、任吏时间的久暂和吏职本身的地位。在路、府、州、县基层官府，出职者主要是司吏，多任流外职，且规定必须考满；而六部以上中央各级官府的令史等，即是不考满，也可以依据执役时间的长短，出任不同之职。而考满者，则直接补六品七品之官，为其以后的升迁奠定了基础。③元代吏员中出职官品最高的是中书省蒙古必阇赤，考满为正六品④。元代有出身吏员出职后没有最高官品限制，"惟元用人取刀笔，卿相守令阶此出"⑤，而对路府州县司吏等低级吏员，元朝除仁、英两朝约10年时间对吏员出职的限制较严外，其余都执行"秩限四品"的政策⑥。另外，元代吏员出职，第一步往往充当首领官，这是元代吏员出职制度中一个值得重视的问题⑦，从制度角度分析，首领官制度乃是元代吏制的发展⑧。

三是职官吏员重新出职。职官吏员充任吏员的现象，不见于《宋史》记载，这种现象，在金代则是明确存在的。金代中央吏员中不少是由职官充任的，主要集中在省令、译史。省令史来源之一就是文资官，大多是进

---

① 许凡：《元代吏制研究》，劳动人事出版社，1987，第18页。
② （元）姚燧：《送李茂卿序》，李修生主编《全元文》卷301（第9册），江苏古籍出版社，1999，第379页。
③ 许凡：《元代吏制研究》，劳动人事出版社，1987，第40页。
④ 《元史》载，（至元）二十七年，省议："中书省蒙古必阇赤俱系正从五品迁除，今蒙古字教授拟比儒学教授例高一等，其必阇赤拟高省掾一等，内外诸衙门蒙古译史，一体升等迁叙。"参见《元史》卷84《选举志四》，中华书局，1976，第2112页。
⑤ （明）谢肃撰《密庵集》卷8《故县尹李公墓志铭》，钦定四库全书，集部。
⑥ 许凡：《元代吏制研究》，劳动人事出版社，1987，第55页。
⑦ 许凡：《元代吏制研究》，劳动人事出版社，1987，第46页。
⑧ 许凡：《元代的首领官》，《西北师范大学学报》（社会科学版）1983年第2期。

士出身的县令、丞、簿或地方其他幕职官。有明文规定部分吏职可以从"见役品官"中选充。元代则继承了金代职官吏员充任吏员的做法，并发扬光大，故元代的职官吏员重新出职的情况是比较明确的。职官充任吏员的制度性规定最早见于至元二十八年（1291），"定随朝以三十月为满，在外以三周岁为满，钱谷官以得代为满，吏员以九十月日出职，职官转补，与职官同"①，规定职官吏员与职官在升迁制度上是相同的，之后制度有所微调，并增加了教官"用职官例"充吏的规定。

二　金代吏员制度的总体评价

金代吏员制度，核心在于吏员出职制度和选任制度，其他方面的管理制度诸如考核、奖惩、俸给、仪卫、服饰等，都是从职业管理的角度对吏员制度进行完善和补充，故不再纳入评价之列。从金代吏员的选任制度、出职制度及总体评价等方面评析如下。

（一）金代吏员选任制度评价

金朝在吏员的选任方面，扩大了入吏的途径，尤其是以省令史为代表重要吏职的选任上，文资、女真进士、右职、宰执子皆是入仕途径，不论是科举制下的文资、女真进士，还是职官充吏，对充实吏员队伍、提高吏员素质有积极作用。而宋朝的情况则恰恰相反。宋朝在这一时期确立了士大夫文官政治，宋代科举制度的发展和完善，把古代中国的文人政治推向了极致，使从汉代出现的、延续了一千余年的"皇权—士大夫"政治形态最终得以确立起来，大量的文人入仕在很大程度上提高了官僚集团的整体文化素质②。科举制对于北宋的广大胥吏而言却是一把双刃剑，一方面，它扩大了品官与胥吏之间的身份差别，加剧了胥吏地位的下降；另一方面，因为它的发展，反而在客观上推动了北宋胥吏阶层的扩张，不但胥吏的人数规模空前膨胀，而且职权也日益加强，与之相随，各种"枉法受赇"的吏弊问题层出不穷，甚至还出现了"吏强官弱"的局面③。同时，

---

① 参见《元史》卷83《选举志三》，中华书局，1976，第2065页。
② 郭学信：《士与官僚的合流：宋代士大夫文官政治的确立》，《安徽师范大学学报》（人文社会科学版）2005年第5期。
③ 甄一蕴：《官民之间：北宋胥吏阶层研究》，西北民族大学硕士学位论文，2014，第38页。

金代吏员选任方面的开放态度和选任制度对元代吏员选任制度有着直接影响，尤其是职官、儒人入吏的制度更是承自金朝，在借鉴金朝制度基础上又有发展。儒与吏"两途"在元朝合为一途。由吏入官制度几乎取代了科举取士制度，儒人成为元代吏员的主要来源之一。

（二）金代吏员出职制度评价

金代吏员的出职制度，于熙宗、海陵朝逐步确立，经世宗、章宗朝不断完善而成。在章宗继位初期就已出现吏权太重的看法，《金史·黄久约传》载，"章宗即位，久约以国富民贫、本轻末重、任人太杂、吏权太重、官盐价高、坊场害民、与夫选左右、择守令八事为献，皆嘉纳之"①。黄久约条陈八事之中，"吏权太重"为其中之一。章宗询问司吏移转一事，时任宰相完颜守贞以"今吏权重而积弊深，移转为便"应对，并提出：

  国家选举之法，惟女直、汉人进士得人居多，此举更宜增取。其诸司局承应人旧无出身，大定后才许叙使。经童之科，古不常设，唐以诸道表荐，或取五人至十人。近代以为无补，罢之。本朝皇统间，取及五十人，因为常选。天德间，寻以停罢。陛下即位，复立是科，朝廷宽大，放及百数，诚恐积久不胜铨拟。宜稍裁减，以清流品。②

按《金史》载，"金设科皆因辽、宋制，有词赋、经义、策试、律科、经童之制。海陵天德三年，罢策试科。世宗大定十一年，创设女直进士科，初但试策，后增试论，所谓策论进士也。明昌初，又设制举宏词科，以待非常之士。故金取士之目有七焉。其试词赋、经义、策论中选者，谓之进士。律科、经童中选者，曰举人"③。完颜守贞认为应该加大科举取士的力度，经童之科取士"恐积久不胜铨拟"，则"宜稍裁减，以清流品"。

但就金代吏员制度而言，在熙宗朝至章宗朝期间，无论是吏员在系统内的循序迁转还是直接出任职官，吏员出职作为制度性的规定，大体还是得到了比较严格的执行。金代吏员出职制度，在隋唐以来科举取士的传统

---

① 《金史》卷96《黄久约传》，中华书局，1975，第2125页。
② 《金史》卷73《完颜守贞传》，中华书局，1975，第1688页。
③ 《金史》卷51《选举志一》，中华书局，1975，第1130、1131页。

入仕途径之外，开辟了一个新的选拔管理人才的渠道，为金代官员提供了稳定的来源。由吏入官和职官充吏，打破封建社会官与吏之间的严格等级界限，创新性地实现了官、吏之间的流动与身份转换。而同时期的宋朝，科举仍然是入仕的主渠道，吏员出职只是象征性的点缀，官吏之间的等级界限进一步固化，不但金与宋的吏员出职在年限和官品限制等方面有较为明显的差别，更重要的差别在于，就其吏制的本质而言，两者所选择的道路完全不同。因此，虽然宋代出现了和金朝相似的吏员冗余的情况，吏强官弱[①]的现象突出，却几乎不见因吏权大盛影响到统治根基的情况。

相较而言，元代吏员出职制度继承自金代，在出职的年限和官品限制方面有明显的继承又有微调，但两者在本质上是一致的，金、元两朝从本质上重视吏员出职，故两朝由吏而致宰执等高官的情况都不鲜见。同时，金朝已有的职官吏员重新出职现象，在元朝有了进一步的发展，并产生了教官入吏的新的制度。此外，元朝还创新性地出现了首领官制度，进一步完善了吏员制度。

可以说，金朝的吏员出职制度，整体上为元朝所吸收，并通过自身的制度创新而规制益备。现当代的元朝政治制度研究当中，吏员出职制度没有得到较为公允的评价，雒庆娇等认为，"有元一代的109年当中，之所以把吏员出职任官作为最基本、最主要的选官制度，是有其历史的原因和现实的合理性的"，并给予元代吏员出职制度较高的评价，"元代吏员出职制度的大力推行同时贯穿着反思和批判科举制流弊的进步意识"，并提出"吏员出职制度的大力推行，其主观愿望在于冲破封建社会官与吏之间的等级界限，拓宽国家选拔管理人才的渠道，强调工作能力和工作实绩在官员选拔中的主导地位，适应元朝由原始氏族制度向封建制转化过程中急需大量人才的现实要求，适应特定的社会结构和稳定国家政权的基本精神。而且在选官制度上对隋唐旧制的反思与改造也有其历史贡献，直接影响到其后的明清两朝最终形成以科举和吏道分别为主的正、杂两大序列的仕途

---

① 宋代吏人势力强盛，以致官不能制，形成了吏强官弱的普遍现象，这是宋代社会政治的特征之一，反映出在"士大夫政治、吏人社会"的框架下，官吏之间的剧烈碰撞。吏强官弱的形成，归根结底是宋代专制主义中央集权的结果。通过对富民阶层的考察，有学者认为宋朝"吏强官弱"出现的本质原因在于民间力量的崛起。参见周源《宋代"吏强官弱"现象之探析》，《雁北师范学院学报》2006年第4期；赵忠祥：《试析宋代的吏强官弱》，《西北师大学报》（社会科学版）2000年第2期；甘美芳：《宋朝的"吏强官弱"——基于富民阶层的考察》，云南大学硕士学位论文，2010。

结构。遗憾的是，这种良好的出发点在具体的操作当中严重扭曲走形"①。

金、元两朝的吏员出职制度在本质上是一致的，对元代吏员出职制度的评价，基本上也适用于金朝。雒庆娇等的观点，可以作为金代吏员出职制度评价的参照和补充。

(三) 金代吏员制度的整体评价

对金代吏员制度的评价，从优点和弊端两方面分析如下。

1. 金代吏员制度的优点

金代吏员制度主要具有以下几个方面的优点。

一是金代吏员制度兼采众制并有创新，和而不同。金代吏员制度因循辽制而来，《金史》中称其为"金承辽后，凡事欲轶辽世"②。金代吏员制度受辽制影响，又形成了自己独有的特色：金代吏员制度对金代的吏员名目和数目有明确的规定，即"职有定位，员有常数"，尽管在金朝中后期，官吏的数量在不断地膨胀，冗官冗员的现象突出，但对吏员职数的规定始终在政策框架内进行控制，终金之世守而不变。这种状况对于研究金代吏员制度中吏职、吏员数额以及官吏对比等提供了极大的便利。金代的吏员名目繁多，本书纳入研究范围的中央吏员已有数十种，这些名目，有些在隋唐以来的官吏制度中常见，如令史、译史、通事等；有些显然承自辽朝，如祗候郎君、奉御、奉职等，奉御旧名入寝殿小底、奉职旧名不入寝殿小底，而寝殿小底③一职最早见于《辽史·百官志》中；有些则为金代自创的，如女真令史、契丹令史等。以上吏职，或设在汉式官僚机构下，或在承自辽朝的机构如群牧所下，或设在女真特有的猛安谋克下。金朝典章制度对前朝已有制度的继承和吸纳，有照搬中原汉制不加吸收即用的嫌疑，尽管在后世的研究者来看，这种繁杂的吏目设置及其沿革稍显混乱，但同时金朝力图保持自身原有制度，并加以创新，这种多种制度兼采、和而不同的状况，正是金朝吏制的特点之一。

二是金代吏员制度扩大了入仕的途径。严格来讲，自秦汉以降，随着官、吏在行政分工和层级上的差别日渐扩大，官、吏逐渐分途，魏晋以后，吏员群体社会地位和经济待遇日益下降。至南北朝隋唐之际，官吏之

---

① 雒庆娇、吕文英：《元代吏员出职制度的再评价》，《甘肃理论学刊》1999年第5期。
② 《金史》卷51《选举志一》，中华书局，1975，第1129页。
③ 《辽史》卷45《百官志一》，中华书局，1974，第706页。

间的行政等级差别固定下来，唐代中期，胥吏群体意识和群体自觉逐渐形成，胥吏从此构成了一个不同于官和民的独特社会阶层[①]。尤其是隋唐以来科举取士制日趋成熟，由吏入仕的途径虽然并没有完全堵塞，但已成为科举取士这一传统入仕途径的附庸，吏员也日益被放在官员的对立面，被固定于道德等级的下层。这一点在同时期的宋朝表现尤为突出，大部分的官员来自科举取士。在这样的背景下，金朝无疑是勇于创新的，创造性地选任儒生入吏和吏员出职入官，甚至制定了职官充任吏员的制度，开辟了新的选拔管理人才的渠道。大量的吏员出职为官，为金代官员提供了稳定的来源，尤其是中央吏员的出职，充实了金朝政府的官僚队伍。获得入渠道的吏员，吏员地位的上升，对于吏员积极参与政治生活，实现个人政治诉求，巩固金代的统治（包括加强皇权）都有积极意义。同时，由吏入官和职官充吏，打破了唐代官吏分途以来官、吏之间日趋严格的等级界限，用制度促成了官、吏之间的流动，并在特定的情况下（吏员出职或职官吏员）实现了两者之间的身份转换。

三是金代形成了完备的吏员制度，为后世吏员制度的发展提供了基本遵循。金代吏员制度的核心是吏员出职制度和选任制度，上述制度在海陵朝时即已确立，并历经世宗朝和章宗朝的不断修改完善，成为完备的制度。吏员选任制度除了制度层面的规定有章可循外，还有人物传记等途径作为窥探的窗口。尤其值得一提的是吏员出职制度，即使是在海陵朝已经确立，世宗、章宗两朝还在进行孜孜不倦的修订、细化，特定的吏职有特别的规定，遵循由低到高的原则，迁转路径清晰，为后世吏员制度的发展提供了基本遵循。元朝立国之初，郝经提出"以国朝之成法，援唐、宋之故典，参辽、金之遗制，设官分职，立政安民，成一代王法"[②] 的立制原则，其中，金制是元制的一个重要基础。对于金制的采纳与吸收，在吏员制度方面是有明确记载的，除此以外，元朝的一些吏学著作，诸如《吏学指南》对金代吏制的相关内容也有涉及。元朝通过对金朝吏员制度的吸收与传承，更是间接影响到了明清两代。

四是吏员来源的扩大，提高了吏员队伍的素质。金代吏员制度扩大了入吏的途径，进士为代表的儒生入吏或者职官充吏，都对充实吏员队伍、

[①] 叶炜：《南北朝隋唐官吏分途研究》，北京大学出版社，2009，第 14、15 页。
[②] （元）郝经著《郝文忠公陵川文集》卷 32《立政议》，秦雪清整理，山西人民出版社，2006，第 446 页。

提高吏员素质有积极作用。有元一代科举取士制度急剧衰落，在唐以后官吏两途的状况下，金代吏员制度给元代带来深刻影响，儒生成为元代吏员的主要来源之一，由吏入官成为主要的入仕途径，出现吏士合一的现象，客观上提高了吏员队伍的素质。

五是金代吏员出职制度是对隋唐以来科举制度流弊的反思及革新。正如雒庆娇等所言，"被视为封建社会仕途范本的科举制，到了唐代后期已暴露出不少缺陷：首先是选才的标准与实际工作需要严重脱节，尤其是为人所重的进士、明经等科，以诗赋文词为主要考察内容。经国济世的才干如何，自身的品行修养如何，都无法在乡试、省试乃至殿试的屡次遴选中得到确证性的评价。"① 金代吏员制度正是在科举取士衰落的背景下发展起来的，"金朝取士，止以辞赋为重，故士人往往不暇读书为他文。尝闻先进故老见子弟辈读苏、黄诗，辄怒斥，故学子止工于律、赋，问之他文则懵然不知"②，因此，元人苏天爵评论金代儒风，"靖康之变，中原文献悉辇而南。金有国百年，士之为学，不过记诵词章而已，其于性命道德之文何有哉"③。随着科举制日渐不重实务，专尚词赋，相较更为务实的吏员群体在行政方面的能力自然凸显出来，金代吏员出职制度弥补了隋唐以来科举制度的流弊，培养出符合统治需要的实务型人才，吏员出职，为官员队伍输送了新鲜的血液，这正是金代统治者所迫切需要的，由吏入官自然成为金代补充官员的重要途径。

2. 金代吏员制度的弊端

尽管金代确立吏员制度，在打破官、吏之间的等级界限，选拔人才，乃至制度创新方面都有可圈可点之处。但由于制度本身的局限性以及人为原因，金代吏员制度推行的过程中，还存在吏治腐败等方面的弊端。

一是吏员制度在实施过程中，成为一部分人或一类人的特权，在吏员的选取及出职方面有失公平。如果说金代吏员制度中，以省令史、译史为代表的中央吏员在出职方面的前景远远优于地方机构中的普通司吏，我们可以理解为制度设计之初，已经考虑到中央吏员的门槛本就较高，人员素质普遍优于地方吏员，故在出职规定上有差别对待，只有少数高级吏员才

---

① 雒庆娇、吕文英：《元代吏员出职制度的再评价》，《甘肃理论学刊》1999年第5期。
② （金）刘祁撰《归潜志》卷8，崔文印点校，中华书局，1983，第80页。
③ （元）苏天爵：《默庵先生行状》，见《默庵先生文集》附录。《元人文集珍本丛刊》（五），新文丰出版公司，1985，第243页。

有获得在权力核心施展政治才能的机会。那么吏员制度的两个倾斜,则表明特权群体的存在,并造成了吏员的选取及出职方面的不公正。一个倾斜是向宗室贵族和世家大族倾斜,宗室或是宰执、品官子弟在中央政府吏员的试补和宫廷吏员的充任方面享有特权,如"皇家缌麻以上亲及曾任宰执之子听试尚书省令、译史;皇家袒免亲及宰执孙并弟,若三品以上职事官之子弟及终场举人,听试台、院令、译史。其散官五品以上职事子孙、兄弟及侄,或散官不及五品,曾任五品职事子孙、兄弟,皆听试部令、译史、通事"①。不同地位的官宦子弟,享有的特权的程度又有所差别。即使在入吏以后,这些人员所占据的也往往是最重要最有前景的吏职,经过一段时间的历练,仍然可以出职为品级相对较高的官员,并在仕途中步步高升,终致宰执重臣者不在少数。第二个倾斜是向女真人倾斜。金朝社会本身存在着等级差别,女真人作为统治民族,往往享有其他民族所不具备的特权,在吏员选任方面也是如此。女真进士是省令史选取的四门之一,但与文资相比,其门槛极低,"初立女直进士科,且免乡、府两试,其礼部试、廷试,止对策一道,限字五百以上成"②。女真进士充吏后,出职方面也有特权,"女直进士令史,二十七年格,一考注正七品,两考注正六品"③。从民族等级差别的角度审视,金朝设立女真进士及吏员选任和出职方面的规定都表明,金朝统治者对女真人的笼络和给予的特权待遇,对于整个金代社会是有失公平的。

  二是金代在吏员控制方面做得不够,造成了冗员情况出现。金代官制确立以后,"职有定位,员有常数",《金史·百官志》中也对各级行政机构中的官吏数目进行了详细的规定,然而,实际的情况是,有金一代,官吏队伍的数目在不断扩大。"大定二十八年,在仕官一万九千七百员,四季赴选者千余,岁数监差者三千。明昌四年奏,周岁,官死及事故者六百七十,新入仕者五百一十,见在官万一千四百九十九,内女直四千七百五员,汉人六千七百九十四员。至泰和七年,在仕官四万七千余,四季部拟授者千七百,监官到部者九千二百九十余,则三倍世宗之时矣。"④ 章宗

---

① (元)王恽:《秋涧先生大全集》卷87《论职官子孙试补省台院部令史状》,《元人文集珍本丛刊》(二),新文丰出版公司,1985,第427页。
② 《金史》卷99《徒单镒传》,中华书局,1975,第2185页。
③ 《金史》卷52《选举志二》,中华书局,1975,第1170页。
④ 《金史》卷55《百官志一》,中华书局,1975,第1216页。

泰和年间的在仕官三倍于世宗之时，金代吏员数目的增加虽无明确数字，但吏员不断增加，冗员成为金代较为重要的政治现象则见于《金史》。宣宗时，监察御史田迥秀条陈五事之一，"一曰朝官及令译史、诸司吏员、诸局承应人，太冗滥宜省并之"①。可见金代吏员制度，尤其在吏员控制方面，金代后期并未得到严格的执行，冗员的情况凸显并带来了不好的影响。

三是金代吏员出职制度主要以年劳为出职标准，忽视了吏员的其他标准。关于金代吏员的出职，德行才能等带有普适性的标准，由于缺乏量化指标而难以把握，始于海陵朝的廉察之制也难以发挥作用，吏员出职"考满期"成为唯一可操作的标准。考满后，按规定出职为官，故世宗大定十一年（1171）时曾提及，"随朝官多自计所历，一考谓当得某职，两考又当得某职，故但务因循而已"②。这种以年劳为主要依据的考核标准，重视的是吏员的年劳，而不是吏员的实际能力，考满期满，自动升迁，严重削弱了吏员的进取心。元人胡祗遹曾说，"古今设官置吏，选取人才。为官者必须通晓政事，长于判断推勘刑名词讼，使民无冤抑，推排差役赋税，贫富均平。六事皆办，百务具举，斯为称职。为吏者案牍明敏，刑名娴熟，无稽迟，无违错，斯为称职。不称职，则自有弹举之有司；不才者，合退罢则退罢。今皆不然，取勘历任月日，动皆二三十年，试以才能，则百问而百不知。岂有身为吏人，不识字，不解书算，不通刑名案牍，止以勾当年深，县升之州，州升之府，府升之部，部升之台院都省，出职为品官、当要职，外任则承流宣化，内则参决大政、纲领群县。取人如此，是邪非邪？"③ 另有吴师道提出："国家幅员既广，职官亦众，铨衡进叙，专以年劳。由是选法多壅，简拔未精，清浊混淆，贤愚同贯，积久成弊，有识患之。"④ 他们感慨的是元代吏员出职的情况，金元在出职只以年劳作为标准这点非常相似，故这个评价，放在金代亦同样适用。

四是金代吏员制度衰落后，出现了近侍预政、吏权大盛的局面，为金

---

① 《金史》卷58《百官志四》，中华书局，1975，第1354页。
② 《金史》卷54《选举志四》，中华书局，1975，第1203页。
③ （元）胡祗遹著，魏崇武、周思成校点：《胡祗遹集》卷23《试典史策问》，吉林文史出版社，2008，第501、502页。
④ （元）吴师道：《江西乡试策问一道》，李修生主编《全元文》卷1081（第34册），凤凰出版社，2004，第226页。

末政治带来了极坏的影响。金末出现了近侍预政、吏权大盛的情况，与未严格执行吏员制度有密切的关联。不论是熙宗、海陵时确立吏员制度，还是世宗、章宗时的修订完善，金代吏员制度在相当长一段时间内，得到了严格的执行和完善，确保吏员制度持续发挥择选良吏充实官员队伍、维护政权稳定等积极作用。卫绍王以后，金代吏员制度伴随金代政治制度的日趋衰落而不断衰落。尤其是宣宗南渡后，金朝中央政权已无力像世宗、章宗朝那样确保吏员制度规范、有序实施。这一时期，近侍权力快速膨胀失去制衡，严重影响到国家政治制度的正常运转。宣宗朝，大臣陈规所谏八事之一，其六曰"重官赏以劝有功。陛下即位以来，屡沛覃恩以均大庆，不吝官爵以激人心，至有未满一任而并进十级，承应未出职而已带骠骑荣禄者，冗滥之极至于如此，复开鬻爵进献之门，然则被坚执锐效死行阵者何所劝哉"[①]。陈规尖锐指出，"有未满一任而并进十级"和"承应未出职而已带骠骑荣禄者"，这种做法严重违背了金朝吏员制度的规定，造成了吏制的混乱，并带来了极坏的影响。事实上，近侍预政、吏权大盛的情况也可理解为金代吏员制度受到严重挑战的表现和结果。

---

① 《金史》卷 109《陈规传》，中华书局，1975，第 2407 页。

参考文献

（一）历史文献

[1] 脱脱等：《金史》，中华书局，1975。
[2] 宋濂等：《元史》，中华书局，1976。
[3] 脱脱等：《宋史》，中华书局，1977。
[4] 宇文懋昭：《大金国志》，崔文印校证，中华书局，1986。
[5] 刘祁：《归潜志》，崔文印点校本，中华书局，1983。
[6] 纪昀等：《续文献通考》，浙江古籍出版社影印，1988。
[7] 《大金吊伐录校补》，金少英校补，李庆善整理．中华书局，2001。
[8] 张玮等：《大金集礼》，商务印书馆，1986。
[9] 徐梦莘：《三朝北盟会编》，上海古籍出版社，1987。
[10] 《国语》，上海古籍出版社，1988。
[11] 马端临：《文献通考》，中华书局，1986。
[12] 元好问编《中州集》，中华书局，1959。
[13] 洪皓：《松漠纪闻》，翟立伟标注，吉林文史出版社，1986。
[14] 张金吾编纂《金文最》，中华书局，1990。
[15] 《胡祗遹集》，魏崇武、周思成校点，吉林文史出版社，2008。
[16] 王昶辑《金石萃编》，中国书店出版，1985。
[17] 王恽：《秋涧先生大全集》，《元人文集珍本丛刊（二）》，新文丰出版公司，1985。
[18] 《元典章》，陈高华等点校，天津古籍出版社，中华书局，2011。
[19] 李心传：《建炎以来系年要录》，中华书局，1956。
[20] 姚奠中主编《元好问全集》，山西人民出版社，1990。
[21] 王寂：《拙轩集》，钦定四库全书本。
[22] 范成大：《揽辔录》，赵永春编注，《奉使辽金行程录》，吉林文

史出版社，1995。

[23] 赵翼：《廿二史札记》，王树民校证本，中华书局，1984。

[24] 杜佑：《通典》，王文锦等点校本，中华书局，1988。

[25] 郑樵：《通志》，中华书局，1987。

[26] 施国祁：《金史详校》，中华书局，1991。

[27] 李道谦：《甘水仙渊录》，道藏第19册。

[28] 阎凤梧主编《全辽金文》，山西古籍出版社，2002。

[29] 李修生主编《全元文》，江苏古籍出版社（凤凰出版社），1998～2004。

[30] 安熙：《默庵先生文集》，《元人文集珍本丛刊（五）》，新文丰出版公司，1985。

[31] 陈垣编纂《道家金石略》，陈智超、曾庆瑛校补，文物出版社，1988。

[32] 中华书局编辑部：《宋元方志丛刊》，中华书局，1990。

[33] 傅朗云：《金史辑佚》，吉林文史出版社，1990。

[34] 张居正：《张太岳集》，上海古籍出版社，1983。

[35] 顾炎武：《日知录》，黄汝成集释，秦克诚点校本，岳麓书社，1994。

[36] 李有棠：《金史纪事本末》，崔文印整理，中华书局，1980。

[37] 郑玄注，贾公彦疏《周礼注疏》，上海古籍出版社，1997。

[38] 陶宗仪：《南村辍耕录》，文灏点校，文化艺术出版社，1998。

（二）近人、今人研究专著

[1] 赵世瑜：《吏与中国传统社会》，浙江人民出版社，1994。

[2] 鲍春海、王禹浪：《金史研究论丛》，哈尔滨出版社，2000。

[3] 刘建基：《中国古代吏治札记》，社会科学文献出版社，2005。

[4] 王亚南：《中国官僚政治研究》，中国社会科学出版社，1981。

[5] 吴宗国主编《中国古代官僚政治制度研究》，北京大学出版社，2004。

[6] 李孔怀：《中国古代行政制度史》，复旦大学出版社，2006。

[7] 刘小萌：《胥吏》，北京图书馆出版社，1998。

[8] 许凡：《元代吏制研究》，劳动人事出版社，1987。

[9] 韩世明、都兴智：《〈金史〉之〈食货志〉与〈百官志〉校注》，中国社会科学出版社，2005。

[10] 蔡美彪等：《中国通史（第六册）》，人民出版社，1979。

[11] 李锡厚、白滨：《辽金西夏史》，上海人民出版社，2003。

[12] 张博泉等：《金史论稿（第一卷）》，吉林文史出版社，1986。

[13] 张博泉等：《金史论稿（第二卷）》，吉林文史出版社，1992。

[14] 宋德金：《辽金论稿》，湖北教育出版社，2005。

[15] 薛瑞兆：《金代科举》，中国社会科学出版社，2004。

[16] 王明荪：《宋辽金史论文稿》，明文书局，1981。

[17] 张博泉：《金史简编》，辽宁人民出版社，1984。

[18] 崔文印：《金史人名索引》，中华书局，1980。

[19] 程妮娜：《东北史》，吉林大学出版社，2001。

[20] 李桂枝：《辽金简史》，福建人民出版社，2001。

[21] 宋德金：《金代的社会生活》，陕西人民出版社，1988。

[22] 乔幼梅：《宋辽夏金经济史研究》，齐鲁书社，1995。

[23] 王可宾：《女真国俗》，吉林大学出版社，1988。

[24] 陶晋生：《女真史论》，食货月刊出版社，1981。

[25] 漆侠、王天顺：《宋史研究论文集》，宁夏人民出版社，1999。

[26]〔日〕外山军治：《金朝史研究》，李东源译，黑龙江朝鲜民族出版社，1988。

[27] 陈述主编《辽金史论集（第1辑)》，上海古籍出版社，1987。

[28] 陈述主编《辽金史论集（第2辑)》，书目文献出版社，1987。

[29] 陈述主编《辽金史论集（第3辑)》，书目文献出版社，1987。

[30] 陈述主编《辽金史论集（第4辑)》，书目文献出版社，1989。

[31] 陈述主编《辽金史论集（第5辑)》，文津出版社，1991。

[32] 张畅耕主编《辽金史论集（第6辑)》，社会科学文献出版社，2001。

[33] 穆鸿利、黄凤岐主编《辽金史论集（第7辑)》，中州古籍出版社，1996。

[34] 干志耿、王可宾主编《辽金史论集（第8辑)》，吉林文史出版社，1994。

[35] 徐振清主编《辽金史论集（第9辑)》，中州古籍出版社，1996。

[36] 韩世明主编《辽金史论集（第 10 辑）》，中国社会科学出版社，2007。

[37] 历史研究编辑部编《辽金史论文集》，辽宁人民出版社，1985。

[38] 纪兵、刘国有主编《阜新辽金史研究（第一辑）》，新天出版社，1992。

[39] 李品清主编《阜新辽金史研究（第四辑）》，中国社会出版社，2000。

[40] 李品清主编《阜新辽金史研究（第五辑）》，中国社会出版社，2002。

[41] 中国社会科学院历史研究所编《宋辽金史论丛（第一辑）》，中华书局，1985。

[42] 中国社会科学院历史研究所编《宋辽金史论丛（第二辑）》，中华书局，1991。

[43] 李锡厚：《临潢集》，河北大学出版社，2001。

[44] 杨树森、穆鸿利：《辽宋夏金元史》，辽宁教育出版社，1986。

[45] 武玉环：《辽制研究》，吉林大学出版社，2001。

[46] 程妮娜：《金代政治制度研究》，吉林大学出版社，1999。

[47] 景爱等：《辽金西夏史研究》，天津古籍出版社，1997。

[48] 〔德〕傅海波：《剑桥中国辽西夏金元史》，史卫民等译，中国社会科学出版社，1998。

[49] 张希清主编《10~13 世纪中国文化的碰撞与融合》，上海人民出版社，2006。

[50] 王曾瑜：《金朝军制》，河北大学出版社，1996。

[51] 刘浦江：《辽金史论》，辽宁大学出版社，1999。

[52] 宋德金：《中国历史·金史》，人民出版社，2006。

[53] 孙进己：《东北民族史研究（一）》，中州古籍出版社，1994。

[54] 王承礼主编《辽金契丹女真史译文集（第一集）》，吉林文史出版社，1990。

[55] 〔日〕三上次男：《金代女真研究》，金启孮译，黑龙江人民出版社，1984。

[56] 都兴智：《辽金史研究》，人民出版社，2004。

[57] 赵永春：《金宋关系史》，人民出版社，2005。

[58] 叶炜：《南北朝隋唐官吏分途研究》，北京大学出版社，2009。

[59] 阎步克：《士大夫政治演生史稿》，北京大学出版社，2015。

[60] 赵永春：《辽宋金元史论》，吉林人民出版社，2004。

[61] 吴凤霞：《辽金元史论思想研究》，黑龙江人民出版社，2016。

[62] 叶坦、蒋松岩：《宋辽夏金元文化史》，东方出版中心，2007。

[63] 韩世明、孔令海主编《辽金史论集（第14辑）》，中国社会科学出版社，2016。

[64] 王新英编《金代石刻辑校》，吉林人民出版社，2009。

(三) 近人、今人研究论文

[1] 周保明：《二十多年来中国古代吏制研究述略》，《中国史研究动态》2006年第11期。

[2] 祝总斌：《试论我国古代吏胥的特殊作用及官、吏制衡机制》，《国学研究（第五卷）》，北京大学出版社，1998。

[3] 程念祺：《科举选官与胥吏政治的发展》，《学术月刊》2005年第11期。

[4] 林志华：《关于胥吏制度的几个问题》，《安徽史学》1992年第1期。

[5] 闻华：《漫谈古代的吏员》，《华夏文化》2007年第2期。

[6] 赵光怀：《吏员制度起源考》，《管子学刊》2008年第4期。

[7] 张广达：《论唐代的吏》，《北京大学学报》（哲学社会科学版）1989年第2期。

[8] 祖慧：《宋代胥吏的选任与迁转》，《杭州大学学报》1997年第2期。

[9] 祖慧：《论宋代胥吏的作用及影响》，《学术月刊》2002年第6期。

[10] 关树东：《辽朝的选官制度与社会结构》，《10～13世纪中国文化的碰撞与融合》，上海人民出版社，2006。

[11] 关树东：《辽朝御帐官考》，《民族研究》1997年第2期。

[12] 林煌达：《从金代主事一职看边疆民族对中国官僚体系的影响》，《10～13世纪中国文化的碰撞与融合》，上海人民出版社，2006。

[13] 陈昭扬：《金代汉族进士的官职迁转》，《10～13世纪中国文化的碰撞与融合》，上海人民出版社，2006。

[14] 宋立恒：《金代社会等级结构研究》，中央民族大学博士学位论文，2005。

[15] 李锡厚：《金朝的"郎君"与"近侍"》，《社会科学辑刊》1995年第5期。

[16] 程妮娜：《金代监察制度探析》，《中国史研究》2000年第1期。

[17] 周峰：《金代近侍初探》，《内蒙古社会科学》1998年第2期。

[18] 孙孝伟：《金朝流外出职制度研究》，《黑龙江教育学院学报》2007年第4期。

[19] 周峰：《金代酒务官初探》，《北方文物》2000年第2期。

[20] 刘辉：《金代儒学研究》，吉林大学博士学位论文，2008。

[21] 程妮娜：《女真人与汉官制》，《吉林大学社会科学学报》1990年第6期。

[22] 武玉环：《金朝中央官制的改革》，《北方文物》1987年第2期。

[23] 赵永春：《论金代士风》，《松辽学刊》（社会科学版）1999年第5期。

[24] 宋德金：《金代社会与传统中国》，《中央民族大学学报》1995年第3期。

[25] 刘浦江：《论金代的物力与物力钱》，《中国经济史研究》1995年第1期。

[26] 雷庆、杨军、郑玉艳：《金朝宫廷及官场风气略论》，《松辽学刊》（社会科学版）1999年第5期。

[27] 付百臣：《略论金世宗的吏治思想与举措》，《社会科学战线》2005年第4期。

[28] 李艳红：《金代女真服饰的汉化与创新——金齐国王墓出土袍服及蔽膝形制探析》，《史论空间》2013年第12期。

[29] 王雪莉：《形式的传承：唐宋鱼袋制度初探》，《兰台世界》2013年第9期。

[30] 许凡：《元代的首领官》，《西北师大学报》（社会科学版）1983年第2期。

[31] 李鸣飞：《〈金史·选举志〉铨选用词考释》，《史学集刊》2013年第3期。

[32] 甄一蕴：《官民之间：北宋胥吏阶层研究》，西北民族大学硕士学位论文，2014。

[33] 李方昊：《金朝散官制度初探》，《求索》2013年第10期。

[34] 关树东：《金代的杂班官与元代的杂职官》，《隋唐辽宋金元史论（第三辑）》，上海古籍出版社，2013。

[35] 丁建峰：《新政治经济学视野下的胥吏政治》，《天府新论》2013年第3期。

[36] 宁欣：《社会政治史研究的新尝试——赵世瑜〈吏与中国传统社会〉读后》，《中国史研究动态》1995年第6期。

[37] 穆朝庆：《宋代中央官府吏制述论》，《历史研究》1990年第6期。

[38] 李志刚、李文才：《试论宋代令史的选拔和迁转》，《山东师范大学学报》（人文社会科学版）2012年第3期。

[39] 祖慧：《宋代胥吏出职与差遣制度研究》，《浙江学刊》1997年第5期。

[40] 赵忠祥：《试析宋代的吏强官弱》，《西北师大学报》（社会科学版）2000年第2期。

[41] 甘美芳：《宋朝的"吏强官弱"——基于富民阶层的考察》，云南大学硕士论文，2010。

[42] 兰婷：《金代宫廷教育》，《东北史地》2007年第6期。

[43] 王雷：《试论金代中央政府吏员的出职》，《东北史地》2015年第3期。

[44] 高美玲：《宋代的胥吏》，《中国史研究》1988年第4期。

[45] 关树东：《金朝宫中承应人初探》，《宋史研究论文集》，宁夏人民出版社，1999。

[46] 武玉环：《论金朝县级官吏的选任与考核》，《吉林大学社会科学学报》2012年第4期。

[47] 王峤：《金代护卫述论》，《河北师范大学学报》（哲学社会科学版）2016年第2期。

[48] 陈昭扬：《金代流外职及其人员资格》，《"国立"政治大学历史学报》第41期，2014年5月。

[49] 陈昭扬：《金代宫中承应人的选任制度》，《台湾师大历史学报》第49期，2013年6月。

[50] 都兴智：《金代汉进士授官制度考述》，《考试研究》2014年第2期。

[51] 孙孝伟：《金代近侍预政探微》，《北方论丛》2012年第2期。

附表一　金代文武散官品阶表

金代文散官品阶表[1]

品　级	上	中	下
从一品	开府仪同三司	仪同三司[2]	崇进
正二品	金紫光禄大夫		银青荣禄大夫
从二品	光禄大夫		荣禄大夫
正三品	资德大夫	资政大夫	资善大夫
从三品	正奉大夫	通奉大夫	中奉大夫
正四品	正议大夫	通议大夫	嘉议大夫
从四品	大中大夫	中大夫	少中大夫
正五品	中议大夫	中宪大夫	中顺大夫
从五品	朝请大夫	朝散大夫	朝列大夫[3]
正六品	奉政大夫		奉议大夫
从六品	奉直大夫		奉训大夫
正七品	承德郎		承直郎
从七品	承务郎		儒林郎
正八品	文林郎		承事郎
从八品	征事郎		从仕郎
正九品	登仕郎		将仕郎
从九品	登仕佐郎		将仕佐郎[4]

---

[1] 金代文官有九品，四十二阶。
[2] 中曰仪同三司，中次曰特进。
[3] 旧曰奉德大夫。天德二年更。
[4] 从九品这二阶是大定十四年创增。

金代武散官品阶表[①]

品　级	上	中	下
正三品	龙虎卫上将军	金吾卫上将军	骠骑卫上将军
从三品	奉国上将军	辅国上将军	镇国上将军
正四品	昭武大将军	昭毅大将军	昭勇大将军
从四品	安远大将军	定远大将军	怀远大将军
正五品	广威将军	宣威将军	明威将军
从五品	信武将军	显武将军	宣武将军
正六品	武节将军		武德将军
从六品	武义将军		武略将军
正七品	承信校尉		昭信校尉
从七品	忠武校尉		忠显校尉
正八品	忠勇校尉		忠翊校尉
从八品	修武校尉		敦武校尉
正九品	保义校尉		进义校尉
从九品	保义副尉		进义副尉[②]

---

① 武散官，凡仕至从二品以上至从一品者，皆用文资。自正三品以下，阶与文资同。
② 从九品这二阶是大定十四年创增。

附表二 金代文资出身的省令史表

	姓名	中进士的时间①	中进士后的仕历	出职	史料来源
1	马讽	天会四年	广灵丞、归信令	献州刺史	《金史·马讽传》1997 页
2	任才珍	天会六年	洪洞令	皇统中，坐吏部郎任之党，殁于眨所	《忠武任君墓碣铭》,《金文最》1516 页
3	梁肃	天眷二年	平遥县主簿、望都、绛县令	定海军节度副使	《金史·梁肃传》1981、1982 页
4	敬嗣晖	天眷二年	怀安丞、弘政令	起居注	《金史·敬嗣晖传》2028 页
5	卢孝俭	天眷二年	兖州军事判官	累官太原少尹	《金史·卢孝俭传》2041 页
6	高德基	皇统二年	六年为省令史	摄燕京行台省都事	《金史·高德基传》1995、1996 页
7	王蔚	皇统二年	良乡丞	都事	《金史·王蔚传》2116 页
8	王翛	皇统二年		同知霸州事	《金史·王翛传》2315 页
9	张亨	皇统六年	樊山丞、弘州军事判官、巨鹿、宜川令	大理司直	《金史·张亨传》2147 页

① 史料记载：国初以燕与宋，讽游学汴梁，登宣和六年进士第。宗翰克汴京，讽归朝，复登进士第。

续表

	姓名	中进士的时间	中进士后的仕历	出职	史料来源
10	董师中	皇统九年	泽州军事判官、平遥丞、绛上令	监察御史	《金史·董师中传》2113页
11	魏子平	正隆前	五台主簿、累除为尚书省令史	大理丞	《金史·魏子平传》1976页
12	马惠迪	天德三年	昌邑令	西京留守判官	《金史·马惠迪传》2117页
13	张大节	天德三年	崞县丞、东京市令	秘书郎、大理司直	《金史·张大节传》2145页
14	张万公	正隆二年	新郑簿、费县主簿、东京辰州禄盐副使、长山令	河北西路转运都勾判官	《金史·张万公传》2101页
15	康元弼	正隆二年	汝阳簿、崇义军节度判官、垣曲县令	累迁同知河北西路转运使事	《金史·康元弼传》2159页
16	宋炭	正隆五年	辰州、宁化军事判官、曹王府记室参军、陕西路转运都勾判官	武定军节度副使、中都右警巡使	《金史·忠义一·宋炭传》2649页
17	路伯达	正隆五年	诸城主簿、泗州场权官	兴平军节度副使	《金史·路伯达传》2138页
18	张㬂	正隆五年	陈留主簿、淄州酒税副使、昌乐令、永清令	太常博士、兼国子助教	《金史·张㬂传》2327页
29	马琪	正隆五年	清源主簿、三水永清令	同知定武军节度使事、兴中府治中	《金史·马琪传》2117页
20	焦旭	大定三年	县令	①	《中议大夫西京路转运使焦公墓碑》，《金文最》1259页
21	訇公贞	大定七年	朝邑主簿、普润令	同知亳州防御事	《金史·訇公贞传》2152页
22	贾益谦	大定十年	历仕州郡，以能称	累迁左司郎中	《金史·贾益谦传》2334页

① 始任县令，充尚书省令史，不善事上官，数月而辞退，除良乡县令。明昌同人为省令史。

附表二　金代文资出身的省令史表

续表

	姓名	中进士的时间	中进士后的仕历	出　职	史料来源
23	贾铉	大定十三年	滕州军事判官、单州司候	陕西东路转运副使	《金史·贾铉传》2191页
24	孙铎	大定十三年	海州军事判官、卫县丞		《金史·孙铎传》2193页
25	贾益	大定十九年	河津主簿、砚山令	①	《金少冲传附子益传》2001页
26	张岩叟	大定十九年	霞州司候判官、雄州观察判官	大理评事	《金史·张大节传附子岩叟传》2147页
27	李棒	大定十九年	历城主簿、积石州军事判官、范阳令	吏部主事	《沁州厕史李君神道碑》、《金文最》1349页
28	巨构	大定间	信都丞、石城令	振武军节度副使	《金史·巨构传》2150页
29	李仲略	大定十九年	代州五台主簿、韩州军事判官、泽州晋城令	除翰林修撰，兼大常博士	《金史·李仲略传》2127页
30	孟奎	大定二十一年	黎阳主簿、淄州军事判官、汲县令、定兴令	中都左警巡使	《金史·孟奎传》2290页
31	夹谷守中	大定二十二年	清池、阎喜主簿	除刑部主事，监察御史，修起居注	《金史·忠义传—夹谷守中传》2642页
32	蒲察郑留	大定二十二年	高苑主簿、滨州司候	监察御史	《金史·循吏传蒲察郑留传》2767页
33	萧贡	大定二十二年	镇戎州判官、泾阳令、泾州观察判官	监察御史	《金史·萧贡传》2320页
34	姬端修	大定二十五年	唐州司候、巩州通西令、同州观察判官、洪洞令	监察御史	《盘安军节度副使姬公平叔墓表》，《金文最》1283、1284页

① 朴尚书省令史。丁母忧，服阕，除定海军度副使，监察御史。

续表

	姓名	中进士的时间	中进士后的仕历	出职	史料来源
35	乌林答乞住	大定二十八	累官朴尚书省令史	山东提刑判官、英王府司马	《金史·忠义传二乌林答乞住传》2673页
36	兀颜讹出虎	大定二十八年	累官朴尚书省令史	顺天军节度副使	《金史·忠义传二兀颜讹出虎传》2674页
37	王维翰	大定二十八年	贵德州军事判官、弘政、永霸令、北京转运户籍判官	同知保静军节度使事	《金史·忠义传二王维翰传》2647页
38	卢庸	大定二十八年	唐州军事判官、定平县令	南京转运判官	《金史·卢庸传》2041页
39	耿端义	大定二十八年	渭州军事判官、上洛县令、安化、顺义军节度副使	汾阳军节度副使	《金史·耿端义传》2233页
40	张翰	大定二十八年	隰州军事判官、东胜、义丰、定襄令	户部主事	《金史·张翰传》2322页
41	李完	大定同	澄城主簿、上党二县令		《金史·李完传》2155页
42	张迪禄	明昌初	岐山、新平簿、蓝田二县令、西池、通许令	卒于省椽	《张户部德直》、《中州集》430页
43	张德直	贞祐二年		选授名警巡使	《张户部德直》、《中州集》430页
44	乌古论荣祖	明昌二年	历官朴尚书省令史	都转运司都勾判官	《金史·忠义传一乌古论荣祖传》2649页
45	任天宠	明昌二年	考城主簿、咸戎县令、秦定军节度判官、崇义军节度判官	右三部检法司正	《金史·任天宠传》2323页
46	乌古论德升	明昌二年	累官朴尚书省令史	吏部主事	《金史·忠义传二乌古论德升传》2658页
47	完颜闾山	明昌二年	累调观察判官、朴尚书省令史	都转运都勾判官、监察御史	《金史·完颜闾山传》2204页
48	完颜伯嘉	明昌二年	中都左警巡判官、宝坻丞	太学助教	《金史·完颜伯嘉传》2208页
49	张公著	明昌二年	平遥丞、洛交、云川二县令	考满，留知管差除，以老不毅，授都转运司户籍判官	《朝列大夫同知河间府事张公墓表》，《金文最》1363页

附表二　金代文资出身的省令史表

续表

	姓名	中进士的时间	中进士后的仕历	出　职	史料来源
50	赤盏尉忻	明昌五年	史载不详①	吏部主事	《金史·赤盏尉忻传》2532页
51	尼庞古蒲鲁虎	明昌五年	累官朴尚书省令史	同知崇义军节度使事	《金史·忠义传二尼庞古蒲鲁虎传》2673页
52	温迪罕达	明昌五年	固安主簿、信州判官、顺州刺史	南京警巡使	《金史·温迪罕达传》2293页
53	王扩	明昌五年	邓州录事、怀安令、徐州观察判官	同知德州防御事	《金史·王扩传》2294页
54	李英	明昌五年	淳化主簿、登州军事判官、封丘令、通远令	吏部主事	《金史·李英传》2234页
55	田琢	明昌五年	宁边、任平主簿，潞州观察判官，中都商税副使，怀安令	②	《金史·田琢传》2248页
56	夹谷石里哥	明昌五年	莱州防御判官	历临潢、婆速路都总管府判官，累除刑部主事	《金史·夹谷石里哥传》2277页
57	完颜阿不孙	明昌五年	易州、忻州军事判官，安丰县令	兴平军节度副使、应奉翰林文字	《金史·完颜阿不孙传》2280页
58	赵思文	明昌五年	德顺州军事判官、凤翔府录事判官、权虢州司侯、莱州观察判官	留再考，升安化军节度副使，兼密州	《通奉大夫礼部尚书赵公神道碑》，《金文最》1379页
59	纳合蒲剌都	承安二年	大名教授，累除比阳令	彰德军节度副使	《金史·忠义传二纳合蒲剌都传》2663、2664页

① 中明昌五年策论进士第。后选为尚书省令史、吏部主事、监察御史。
② 贞祐二年，中都被围，琢请由间道任山西招集义勇，以为宣差兵马提控，同知忠顺军节度使事，经略山西。

续表

	姓名	中进士的时间	中进士后的仕历	出职	史料来源
60	冯璧	承安二年	莒州军事判官、辽滨主簿、鄌州录事、东阿丞	应奉翰林文字、兼韩王府记室参军	《金史·冯璧传》2430页
61	冯延登	承安二年	临真主簿、德顺州军事判官、宁边县令。贞祐二年，朴尚书省令史	河中府判官兼尚书省左右司员外郎	《金史·忠义传四冯延登传》2700页
62	蒙古纲	承安五年	累调朴尚书省令史	国子助教	《金史·蒙古纲传》2256页
63	杨皓	承安五年	历州县，人为尚书省令史	监察御史	《杨户部皓》，《中州集》464页
64	张公理	泰和二年	徐州录事判官、郾城主簿、寿张主簿、林忠令、谷熟令、朱几、改丞	超陕西东路转运副使	《资善大夫吏部尚书张公神道碑铭》，《金文最》1402页
65	张汝翼	泰和二年	河阳簿、庆次丞、西宁主簿。	同知泗州防御使事、军前行户、工部事	《通奉大夫钧州刺史行尚书省参议张君神道碑铭》，《金文最》1399页
66	夹谷士刺	泰和二年	抚宁、海滨簿	终更、除武宁军节度副使	《资善大夫武宁军节度使夹谷公神道碑铭》，《金文最》1411页
67	毛端卿	泰和二年	嶂县簿	河南府录事判官	《毛氏宗支石记》，《金文最》第465页
68	蒲察娄室	泰和三年	庆都、牟平主簿、中都右警巡副使	贞祐初，除吏部主事、监察御史	《金史·忠义传二蒲察娄室传》2669页

① 贞祐四年，召为省令史。兴定二年，考满，授同知泗州防御使事、军前行户、工部事。

附表二 金代文资出身的省令史表

续表

	姓名	中进士的时间	中进士后的仕历	出 职	史料来源
69	杨达夫	泰和三年	有才干,所至可纪。召补省掾。	①	《金史·忠义传四杨达夫传》2700 页
70	张汝明	大安元年	颍州泰和县主簿、怀州武涉簿、鹿邑簿	终更,擢同知嵩州军州事	《御史张君墓表》,《金文最》1414 页
71	王宾	贞祐二年	兰陵主簿、虹县令	②	《金史·王宾传》2559 页
72	李昶	兴定二年	孟州温县丞、郑州河阴簿。三年,召试尚书省掾	漕运提举	《元史·李昶传》3761 页
73	王渥	兴定二年	宁陵令,有治迹,人为尚书省令史(以宁陵课最,迁一官。人为尚书省掾)	入为尚书省掾三月,即授太学助教,充枢密院经历司官	《金史·王渥传》2455 页,《中州集》327 页
74	商衡	崇庆二年(至宁元年)	洛交簿、郿县簿、警巡判官、彭原令	转户部主事。两月,擢监察御史	《金史·忠义传四商衡传》2696 页
75	康锡	崇庆二年(或遇祐二年)③	栎阳簿、睢州司候、封丘令。兴定初,辟为尚书省令史	考满,迁开封府判官。俄拜监察御史	《大司农丞康君墓表》,《金文最》1423 页
76	聂天骥	至宁元年	汝阴簿、临潼令、辟为尚书省令史	寻授吏部主事,权监察御史	《金史·聂天骥传》2531 页
77	张天纲	至宁元年	累官咸宁、临潼令,入补尚书省令史,授朝列大夫	拜监察御史	《金史·张天纲传》2603 页
78	魏璠	贞祐三年	补尚书省令史,授朝列大夫		《元史·魏初传》3856 页

① 召补省掾、草奏章、坐字误,降平凉府判官。
② 寻入为尚书省令史,坐事罢归乡里。
③ 《大司农丞康君墓表》记崇庆二年五月,改元至宁,九月改元贞祐。然金崇庆二年(至宁元年)或贞祐二年。所以康锡中进士的时间疑为崇庆二年(至宁元年)或贞祐二年。

续表

	姓名	中进士的时间	中进士后的仕历	出职	史料来源
79	刘汝翼	贞祐四年	调棻州录事。未赴，丁父。服除，借注卢氏主簿	秩更，迁同知嵩州军州事兼阳翟县令	《大中大夫刘公墓碑》，《金文最》1426页
80	李过庭	贞祐二年	历宜阳、永宁、荥阳三县令，入为右曹掾	正大中擢右三部司正	《李宜阳过庭》，《中州集》431页
81	元好问	兴定五年	历internal乡令。正大中，为南阳令。天兴初，擢尚书省掾	顷之，除左司都事	《金史·文艺传下元好问传》2742页
82	史邦直	兴定五年	武陟簿	迁管勾黄河漕运	《史邦直墓表》，《元好问全集》（上），571页
83	王贲	不详	复州军事判官	右三部检法司正	《金史·王贲传》2131页
84	高衎	不详	郿阴丞	除右司都事	《金史·高衎传》2005页
85	孟攀鳞	正大七年	任陕州州判，辟举灵台令，人补省掾	金亡	罗海燕：《〈全辽金文〉校补——孟攀鳞生平、交游及佚文集考》，《玉林师范学院学报》（哲学社会科学）2011年第3期
86	聂天骥	不详	汝阴簿、睢州司侯、封丘令，人为尚书省边夫粮草房令史	考满，授吏部主事，权监察御史	《聂天吉墓志铭》，《金文最》1424页
87	刁白	承安二年	历泾州幕客，人补省掾卒		《刁泾州白》，《中州集》，第427页

附表二 金代文资出身的省令史表

续表

	姓名	中进士的时间	中进士后的仕历	出职	史料来源
88	王元德	天德中	顺州怀柔县主簿、济州路运司支度判官、知泰州长春县冀州酒务使、威州井陉县令，入补尚书省令史	考满，加奉仪大夫，授南京路转运户籍判官	《王元德墓志铭》，《金代石刻辑校》194~195页
89	吕忠敏	天德二年①	宛平膠水主簿、枪竿令、入为尚书省令史、刑部主事	同知顺天军节度使，改南京路转运副使，未几，以尚书郎召还，卒于官	《东平县君韩氏墓志铭》，《金代石刻辑校》213页

① 据裴兴荣《金代进士补考》（《山西档案》2015年第3期）一文考证应为天德三年。

后　记

　　本书是国家社科基金后期资助项目"金代吏员研究"（项目批准号15FZS006）的最终研究成果。本书撰写过程中，还得到了内蒙古民族大学博士科研启动经费的资助。

　　这本书稿得以问世，不能不追溯我和辽金史始于十余年前的缘分。那时，我还在成都念大学，学着和历史不相关的经贸英语专业。直到2005年跨专业考上吉林大学历史系的硕士研究生，因为喜欢所以研修历史的心愿终于从构思变成了现实，但我未曾想到，讲授和研究历史会成为我的职业。我是幸运的，授业恩师武玉环先生不避我资质愚钝，纳我入门下，言传身教，耳提面命，把我这个历史学的门外汉领进了辽金历史的殿堂。这是我第一次体会到辽金史的魅力。

　　2007年硕士毕业，同年考入吉林大学古籍研究所，继续师从武玉环先生攻读辽金史方向的博士研究生，先生在传道授业解惑之余，对我的生活也关怀备至。这期间选定以金代吏员为研究内容，在先生指导下完成博士论文的撰写并顺利通过毕业答辩。这是我与辽金史再次相约，研修辽金史的快乐与撰写博士论文过程中的痛苦，都成为我人生宝贵的财富。

　　博士修业期满，我在人生的十字路口徘徊，是先生解开我的心结，鼓励我申请博士后在学术道路上更进一步。在先生的大力举荐下，我与辽金史再续前缘，回到母校进入经济学院理论经济学博士后科研流动站，跟随吴宇晖先生从事金代经济史研究。期间结婚、生子，种种琐事将在站时间拉伸到四年之长，我也有了更多时间和机会问道于恩师武玉环、吴宇晖两位先生。

　　2014年出站前夕，我成为内蒙古民族大学中国史学科的一名教师，辽金史亦成为我长期所致力探研和教学的领域。2015年，以《金代吏员研究》为课题申报的国家社科基金后期资助项目获批，在博士毕业论文的基础上，参考博士论文评阅和答辩意见以及申报项目时专家的评审意见，结合最近几年关于金代吏员问题的思考,对部分内容进行了补充修改,增加了"官制视野下的金代吏制""金代吏员制度评价"等多个章节,重新修订了文字图表,优化调整了文章结构,形成的书稿是关于金代吏员问题探索的阶段性小结。我亦自知,书稿还存在不少问题,这是由于我个人学识和能力所限。于我而言,这只是在金代吏员问题探索方面画上了一个逗号,未来的教学与科研中,我会对此课题持续加以关注和思考。

这本书能付梓,要感谢的人很多。

感谢恩师武玉环先生,先生作为我学术道路上的导师,与本书渊源至深,先生德艺双馨,桃李成蹊,是我所敬重的师长,也是我的人生标杆。谨以此书献给我敬爱的授业恩师武玉环先生!

感谢我的家人。感谢父母赋予我生命,含辛茹苦地养育我长大,尊重我的每一次选择;感谢公公、婆婆对我的包容和对儿子的照顾,为我的教学与科研提供了时间上的保障;感谢爱人赵少军,长久以来的理解与支持,用爱与智慧让我们的家庭充满了暖意;也要感谢儿子,是你丰富了我生命的内涵,使我惊讶于生命的伟大与神奇,同时也理解并承担起更多的责任。

感谢各位师友。感谢一直以来给予我关心和帮助的高福顺、苗威、李洪权、蒋金玲、孙孝伟、陈德洋、张宏等师兄师姐,同门孙赫,师妹刘晓飞等,你们热情洋溢的帮助,犹如春天般的温暖;感谢吉林大学吴宇晖老师、渤海大学吴凤霞老师、吉林建筑大学王峤老师、吉林大学田小雷博士的热心帮助;感谢学院领导以及中国史教研室同事们给予的诸多帮助;感谢社会科学文献出版社陈凤玲女士、宋淑洁女士在项目申报和书稿出版方面付出的心血。

是为记。

王 雷

2018年3月于沈阳家中

图书在版编目(CIP)数据

　　金代吏员研究/王雷著.--北京：社会科学文献出版社,2018.11
　　国家社科基金后期资助项目
　　ISBN 978-7-5201-2473-7

　　Ⅰ.①金… Ⅱ.①王… Ⅲ.①吏治-研究-中国-金代 Ⅳ.①D691.42

　　中国版本图书馆 CIP 数据核字（2018）第 053371 号

·国家社科基金后期资助项目·

金代吏员研究

著　　者 / 王　雷

出 版 人 / 谢寿光
项目统筹 / 陈凤玲
责任编辑 / 宋淑洁

出　　版 / 社会科学文献出版社·经济与管理分社（010）59367226
　　　　　　地址：北京市北三环中路甲29号院华龙大厦　邮编：100029
　　　　　　网址：www.ssap.com.cn
发　　行 / 市场营销中心（010）59367081　59367083
印　　装 / 三河市龙林印务有限公司

规　　格 / 开　本：787mm × 1092mm　1/16
　　　　　　印　张：21.25　字　数：359千字
版　　次 / 2018年11月第1版　2018年11月第1次印刷
书　　号 / ISBN 978-7-5201-2473-7
定　　价 / 99.00元

本书如有印装质量问题，请与读者服务中心（010-59367028）联系

▲ 版权所有 翻印必究